新编21世纪公共管理系列教材

行政法学导论

Introduction to Administrative Law

主　编　姜晓萍
副主编　郭金云　周　斌

中国人民大学出版社
·北京·

主编简介

姜晓萍，四川大学公共管理学院院长，教授、博士生导师，享受国务院政府特殊津贴，兼任四川大学成都科学发展研究院院长、四川大学社会发展与社会风险控制研究中心主任、四川大学全国干部教育培训基地常务副主任、全国政策科学研究会副会长、全国公共管理专业学位研究生（MPA）教育指导委员会委员、四川省行政管理学会副会长等多项职务。主要从事公共管理理论与实践的教学及科研工作，先后主持国家级和省部级科研项目10多项，主持省市政府委托项目数十项。出版专著、教材7部，先后在《人民日报》《光明日报》《政治学研究》等权威报刊上公开发表学术论文数十篇，其中10篇被《新华文摘》、《中国社会科学文摘》、中国人民大学复印报刊资料等全文转载。

内容简介

本书是一部专门为公共管理类专业学生编写的行政法学教材，全书将行政法学理论与公共管理理论结合在一起，采用理论阐述与案例分析相结合的论述方式，从"行政法学的性质与功能""公共行政与行政法治""行政法的基础理论""行政主体与行政组织""行政行为与行政程序""行政法制监督与行政救济"六个方面系统阐述了行政法学的基础理论、主要内容与发展规律。

为了使读者更好地掌握行政法学的相关知识和理论，全书提供了数十个"阅读与思考"案例材料，这些材料可供授课教师开展课堂小组讨论或案例教学使用；每章的末尾还提供了一个"案例自测"，读者可利用该案例加深对相关理论的理解和掌握。

前言

党的二十大报告指出，“全面依法治国是国家治理的一场深刻变革”，“必须更好发挥法治固根本、稳预期、利长远的保障作用，在法治轨道上全面建设社会主义现代化国家”。建设法治国家，必须以法治政府与法治社会建设为核心。国家公共权力机关只能在法的规制下行使权力，严格遵循职权法定、越权无效的原则，只有将行政权力置于法的规制之下，行政权力才可能规范行使，才有可能避免行政权力被恣意滥用，才能保障公民的权利不被公权力侵害，整个社会才可能正常、健康地发展。同样，社会成员的权利和行为也必须在法的规制之下，只有养成全体公民知法、懂法、遵法的行为习惯，依法参与国家事务和公共事务的管理，依法表达利益维护自己的权利，才能保障社会行为规范有序，社会矛盾才能得到有效解决，和谐社会才能实现。

行政法不仅是限制政府权力的法，也是保障公民权利的法。随着我国法治政府、法治社会建设的推进，行政法学有效发挥了教育培养公共管理者运用法治思维和法治方式解决公共问题的作用，因而在公共管理专业教育中的地位和作用也日益凸显，不仅成为公共管理本科和研究生教育的基础课程，还是公共管理专业学位（MPA）学员和各类干部教育培训的核心课程。本教材旨在针对公共管理专业学习行政法学的需要，结合我国公共管理理论与实践的发展，采用理论与实践（案例应用）相结合的论述方式，阐释行政法学的基础理论、主要内容与发展规律，以寻求公共行政与行政法学的学科交叉、融合。

本书内容共分为六个方面，即行政法学的性质与功能、公共行政与行政法治、行政法的基础理论、行政主体与行政组织、行政行为与行政程序和行政法制监督与行政救济六章。第一章主要阐述行政法学的学科性质、理论基础、功能及发展趋势；第二章着重阐述公共行政变革对传统行政法学的挑战，以及行政法治的内涵与发展；第三章主要阐述行政法的理论基础、基本原则、历史发展及行政法律关系；第四章主要阐述行政法律关系中的三类主体，即行政主体、公务员和行政相对人；第五章主要展现了各种行政活动形式、实施内容及其程序；第六章主要论述了行政法律责任和行政救济的相关理论，并重点介绍了行政复议、行政诉讼和行政赔偿三种救济方式。

本书呈现以下三大特点：第一表现在内容体系上，在保持传统行政法学四大板块的基础上，突出行政法学的学科性质与功能，强调公共行政的历史变迁与法治诉求，探索公共行政与行政法学的学科交叉、融合；第二表现在编写方式上，在每个重点环节补充"阅读与思考"材料，且每章末尾均提供了一个"案例自测"，以可供思考的话题为启发，强调课程教学的实证性和应用性，也增加了教材的可读性；第三表现在现实回应上，参考行政法学研究的最新成果及我国行政法制建设的趋势，就行政立法、行政许可、行政处罚、行政强制、行政征收等行政行为存在的问题及对策进行探索性思考。

本书由姜晓萍教授担任主编，郭金云、周斌担任副主编。姜晓萍教授负责设计全书框架、编写大纲，并负责最终定稿。郭金云协助并全面负责编写小组的协调工作。整个书稿的编写分工如下：姜晓萍、郭金云，第 1 章；郭金云，第 2 章；姜晓萍、兰旭凌，第 3 章；兰旭凌，第 4 章；周斌，第 5 章；杨磊，第 6 章。在本书的编写过程中，参考了国内外很多的相关资料，有的在书中当页给出了注释，有的则在最后的参考文献中予以列出，在此我们对相关的作者表示真诚的谢意！中国人民大学出版社编辑朱海燕女士对本书的出版给予了很大的支持，并付出了辛勤的劳动，我们在此一并表示衷心的感谢！

编　者

目　录

第1章 行政法学的性质与功能

本章要点

- 行政法学的学科性质
- 行政法学的功能
- 行政法学的理论基础
- 中国行政法学的发展趋势

1.1 行政法学的研究对象与性质

行政法学是研究行政法现象及其内在规律的一门相对独立的法学学科。具体而言，行政法学主要研究行政法的产生和发展规律，研究行政法的内容和本质，研究行政权力运用所带来的一系列法律问题，从中探讨行政机关与公民之间、行政权力与公民权利之间应有的正常关系，进而阐明行政法的原理、原则。因而，行政法学是有关行政法的学问，它伴随着行政法的发展而发展。

1.1.1 行政法学的研究对象

关于行政法学的研究对象，大多数学者认为行政法学固然以行政法为对象，但它不仅仅是行政法律、法规的分类、整理和解释，而是行政法现象及其内在规律。任何一个部门法都有其建立的社会基础，立法者应该把自己看作一个自然科学家。他不是在制造法律，不是在发明法律，而仅仅是在表述法律，他把精神关系的内在规律表现在有意识的现行法律之中。[1] 因而，法律永远是第二性的，是由某种外在因素决定的。从本原上说，行政法现象无不由价值、事实和逻辑三大要素组成，行政法学者既要运用形而上学的思考方式和

---

① 参见《马克思恩格斯全集》，中文1版，第1卷，183页，北京，人民出版社，1976。

追本溯源的研究去探求行政法的终极价值，又要将其置于宏观的社会视野中，关注行政法现象的社会意义，同时还要从逻辑和形式上分析实在的法律概念和规范，尽可能将纷繁芜杂的社会现实概括至一个严谨的法律概念系统中。① 日本学者盐野宏认为，行政法学的研究对象“必须从总体上动态地考察行政过程中所出现的所有法现象，指出其中存在的问题点，并探究其解决的方法”②。由此，行政法规范不是行政法学研究的出发点，而是其研究的落脚点。行政法学的对象不能局限于行政法规范，而应从现存的行政状态出发，探讨行政法规范赖以存在的社会宏观背景、国家管理关系及其相关的具体关系形式③，探讨行政权力行使的状况，以及其中的法律问题，指明应然和实有的行政状态之间的法律需要，揭示为什么要有行政法，贯穿一系列行政法规范的本质是什么。④

具体而言，行政法学的研究对象包括如下四个方面⑤：（1）行政法规范是行政法学的主要研究对象，包括行政法律、法规、规章以及法院的行政判例等，涉及行政权配置法、行政组织法、行政行为规制法、行政司法法、行政责任法和行政诉讼法等规范分析；（2）行政法基础理论是对行政法规范的理论探究，包括行政法的价值、基本原则、行政法产生和发展的一般规律、与其他部门法的关系、与社会和经济的关系、与政治的关系等内容；（3）行政法制度是指根据行政法规范并为了将行政法规范付诸实现而被组织起来的公权力机关等机关装置的有关制度；（4）行政法关系是指行政法规范对行政主体在实现国家行政职能范围内的各种社会关系加以调整而形成的行政主体之间以及行政主体与其他主体之间的权利义务关系。

当然，行政法学的具体研究范围会随着社会转型、政府职能转变而不断调整。在过去几十年中，中国经历了从计划经济向市场经济、从全能政府向有限政府的巨大转型，私人领域与公共领域的界分日渐清晰，这为行政法学提供了最基本的背景。与此同时，国家机关以外的组织（例如行业协会、自治团体等）承担了大量的公共行政职能，行政机关的职能从经济和社会管制趋向提供公共服务，行政管制的手段从单纯的强制命令转向柔性的合作。相应地，行政法学的研究范围从单纯的国家行政扩展到公共行政，从管制行政扩展到服务行政，从命令行政扩展到合作行政。⑥

阅读与思考

新中国户籍制度改革的历史回眸

户籍制度是国家治理的重要手段。新中国成立70多年来，户籍制度在促进经济发

① 参见朱新力等：《行政法学》，15～16页，北京，中国人民大学出版社，2012。
② ［日］盐野宏：《行政法总论》，33页，北京，北京大学出版社，2008。
③ 参见关保英：《行政法教科书之总论行政法》，2～4页，北京，高等教育出版社，2009。
④ 参见张树义：《行政法与行政诉讼法》，9～10页，北京，高等教育出版社，2002。
⑤ 参见朱苏力等：《行政法学》，23～24页，北京，清华大学出版社，2005；姜明安主编：《行政法与行政诉讼法》（第二版），31～32页，北京，北京大学出版社、高等教育出版社，2005；关保英：《比较行政法学》，26页，北京，法律出版社，2008。
⑥ 参见应松年：《中国行政法学60年》，载《行政法学研究》，2009（4）。

展、维护社会稳定方面起到了重要作用。

新中国户籍制度经历了形成、发展和改革三个变迁阶段。新中国成立初期，为巩固新生的社会主义国家政权、开展新型国家建设，我国逐步建立新的户籍制度。

1951年，为加强社会治安，公安部颁布了旨在“维护社会治安、保障人民安全”的《城市户口管理暂行条例》，要求在城市实行人口登记。

1953年，为配合第一届全国人大代表选举，《全国人口登记办法》出台，为农村建立户口登记制度和在全国建立户籍制度奠定了基础。

1958年1月，国家颁布了《中华人民共和国户口登记条例》，规定了户口登记、注销、迁移、收养、婚姻、年龄、违法责任等具体细则，标志着新中国户籍制度的形成。

1959年到1977年是户籍制度发展时期。其间，为治理城市粮食等资源紧张问题和实施以城市为中心的工业化战略，国家先后出台了《中共中央关于制止农村劳动力流动的指示》《关于减少城镇人口和压缩城镇粮食销量的九条办法》《公安部关于处理户口迁移的规定（草案）》《公安部关于处理户口迁移的规定》等文件，严格限制农村人口向城市流动，形成了城乡二元分治的户籍制度管理格局。

1978年至今是户籍制度改革时期。1978年中国拉开了改革开放的序幕。随着改革开放的深入发展，特别是社会主义市场经济体制确立以后，以农民为主体的流动人口增多，在城乡一体化、城镇化和农民工市民化的背景下，户籍制度改革成为必然趋势。在这一时期，国家先后出台了《关于农民进入集镇落户问题的通知》《公安部关于城镇暂住人口管理的暂行规定》《中华人民共和国居民身份证条例》《小城镇户籍管理制度改革试点方案》《国务院关于解决农民工问题的若干意见》《国务院办公厅关于积极稳妥推进户籍管理制度改革的通知》《国务院关于进一步推进户籍制度改革的意见》《2019年新型城镇化建设重点任务》等文件，逐步松动户籍制度严格管控人口流动的坚冰，通过差别化手段对不同类型的城市实行积分入户改革，提高了人口城市化率，为农民工市民化提供了保障。

综观新中国户籍制度70多年的变迁，它扬弃了中国历史上传统的户籍制度，适应了新中国各个历史时期的内在需求，为国家发展提供了宝贵经验。首先，户籍制度变迁要从实际出发。从实际出发是马克思主义的基本原则，显然它也是户籍制度变迁要遵循的原则。新中国的发展是有阶段性的，历经社会主义革命、建设和中国特色社会主义改革的时期，每个时期都有其特征和主要任务，因此，新中国的国家治理主体要根据中国每一个发展阶段的实际，主动促成户籍制度变迁，才能带来国家治理的正效益。其次，户籍制度变迁要坚持以人民为中心。党的执政基础是最广大的人民群众，党的利益和人民群众的利益根本上是一致的。因此，在促进户籍制度变迁的进程中，党不忘初心，坚持以人民为中心的执政理念，从新中国成立之初维护新生的人民政权稳定到实现国家工业化需要，乃至改革开放时期适应流动人口的要求而进行的一系列户籍制度调适，根本上在于从人民的立场出发。再次，要坚持深化户籍制度改革。改革是时代精神，自党的十一届三中全会以来中国一切发展进步归结于改革开放。得益于改革开放，1958年确立的户籍制度的变迁步伐逐步加快。党的十八大以来中国特色社会主义进入新时代，中国进入全面深化改革阶段。在新时代，中国致力于解决人民日益增长的美好生活需要和不平衡不充分的发展之间的矛盾，推动供给侧结构性改革，加强国家治理体系和治理能力现代化，推动农业转移人口市民化，奔赴新征程，实现新目标。在此背景下，户籍制度要随着时代变化实现新的变迁，继续深化改革将是其重要推手。

资料来源：吴学凡：《新中国户籍制度70年变迁及其经验》，载光明网理论版，2019-06-06。有修改。

【阅读思考】

结合新中国户籍制度的变迁历程，谈谈对行政法学研究的社会环境的理解。

1.1.2 行政法学的学科性质

从学科意义来看，行政法学是一门独立的部门法学。行政法调整着广泛而重要的社会关系，这类社会关系涉及国家权力和公民权利，是公民权利与国家权力关系的重要组成部分——它意味着行政法对行政关系的调整直接涉及国家权力的确定、配置、实施，直接或间接涉及公民权利的行使和保障。基于其调整对象的独立性，行政法学具备了独立于其他法律部门的地位和品格。与其他部门法相比，行政法的体系具有群集性、多元性等特点。其他部门法一般都有一个完整的法典，如刑法、民法等，行政法却没有一个统一的法典，是由诸多法律规范构成的法律群。与此同时，行政法学与法学的其他分支学科也有着内在的联系，与其他社会科学有密切的关系。

1. 行政法学与宪法学

行政法学与宪法学的关系比较特殊，韦德（Wade）曾断言："实际上，整个行政法学可视作宪法学的一个分支。"[①] 根据法律体系的一般法理，行政法与宪法之间的关系是部门法与根本法二者之间的关系。宪法是行政法的基础与前提，行政法是宪法原则在行政管理中的具体应用，是执行宪法的部门法，西方学者霍兰德把宪法典叫作"静态的行政法"，而把行政法叫作"动态的宪法"。但是，宪法与行政法的关系形式并非单向度的，行政法不单纯是宪法的具体化、技术化和实用化，它还对宪法有补充、发展关系。[②]"行政法若脱离宪法学之思考，易沦为工具性、经验性之适用。反之，宪法学若不赖行政法加以具体化，恐亦将流于空乏之理论。"[③] 近年来，理论和实践的发展让人们越来越明确地意识到行政法对宪法的发展确实有相当大的推动作用。例如，2003年的孙志刚案件让人们意识到收容遣送制度对人权的危害，当年6月国务院就颁布命令，用新的《城市生活无着的流浪乞讨人员救助管理办法》取代了旧的《城市流浪乞讨人员收容遣送办法》，取消强制手段，更为重要的是，2004年宪法修正案把"国家尊重和保障人权"写进宪法第32条。当然，行政法对宪法的补充、发展，必须以宪法为基础，不能违背宪法原则和宪法精神，无论性

① ［英］威廉·韦德：《行政法》，7页，北京，中国大百科全书出版社，1997。
② 参见杨海坤：《中国行政法基本理论》，89～90页，南京，南京大学出版社，1992。
③ 李震山：《行政法导论》，34页，台北，三民书局，1997。

质如何，凡违宪行为都应当排除在行政法发展宪法模式之外。① 可以说，宪法与行政法的这种密切关系也决定了宪法学与行政法学的特殊密切关系：宪法学在广泛的领域为行政法学提供理论根据，作为公法学一般原理的诸多理论，例如法律保留原则、法治原则等，在两个领域往往是相同的；行政法学在广泛的领域为宪法学提供实证研究的素材，行政法学研究的诸多行政关系往往可以转化，甚至构成宪法关系。

2. 行政法学与政治学

"每一种行政法理论背后，都蕴藏着一种国家理论。"② 行政法学作为公法学的主要研究对象，较之私法显然沾染更多的"政治色彩"。因为公法所调整的对象具有私法所不同的性质。对此，洛克林坦言公法是"一种复杂的政治话语形态……许多人都认为公法深深植根于它所存在于其中的社会、政治、经济和历史背景，这样一种路径至少可以确保我们对公法性质的探求牢牢地扎根于各个时代的现实性之中……寻求在社会发展的语境中表述和阐明公法问题是一种历史悠久的智识活动"③。

行政法学与政治学的联系直接而密切。在某种意义上，说行政法是一种政治法并不为过。因为行政法学是以公共行政活动为规范对象，政治学是研究国家的行政和活动的科学。政治学中有关国家的性质和职能、政治与行政的关系、个人与政府的关系、自由和权利的关系等理论，直接涉及行政权力的性质、行政活动的范围和方式，构成行政法学的基本理论。事实上，行政法制度是宏大的政治场景的一部分，当行政权与公民权处于对立局面，政治国家与市民社会面临二元分化格局时，强制行政必然独霸一方；而当人类政治过程的重心从统治走向治理、从善政走向善治时，行政命令与行政强制面临同样的命运，愈来愈多地为行政契约、行政指导所取代。④

3. 行政法学与行政学

就其学缘关系来讲，行政法学乃是行政学发展到特定历史阶段的产物。迄今为止的研究表明，世界各国的行政法学都是从行政学领域分化的，用以专门研究公共行政法律问题的学问与学科。行政法学和行政学都是以公共行政为对象的，两者之间存在着天然的内在关联性，可以相互影响，相互借用。早期行政法学以行政组织特别是不同行政部门的任务和活动为出发点，将研究重点放在行政主体及其权限等问题上，在内容上与行政学有较多重叠。20 世纪 80 年代，我国的行政法学由于刚刚起步，知识准备不足，加以当时认识上就是把行政法作为行政管理的工具，所以行政法学带有浓厚的行政学色彩，法学的味道比较淡薄，行政法规范研究相当贫弱。但是，两者毕竟分属两个不同领域的不同学科，它们在各自的角度、内容和目的等方面都是不同的。行政学属于政治学和公共管理学的分支学科，它把公共行政作为一种社会现象，分析公共行政中的事实问题，主要研究行政组织的结构、层次和幅度以及行政管理的原理和技术，旨在探索公共管理的科学化。行政法学是法学的分支学科，它把公共行政作为一种法律现象，主要研究公共行政中的法律问题，解决行政行为的合法性和合理性问题，其目标在于公共管理的法治化，包括行政权力所能产

① 参见黄学贤主编：《中国行政法学专题研究述评》，10 页，苏州，苏州大学出版社，2010。
② ［英］卡罗尔·哈洛等：《法律与行政》，29 页，北京，商务印书馆，2004。
③ ［英］马丁·洛克林：《公法与政治理论》，8～9 页，北京，商务印书馆，2002。
④ 参见王学辉：《反思中国行政法存在的政治背景》，载《行政法学研究》，2010（3）。

生的影响，应当遵循的法律规则等，即行政机关应当享有权力，但权力的运用不能超越法律界限；公民对行政活动应当服从，但对违法行政能通过法定途径获得补救。

值得一提的是，世界上不存在一种可以调整所有法律关系的万能部门法，也没有任何一个国家仅仅依靠一种部门法去调整国内的所有法律关系。但是，不可否认的是，作为仅次于宪法学的重要的部门法学，行政法对其他部门法的影响越来越大：随着行政权的扩张，行政机关越来越多地"干预"刑事、民事活动，行政法学的调整范围也因此逐渐扩及某些传统上认为应属于民法、刑法调整的领域。例如，在传统上，人们认为民事纠纷、合同纠纷等应属于民法调整范围，但现在，包括我国在内的许多国家普遍建立了行政裁决制度；传统上，人们认为违警罪应由刑法调整，治以轻罪，但在我国，被纳入行政法调整范围，给予行政处罚。

1.1.3 行政法学的学科体系

学科体系，是指某一学科的内在逻辑结构及其理论框架。行政法学体系就是行政法学在学科上的内部结构及整体构成方式，既包含内容上的逻辑联系，也包括形式上的逻辑构架，它是对本学科研究的一个综合反映。从一定意义上说，对行政法学体系研究的成熟程度直接反映出行政法学学科本身的成熟程度。[①]

行政法学的学科体系具有多重向度，具体涵盖横向、侧向与纵向三大类分。根据研究地理区域的不同，行政法学研究在横向上可依中国行政法、外国行政法和比较行政法展开，比较行政法的研究又以中国行政法和外国行政法的研究为基础。按照对行政法法律规范的不同，可分为行政实体法、行政程序法与行政侵权救济法，其中，行政实体法，是指规定行政主体及行政相对人实体权利义务的行政法律规范的总称，具体包括规定国家机关职权范围的行政权力配置法、组织及活动原则的行政组织法及规约行政主体责任的行政责任法；行政程序法，是调整行政主体及行政相对人在行政活动中程序的法律规范的总和；行政侵权救济法，是指通过裁决争议对侵权（违法或不当）的行政行为后果予以制止、矫正，使合法权益依法获得救济的法律规范的总称。若依行政法之一般理论与部门行政法之分属，在纵向上可按行政法总论与行政法各论予以归类。[②]

行政法总论和各论的关系是行政法学上的一个重要命题。通常而言，行政法总论和各论之间是一般与特殊、形式与实质的关系。前者意即"有关行政法的一般理论"，是对行政法之基本概念、法源、原则、法律关系、品格、理念等进行梳理，其原理对行政法各论具有普遍适用性；后者也称特别行政法，是依据行政法具体体系架构与研究取向之不同所形成的部门行政法，大体包括组织行政法学、人事行政法学、军事行政法学、外事行政法学、公安行政法学、民政行政法学、司法行政法学、交通行政法学、经济行政法学、教育行政法学、科技行政法学、文化行政法学、卫生行政法学、体育行政法学、土地行政法学、城建行政法学、环境行政法等。

从历史发展观看，行政法学的发展在很大程度上是源自部门行政法（尤其是警察行政

---

① 参见王景斌、陈伟杰：《近年来我国行政法学体系研究述要》，载《行政与法》，2001 (3)。

② 参见江国华：《中国行政法（总论）》，47～48 页，武汉，武汉大学出版社，2012。

法），其从各个分散的部门行政法规范中抽象、概括了总论的内容。[①] 范扬教授也说："行政法之研究，初期只依各种行政作用，分别各种法规，而论述各该范围之法理。其分类既非出于法律上之方法，而归类尤嫌困难，其法至不完善。学者乃觉有另设总论（Allgemeine Teil）之必要。于是将行政法学分为两大部分，以研究行政法全体共通之法理者，为行政法总论，研究行政法各特殊区域之法理者，为行政法各论（Besondere Teil）。"[②] 随后，经过许多人的努力，尤其是经过奥托·迈耶[③]的努力，行政法学完全摈弃了以行政法各论为对象撰写行政法教科书的风气，引入概念法学，效仿民法研究，从纷繁复杂的行政现象中归纳出了行政法的一般原理、原则和概念群，组合成一个逻辑一致、相对自洽的行政法总论体系[④]，并由此催生了作为独立学科的行政法学。

在随后的发展演进过程中，随着行政法自身理论的完善和自足，也对部门行政法施加了越来越大的影响力，两者的关系逐渐变为相互作用、相互影响、相互激荡。一方面，部门行政法对实践的变化与需求感觉最为敏感，从行政实践中提炼出的实证性研究成果，更贴近实践中的具体问题，会为行政法学总论的存在方式进行检查、反思和重构提供难得的契机。另一方面，受部门利益驱动以及视野狭隘的影响，部门行政法在发展之中或许会发生诸多偏差，需要行政法从宏观政策上加以引导和制约。[⑤]

1.1.4　行政法学的研究方法

1. 行政法学的方法论

法既是一个应然命题，也是一个实然命题，既要考虑应然向实然的过渡、实然向应然的回转，也要考虑规范与事实、理性与经验之间的统合与合理论证。[⑥] 根据行政法"是什么"和"应当是什么"的逻辑结构，行政法学可以划分为事实判断的实证行政法学和作为价值判断的规范行政法学。[⑦] 这也是社会科学方法论的一个基本要求，"方法论是以方法为实践基础，通过理论抽象而获得的有关方法知识体系的说明"[⑧]，重在说明方法在何种程度上具有恰当性，从而为人们正确思维提供相应的科学基础。

实证行政法学所研究的，是关于行政法"是什么"或"如何存在"的问题，主要描述"真实世界中的行政法"是怎么存在的，解释如此存在的原因，预测某项立法安排能不能实现既定的目标，分析其实施后果是怎样的这些类型的问题，着重于"是不是""怎么样""能不能""为什么"的研究。它的研究任务是通过逻辑上的动机一致性假设，发展出用于描述、解释和预测行政法现象的命题和学说。规范行政法学旨在说明行政法"应当是什么"或"如何改进"的问题，它涉及两个领域的研究：一是纯粹的价值判断领域，具有浓

---

① 参见陈新民：《德国公法学基础理论》，123页，济南，山东人民出版社，2001。

② 范扬：《行政法总论》，21页，北京，商务印书馆，1937。

③ 参见［德］奥托·迈耶：《德国行政法》，北京，商务印书馆，2002。

④ 参见高秦伟：《反思行政法学的教义立场和方法论学说——阅读〈德国公法史（1800—1914）：国家法学说和行政学〉之后》，载《政法论坛》，2008（2）。

⑤ 参见余凌云：《行政法讲义》，58～59页，北京，清华大学出版社，2010。

⑥ 参见高秦伟：《行政法学方法论的回顾与反思》，载《浙江学刊》，2005（6）。

⑦ 参见包万超：《行政法与社会科学》，68页，北京，商务印书馆，2011。

⑧ 胡玉鸿：《法学方法论导论》，97页，济南，山东人民出版社，2002。

厚的伦理解释色彩，旨在提出和阐述一套令人信服的行政法价值观和伦理规范；二是具体的制度选择领域，即为了实现相关的价值目标，研究应采取什么样的制度安排，或提出什么样的立法建议。它的研究任务是如何在一些基本价值共识的前提下，发展出表述和实现行政法价值观的命题和学说（见表1-1）。①

表1-1 实证行政法学与规范行政法学的一般性比较

比较项目	实证行政法学	规范行政法学
性质	是（事实判断）	应对（价值判断）
范畴	现实（如何存在）	理想（如何改进）
形式	描述、解释、预测	评价、建议、选择
任务	理解行政法	改进行政法
重点	建立行政法解释学	提供价值学说和立法建议
命题	客观性、一致性、可检验性	主观性、一致性、多元性
前提	提出行为动机假设	接受一个或几个基本价值判断
分类	理论实证经验实证	行政法伦理学、行政法制度学
规则	1. 满足行为动机一致性假设规则/经验实证的广泛性与代表性 2. 逻辑上具有可检验性/真或伪、对或错	1. 作出基本价值/价值命题协调一致 2. 劝导性/好或坏、优或劣
现状	理论实证较少	研究较多
例子	解释滥设许可证制度的原因	对许可制度的治理提出立法建议

资料来源：包万超：《行政法与社会科学》，78～79页，北京，商务印书馆，2011。

当然，正如霍尔（Jerome Hall）所说，法律乃是“形式、价值和事实的一种特殊结合”②。法律中的价值分成不仅表达了主观欲求和个人利益，而且还适合于理性的分析，解决一个伦理规范问题有时的确是非常困难的，但不能认为通过客观评价是不可能的。由此说明，实证和规范研究的划分不是孤立的和绝对的。

2. 行政法学的研究方法

方法意味着在给定的前提条件下，人们为达到一个目的而采用的行动、手段或方式。在某种意义上说，行政法学研究方法的更新与日趋多元化是行政法学发展的基本标志。

(1) 实证分析方法。侧重于用科学分析和逻辑推理的方法研究现实中的行政法、行政法律规范和行政法制度。其主要特点在于，将行政法置于社会生活领域，通过观察和分析社会现实生活中的大量行政法现象和历史上有关行政法的资料，以建立和检验各种行政法理论。

(2) 规范分析方法。规范分析是极力从“是什么”推出“应是什么”，它所关注的是法的内在价值或实质价值，它将法学视为一种正义与善之术，认为法学的功能不仅在于揭示实在法的共同原则，而且应当具有批判性，并寻求法律准则如何能够证实和具体化的问题。

(3) 社会实证分析方法。在社会实证分析方法的路径上考察行政法现象，是将其置于

① 参见包万超：《行政法与社会科学》，70～71页。

② ［美］E. 博登海默：《法理学：法律哲学与法律方法》，205页，北京，中国政法大学出版社，2004。

宏观的社会视野中，所关注的是行政法现象的社会意义，将行政法现象放进社会领域联系地加以研究，实际上是诸多社会学科、人文学科研究方法的统称。

（4）系统论方法。系统论的方法要求把行政法作为一个整体进行研究，而不是零散地、支离破碎地对一个一个的制度、规范进行研究。[①] 由于行政法体系自身的法律规范相当复杂，唯有将其作为一个系统，进行整体的动态的研究，才有可能把握行政法的整体特征、行政法各组成部分之间的内在关联性及其演变规律。

（5）案例研究方法。要关注“现实中的法”，要厘清和阐释“中国的真实法律问题”，就必须借助“案例”这一观察视角，来透视发生在转型中国的诸多司法实务纠纷，并借此反思各种案例背后诸多复杂社会利益关系结构。行政法学的案例研究路径可能包含个案分析、批量的案例研究以及视角更为广泛的案例研究。个案研究最为关键的问题是研究者需要对法官的裁判和感知作出自己的理解与判断；批量案例则更接近于一种社会学意义上的“样本”，是就法院对于“某类问题”的基本态度以及如何加以裁判进行梳理。

（6）经济分析方法。行政法的经济分析并非行政法理论与经济学知识的简单捏合，而是要将行政法理论、行政法规范纳入经济学的参照系内，深入剖析其内在的经济逻辑，并揭示其创新、变迁的经济理由。其最终的努力，就是将行政法律制度、原则以及行政法学理论理解成一个促成社会财富最大化的统一体系。[②] 具体而言，公共选择理论、博弈论、成本-收益分析模型等为行政法学知识的更新开辟了一条全新的道路。

1.2　行政法学的理论基础

关于行政法学理论基础这个问题，学界曾有过不同的提法，有人称之为“行政法的基本观念”，有人称之为“行政法的基本理念”，有人称之为“行政法的理论基石”，但基本含义一致，都是研究和论述行政法学最根本的理论问题，其实质在于它是一种关于行政法现象的价值观和方法论。

1.2.1　国外行政法学的理论基础

学界一般认为，西方行政法的学术传统可划分为以狄骥（Léon Duguit）为代表的欧陆功能主义模式和以戴西（A. V. Dicey）为代表的英美规范主义模式。1992年，曼彻斯特大学马丁·洛克林（Martin Loughlin）教授在《公法与政治理论》这部专门研究公法学术传统的名著中，明确划分并首次系统研究了“规范主义模式”和“功能主义模式”（见表1-2），在伦敦政治经济学院卡罗尔·哈洛（Carol Harlow）和理查德·罗林斯（Richard Rawlings）看来，即“红灯理论”和“绿灯理论”。红灯理论是法律指令行政“刹车”，即控制行政自由裁量权，而绿灯理论是让行政踩“加速器”，一路放行，即法律授予并尊重自由裁量权。

① 参见姜明安主编：《行政法与行政诉讼法》（第二版），37页。

② 参见杨解君、李平平：《经济分析方法在行政法学中的应用》，载《江苏警官学院学报》，2005（1）。

1. 规范主义模式

规范主义模式强调法律的裁判和控制功能，把行政法视作"控制政府权力的法"，旨在通过一套规则设置保护个人免遭政府侵害，实质上反映了"法律自治体"的理想。因此，个人的权利和自由优于行政便利或行政效率，在制度安排上重行政程序和司法审查的机制设置，该模式根植于自由放任的经济理论、普通法传统、经典宪政主义的人权保障和有限政府观念及其自由主义、保守主义文化传统，自戴西以来在英美行政法学界曾长期占主导地位，韦德、史密斯、戴维斯、盖尔洪、施瓦茨等学者都可归入这一模式。

2. 功能主义模式

功能主义模式认为，行政法是有关行政的法，它决定着行政机关的组织、权力和职责，把行政法视作政府有效推进社会政策、实现社会管制和提供公共服务的工具，强调法律对提高行政效率和促进公共利益而具有的管理和便捷功能，主张以行政为中心节制司法审查和革新行政程序制度，其理论基础可以在社会实证主义、社会进化论和实用主义哲学中获得解释。这种模式发轫于欧陆行政法学界，狄骥的"公务论"即为最初的经典表述。在20世纪20—40年代的英国与美国，拉斯基（Harold J. Laski）、詹宁斯（W. Ivor Jennings）、罗布逊（W. A. Robson）、威利斯（Willis）、威尔逊（W. Wilson）等人在批判戴西模式中使功能主义模式导入英美行政法学界并产生了重大的影响。①

表1-2 规范主义模式和功能主义模式的比较②

比较内容	规范主义模式 （法律模式） （红灯理论）	功能主义模式 （政府模式） （绿灯理论）
行政法的概念	控制政府权力的法	有关行政的法，决定行政机关的组织、权力和职责
行政法的价值	权利、自由、正义、安全	行政秩序、行政效率、公共利益、公共服务
性质与地位	私法模式（受普通法院管辖，符合普通法精神）	公法模式（倡议行政法院制，发展独立的公法体系）
国家类型	最低限度的国家	管制型国家
思想基础	自由主义、保守主义、普通法传统、经典宪政主义	国家干预主义、社会实证主义、社会进化论、实用主义哲学、行政官僚制理论
知识类型	进化论理性主义	建构论唯理主义
官僚行为动机与人性假设	怀疑（利己主义、经济人假设）	信任（利他主义、公仆假设）
制度模式	法治模式（法律至上、司法审查、正当程序）	政府模式（法律工具主义、行政自由裁量权、政府管制）
思想代表	戴西、韦德、戴维斯、哈耶克、德沃金	狄骥、拉斯基、罗布逊、詹宁斯

资料来源：Matin Loughlin，*Public Law and Political Theory*，Oxford University Press，1992；Carol Harlow & Richard Rawlings，*Law and Administration*，London，Butterworths，1997.

---

① 参见包万超：《行政法平衡理论比较研究》，载《中国法学》，1999（2）。

② 参见包万超：《阅读英美行政法的学术传统》，载《中外法学》，2000（4）。

长期以来关于政府和公民之间权利义务的设计及与此相关的行政效率与个案公正、公共利益与个人利益的制度安排存在的紧张对峙及内在的不对称性，揭示了现代社会的焦虑和传统行政法模式的局限性，戴西的规范主义模式和狄骥的功能主义模式的影响日渐边缘化。目前，欧美行政法学界逐渐打破上述两种传统模式的界限而走向新的融合，如何使政府在被广泛授权的同时受到有效的节制，如何在提高行政效率和保护个人权利，公共利益与私人利益之间维持合理的平衡成为现代行政法一个共同的发展趋势。

1.2.2　国内行政法学的理论基础

1. 行政法学的指导思想

习近平法治思想是马克思主义法治理论中国化时代化的最新成果，是中国特色社会主义法治理论的重大创新发展，是习近平新时代中国特色社会主义思想的重要组成部分，是新时代推进全面依法治国的根本遵循和行动指南。习近平法治思想内涵丰富、论述深刻、逻辑严密、系统完备，是我国行政法学的指导思想和理论指南。就其主要方面来讲，就是习近平总书记在中央全面依法治国工作会议重要讲话中精辟概括的“十一个坚持”：坚持党对全面依法治国的领导；坚持以人民为中心；坚持中国特色社会主义法治道路；坚持依宪治国、依宪执政；坚持在法治轨道上推进国家治理体系和治理能力现代化；坚持建设中国特色社会主义法治体系；坚持依法治国、依法执政、依法行政共同推进，法治国家、法治政府、法治社会一体建设；坚持全面推进科学立法、严格执法、公正司法、全民守法；坚持统筹推进国内法治和涉外法治；坚持建设德才兼备的高素质法治工作队伍；坚持抓住领导干部这个“关键少数”。[①]

2. 行政法学的理论基础

中国行政法学研究中第一次将目光投向行政法学理论基础问题并且形成专门学术成果的应当首推应松年、朱维究、方彦几位学者，他们于1983年发表《行政法学理论基础问题初探》一文，提出我国行政法学理论基础是人民服务论的观点。1989年，杨海坤在《北京社会科学》上发表了他的人民政府论（以后发展为“政府法治论”）的观点。此后一段时期虽然行政法学理论基础研究一直没有中断，但也未形成大量成果。1993年，罗豪才、袁曙宏和李文栋《现代行政法的理论基础——论行政机关与相对一方的权利义务平衡》一文的发表又将有关此问题的研究推向了一个新的高潮。各学者纷纷各抒已见，主要观点如下[②]：

（1）服务论。1983年提出的人民服务论[③]认为：行政法是规范行政机关行为的法，而社会主义国家行政机关是人民代表大会的执行机关，它的唯一目的是执行人民的意志。因此，我国行政法学的理论基础只能是为人民服务。十多年后，该文作者再次重申：当时提出此观点与我国行政法的发展方向相吻合。我们应确立一个理念，即管理首先要依法管理好人民的公仆，进而全面规制政府的行政行为，最后在健全完善各项对人民政府的法律监

---

① 参见中共中央宣传部、中央全面依法治国委员会办公室：《习近平法治思想学习纲要》，北京，人民出版社、学习出版社，2021。

② 参见杨海坤、何薇：《关于中国行政法学理论基础问题的讨论》，载《甘肃政法学院学报》，2000（2）。

③ 参见应松年等：《行政法学理论基础问题初探》，载《中国政法大学学报》，1983（4）。

督制度的基础上确立“服务”。这一观念应成为行政法的理论基础。

（2）政府法治论。该论于20世纪80年代发表的《论我国行政法学的理论基础》① 一文中提出，后又经过进一步完善。其基本含义为：以社会主义法治为根本基石，以政府法治为核心，实现政府与公民关系的平等化。具体概括为政府由人民产生（政府由法律产生）；政府由人民控制（政府由法律控制）；政府为人民服务（政府依法办事）；政府对人民负责（政府对法律负责）；政府与公民之间关系逐步实现平等化（政府和公民法律面前平等）这五个方面，并由这五个方面构成一个完整的有机联系的整体，即政府法治论，从而成为我国行政法学的理论基础和核心。该论亦可称为依法行政原则或行政法治主义，无论在大陆法系国家还是英美法系国家，无论在西方还是在东方，都普遍认为行政法的核心是解决行政权（政府为载体）与法律的关系问题，但具体内容及表现形式又会有很多差别。

（3）公共权力论。该论的倡导者认为：行政权在行政法学中占据着十分重要的地位，脱离了行政权就无从理解和说明什么是行政法，为什么需要行政法，以及行政法的应用和发展规律，因而必须对行政权力的普遍本质有一个科学的界定，并由此提出公共权力论是行政法的理论基础。其基本观点如下：国家权力是同人民大众“分离”的权力，行政权力当然也是这样一种权力。作为公共权力它是人民的、社会的权力，但它又凌驾于人民大众之上、社会之上，这本身就是一个矛盾，而且是国家权力的因而也是行政权力的根本矛盾。正是由于国家权力、行政权力的这种矛盾性，因而它内在地要求予以法律规定和调整。所以，权力和法是不可分割的，任何公共权力都需要运用法律予以规范，任何公共权力在行使中形成的社会关系总需要通过法律的手段来加以调整。

（4）公共利益本位论。该论提出：行政法的理论基础作为一种法学理论，属于意识形态范畴，归根结底是由行政法的基础即一定层次的公共利益与个人利益关系决定的，因此行政法的理论基础应构筑在行政法的基础之上，而不能构筑在行政法现象或功能之上，也不能构筑在抽象的公平、正义之上。继而通过对行政法内部矛盾运动（个人利益与公共利益的矛盾）的剖析，提出个人利益应服从公共利益，公共利益是矛盾的主要方面。从而得出行政法在本质上是以公共利益为本位的法，行政法的理论基础是公共利益本位论这样的结论。

（5）控权论。受英美法系国家主流学说影响，我国有一部分学者主张行政法学的理论基础是控权论，认为基于我国国情应当以控权论为行政法的理论基础来解释行政权与公民权的关系，构建中国行政法学理论体系。有学者提出，行政法以行政权为核心，行政权是全部行政法理论的基点与中心范畴。法律所需解决的并不是行政权力本身，而是行政权运行产生的后果。基于此，对行政法来说，核心不在于对行政权的保障，而在于行政权依照法律规范的要求去行使，监督控制行政权是否依法行使是行政法的主要功能。因此，行政法的理论基础不是“公共权力论”或“服务论”，而应当是“控权论”。

（6）平衡论。平衡论是由罗豪才教授提出的一种有关中国行政法学理论基础的观点。该论认为，行政法的全部发展过程就是行政机关与相对一方的权利义务从不平衡到平衡的

① 参见杨海坤：《论我国行政法学的理论基础》，载《北京社会科学》，1989（1）。

过程。古代行政法在本质上是管理法，而近代行政法总体上是控权法，现代行政法既不是管理法也不是控权法，而是保护行政权与公民权处于平衡状态的平衡法。与现代行政法实质上是“平衡法”相适应，现代行政法存在的理论基础是平衡论。它的基本含义是：在行政机关与相对一方权利义务的关系中，权利义务在总体上应当是平衡的。它既表现为行政机关与相对一方权利的平衡，也表现为行政机关与相对一方义务的平衡；既表现为行政机关自身的权利义务的平衡，也表现为相对一方自身权利义务的平衡。平衡论亦可称为“兼顾论”，即兼顾国家利益、公共利益与个人利益的一致。

(7) 控权-平衡论。该论认为自身是在“平衡论”的基础之上发展起来的一种全新的理论模式。它毫无疑问是对“平衡论”作了新的揭示，“平衡论”实际上是一个以平衡为表、以控权为实的理论。控权-平衡论是对平衡论的完善。其基本含义是：控权是方法，平衡是目标，控权是平衡指导下的控权，平衡是只有通过控权才能实现的平衡。平衡是公共利益与个体利益均至最大值时的状态。也有学者提出类似观点，认为随着法律价值观、政治体制和经济形态的发展变化，行政法核心理念自产生起共经历了“保权说”“控权说”“保权-控权均衡说”三个阶段。与义务本位、专制政体、自然经济相对应的行政法核心理念是“保权说”，而与权利本位、初步形态的民主共和制、自由竞争状态的商品经济相对应的行政法核心理念则是“控权说”。在当前中国社会，应使“控权”乃至“均衡”观念成为行政法的核心理念。

(8) “一个中心，两个基本点”论（以保障公益为中心，以授权与控权为两个基本点）。该论认为“授权”与“控权”是当代行政法基本问题的两个方面，它们是统一的、平衡的、协调的整体，而建立行政法秩序、保障社会公共利益是行政法学理论基础的中心点，亦即当代行政法学的两个基本点。

必须承认，行政法理论基础研究在世纪相交前后盛行了十余年之久，一时成为学界热点。这些学说从不同的角度总结和概括了行政法的理论基础，对解释行政法的逻辑点，促进行政法学研究的繁荣具有重要意义。但局限之处在于只是揭示了行政法理论基础的个别侧面，忽视了行政法所面临解决的问题以及行政法本身的复杂性，把行政法视为单一的价值体系，试图用一个恒定的价值标准统领所有问题，试图以一种学说去诠释所有国家、所有时期行政法的发展模式，这显然是片面的。①

不过，近年来，有一种学术现象值得关注。它虽然并不直接属于本主题范畴之内，但却是与之息息相关的。2003年，袁曙宏发表《论建立统一的公法学》一文，在国内率先提出“统一公法学”命题，寻求在法学和部门公法学之间建立一个中观层次的统一公法学，来研究整体公法规范、共性公法特征和一般公法规律，研究部门公法之间相互交叉、相互借鉴和彼此依存的内容，研究公法与私法之间的相互交融和渗透。它强调统一公法学应当借鉴行政法平衡论的研究成果，将公共权力与公民权利之间的关系作为贯穿公法理论基础的主线，将如何实现公法的权力/权利配置格局的结构性均衡作为公法理论基础的关键问题。②

---

① 参见江必新：《行政法基本理论的反思与重构》，载《行政管理改革》，2010 (4)。
② 参见袁曙宏：《论建立统一的公法学》，载《中国法学》，2003 (5)。

2005年，在发展平衡论的学术兴趣持久推动之下，罗豪才及其他学者在国内率先将“软法”“公共治理”这两个论题引入行政法学乃至公法学视野范围内。公共治理，作为新的公共领域治理模式，超越了治理的“政府模式”和“市场模式”之争，试图在“市场失灵、政府也不灵”的、看似绝望的两难困境之中，寻找第三条有效的治理路径，这本身足以让人看到绝地的一丝曙光。然而，公共治理模式带来的问题不止一箩筐，其中就有一个难题：既然治理主体趋向多元化，治理责任“向下”“向外”释放，在治理过程中实际发挥约束力量的规范，不是也不可能是唯一由国家制定的、自上而下推动实施的、以惩戒制裁作为保障实施的后盾的，那么，这些不同于传统“法律”概念的、具有事实约束力的规范，是否应当——如果是，应当如何——在法学上予以解读？于是，世界范围内，一个革命性的、颠覆性的概念在法学领域诞生了，这就是“软法”。[①] 软法有多种表述形式，诸如“自我规制”“志愿规制”“合作规制”“准规制”等，是指那些效力结构未必完整、无须依靠国家强制保障实施、但能够产生社会实效的法律规范。作为与硬法相对的一个范畴，软法表现出一些严格区别于硬法的个性特征，诸如制度安排的富有弹性、未必依靠国家强制力保障实施、非司法中心主义、法律位阶不甚明显，以及载体形态的多样化与文本叙事方式的独特性等。[②]

2008年4月，北京大学宪法与行政法研究中心举办“新概念行政法”研讨会。“新概念行政法”主张对传统行政法进行“扩展”而非“颠覆”，着眼点不是概念而是功能，即行政法如何在行政状况发生本质性变化（从消极到积极）的情况下提供一种新的、能够使公共行政过程合法化的解释框架。

阅读与思考

社区“软法之治”的“公约数”

新江湾城街道作为上海市第100个街道、第三代国际化社区和首批上海市法治建设示范街道，辖区居民具有年轻化、高知化、结构多元化、诉求多样化特点，权利意识和参与社区公共事务的意愿强烈。为更好地满足居民对开展社区自治的新要求，践行习近平总书记“发展全过程人民民主，保障人民当家作主”重要理念，结合社区发展实际，在新江湾城街道牵头、司法所参与下，制定发布新江湾城新时代《居民公约（指导大纲）》1.0版，共5个篇章60条，涵盖道德教育、家庭和睦、邻里融洽、社区稳定、社会和谐等方面内容，为社区修订居民公约提供纲领性指导，推动实现街道22个居委会、53个小区居民公约全覆盖，打通“全过程人民民主”最后一公里。

1. 坚持“百姓视角”，聚合法治力量，践行全过程人民民主

为确保《居民公约（指导大纲）》符合法律法规、紧贴居民生活，新江湾城司法所在区司法局指导下，整合多方法治自治力量，共同参与大纲制定。

一是法治团队护航。在司法所现有法治力量基础上，充分发挥社区法治专员深入一

① 参见沈岿：《行政法理论基础回眸：一个整体观的变迁》，载《中国政法大学学报》，2008（6）。

② 参见罗豪才、宋功德：《认真对待软法》，载《中国法学》，2006（2）。

线、街道法律顾问团专业作用，引入社区法治专员服务机构后援团，为政策梳理、法规研究、条文论证提供专业法律意见。

二是专家顾问支撑。新江湾城街道有着杨浦区唯一市级层面的基层立法“双联系点”。司法所充分发挥资源优势，以基层立法“双联系点”的“专家顾问团”“新城智囊团”、法治观察员等力量为补充，共同参与专题研讨、意见征询等过程。

三是社区群众参与。组织法治带头人、法律明白人以及居委会干部、基层党员力量，利用居民议事会平台，鼓励居民积极建言献策，参与社区创新治理。明确大纲制定的流程、程序、时间节点，通过社区调研、专题研讨等多种方式，广泛听取和征集居民对拟定指导大纲的意见建议，保障居民的参与权、表达权。

2. 立足“软法之治”，科学规范推进，助推居民公约落地落实

大纲制定过程坚持从群众中来、到群众中去，力求在法治轨道上通过居民自治、多元参与、民主协商程序，找准居民利益“最大公约数”。

一是深入调查研究，锚定治理痛点。充分发挥“1+22”公共法律服务工作站（室）作用，通过社区法治专员收集辖区现有的居民公约，梳理近五年来各站点接待咨询及调处社区矛盾中的热点问题，由司法所汇总整理，同时参考街道调委会调解案例及上海市居民公约、楼宇守则范例等，为大纲锁定社区治理痛点、堵点、难点问题提供依据。

二是开展专题研讨，确保依法依规。司法所充分总结和运用基层立法中积累的有益经验和优秀做法，先后组织了6次专题研讨，参考了《宪法》《民法典》《城市居民委员会组织法》等42部法律法规，逐条修订、精益求精，区别于传统口号式，创新采用条文式结构，并在每个条文后附相应的法律依据作为支撑，前后共修订六版，最终呈请区司法局组织专家会审后定稿，确保文本内容和逻辑结构的科学性、专业性、权威性。

三是持续跟进完善，落实监督保障。结合新江湾城街道特色，推进基层立法“双联系点”、法治观察点、人民意见征集点、行政复议受理点“四点融合”，通过社区法治专员、法治观察员、法治带头人、法律明白人等队伍对大纲在社区的使用推广进行法治监督，吸收群众意见，不断打磨完善，激发多元主体参与社区治理的活力。

3. 紧扣“三治融合”，凸显治理成效，走好大城社区善治之路

《居民公约（指导大纲）》不仅要让群众“看得懂”“记得住”，还要达到“行得通”“用得好”的效果。大纲发布后，司法所充分发挥大纲的指引性作用，不断完善自治、法治、德治“三治融合”的社区治理模式。

一是推进居民公约广泛制定。以尚景园、江湾国际公寓等5个小区作为首批试点，推进小区公约制定，融入“小哥驿站”“闲置银行”等特色自治项目，司法所指导公益律师、社区法治专员进行修改审定，街道法律顾问法制审核，指导居民代表会议通过后正式施行。并以试点小区作为示范引领，助推居民公约制定工作全面展开，目前22个居委会的居民公约均通过街道合法性审查，并向街道自治办及司法所等部门报备，实现街道全部53个小区居民公约全覆盖。

二是发挥公约法律指导作用。《居民公约（指导大纲）》层次分明、内容翔实，成为居民广泛认可的“自治宝典”，居民在日常生活中遇到问题，通过简单检索就能找到相关

的法理基础，更好地实现“社区的事在社区内解决”。同时，司法所牵头推动街道调委会、居委调委会以及社区法治专员在处理居民日常矛盾时合理运用大纲及居民公约内容定纷止争，让居民公约真正成为社区依法治理的重要手段，发挥“软法善治”的作用。

三是提升社区普法宣传成效。《居民公约（指导大纲）》中的法条链接涵盖了社区生活方方面面的行为规范，居民参与大纲研讨和公约制定的过程也是学习法律的过程，在潜移默化中提高了广大居民的法治观念和法律意识。同时，司法所通过微信公众号及社区法治力量线上线下开展相关典型案例宣传，让尊法、学法、用法、守法成为居民的思想自觉、生活习惯、行为方式，营造社区良好的法治环境。

党的二十大报告指出，“基层民主是全过程人民民主的重要体现”。新江湾城新时代《居民公约（指导大纲）》以“小公约”撬动社区“大治理”，在法治引领下突出社区治理规范化、精细化创新发展理念，提升新型社区基层治理体系和治理能力现代化水平。

资料来源：杨浦区司法局：《探寻社区“软法之治”的“公约数”，杨浦积极打造新江湾城国际化社区“法治样板”》，载澎湃新闻政务版，2024-05-11。有修改。

【阅读思考】

如何理解软法的基本内涵？如何把握软法在现代社区治理中的适用性？

1.3 现代行政法学的产生与发展

根据行政法学界普遍的观点，行政法学一直到19世纪后半期才在欧洲大陆逐渐发展成为一门独立的法律科学，其研究受行政法发展的制约，而行政法学的研究对行政法的发展又起着积极的推动作用。

1.3.1 国外行政法学的发展概况

就行政法的发展而言，不同国家的行政法与其本国的经济、政治、文化环境有着紧密的联系，植根于各自不同的宪法和法律体系，呈现出迥然相异的传统和特色。在此，我们只是简单介绍一下世界两大法系行政法学发展的基本情况。①

大陆法系国家的人们较早地认识到了行政法的作用，行政法学也就随之在这些国家较早地产生了。尽管资产阶级革命于18世纪末已经兴起并传播了民主、法治理念，但当时的人们更多注意的是新型国家的建构问题和宪法问题，行政法学主要是蕴涵在国家学和宪法学的研究之中。19世纪中末期，法国、德国等国家的学者开始逐步使行政法学独立化，提出了一些行政法的一般理论。直到20世纪初，行政法学才在大陆法系国家形成体系。目前，大陆法系国家行政法学体系一般是在绪论的基础上展开为“行政组织法”“行政作用法”“行政救济法”三个部分。早期大陆法系国家行政法学重点关注的是行政权的设定

① 参见罗豪才、湛中乐主编：《行政法学》（第二版），35页，北京，北京大学出版社，2006。

和运作，强调对其保障和监督，随着制度的变迁和人权观念的不断深入，其关注的内容也逐渐转向行政管理与公民权利之间的平衡发展。第二次世界大战以后，西方发达国家普遍推行适度的国家干预、行政权力不断扩张，对行政法治的要求日新月异，特别是大陆法系国家从20世纪50年代开始延续至今的“欧洲一体化”进程，为其行政法学提供了新的研究主题。

英美法系国家的行政法学研究起步较晚。这主要与英美法系对行政法的误解有关。英国直到20世纪后才逐步形成行政法学的专门研究。在美国，20世纪初只有少数学者写过几本行政法学专著，其行政法学的真正重大发展是在20世纪30年代以后，尤其是二战后。受到普通法传统、判例法传统以及维护公民权利不受政府权力专断的传统的影响，英美法系国家早期的行政法学研究，把重点放在行政立法、行政程序、行政责任和司法审查方面，在承认行政权扩大的同时，强调司法权对行政权的制约。随着当代行政国家的发展，尤其是行政管制在经济与社会生活中的重要性日益凸显，更多的学者开始把目光集中在对行政管制的合法性依据、行政管制的成功与失败、行政管制的成本与效益分析、行政管制的参与程序以及行政管制的多种管理方法与模式的问题上。传统的以司法审查为核心的行政法学体系和理论逐渐开始转型。

1.3.2 我国行政法学的发展概况

中国行政法制建设与行政法学研究可追溯至清末戊戌变法时期。[①] 1949年以前，我国行政法学深受大陆法系国家的影响，其研究的主要特征是：(1) 研究的领域和体系基本定型，但实为日本行政法学的摹本；(2) 初步探讨了行政法学方法论问题，重视“以理说法”，而不是简单地编辑所有法令，并对法令给出注释；(3) 立足本国特殊情境的理论研究本土化的努力初显端倪，典型地体现在以孙中山先生的三民主义、五权宪法理论和建国大纲等作为中国行政法理论的基础；(4) 基本接受西方步入福利国家以后的行政法理论；(5) 行政组织和各部门行政法的研究占据相当重要地位。

20世纪50年代行政法的发展，曾一度引起对行政法学的研究。当时北京的法律院校曾开设苏维埃行政法课程，一批苏联行政法著作被介绍过来，对中国行政法产生了相当的影响。但这一进程至50年代末就中断了。

以党的十一届三中全会为契机，一直到1989年，随着经济、政治改革的深入，行政法制受到了高度重视，行政法学研究逐步得到恢复和发展。

1983年司法部法学教材编辑部组织的行政法学统编教材《行政法概要》问世。这是新中国成立以来第一部行政法学教材。该书以总结和概括中国的行政法制实践为基础，同时借鉴各国的有益经验，力图创建中国的行政法学。尽管这部著作存在着某些不足，但它所体现的理论联系实际的学风和新建立起来的体系以及其中的某些章节，对其后我国行政

---

① 继清政府于1906年颁行《厘定官制》之后，民国政府更是发前人所未发，在中国建立起行政诉讼制度并颁布了一系列重要的行政法律条文，使行政法制初具雏形。而最早的中文行政法学著述当推1902—1903年出版的日本行政法著述之译本，中国行政法学则于20世纪二三十年代初步形成了自己的教材与学术群体。以上内容可参见王珉灿主编：《行政法概要》，25页，北京，法律出版社，1983；陈新民：《行政法学的拓荒者——浅介几本中国早年的行政法教科书》，见陈新民：《公法学札记》，219页，北京，中国政法大学出版社，2001。

法学的发展产生了深远的影响。我国行政法学研究开始步入正轨。

与此同时，新的行政法学教材和著作不断出版，国外著作也陆续得到介绍。各高等法律院校纷纷开设行政法课程。1986年行政法研究会在江苏常州市正式成立，从此行政法学者有了自己的学术组织。同年，在已故著名法学家陶希晋的倡导下，组织在京的行政法理论与实际工作者，成立行政立法研究组，专事起草行政方面的基本法，开创了立法机关组织专家起草法律草案的先河，为行政法学者与实践相结合提供了组织保证。

1989年，我国《行政诉讼法》的颁布，使得行政法学进入了一个新的发展阶段：(1) 强化了对监督行政、行政责任和行政救济的理论研究；(2) 开拓了传统理论上未曾深入研究的领域，如行政主体、行政程序、行政许可、行政立法、司法审查、经济行政法等；(3) 在有关专题的研究上取得了某些突破，如行政法的理论基础、行政领域法律关系、行政法治原则、行政自由裁量的法律控制、行政行为的一般理论等；(4) 从行政诉讼的角度研究行政法学的理论问题，成为重要的新的研究方法；(5) 加强了对国外行政法的研究和行政法学研究的国际交流。这些研究取得了许多重大成果，并对我国的行政法制建设起了积极的促进作用。《行政诉讼法》出台以后，行政法学者继续把大量的精力投注到研究和推动行政立法上，先后参与和推动了《国家赔偿法》《行政处罚法》《行政复议法》《立法法》《行政许可法》《全面推进依法行政实施纲要》《政府信息公开条例》等一批重要法律和政策性文件的制定。这些法律文件与部门行政法一起，初步建立起了我国的行政法体系，规范了行政机关的权限，明确了行政机关的职责，完善了行政行为的程序。①

进入21世纪后，伴随着体制改革与社会转型过程中出现的诸多新形势、新问题，给我国行政法学发展带来了新的契机和挑战。当前，我国行政法学研究已经表现出一些新的特点：(1) 融合传统宪法学与行政法学研究领域的新公法学、公法基础理论正在酝酿之中。这是对我国政治、社会、经济结构整体性变革的一个回应。(2) 经济学、政治学、社会学、行政管理学等其他学科的方法论大量引进行政法学的话语体系。博弈论、公共选择理论、社群主义、法团主义理论、公共行政范式理论，甚至主权理论等，都被行政法学者们纳入视野范围。(3) 反思性的理论研究渐渐成为一种普遍性趋势。对行政主体、行政行为一般理论、行政复议、行政诉讼、国家赔偿等方面的反省与重构可谓明证。这与旧有理论或制度同日新月异的形势之间已经不相适合有着密切关系。(4) 以行政管制为新的研究视角与落足点的方法，正在浮出水面。传统上以套用行政法一般理论去研究工商、公安、税务等各个领域为特点，并已经失去生机的部门行政法，由此面临一个新的转机。结合管制经济学和行政法学一般理论，在管制的合法性依据和界度，管制体制的架构，管制权限、方式和程序等问题意识的推动之下，去研究证券、金融、电力、电信、土地、城市建设等管制领域的具体问题，将会成为行政法学不可或缺的内容和分支。(5) 程序行政法的研究正在迈上一个新的台阶，将成为21世纪上半叶我国行政法学研究的一个重要领域。程序行政法是行政程序法、行政复议法、行政诉讼法等涉及行政管理程序和监督行政程序的法律规范之总称。随着保护和扩大公民参与权、知情权、救济权的呼声不断高涨，对程序行政法的深入研究在近几年更是加快了步伐。(6) 经济全球化、加入WTO对行政法的挑战受到

① 参见应松年：《中国行政法学60年》，载《行政法学研究》，2009 (4)。

广泛的重视和研究，已经开始成为当代行政法学的一个议题。①

1.4　行政法学的功能与任务

1.4.1　行政法学的功能

行政法学是一门研究如何将行政权力纳入法规、利用法理来掌握的学科。在国家步入法治国家的阶段之后，行政权力已经摆脱了以往只是作为执行国家统治者意志的工具角色，进一步要为国家的发展与全体人民的福祉，创造出一个发展的空间与秩序。行政法学的任务便是如何推敲出一个适合国家追求的行政法秩序，经由各种行政法律制度的建立、各级国家行政机关的执行以及法院的司法秩序，来使公平与正义观的法治国家理念尽可能地在每个行政行为中获得实践。②

1. 推动了法治政府理论与实践的互动发展

行政法学比起民法、刑法法治起步较晚，但却经历了许多重大历史事件、产生了一批标志性学术成果，无论是依法行政观念的普及还是人权保障理念的稳固，无不彰显着行政法学理论研究的重大贡献，为中国法治政府建设提供了理想图景和理论支持，促使法治理念从社会知识上升为国家知识。纵观法治政府的相关研究文献，可以看出以下脉络，一是初期（1996年前）研究集中于法治的价值层面，关注法治理念的历史梳理和介绍，强调法治是一种趋势，特别是在全球化、民主化大背景下的一种必然，但是对于法治与我国具体国情的研究并不很多，与此相对应，我们党和政府也开始接受法治理念，但是这一时期多表现在理念宣示层面。中期有学者开始从中西比较的角度探索法治的普遍规律与中国的具体国情相结合的问题，特别是解决了中国共产党在法治建设中的地位问题，注意到了中国共产党与法治建设的关系，提出了具有理论突破意义的一系列论述和主张。在这一时期，我们党和政府提出了依法执政进而提出建设法治政府的目标和实施纲要。现阶段，从《全面推进依法行政实施纲要》颁布后，学者的研究重点已经转向对于建设法治政府的具体制度和实践中产生的问题的研究，由此可以看出理论研究和政治实践之间的互动。③

2. 推动了行政法律制度的建设

行政法学的发展，特别是众多伴随着学科发展并积极参与相关立法过程的行政法学者为行政立法提供了价值取向、理论指导和技术支持，推动了行政法律制度的建设。改革开放以来，我国行政法制在反思传统人治观念的基础上逐步树立起法治的观念，进入20世纪90年代，随着经济体制改革目标的最终确立和政治体制改革的深入开展，行政法制建设取得了长足进步。一是行政组织建设和授权方面的法律，包括行政组织法、公务员法等。二是维护行政管理秩序和规范行政权行使的法律，包括教育、科学、文化、卫生、公

① 参见罗豪才、湛中乐主编：《行政法学》，37～40页。

② 参见陈新民：《中国行政法学原理》，自序。

③ 参见李建新：《法治政府建设的脉络》，载《理论月刊》，2013（11）。

安、司法等各方面的行政管理法律法规，如教育法、环境保护法等，以及规范行政权行使的法律法规，如行政处罚法、行政许可法、行政强制法等。三是监督行政权行使的法律，包括行政监察法、行政复议法、行政诉讼法等。[①] 截至2011年8月底，中国已制定现行宪法和有效法律共240部、行政法规706部、地方性法规8 600多部，中国特色社会主义法律体系已经形成。[②]

3. 推动了行政法治实践的理论解释

行政法学的学科完整性表现在对所研究对象具有的理论解释力上，主要体现在两个方面。一是对法律规范本身的学理解释。这种学理解释虽然没被赋予法律效力，不能作为适用法律的依据，但对于普及法律知识、提高人们的法律意识、正确理解和遵守法律、推动法学发展，都有很重要的意义。二是对法律实践活动的解释。行政法学需要从不同的角度、用不同的方式对那些开创性、探索性的行政法律实践活动和现象作出客观合理的解释甚至评判，让人们从对该法律实践活动充分了解到完全接受最后积极参与。

4. 推动了行政法治理念和法治文化的传播

行政法学的这一功能表现为学科发展对于人们的教化功能以及人才培养功能。改革开放以来，我国行政法学初步完成了学科体系建设，作为一套完整的理论知识体系，行政法学既有高深的理论概括、抽象，也有具体实际的经验总结，还有浅层的知识基础。正是通过感性地、真实地、确切地展示具体行政法治现象的印象和知识，不仅给人以基本的法律知识、方法和技能，还促使人们从中接受了法律，受到了法律教育，自觉矫正着自己的行为。与此同时，学科的发展推动了宪法学与行政法学专业人才的培养。

1.4.2 中国行政法学研究的现实困境

虽然国内行政法学研究有了很多的进步，同时也呈现出前所未有的繁荣态势，但行政法学研究的整体水平还有待进一步提高，实践中依然存在着一些问题。

1. 传统的理论体系

一个成熟的学科必然处于一种成熟的理论体系之中。于20世纪80年代重新起步的中国行政法学，由于受到德日等大陆法系国家传统行政法理论与制度的深刻影响，所以基本是照搬了大陆法系行政法学的理论构架，建立自己的行政法理论模型。而且，由于我国缺乏深厚和扎实的法治主义传统，其法治发展尚处于初级的“形式法治国家”阶段，法治理论尚不发达，目前行政法理论界缺乏对近二三十年中大陆法系各国行政法理论变革的深刻洞察，当然也更缺乏本土化的创新和发展，所以整个行政法学的理论体系仍然残留着传统行政法学理论的深刻烙印。例如，在行政法的价值观方面，我国的行政立法、政府部门乃至部分行政法研究者，都热衷于强调“公权力优越”“公益优先”“国民对行政的权力服从关系”“行政行为的公定力”“行政手段的强制性”“公民权利的有限性”等威权国家的基本价值观。另外，在行政法理论体系的构成方面，与德国19世纪“君主立宪型行政法”

---

① 参见刘天福：《新中国60年我国行政法制建设的成就与展望》，载《中共四川省委省级机关党校学报》，2009(3)。

② 参见国务院新闻办公室：《中国特色社会主义法律体系》，北京，人民出版社，2011。

理论模型也有一定的近似性。例如：（1）以公私法二元论作为理论基础；（2）将行政行为作为法体系的"道具概念"；（3）行政内部法与外部法的相互隔绝的制度设计和理论构成；（4）局限于行政机关与相对人的两面法律关系的考察等，在我国行政法理论和制度中均有一定程度的体现。正是由于我国行政法理论具备了传统行政法学的典型特征，我国目前的行政法学也只能归结到"传统行政法学"的范畴当中。[①]

2. 以立法实践取向的研究方式

法律是实践取向的，任何法学研究都必须以法律实践所欲达至的目的为自身的最终目的。而对于不同的主体，其实践目的显然是不一样的。立法者、行政官员、法官、法律的规范对象都有各自特殊的实践目的。根据目的的不同，法学研究的方法自然也应有所区分，这是法学研究应当遵循的最基本的规则。然而，当代中国的行政法学研究似乎并没有意识到这个问题。检视当今中国行政法学界的研究成果，会发现一种固定的论证模式：制度现状—存在问题—解决方案。这其实是一种典型的以立法实践取向的研究方式。[②] 一方面，行政法学研究极少关注立法实践以外的其他行政法实践。大部分文章都在探讨和分析法律制度的优点或缺点，然后给予赞扬或批评。即使有些文章的作者注重从法律的实施方面来论证，但最后的着眼点也往往放在立法的改善上。似乎这样分析的最后目标就是为了从立法的角度来完善法律，至于在不修改法律的前提下如何填补法律存在的漏洞，则并不重要。另一方面，行政法的研究者在为法律实践者提供建议的时候，也往往都是从立法者的角度出发。当实践者碰到的疑难案件出现在行政法学研究者面前时，很多人动辄就以"行政法体系的不完善""法律本身存在缺陷"等话语进行论断，并在此基础上提出法律应当进行修改的意见。至于法律实践者在法律已经存在的前提之下究竟想达到一个什么样的目标，则较少被关注。[③]

3. 失衡的研究内容

行政法学理论体系不仅应当具备内在逻辑的自足性，而且应当具备组成内容的平衡性。有学者认为，我国行政法学在研究内容上存在着失衡现象：一是总论研究与分论研究的失衡。绝大多数学者都是围绕行政法学的一般原理和制度展开的，除个别学者对经济行政法用力甚勤之外，其他部门行政法的研究几乎是一片空白。二是基础理论研究与应用对策研究的失衡。长期以来，我国的行政法学一直被定位为应用法学的一个分支，其使命就仅仅在于从事对策研究，解决现实生活中的问题。在这种思维的影响之下，多数学者都将精力倾注在对策研究上；基础理论研究尚十分薄弱，还没有形成能够全面、深刻解释整个行政法制体系，能作为指导行政法制度建设基础的完善的学说。三是行政法学研究与行政诉讼法学研究的失衡。一个不争的事实是，无论就研究的广度还是深度而言，行政诉讼法学都无法与渐入佳境的刑事诉讼法学及民事诉讼法学相比。四是宏观、微观研究与中观研究的失衡。长期以来，宏观研究与微观研究"并驾齐驱"，前者侧重于对行政法价值定位、核心理念、基本范畴等"元"问题的研究；后者则表现为对行政法各组成部分的细节问题

① 参见鲁鹏宇：《行政法学理构造的变革》，吉林大学博士学位论文，2007。

② 参见舒国滢：《并非有一种值得期待的宣言——我们时代的法学为什么需要重视方法》，载《现代法学》，2006（5）。

③ 参见唐丽宁、吴睿：《行政法学研究的角色混同及其救治》，载《福建行政学院学报》，2010（1）。

的精耕细作。相比之下，当前立足于真实的行政法世界而又超越具体制度的中观行政法学基本原理研究则非常缺乏。[①]

4. 滞后的研究方法

良好的研究方法虽然不一定能产出优秀的研究成果，但滞后的研究方法却断难产出优秀的研究成果。回顾我国行政法学20年来的研究历程，其研究方法主要有理论联系实际、比较分析以及价值分析方法等。然而，这些方法的运用都或多或少地存在一些问题。更为甚者，其他社会科学和人文科学领域的重要理论，如公共选择理论、博弈理论、制度变迁理论、机制设计理论等，都尚未实质性地被引入行政法学研究中来，更未在广阔的视角中建立适应行政法学科特点的多元化、科学的方法论体系。

1.4.3 中国行政法学的发展任务与趋势

中国行政法学研究困境的摆脱首先需要有正确的目标定位，并依此构建回应时代要求和发展趋势的总体任务。有学者认为，21世纪中国行政法学的目标应定位在如下五个方面[②]：

1. 行政法学本土化

行政法学的本土化亦可称为行政法学的中国化，意指需要建构西方行政法治普遍原理同中国行政法制相结合的、能够合理解释中国行政法现象并指导当代中国行政改革的行政法学理论体系。行政法学人必须立足于中国现实问题的解决，结合政府规制改革的实践，对行政法学的基本范畴、基本原则、学说观点认真进行检视，并在此基础上进行重构。

2. 行政法学规范化

行政法学的规范化是就行政法学问题的研究方法和思维模式而言的。离开了科学的研究方法，行政法学的学术规范就难以形成，其专业化的水准也不可能得到提高，更遑论指导行政法制的实践。树立科学的学术规范意识既需要秉承并大力倡导学术批判精神，又应当在研究方法上进行大胆创新，通过多种研究方法的综合运用，逐步提升我国行政法学研究的整体水准。

3. 行政法学和谐化

行政法学的和谐化是指行政法学理论体系的逻辑严密、结构合理，注重行政法学各个分支领域研究的整体推进，最终形成规模宏大、结构科学、布局合理的行政法学理论体系。就广义行政法学而言，应当实现行政法学总论、部门行政法学、比较行政法学及行政诉讼法学四个组成部分研究的“齐头并进”；就狭义行政法学而言，应当实现行政法学基本原理、行政组织法学、行政行为法学、行政救济法学四个组成部分研究的“并驾齐驱”。

4. 行政法学综合化

行政法学的综合化意指应当在整个社会科学的宏观背景之下，通过分享其他学科的研究成果，以综合的研究方法构建“开放式”的行政法学，由此既能科学解释多样性、复杂

---

① 参见章志远：《现实困境与路径选择：中国行政法学研究之省思》，载《河南省政法管理干部学院学报》，2006（1）。

② 参见章志远：《现实困境与路径选择：中国行政法学研究之省思》，载《河南省政法管理干部学院学报》，2006（1）。

性的行政管理现象，又能扩大与其他学科之间的对话与交流，积极参与某些交叉性问题、综合性问题的研究。

5. 行政法学国际化

行政法学的国际化趋势可以从两个层面来理解：其一，国内的行政法学者应当通过各种渠道和形式了解国外行政法学发展的最新动态，自觉以全球化的眼光来审视中国的行政法问题。其二，中国的行政法学者应当以更加积极、自信的姿态研究国际社会共同面临的行政法问题，使中国的行政法学能够走向世界。

本章小结

1. 行政法学是研究行政法现象及其内在规律的一门相对独立的法学学科。它伴随着行政法的发展而发展，其研究对象包括行政法规范、行政法基础理论、行政法制度和行政法关系。

2. 行政法学的学科体系具有多重向度，具体涵盖横向、侧向与纵向三大类分。从历史发展观看，行政法学的发展在很大程度上是源自部门行政法，其从各个分散的部门行政法规范中抽象、概括了总论的内容。

3. 行政法学理论基础是一种关于行政法现象的价值观和方法论。西方行政法的学术传统可划分为功能主义模式、规范主义模式；我国学者则形成了涵盖控权论、平衡论、服务论等理论基础。

4. 不同国家的行政法与其本国的经济、政治、文化环境有紧密的联系，植根于各自不同的宪法和法律体系，呈现出迥然相异的传统和特色。

5. 就其功能而言，行政法学的发展推动了法治政府理论与实践的互动发展，推动了行政法律制度的建设，推动了行政法治实践的理论解释，也推动了行政法治理念和法治文化的传播。但在实践中还存在着一些问题，具体表现为传统的理论体系、以立法实践取向的研究方式、失衡的研究内容和滞后的研究方法。

6. 中国行政法学的目标应定位在如下五个方面：行政法学本土化、行政法学规范化、行政法学和谐化、行政法学综合化和行政法学国际化。

关键术语

行政法学　行政法学体系　规范主义模式　功能主义模式　控权论　平衡论　软法

复习思考题

1. 行政法学的研究对象包括哪些？
2. 简述行政法学与宪法学的关系。

3. 简述规范主义模式与功能主义模式的区别。
4. 什么是控权论？其基本内涵是什么？
5. 什么是平衡论？其基本内涵是什么？
6. 论述行政法学的功能。
7. 论述我国行政法学面临的现实困境。

案例自测

流动摊贩的“堵”与“疏”

“再也不用和城管打游击了”，2023年以来，上海、兰州、深圳等城市相继出台政策，不再全面禁止摆摊，对流动摊贩进行规范。政策调整后流动摊贩如雨后春笋般多了起来，带来烟火气的同时也带来了噪声污染和交通拥堵。如何避免一管就死、一放就乱？流动摊贩管理考验着基层治理的智慧。

随着流动摊贩疏导区的设立，新的问题随之而来。在哪里设置疏导区、如何运营好疏导区颇有讲究。此外，流动摊贩疏导区设立后，如何确保食品安全、消防安全等也成了难题。

过去堵：城管围追堵截 摊贩明争暗斗

流动摊贩管理压力大，市民投诉多，经常和城管人员发生冲突。摊贩之间也存在明争暗斗，最大的矛盾在于占位子。流动摊贩多了，带来烟火气的同时也带来了噪声污染和交通拥堵。为了管理好辖区的流动摊贩，不少城管队员对流动摊贩围追堵截。广东省惠州市惠城区河南岸街道是惠城区13个镇街中常住人口最多的，由于城管队员人手不足，此前每年要花近百万元购买第三方服务，安排人在主干道盯梢。

现在疏：设临时摆卖区 吸引摊贩入驻

惠州试点设立流动摊贩临时摆卖疏导区，由第三方公司进行运营，负责日常管理维护工作。夜市的管理责任落到了运营方，城管压力骤减。位于惠州学院附近的皓月园夜市原本在学校旁的马路边。此前，流动摊贩把马路堵得拥挤不堪，摊贩们为了占更靠路口的位子，经常相互拥挤，甚至斗嘴动手。现在，夜市的管理责任落到了运营方，杜凯和同事只需在日常巡逻时到夜市查看，队员们有了更多的精力去做其他的工作，此前每年近百万元购买第三方服务的费用也省下了。

未来盼：固定选点得当 兼顾人气环境

伴随着流动摊贩疏导区的设立，新的问题随之而来。在哪里设置疏导区、如何运营好疏导区颇有讲究，既要兼顾人气，又要把对交通和城市环境的影响降到最低。广东省公共管理与公共政策研究会副会长刘伟表示，堵疏结合的治理方案是城市流动摊贩治理的一项创新实践，平衡了公共空间秩序与民生就业需求。但地摊经济作为一种非正规经济形式，其存在本身必然同具利弊双面性，达到各方满意并不容易，还要避免对有门店的同类经营者造成太大冲击。城市发展应以包容的态度去认识并接纳其非正规性，给生活在其中的社会弱势群体平等的空间发展权利，保障其享受基本生活权益，兼顾经济效益和社会公平。因此政府有义务引导公共资源多向地摊经济提供帮扶和扶持，加强政策供给与资源配套，将共治共享原则贯彻其中，以多元参与、合作参与的方式实现疏堵结合，推动并实现城市善治。

资料来源：贺达源、欧阳胜勇：《流动摊贩堵与疏：如何平衡公共空间秩序与民生就业需求？》，载光明网，2023-10-23。有修改。

思考题：

（1）流动摊贩存在治理难点的原因有哪些？

（2）如何理解行政法学的研究需要置于宏观的社会视野中关注行政法现象的社会意义？

第 2 章

公共行政与行政法治

本章要点

- 公共行政的内涵与类型
- 行政权的限度
- 行政权与公民权利的关系
- 行政变革对传统行政法的挑战
- 行政法治的内涵
- 行政法治的发展

2.1 公共行政的概念与内涵

2.1.1 公共行政的概念

“行政”是一个历史概念。对于人类社会来说，自从有了国家和政府以来，就有了行政的问题。从词源上说，英语中“行政”（administration）一词源于拉丁文 administrate，原意为“执行事务”。亚里士多德在《政治学》中就曾使用过“行政”这一术语。早在两千多年前的中国古文献中，也有关于“行政”的记载，《左传》有“行其政令”“行其政事”之说，《史记·鲁周公世家》有“召公、周公二相行政”之说，其含义指的是全部国家管理活动。

就日常生活而言，一般意义上的行政通常指对某类事务的管理或执行的行为或活动，或者指管理或执行某类事务的组织。在此意义上，行政又可分别表示国家与公共事务的“公共行政”和社会组织、企业的“私人行政”。行政法领域的行政通常指公共行政，即国家行政机关或者法律法规授权行使行政职能的组织对国家与社会公共事务的组织、管理、决策与调控等活动。

随着社会的发展，国家事务的组织形式和活动方式越来越复杂，人们对“行政”的理解和认识也不断深化。近代意义上的行政是国家权力分工的产物。西方国家按照分权原则，将国家权力分为立法权、行政权和司法权，并分别建立立法机关、行政机关和司法机关。但是，自现代以来，国家权力分工界限分明的传统被打破，在经历了从消极行政向积极行政的阶段转移后，国家权力出现交叉和混合的状况，因而要确定行政的含义十分困难。就现代意义上的公共行政，长期以来国内外学者众说纷纭，莫衷一是，其主要的观点有以下几种：

（1）扣除说。又称“排除说”“蒸馏说”“除外说”，是对行政的一种消极定义。这种定义回避了对行政本质和内涵的追寻，从现代的三权分立的角度出发，认为行政是指国家立法、司法以外的一类国家的职能。虽然该学说并未说明行政本身是什么，但对行政的范围作了形式上的界定。然而，随着公共行政的发展，政府行政权日益扩大，出现了大量的授权现象，造成了立法、行政、司法三种职权的交叉、混合，行政已不是单纯立法、司法以外的剩余活动称谓，而是同时包含三种职能的特殊概念，所以，用“扣除说”表述行政的含义已不够恰当准确了。

（2）目的说。这种观点是针对“扣除说”的缺陷而从正面提出的积极定义。这种观点认为，现代行政是以积极具体地实现国家目的而进行的具有整体统一性和动态连续的国家活动，是为适应国家社会的需要而具体实施公共政策的过程及行动。例如，德国行政法学者奥托·迈耶、拉班德（Paul Laband）等人主张，行政便是实现国家政府目的的一切活动；弗莱纳（Fritz Fleiner）认为行政是为了实现生活目标和法律秩序的国家活动；宪法学者彼得斯（Hans Peters）认为行政是具体实现国家的目标。

（3）国家意志执行说。此观点源于美国行政学家古德诺的政治、行政二分说。古德诺认为，在所有政府体制中，都存在着两种主要的或基本的政府功能，即国家意志的表达功能和国家意志的执行功能，前者谓之政治，后者谓之行政。[①] 政治是政策的制定，行政是政策的执行。这一定义强调了行政的基本功能及其特性是执行性，即执行政治的意志。然而，政治与行政并非截然二分的，行政不只是一种被动的执行性活动，而且要积极参与和影响决策。20世纪90年代以来西方政府纷纷对政策制定与执行的关系进行新的调整，以促进行政积极、有效地实现和保障公共利益。

（4）管理说。这种观点用管理功能和要素的观点来说明行政运行过程的特征，把行政视为协调众人力量以达到公共目标的活动。美国行政学家怀特认为，“行政是实现或执行公共政策时的一切运作”，是“为完成特定目标而对许多人的指挥、协调和控制”[②]。古立克把行政的具体运作过程分为计划、组织、用人、指挥、协调、报告和预算，即POSDCRB七功能。西蒙把行政视为“为达到共同目的所做的合作的集体行动”[③]。

上述不同的定义，从不同的角度和侧面展示了公共行政的内容和特性，反映出公共行政内涵的复杂性和多样性。在吸取行政法学研究成果及理解当代公共行政实践的基础上，

---

① 参见［美］古德诺：《政治与行政》，10页，北京，华夏出版社，1987。

② L. White, *Introduction to the Study of Public Administration*, New York, Macmillan, 1955, pp. 1-3.

③ Herbert A. Simon, Donald W. Smithburg, Victor A. Thomson, *Public Administration*, New York, Alfred A. Knopf, 1950, p. 342.

我们认为行政法上的行政即公共行政，是指国家行政机关或其他特定的社会公共组织，为了实现公共利益，依法对国家与社会公共事务进行有效管理的活动及其过程。

2.1.2 公共行政的内涵

1. 公共行政的目标是实现公共利益

作为共同体利益和公众利益，公共利益是与私人利益相对应的范畴。在这个意义上，公共利益往往被看作一种价值取向，当成一个抽象的概念，其基本价值包含着生存、安全、秩序、效率、公平、公正、民主、效益等。它所具有的客观性和社会共享性为我们阐明了利益的指向，即公共利益是超越于任何特定人们之间的利益关系，是社会全体成员所共有的，并且客观地影响着社会共同体整体生存和发展的利益。而当以公共物品和公共服务为主要物质表现形式时，公共利益却又是现实的、分层次的和多样化的，并为社会成员所共同需要的。因此，公共利益的实现是公共管理的根本目的。同时，公众对于公共物品的多层次、多样化、整体性的利益需求也不断地呼唤公共组织，特别是政府组织更多地站在公众的立场（而不是管理者的立场），提升自身的能力和绩效，构建战略性的公共管理框架。

2. 公共行政的主体是多元化的公共组织

“政府是公共管理的核心主体，但它们不是唯一的主体。”我们所说的公共组织是涵盖以政府为核心的公共部门、非营利部门、第三部门和权威性机构所构成的开放式体系，包括由政府投资兴办、主管或经营的自来水公司、城市公共交通公司、高等院校、科研机构、社会福利机构、非营利性的公共医疗机构以及类似于中国青少年基金会的中介组织等。它们存在和活动的合法性是建立在实现公共利益、提供公共服务和公共产品的基础之上，并由此构建了行为主体普遍的法律责任和公共道德要求。

3. 公共行政的内容是社会公共事务

公共事务是指提供关涉全体社会成员公共利益的公共产品与公共服务的相关活动。一般将公共事务分为四类：一是国家公共事务，主要指国家立法、司法的公共事务；二是指政府公共事务，主要指依法享有行政权力的政府组织关于维护公共秩序和满足社会总体利益等方面的公共事务；三是社会公共事务，主要指除上述“国家”“政府”以外的非营利组织（第三部门）领域的公共事务等；四是国际公共事务，主要指国与国之间等相关的国际性的公共事务。① 其主要内容包括公共问题的确立、公共政策的制定、公共项目的选择、公共资源的组织、协调和控制、公共物品的合理利用和监管以及为社会成员提供各种社会服务等。② 现代社会，随着公共事务的内容和范围的不断扩大与复杂化，其管理主体也日趋多元化，手段趋于多样化。

4. 公共行政的基础是公共权力

公共组织之所以能够管理社会公共事务是因为它具有公民及社会成员授予的公共权力，公共权力使公共组织具备了合法的主体地位以及影响和支配社会成员行为的强制性力

---

① 参见王乐夫、刘亚平：《国际公共管理的新趋势——全球治理》，载《学术研究》，2003（3）。

② 参见汪玉凯：《公共管理基础问题研究》，载《中国行政管理》，2001（11）。

量，它是公共行政活动得以进行的基础，公共行政实质就是公共权力的行使和运用的过程。作为权力之源的公民自然具有监督和控制的权力，要求公共行政服务于公共福利的根本目的，使得公共权力更有效地发挥规范、导向和发展的功能。规范即保证提供社会法律和道德等行为准则，维护社会生活的基本秩序，保持社会稳定；导向即保证提供社会发展战略和规划，保持社会良性运行、协调发展；发展则是通过一系列的社会政策，指引社会的进步。

5. 公共行政的基本原则是依法行政

自现代意义的公共行政理论诞生以来，依法行政始终是公共行政的一项基本原则，是公正、公平、民主精神在公共行政领域的体现与贯彻。依法行政最初的含义是，要求行政机关的行政行为必须接受由立法机关制定的法律的约束，就是通过对行政机关的行政行为实行法律的控制，来体现人民主权原则和人民当家作主的现代民主制度要求，其本质是依法规范、约束行政权力。

2.2　公共行政的特征与类型

2.2.1　公共行政的特征

与传统的行政管理或政府管理相比，公共行政所体现的下述特征更为显著和突出：

1. 公共性

首先，公共行政的客体具有公共性。一般而言，公共行政的对象是社会公共事务和公共服务，与每一个社会成员都有着直接或间接的联系。因此，尊重公民的基本权利，实现社会政策的公正、公平、公开就成了公共行政的基本要求。

其次，公共行政的过程具有公共性。公共行政主体具有多元性，事实上在公共行政的过程中，公民及社会成员都具有相当重要的法律地位，直接或间接地参与管理，因此体现了民主参与的基本特点。随着经济市场化和政治民主化改革的不断深化，公共行政过程的公共性特征会越来越明显，公开化、大众化的要求也将越来越强烈。

最后，公共行政的基本要素中离不开公共权力这个要素。公共行政的权力与政治、行政权力一样，其最终来源是公民及社会成员，公共行政权力的运用必须服务于公共利益，否则不具有权力的合法性。

2. 适应性

传统的行政服务往往是整齐划一的单项供给型服务，人们缺少自由选择度，加上政府公共服务本身的垄断性质，因此是公众适应政府，而不是政府适应公众。公共行政则强调管理主体的多元性和彼此的相互竞争性，这有利于公共服务的公众选择机制的形成，从而克服由于公共服务部门的垄断所导致的官僚主义、效率低下及其对公众利益的侵犯。

3. 效能性

效能包括效率和功能，包括公共决策对于公共问题解决的有效性、解决问题的速度、所花费的成本（包括时间、财力、人力等）等。公共行政的效能目标应该包含如下内涵：首先，效能来源于公共行政和公共决策的科学性。其次，效能来源于公共决策流程的合理化。公共决策体制中应该包含着合理正规的决策程序，程序化、合理化的决策体制才能保证公共行政的及时性和有效性。最后，效能还有赖于公共决策体系的分工和整合的成功程度。

4. 法治性

法治在公共行政管理中体现为严格遵守规则的精神。公共行政必须是在宪法和法律许可的框架下进行的，有的还要求严格依照法律法规的条文进行。即使是在社区和基层自治的范畴内，也必须依照一些事先通过的章程和有关规章制度，或者是根据经过全体成员认可的契约和协议进行。可以说，法治性是公共管理的又一基本特点。

5. 回应性

随着信息技术在人们生活中的广泛应用，人们对公共行政的速度和效率的要求也在不断提高，加上民主化进程的深化，对公民的重视程度也构成了公共行政和决策能力优劣的一个基本评价指标。增强政府及其他公共行政主体对公民和社会的回应性，是提高和保证公共管理效能的有力途径，也是传统科层官僚体制适应新技术导致的社会变迁、维持决策体制的时代适应性的必要举措。回应性对于公共行政的要求是十分具体的。首先，要求公共行政的主体始终保持对于公民或社会的关注，并且要求公众对公共行政特别是公共决策过程有较高程度的参与。其次，回应性还要求切实尊重和保护公民的权利。最后，回应性还要求公共行政体制保持灵敏的社会感知力，保持公共决策信息系统的开放性和决策系统的有效输出和反馈。

6. 公平性

从公平与效率的关系看，效率在传统行政价值体系中占据重要地位。然而，现代社会信息技术的开放和透明度的增强，使公民对政治和公共管理事务的了解日渐增多，对传统政府管理的核心价值观发出挑战，取而代之的是公共行政的公平正义与管理效率并重，这是当今社会公共行政发展的大势所趋。换言之，公共行政必须考察提供的服务是否有利于促进社会的公平与效率，效率必须以公平的社会服务为前提。

2.2.2 公共行政的分类

分类是科学研究的基本方法之一。对公共行政的分类，不仅有助于揭示公共行政的不同表现形式，而且将为整个行政法学理论的建立奠定基础。根据不同的标准可以对行政作如下分类①：

1. 国家行政与社会行政

这是以主体为标准所作的分类。国家行政是指国家行政机关代表国家进行的公共行政，在我国主要是各级人民政府及其工作部门进行的管理活动。社会行政是指社会组织根据法律、法规授权和行政机关委托进行的公共行政，其具体形态多种多样，其实质是自治行政。在我国，社会行政的情形包括：

---

① 参见朱维究、王成栋主编：《一般行政法原理》，6～8页，北京，高等教育出版社，2005。

(1) 律师协会等行业团体进行的行业自律管理活动。

(2) 社团、基金会根据法律授权进行的公务活动。

(3) 各种鉴定、检测机构根据法律授权进行的行业技术监督管理活动。

(4) 大学等教育机构进行的自我管理活动，特别是学籍管理、学位管理。

(5) 村民委员会、居民委员会、社区等基层群众自治组织进行的自我管理活动。

(6) 生产建设兵团进行的公益自我管理活动。

社会行政拓宽了公共行政的主体范围，其实质是行政的自治和分权，是行政的社会化。

2. 权力行政与非权力行政

这是以手段为标准所作的分类。权力行政以命令与服从为基础，以国家强制力为后盾，例如行政处罚、行政检查、行政强制、行政征收等。非权力行政以合意为基础，往往采取私法的方式，援引私法的规则，例如行政规划、行政合同、行政指导、行政激励等。由于行政民主化的发展，权力行政与非权力行政的界限正日渐模糊。

3. 秩序行政与给付行政

这是以任务为标准所作的分类。秩序行政的任务是维护公共安全和社会稳定，例如，用催泪弹驱散可能发生骚乱的示威人群。给付行政的任务是为公民提供各种福利，例如发放抚恤金、救济失学儿童。秩序行政与给付行政之间是相互依存的关系。给付行政的发展以秩序行政为基础，秩序本身也是行政机关为公民和组织提供的一种服务；同时，给付行政的发展往往会促进秩序行政的改善。

4. 裁量行政与羁束行政

这是以法律约束程度为标准所作的分类。羁束行政是指法律对行政活动的程序和实体要件作了明确规定，行政机关只能按照法律规定实施行政活动，没有选择余地的行政类型。裁量行政是指法律对行政活动的程序或实体标准规定得不明确、不具体，行政机关可以根据案件的具体情况进行自主判断、进行选择的行政类型。裁量行政总体上可分为两种：一种是法律后果裁量，即在法律规定的不同处理方法中进行选择，例如"警告、200元以下罚款或者15日以下拘留"；另一种是事实要件裁量，即法律规定使用了不确定的概念，例如"必要时""公共利益""情况紧急""正当理由"等。

2.3　行政权与公民权利

2.3.1　行政权概述

1. 行政权的含义

行政权是行政的基本依据，行政是行政权的运作体现。行政法学中的每条原理几乎都可以在行政权方面找到其起因和归宿。行政权，通常又叫作行政管理权、行政权力等，其共同含义是指国家行政主体执行法律、管理国家行政事务和社会公共事务的权力，是国家政权和社会治理权的组成部分。这个定义具有三层意思：第一，行政权的合法来源是国家宪法和法律，没有宪法、法律的确认或设定，行政权就失去了存在和行使的基础。第二，行政权由国家行政机关和其他特定社会公共组织行使，立法机关、司法机关以及其他国家机关就其各自所管理的事项进行的权力分别为立法权、司法权等。第三，行政权系国家政权和社会治理权的组成之一。一方面，现代行政权仍然保留了传统国家政权的特色，是国家治理和服务社会的公权力的一种；另一方面，现代行政权还包括社会组织对社会公共事务的治理权，这些治理权有的来自国家法律的直接赋予或行政机关的委托，有的起源于社会组织的自治而后得到国家法律的承认。实践表明，非国家机关的社会组织（又称非政府组织）已经在担纲社会治理者的角色方面，越来越显示出重要的作用。①

为了便于理解"行政权"的内涵，我们有必要进行下属概念区分：

（1）行政权与政权。政权是指一个国家的统治权，统治权完整而独立就表现为它的主权。行政权是国家政权的一个组成部分，是国家主权的一项内容。就行政权和政权的关系而言，孙中山先生曾认为，国家的权力可以分为两部分：一部分叫政权；另一部分叫治权。政权属于人民，统一而不可分；治权属于国家，可划分为立法权、司法权、行政权、考试权和监察权，并分配给不同的机关。

（2）行政权与权力、权利。权力和权利是法理学中容易混淆的两个不同的概念。权力是指一定的机关或组织依法所具有的支配力量；而权利是指国家机关、社会组织和自然人可以依法进行一定的作为和不作为的资格。其中公民权利是指国家通过宪法、法律确认的，由相应的义务所保证的公民的资格、利益、自由和权能。广泛确认公民权利，充分保障公民权利的行使是社会文明和进步的表现。近现代国家的民主政治正是按照"一切国家权力都直接或间接来源于公民权利"这一理念进行实际运作的。行政权作为国家权力的一个重要组成部分，也来源于公民权利，是公民权利的一种特殊的转化形式。而行政权一旦形成，便与公民权利结成一种既互相依存又相互对立的关系。②

（3）行政权与行政职权、行政权限。行政权其实就是行政机关依法管理国家行政事务和社会公共事务的权力，其内容多样而复杂；行政职权则是具体行政机关和工作人员所拥有的，与其行政目标、职务和职位相适应的管理资格和权能，是行政权的具体配置和转化形式；而行政权限是行政职权的三个构成要素（权利主体、权力内容、权力范围）之一，是法律规定的行政机关及其工作人员行使行政职权所不能逾越的范围、界限。

2. 行政权的内容和特性

（1）行政权的内容。

现代国家行政机关部门林立，因行政主体的层次性、差别性，不同行政主体拥有的行政权各不相同；同时，行政事项的广泛性和复杂性，也使行政权的内容十分广泛，具体可包括：国防权、外交权、治安权、经济管理权、文化管理权等。另从其形式上看，行政权包括：行政立法权、行政命令权、行政处理权、行政司法权、行政监督权、行政处罚权、行政强制权、行政检查权等。相对于立法权和司法权，行政权在现代社会有膨胀和扩张的

---

① 参见罗豪才、湛中乐主编：《行政法学》（第二版），3页。
② 参见上书，4～5页。

趋势，现代行政权已不再是纯粹的执行管理权，而是包含了越来越多的准立法权和准司法权。[①] 当然，行政权的日益扩张有其积极和消极的双重作用。

阅读与思考

“自主改造”破冰十年拆不动的棚户区

位于成都市金牛区北一环之内的曹家巷，地处中心却老旧不堪。曹家巷修建于20世纪50年代，占地约198亩，约有1.4万人，属于企业工矿棚户区，几十年来人员结构变得十分复杂、土地所有权性质也发生诸多变化，又牵涉到多家单位，改造难度很大，十年前就已计划好的改造始终无法推动。

对这块难啃的“硬骨头”，成都市委市政府做出一个大胆的探索：让老百姓参与到改造工作中。2012年3月，在市、区两级政府的指导下，曹家巷成立居民自治改造委员会，自主决定片区改造。据自改委主任何希模介绍，自改委的成员都是在曹家巷生活了几十年，大家知根知底。他们首先经过报名、群众推选，然后由社区工作人员逐一入户，每户画钩，从2 885家住户中选出65名楼栋代表。然后，社区又开“坝坝会”、群众代表会，无记名投票产生了13人。后来将整合片区内8名住户及时补充进来，共计21名。

曹家巷实行居民“自主改造”，基层的活力激发出来了，但是会不会乱？实际上，群众自主改造，并不意味着政府完全回避，改造过程贯穿“群众主体”与“政府主导”两条线。具体而言，“政府主导”主要体现在：一是强化合力攻坚制度。在内部运转方面，成立项目指挥部，设政策研究组、签约工作组、信访维稳组等18个工作组，属地街道具体负责搬迁工作，区房管局、区旧改中心全程指导业务；从对上争取方面，积极对接省、市政府及相关部门在税费减免、土地出让金返还等政策上予以支持，形成上下联动、各司其职、合力攻坚的强大局面。二是强化跟踪服务制度。政府坚持做好社会风险评估，做到“无评估不启动、无预案不实施”，最大限度做到“放而不乱”。针对曹家巷的复杂情况，区级相关部门科学制定涵盖各种可能风险、突发事件，防患于未然。纪委、公安、审计部门提前介入，群众、媒体全程监督，切实做到事前提示、事中跟踪、事后解决。三是严格奖惩兑付制度。从区级层面，将工作分解到相关部门、街道，将业绩纳入目标考核；从项目业主角度，实施攻坚破难奖惩办法，提升工作干劲。

2012年12月18日，4 000多居民参加的曹家巷一、二街坊危旧房棚户区自主改造附条件协议搬迁动员大会成功举行，十年来拆不动的曹家巷总算进入拆迁改造的实质性阶段。

资料来源：载《瞭望》新闻周刊2014年第7期。

【阅读思考】

行政权力何以真正有效？

---

① 参见孙萍、娄成武编著：《行政法学》，3页，武汉，武汉出版社，2002。

（2）行政权的性质。

行政权的特性直接决定行政行为的特性。行政权与其他国家和社会组织、公民个人的权利不同，相对于其他国家权力而言，它具有裁量性、主动性和广泛性等特点；相对于一般的社会组织、公民个人而言，它则具有强制性、单方性和优益性等特点。当然，在现代行政管理过程中，行政权行使的具体方式存在多样化趋势，行政机关和行政相对人之间进行协商、谈判、合作的情形日渐加强，行政合同、行政指导等非强制性的管理方式也在不断扩大适用范围。①

3. 行政权的限度

绝对的权力导致绝对的腐败，权力本身具有无限扩张的倾向，具有诱惑性、腐蚀性。现代民主国家无不把权力的分散配置作为防止权力滥用的重要制度。我国宪法对此作了专章规定，对权力进行纵向和横向的划分，形成了立法、行政、司法相互配合相互监督的权力配置体系，并明确规定了行政权力的活动范围和活动方式，即行政权力的行使必须止于私人领域。行政权力的限度实际上也就是行政权力与公民个人权利的边界的界定问题，行政权力超过其应有的边界，必然给公民私人利益带来侵害。现代法治的第一要义是以法控权，从而法律成为权力设定的唯一规则根据，如果一个国家倡导法治而又容忍权力在法外行使，徒具法治之名，而断然不会有法治之实。权力法治化的基本手段是使其法定化，即法律之外没有权力，其实质是使权力服从于法律，而不是相反：由权力支配法律。② 与此同时，“行政人员的良知任何时候都是社会健全的支撑点，行政人员如何处理对己、对人、对社会、对外部环境的关系不仅直接地为整个社会提供了公正，而且会影响到整个社会成员对公平正义的追求”③。如果行政主体能够以德性为指引，既可以防止权力专断和肆意，又能够实现与行政相对人的相互尊重、体谅、谦让和合作；反之，执法者的失德将进一步恶化与行政相对人的关系，普通民众对政府的权威和信任也将同时降低。由此，对行政权的限制还需要建立公共行政的德性。

阅读与思考

“特权车”与柔情执法

几天前，一辆“皖E”牌照的蓝色轿车一直停放在南京市鼓楼医院门前马路边，大白天车门车窗紧闭，所有窗户都被车主用报纸贴了起来，早晨或晚上气温较低的时候，车窗玻璃上竟然结出一层水汽，有目击者称，看到晚上有人在里面睡觉。一些行人和周围居民担心车内有什么情况，也有人怀疑车子是否是“特权车”，但找不到证据也不好问人，一些市民只好找来交警。交警根据车牌联系到车主，检查了相关证件，当面对驾车人表示，该车涉嫌违章停车，而且处于交通要道，车子应该被立即拖走。但后来了解得知，这辆违停轿车之所以成为挡路的“房车”另有隐情。

---

① 参见罗豪才、湛中乐主编：《行政法学》（第二版），4页。

② 参见孙曙生、刘涛：《论行政公共权力的限度及其法律规制》，载《国家行政学院学报》，2007（1）。

③ 张康之：《寻找公共行政中的伦理视角》，282页，北京，中国人民大学出版社，2002。

民警调查得知，车主是上个月26日从外地来宁陪护老父亲看病的，为了省住宿费，晚上将车窗用报纸贴满，将座椅放倒睡在车内，垫了床单盖了被子，把车当成“旅馆”，出于人性化执法考虑，当时就没有贴违停罚单。但同时考虑到道路和人身安全问题，经交警协调，在该院急诊中心门口停车场空出一个车位，让车子停好。

所谓“法不容情”，我们往往视“人情”为吹入法律公平正义双眼里的沙子，唯恐刚性执法因柔性人情的介入而丧失权威。殊不知，法律的柔性与法律的刚性一样，其终极目标都是为了更好地维护公平正义，保障公民的合法权益。实际上，只有让法律抵达人心，法律才能彰显力量。而法律要想被尊重、被热爱，仅仅严厉执法是不够的，还必须让接受法律制裁者能够切实感受到法律的温度。

资料来源：《儿女为省钱陪老人看病暂住借来车内停医院门口》，载《扬子晚报》，2011-11-16。

【阅读思考】

如何认识行政权的法治限度与德性限度？

2.3.2 公民权利及其内容

1. 公民权利探源

现代社会对“公民”（citizen）一词有了较为规范的定义：具备一定的国籍，依照该国宪法和法律，享有权利、承担义务的自然人。相应地，“公民权利”（civil rights）是指一国公民的法定权利。

从词源学上看，“公民”一词源于希腊文“波里德”（civis），原指属于城邦的人。在亚里士多德看来，“城邦正是若干公民的组合”①。他对公民的定义是：“凡有权参加议事和审判职能的人，我们就可说他是那一城邦的公民”②。由此可见，亚里士多德对于“公民”首先强调的是要有参与城邦权力机构的权利。卢梭认为，人们通过社会公约结合而形成的公共人格，“以前称为城邦，现在则称为共和国或政治体”，“至于结合者，他们集体地称为人民；个别地，作为主权权威的参与者，就叫作公民，作为国家法律的服从者，就叫作臣民”③。这里，卢梭实际上表明了由城邦国家向现代国家的转变。20世纪初，“公民”一词才进入中国的政治词汇，主要是近代学者在通过介绍西方宪法的著作中涉及的。1953年新中国公布的《中华人民共和国全国人民代表大会及地方各级人民代表大会选举法》是最早使用“公民”的规范性文件，第四条规定：“凡年满十八周岁指中华人民共和国公民，不分民族、性别、职业、社会出身、宗教信仰、教育程度、财产状况和居住期限，均有选举权和被选举权。”从基本法的角度定义了公民的最基本含义。从性质而言，公民同时具有法律和政治两个属性。法律意义上的“公民”一般是指具有一个国家国籍，在遵守该国宪法和法律前提下，享有权利、履行义务的自然人。它具有四个特征：自然人个人属性，

① ［古希腊］亚里士多德：《政治学》，109页，北京，商务印书馆，1997。

② 同上书，113页。

③ ［法］卢梭：《社会契约论》，26页，北京，商务印书馆，1997。

而不具有群体的属性；反映个人与国家之间的关系；反映了公民之间一种平等的关系；国籍是其判定的根本标准。[①]“公民”的政治属性，则指的是参与公共事务，在政治国家中具有自主性人格的个人。

“权利”从其词源来看，通常认为是源于拉丁文“jus”，可以译为广义的法律、权利、义务，含有正义、公平、平等、资格之意。“公民权利”作为一个典型的西方学术概念，也是政治学研究里的一个核心议题。在现实的政治生活里，公民权利规定国家与公民之间关系和确立公民对国家的归属与参与意识的概念系统，它关系到民主制度、政治参与、国家与社会关系等重大问题。对于公民权利的解释，理论界有两条线索：第一条线索是政治思想家们从“形而上”意义上的阐释，强调公民权利是一种正当合理的要求，即权利应该得到维护和尊重；权利是一种基本的道德原则，诸如平等、自主或道德等基本的个人价值。第二条线索是职业法学家们从“形而下”意义上的解释，认为公民权利只有得到法律的保护才有意义，把权利描述为一种制度安排。[②] 从法律意义上来讲，公民权利是指一个国家的公民所享有的法律地位上具有的能力或资格。

2. 公民权利内容

公民权利体系包含的权利很多，涉及政治、经济和社会的各个方面，有些还是互相交叉的，很难具体分类。马歇尔在其1949年的著名演讲《公民权与社会阶层》中，对英国17世纪以来公民权利的发展进行了梳理，将公民权利归纳为公民基本权利、政治权利与社会权利三种类型，并阐述了其相应制度安排。公民基本权利主要是保证个人自由所需的权利，包括人身自由权利，思想、宗教信仰、言论自由权利，财产权，合约权以及司法权；保障以上权利免受侵犯的最后防护是司法权，法院是保障公民基本权利的机构。政治权利是指参与社会事务管理，制定和实施法律、规章制度的权利，议会及地方政府是与此相关联的保障机构。社会权利主要是指按照当时社会普遍生活标准享受经济福利、分享社会发展成果的权利以及拥有文明生活的权利。教育系统和社会服务机构是与此紧密联系的机构。《世界人权宣言》和联合国《公民权利和政治权利国际公约》规定公民权利和政治权利主要包括：民族自决权，生命权，免于奴役权，免于酷刑权，人身自由与安全权，人格尊严权，免于因债务而被监禁权，平等权，迁徙和居住自由权，隐私权，思想、良心、宗教和信仰自由权，集会自由权，言论自由权，结社自由权，家庭与结婚自由权，选举权和被选举权，参与公共事务权，担任公职权等。

1999年法治入宪和2004年人权入宪标志着我国的社会主义法治建设进入了新阶段，公民权利的保障提到了一个新的高度。但无可否认，行政机关在运用权力的过程中超越权力的边界、侵犯公民权利的现象仍在一定程度上存在。2009年2月，河南灵宝青年王某因在网上发帖举报家乡违规征地遭遇跨省追捕并被囚八天，由于受到媒体和众人关注，王某被释放并获得国家赔偿。此案的发生使得“因言获罪”进入人们的视野，比较具有代表性的主要有这样几起：重庆“彭水诗案”、河南省孟州“书案”。其共性是公民通过不同途径，或发短信或上网发帖抨击，揭露当地政府以及领导干部的一些不法行为；一些政府部

① 参见谢鹏程：《公民的基本权利》，1～2页，北京，中国社会科学出版社，1999。

② 参见［英］丹尼斯·史密斯：《历史社会学的兴起》，20页，上海，上海人民出版社，2000。

门则利用手中的权力动用公安机关等司法机关将公民拘捕，以这些公民对领导进行人身攻击、诽谤领导为由定罪量刑。①

阅读与思考

公民权利成长的结构状态

综观改革开放几十年来的中国公民权利成长过程，在政府立法保障和主体实践的双重推动之下，中国公民权利成长形态相异于英国与德国，呈现出民事权利、政治权利和社会权利三路相互作用、交叉推进的显著特点。

首先，中国公民的民事权利迅速成长。改革开放后，经济改革催生的市场化运动为塑造自由平等的个体、构建合法经营与保障私有财产权的规则体系奠定了坚实基础，从而促使公民的人身自由权、居住自由权、择业自由权及财产权等民事权利的快速发展。从法律保障层面看，宪法对民事权利的规定趋于全面，各项保障民事权利的配套性法律法规也相继出台。如 1982 年宪法对人格权的确认是此前三部宪法所缺失的；2003 年最高人民检察院颁布《关于在检察工作中防止和纠正超期羁押的若干规定》，强调保护犯罪嫌疑人的人权和其他合法权益，有利于深化公民的人身自由保护；同年，因“孙志刚事件”，《城市生活无着的流动乞讨人员救助管理办法》取代了危害公民人身权利的《城市流浪乞讨人员收容遣送办法》；2004 年宪法修正案在 1982 年宪法基础上明确保护公民的合法的私有财产不受侵犯，之后我国又陆续颁布了《商标法》《专利法》《著作权法》《物权法》《国有土地房屋征收与补偿条例》等，对公民民事权利中的财产权保护更为全面。在实践层面上，政府强力打击侵犯民事权利的行为，这方面的事例不胜枚举，如国家打击山西黑砖窑侵犯公民人身自由的行为、打拐专项行动打击严重侵犯未成年人权益的行为等。不仅如此，政府还专门制定专项计划以落实公民民事权利不受侵犯，如国务院连续发布了《国家人权行动计划（2009—2010 年）》与《国家人权行动计划（2012—2015 年）》，提出要保障人身权利、被羁押者的权利，获得公平审判的权利以及宗教信仰自由。

其次，中国公民的政治权利开始得以逐步推进。为维护人民当家作主的政治权利，改革开放以来国家通过修改法律或者出台新的法规，如新《信访条例》《政府信息公开条例》《关于深化政务公开加强政务服务的意见》《国务院关于加强市县政府依法行政的决定》等，力图健全民主制度，丰富民主形式，拓宽民主渠道，保障人民的知情权、参与权、表达权、监督权。此外，国家还在中央和地方多个层面推进各类制度建设和进行各项试点，切实推动公民政治权利的进步：一是加强人民代表大会制度建设，通过建立代表持证视察制度、代表接见选民日制度、代表对原选举单位的述职报告制度等来了解人民对政府的期待，保障公民的表达权和监督权；二是通过建立绩效考评制度、政府官员引咎辞职制度、责任追究机制等，既约束和规范了政府的行政管理行为，又构建了确保政府对人民承担责任的问责制度，共同防范政府对公民政治权利的侵害；三是各级地方

① 参见孟朝阳：《从几起“因言获罪案”看行政权力的边界》，载《长春大学学报》，2009（9）。

党委和政府主动推动的选举改革，如广东省深圳市大鹏镇采取“三轮两票制”选举镇长、四川省遂宁市莲花乡和东禅镇“公推公选”党委书记等，这些改革试点都在一定程度上彰显了公民政治权利，并可能成为其下一步发展的新增长点。

最后，中国公民的社会权利在进入新世纪之后获得大力发展。最近几年来，在推动建立公共服务型政府的背景下，中国政府不仅制定了《国家人权行动计划（2009—2010年）》与《国家人权行动计划（2012—2015年）》，而且在义务教育、公共卫生和基本医疗服务、基本社会保障、公共就业服务等领域的投入不断加大，促进公共服务城乡均等化，中国社会权利发展取得巨大的进步。

资料来源：肖滨：《改革开放以来中国公民权利成长的历史轨迹与结构形态》，载《广东社会科学》，2014（1）。

【阅读思考】

结合现实，如何理解公民权利的结构形态？

2.3.3 行政权与公民权利的关系

1. 对立关系

作为宪法赋予社会个体的权利，公民权利涉及政治、经济、文化、教育等诸多方面，而行政权力是以国家强制力为后盾，以决定、制裁、管理为主要特征，以法律为表现形式的权力。二者在行使主体、运行方式、社会功能、对应关系、法律地位等方面差异明显，因而也就会有矛盾、会有对立。主要表现为在社会权力总量保持不变的情况下，二者在社会权力系统结构中比重不同，导致社会类型发生变化。如果公民权利过重，行政权力畸轻，那么，在公民权利充分张扬的形式下，自由主义泛滥，权利也落不到实处；反之行政权力过重，公民权利畸轻，必然会导致行政权力滥用，排斥民主和法治，形成专制社会。

2. 制衡关系

由于权力的自我扩张性和超范围行使，在依法执法、依法行政的观念未深入人心，权利意识普遍不觉醒的状况下，宪法就会名存实亡，遑论他人权利。因此，人民掌握的国家权力实现程度不同，权力对权利的保障和约束也就不同。权利制约权力，通过公民权利的适当配置，使之起到限制、遏制权力泛滥的作用。政府权力不能逾越公民财产权、人身自由权、隐私权等的界限而侵入，一旦政府权力逾越法定界限，公民权通过积极反抗，迫使政府权力触角收回或改变不当行为。①

3. 统一关系

从根本上说，行政权力与公民权利都是社会物质财富直接或间接的转化形式，是社会整体利益的法律表现，在现实中分别代表着构成社会整体利益的两个不同方面即公共利益与个体利益。公民权利在行政权力的确认和保障中得以真正实现，其行使和实现的范围和程度越来越依赖于权力；行政权力又在履行保护公民权利的职责中获得了自己存在的合法

① 参见张志昌：《公民权利和政府权力关系研究》，载《政法学刊》，2003（2）。

性基础，二者最终的共同目标指向是以公民个体利益组成的社会整体利益的实现。如何保证行政权力行使得当、公民权利得到有效保护，在冲突的语境中通过找寻行政权力与公民权利关系的平衡进而实现正和博弈下的“共赢”，已成为行政法制建设的主流价值追求。①

2.4　公共行政的变革与行政法治

2.4.1　公共行政的历史变迁

1. 行政职能的变迁：从权力行政到服务行政

公共行政的范畴处于不断变迁之中。正如姜明安教授所说的：“不同的时代，政府有不同的管理职能。行政的范围是变化着的和发展着的。不同的国度，不同的地区，政府主管事务的多寡和干预领域的广窄会有很大的不同。”②

在资本主义社会处于自由竞争时期，政府是一个“守夜型”政府。古典自由主义主张“抑制国家并将其限制在一定的界限之内”，这种观点始于 1690 年洛克的《政府论》，成于 1776 年亚当·斯密的《国民财富的性质和原因的研究》。按照古典自由主义的理论预想和人们普遍“利己”的假设，自然和市场是完美的，个体之间自由竞争的结果不仅是有益的，而且是和谐的，各种力量可以凭借理性选择和内在规则达到统一运作和均衡。而源于“社会契约”的政府可能“异化”成为觊觎个人“保留”自由的“利维坦”，反过来成为对个人自由的最大潜在威胁。为此，国家权力和政府职能必须受到限制，政府干预的范围只涉及国家安全和秩序，而不应对私人的活动范围施以限制。“守夜型”政府在满足个人自治荣耀之时，也为特权和财富开辟了道路，“它一旦被实施，就难以被驱除，并不断加剧贫富分化和背离平等原则”。20 世纪 20 年代，政府职能被缩小至仅能维持秩序的最低限度，私人为最大限度追求个人利益可以自由地，甚至不择手段地冒险，加之垄断、外部性等市场失灵的存在导致大萧条爆发，于是人们意识到市场机制并非万能。

第二次世界大战结束后，“守夜型”政府逐渐演化为两类：一类是以奉行凯恩斯主义的美、英等国为代表的“干预型”政府，另一类是以东亚国家和地区为代表的“领航型”政府。两者在政府施政方式上都带有鲜明的“行政主导”特征。同时，民主政治的发展和科技进步的相互作用促成了国家计划和自由市场兼而有之的“混合经济”模式，政府职能在很大程度上得到扩张。在苏联、东欧国家和新中国改革开放以前，政府在社会生活中则扮演着“全能型”政府角色。政府直接控制生产、交换、分配的每个环节，行使资源配置、收入分配等全方位职能，“社会管理”演变成为通过政府和执政党管理的“大政府”模式。行政、经济、社会高度一体化是这种体制的基本特征，这种“权威统治”的施政模式，由于自身缺乏活力和难以适应时代发展要求，无法与建立市场经济体制的内在要求相协调。

20 世纪七八十年代，不论是“干预型”政府、“领航型”政府还是“全能型”政府，

① 参见张世福、李正春：《行政权力与公民权利的博弈与平衡》，载《天津行政学院学报》，2012 (1)。

② 姜明安：《行政的“疆域”与行政法的功能》，载《求是学刊》，2002 (2)。

在克服市场失灵的同时逐渐陷入政府失灵的困境。为此，英国、美国、澳大利亚、新西兰等发达国家开始兴起一场“新公共管理”及“重塑政府”运动，开始探索“有限型”政府模式。这场行政改革以“服务行政”为核心价值理念，以“3E”为绩效标准，提倡政府服务的顾客导向和回应性，通过理顺府际关系、合理划分权限、再造政府流程、引入竞争机制等手段，约束行政行为，提升政府能力。从 20 世纪 90 年代中期开始，经济转轨国家、东亚发展型国家和地区也开始探索“服务型”政府的制度变迁，以民生为重点的社会福利、社会救助、社会安全等立法不断加强，其重要价值导向之一是实现由“以政府为中心”的重管制模式向“以满足人民的需求为中心”的公共服务模式转变。服务行政将政府定位在服务者的角色上，把为社会、企业、公众服务作为政府存在、运行和发展的根本宗旨。这种公共行政服务满足了对公民主体性地位的认可和尊重，以及市场经济条件下市场主体对行政行为目标多元化的需求，促进了公平、正义、自由、秩序等基本社会价值的实现。

2. 行政主体的变迁：从国家行政到社会行政

在传统行政法上，行政的第一界限是“广义的国家行政”①。在国家行政的逻辑下，行政权的法律设定及依法行使构成行政法研究的核心。甚至在宪政国家的理念下，行政权全面受宪法与法律约束，更成为其时代特征。因此，在国家行政的理念下，政府是唯一的行政主体，公共事务的管理权被视为由国家独享，而行政权的行使主要以单方命令为特征，并以法律的强制力为其后盾。即使对于已经发生的国家行政向社会行政演变的萌芽，也须从法律授权或者行政主体的依法委托角度审视其正当性、合法性。然而，无法逃避的是，社会行政潮流日渐兴起，其主要表现为：

（1）第三部门的崛起。在国家行政的传统领域，其重心在于行政权的归属及行使，行政主体只能在法律之下享有权力、履行职责。随着社会公共运动的勃兴，旧有的国家行政理论已经不复运用：一方面，立法机关已经无法对每一次行政权设定明确的主体，即使是广泛存在的行政立法也无法解决，行政实践中依然存在大量既非行政机关又非法律法规授权组织行使行政权的现象。另一方面，随着市场经济的发展，政府失灵与市场失灵之间互为解决的体制出现了问题，区别于政府与企业的第三方主体介入社会公共生活中就成为一种常态。

（2）民营化的兴起。当今社会，民营化的风潮已经吹向世界各国，其领域也从企业不断扩展至公共事业，甚至传统的公务活动。不论将民营化界定为“私有化”还是“去国家化”，或者其他名词，我们都认为，民营化具有不容否定的两方面特质：一是社会力量介入传统的国家行政领域。不论是政府从市场的退出，或者将公共事业交由民间力量运营，甚至以私法方式完成行政任务，均表现了社会力量与政府组织之间的融合。二是政府组织形态、行为方式的非国家化。在社会力量渗透下，国家行政自身组织形态、行为方式也潜移默化地发生变化，社会组织及民间力量参与公共行政，通过私法方式实现行政任务成为国家行政的新发展趋势。

（3）行政相对人的社会化。在传统的国家行政领域，政府处理行政事务时，其相对方

---

① ［德］哈特穆特・毛雷尔：《行政法学总论》，3 页，北京，法律出版社，2000。

限于受影响的公民、法人或其他组织，行政决策限于相对狭小的社会基础。但是，随着现代科学技术的发展，特别是由于信息化的推动，现代社会已经进入网络社会阶段，日渐呈现扁平化特征。在扁平化社会中，行政事务的科层式决策机制日渐弱化，政府通过大幅降低决策层级，直接问计于民，旧有的行政相对人已经被扁平化网络社会的每一个网民代替。

3. 行政方式的变迁：从刚性行政到柔性行政

在传统行政法之下，行政权力被认为是具有强制性、单方性、直接性的力量，行政机关可不与相对人协商而直接作出相应的行政行为，相对人对于已经作出的行政行为只能无条件接受，即使不服，也必须先予执行。柔性行政方式，是指行政机关实施的不具有强制命令性质的非权力作用性的行政活动方式。

2.4.2　行政变革对传统行政法的挑战

行政法是关于公共行政的法，公共行政改革与发展势必对行政法产生影响，为行政法学提供许多新的研究课题。①

1. 行政法原则受到挑战

传统行政法的首要原则是“依法行政”原则，即“法律保留”，指行政机关的任何行政行为都应有法律的授权，在法律授予行政机关以行为合法性之前，行政机关无任何行为之自由。② 也就是说，按照严格的依法行政原则，行政机关的任何行为都需要有法律依据，否则即使是纯粹地提供服务也在禁止之列。然而，作为以向公民提供服务为宗旨的行政类型，公共服务之所以成为必要，乃是由于它对人们生活的重要性及通过市场机制的不可得性，若僵化地按照依法行政原则要求行事，则可能产生某些服务为人们生活所必需、但行政机关却不能合法提供的悖谬局面。这正是传统行政法原则在公共服务理念之下面临挑战的典型例证。

2. 行政范围急剧拓展

随着公共行政的变迁，特别是公共服务兴起之后，公共行政范围得到了极大的扩展，不仅原先的秩序维护行为仍是公共行政的重要内容，公共服务的提供也成了政府的重要职责，公共行政范围由此急剧拓展，比此前更广泛、深入地介入社会生活。这一变化意味着行政法的任务更加繁重与复杂，不仅仅要调整秩序行政，同时也要承担起规范服务行政的重任，如明确公民的公共服务权利和政府的相应职责，规定公共服务提供的方式与途径、标准与条件、质量与数量，等等。

3. 行政方式多样化

在传统行政法之下，行政权力被认为是具有强制性、单方性、直接性的力量，行政机关可不与相对人协商而直接作出相应的行政行为，相对人对于已经作出的行政行为只能无条件接受，即使不服，也必须先予执行。随着公共行政的变迁，完全由政府直接承担包括提供公共服务在内的公共行政职能已经不再可能，大量的社会公共事务交由行政机关之外

---

① 参见蔡乐渭：《论公共行政变迁背景下行政法发展的新趋势》，载《国家行政学院学报》，2009 (1)。

② 参见陈新民：《行政法学总论》，51～52 页，台北，台湾三民书局，1997。

的组织来承担。公共行政职能的履行从原来的依赖直接行政而开始向间接行政转变，直接行政与间接行政并重。同时，间接行政的性质也决定了公共行政不再是过去那种完全的单方性、强制性行政，而需要在相当程度上和范围内与相对人进行协商，取得相对的同意后才可实施。

4. 行政裁量权进一步扩张

囿于法律本身的相对固定性、有限性和滞后性及其与变动不居的现实生活世界的矛盾，行政法在要求行政机关依法行政的同时，又赋予行政机关以一定的裁量权。在传统行政法之下，由于行政职能相对狭窄，行政方式以秩序行政为主，直接涉及公共权力的运用，行政裁量权受到了严格限制，以防止其对公民权利的无端侵害。随着公共行政的变迁，一方面由于其目的在于为公民提供服务、增进福利，一般并不直接导致公民权利的侵害；另一方面较之秩序行政而言，公共服务领域更加广泛，情况更加复杂多变，需要行政机关根据情况自行决定是否作出一定的行政行为，以及如何作出行政行为，为更好地履行公共服务职能，授予行政机关以更多的行政裁量权已成为行政法的一个鲜明特征。

5. 行政态度由消极转向积极

传统行政法之下，公共行政主要局限于行政机关的秩序维护行为，很少涉及公共服务的提供，它不需要也无法积极主动地采取行动，而只需在影响社会秩序行为出现时采取行动予以制止，因而公共行政在整体上呈现了消极性的特征。随着公共行政的变迁，行政方式从以秩序行政为主发展到秩序行政与服务行政并重，这样，公共行政在秩序维护过程中仍需秉承消极作为的基本理念，但在范围更为广泛的公共服务领域，公共行政却不再是完全消极的、被动的，而必须是积极的、主动的，要事先进行筹划，以履行为公民提供公共服务的职责。与此相适应，行政法也出现了由消极而转向积极的趋向，即由单纯消极防止公民权利遭受侵害而转向积极促进公共服务的提供。

6. 行政行为类型日趋丰富

传统行政法之下，公共行政主要以秩序行政的方式体现出来，行政也就意味着公共行政权力的行使，及其对人们所产生的强制力与命令性，相应地，行政的具体方式或种类也主要是行政处罚、行政许可、行政征收及行政强制等。公共服务作为一种新的行政职责，其履行仅仅靠原来的单方命令性行为如行政处罚、行政征收等已经难以胜任，必须寻找新的行为方式，发展新的行政行为类型。在这种要求之下，行政行为类型日趋丰富，行政指导、行政合同、行政规划、行政资助等新的行政行为类型逐渐发展。

2.4.3 行政法治的内涵与发展

1. 行政法治的内涵

行政法治是使公共行政服从良善规则治理的目的性事业，行政法治理念是完成这项事业的先导和指引，是一种让这套规则体系“活起来”的东西——它引领法治事业臻于完善，并阻止法律变成一堆机械的、冷冰冰的规则和“只有知道法律的人才能利用的魔术”①。

① ［日］川岛武宜：《现代化与法》，31页，北京，中国政法大学出版社，1994。

“法治”，是行政法治的基本命题。最早明确提出法治概念并给予具体阐述的是亚里士多德，亚里士多德在他的《政治学》中指出：“法治应包含两重意义：已成立的法律获得普遍的服从，而大家所服从的法律又应该本身是制定得良好的法律。”①现代意义的法治，“是一种治理状态或秩序，在这一治理状态中，存在着法的普遍性和有效适用性，法律之于政府权力具有优先的、至上的权威。或者说，政府应由法律规制并服从法律，最终使公民的自由权利得到维护、保障并扩大”②。通常而言，法治可以从形式意义和实质意义两方面进行阐释。从形式意义上看，法治主要是一个关于法律地位的问题：“法律就是法律”，不容置疑、不可变通，必须严格执行，法治的精髓在于法之于权力的优势地位，强调任何人——包括君主、政府在内——都必须受法的约束，不允许有法外特权；而从实质意义上看，法治主要是一个关于法律标准的问题：良法为治，恶法非法，人们只应服从良善规则的治理。③ 若专从形式上论，古今中外一切国家，如严刑峻法的中国秦朝、晚近法西斯独裁的德国，都未尝不可视为法治国家。希特勒就是一个很“完满”的形式主义法治者，通过法治实施专制和运用法律灭绝种族是希特勒的两大发明。对待犹太人，第一步通过立法进行身份上的区分，使犹太人与其他人区别开来；第二步通过立法禁止犹太人经商，切断了犹太人的财富来源；第三步通过强制劳役法，使有劳动能力的犹太人从事超强度的劳役，在将他们的体力耗尽后再赶往集中营从肉体上消灭。600 万犹太人就是这样通过分步骤被屠杀的。由此可见，只有良法之治才称得上法治，恶法之治是专制。④

那么，何为良法呢？亚里士多德认为良法应具备三个条件：一是良法的目的应体现和保障公众利益；二是良法应体现古希腊人珍爱自由；三是良法必须能够维护合理的城邦政体的久远。霍布斯在《利维坦》中曾论述道：“良法就是人民利益所需而又清晰明确的法律。”德国著名哲学家拉德·布鲁赫曾说：“法律分法上之法和法下之法，以人类的共同理性，以人的尊严和权利作为展示内容的法是法上之法；凡是以背弃人类理性，漠视人的尊严、践踏人的权利为特征的法都是法下之法，法下之法是恶法，恶法非法也。”

习近平指出：“法律是治国之重器，良法是善治之前提”，要“以良法促进发展、保障善治”。“良法善治”是新时代我们党提出的新型法治模式，也是中国特色社会主义法治的内在要求。⑤“良法”是法治的价值标准和理性追求，“善治”是法治的运作模式和实现方式，就是要把制定良好的法律付诸实施，公正、合理、及时、有效地用于治国理政。“良法”与“善治”的有机结合，构成了现代行政法治的精神和精髓。

阅读与思考

法国“投掷侏儒”案中的人性尊严

“投掷侏儒”，起源于 19 世纪 80 年代的澳大利亚或美国，它是一种在酒吧中娱乐的

① ［古希腊］亚里士多德：《政治学》，199 页。

② 张成福：《面向 21 世纪的中国再造基本战略的选择》，载《教学与研究》，1999（7）。

③ 参见江必新：《行政法治理念的反思与重构》，载《法学》，2009（12）。

④ 参见徐显明：《恶法非法，善法之治才是法治》，载《北京日报》，2006-02-06。

⑤ 参见张文显：《习近平法治思想的理论体系》，载《法制与社会发展》，2021（1）。

活动或是一种体育运动。1994年法国奥日河畔莫桑镇镇长颁布命令，禁止在该镇各舞厅举行“投掷侏儒”表演。镇长此举并非依据1945年10月13日关于表演的法令所确立的警察特别权力，而是市镇自治法的规定所授予的普通警察权力作出的。依照该规定，市长、镇长可采取必要的措施以维护公共秩序。本案中，镇长不是基于此立法目的而禁止“投掷侏儒”表演，而是认为这种表演有损人性尊严。当事人对镇长的决定不服，于是向地方行政法庭提起诉讼要求撤销镇长禁止“投掷侏儒”表演的命令，最后诉至法国最高行政法院。1995年10月27日法国最高行政法院判决认为，“投掷侏儒”表演违背了人性尊严这一基本道德底线。而保障人性尊严免受任何形式的贬损早已是法国宪法委员会确立的宪法价值。联合国高级人权委员会于2002年9月27日认为，对“投掷侏儒”的禁止决定不是权力滥用，而是出于维护人性尊严进而维护公共秩序的必要之举。

【阅读思考】

如何维护行政执法中的“良法”精神？

2. 行政法治的进程

从法制改革实践来看，行政法治的提法，从原来零散的、策略性的宣告，发展成为系统的、战略性的政策阐述，主要表现在我国“依法行政”概念的演进过程之中。在官方话语中，依法行政的提法源于“依法办事”，而提出依法办事，主要针对过去的“依政策办事”。这种语境中的依法办事，更多强调了法的工具性，而非目的性。1989年《行政诉讼法》的颁布，将行政的合法性价值，从工具层面提升到目的层面，也逐步使依法行政上升为对行政活动的规范性要求。1993年《国务院政府工作报告》明确提出了“依法行政原则”，提出“各级政府都要依法行政，严格依法办事”。1996年，八届全国人大四次会议确认了“依法治国，建设社会主义法制国家”的战略；1997年，党的十五大报告又将“法制国家”表述为“法治国家”，该表述于1999年九届全国人大二次会议通过的宪法修正案得到规定。“法治”理念的引入，直接促进了与其相应的依法行政理念转变，近代意义上的依法行政理念进入了中国行政法制改革实践中。1999年，国务院发布《全面推进依法行政的决定》；2004年，国务院发布《全面推进依法行政实施纲要》；2008年，国务院发布《关于加强市县政府依法行政的决定》，对依法行政的原则要求、具体内容、重点环节等做出了具体部署和要求。① 2010年，国务院发布《关于加强法治政府建设的意见》，为在新形势下贯彻落实依法治国基本方略，加强法治政府建设提出了29条具体意见。2012年党的十八大报告进一步明确，要全面推进依法治国。法治是治国理政的基本方式。要推进科学立法、严格执法、公正司法、全民守法，坚持法律面前人人平等，保证有法必依、执法必严、违法必究。完善中国特色社会主义法律体系，加强重点领域立法，拓展人民有序参与立法途径。推进依法行政，切实做到严格规范公正文明执法。

党的十九大后，中央全面依法治国委员会组建，党中央从全局和战略高度对全面依法

① 参见王锡锌：《依法行政的合法化逻辑及其现实情境》，载《中国法学》，2008（5）。

治国又作出一系列重大决策部署。2020 年 11 月，中央全面依法治国工作会议正式明确提出习近平法治思想，并将其确立为新时代全面依法治国的指导思想，这在马克思主义法治理论发展史和中国社会主义法治建设史上具有里程碑意义。

3. 行政法治的发展

中国走向法治政府是在这样的历史背景下艰难起步的：观念上有浓厚的“官本位”与“等级制”的封建残余影响；体制上实行“党、政、军一体”与“官员终身制”；治理方式上依赖执政党靠计划和政策管制理政。[①]经过 30 多年的努力，行政法治建设取得了重大成就，罗豪才教授认为这些成就集中体现在三个层面：一是基本上建立起了一套用以规范、监督行政权与维护、拓展公民权利的依法行政体制和机制；二是基本上实现了公共行政管理的制度化、规范化和程序化，依法行政的能力和水平得到显著提升，公务员的品行涵养得到明显的增强；三是在推动政治民主化、经济市场化、社会和谐化、发展科学化方面作出了重要贡献。[②]

与此同时，30 多年的法治建设也积累了许多宝贵经验，杨海坤教授将其概括为：实行宪法体制下的行政法治，实行司法监督下的行政法治，实行授权与控权相统一、形式与实质相统一、消极功能与积极功能相统一、实体公正与程序公正相统一的行政法治，以及普遍推行行政公开制度、谋求相对人的参与合作、注意规范政府内部权力平衡机制、理性监控行政自由裁量权、牢固确立政府守法观念、加强和改善党对政府工作的领导 12 个方面。[③]

党的十八届三中全会审议通过的《中共中央关于全面深化改革若干重大问题的决定》提出要建设法治中国，必须坚持依法治国、依法执政、依法行政共同推进，坚持法治国家、法治政府、法治社会一体建设。党的二十大报告对“坚持全面依法治国，推进法治中国建设”进行了专门论述，围绕在法治轨道上全面建设社会主义现代化国家的新形势、新任务，强调全面推进科学立法、严格执法、公正司法、全民守法，并进一步明确法治政府建设是全面依法治国的重点任务和主体工程，对新时代扎实推进依法行政作出许多新部署。行政法治步入了一个新的起点，急需加大力度、加快速度推进行政法治建设。

（1）培养行政法治思维。法治作为一种治国理政的基本方式，除了具备完善的法律体系外，还必须要求公权力行使者要具有相应的法治思维方式。行政法治思维是指行政主体在行政过程中，运用行政法治的基本原理、精神与逻辑去认识问题、分析问题、解决问题的思路和方法。其核心就是一种蕴含行政法治理念、价值和精神的思维方法和行动方式。其基本内涵是要求行政主体在行政管理中要具有依良法行政理念、权力制约和权利本位思想、民主行政精神、正当程序意识、责任行政观念等思维品性。[④] 运用行政法治思维和法治方式的根本是维护宪法法律权威，坚持法律面前人人平等，任何组织或者个人都不得有超越宪法法律的特权，一切违反宪法法律的行为都必须予以追究。

（2）完善行政法制体系。早在 2008 年 3 月 8 日，全国人大常委会委员长吴邦国已经宣

① 参见朱维究、闫晶：《改革开放 30 年中国行政法治发展历程回顾》，载《中国行政管理》，2009（2）。

② 参见罗豪才：《中国行政法治建设 30 年》，载《国家行政学院学报》，2008（6）。

③ 参见杨海坤：《我国实行行政法治的十二条基本经验》，载《社会科学战线》，2009（1）。

④ 参见毕可军：《论行政法治思维》，载《东岳论坛》，2013（2）。

布：以宪法为核心，以法律为主干，包括行政法规、地方性法规等规范性文件在内的，由七个法律部门、三个层次法律规范构成的中国特色社会主义法律体系已经基本形成，国家经济、政治、文化、社会生活的各个方面基本做到有法可依。但是，现在我国法治建设中最重要、最突出、最关键的问题，就是如何保护公民权的充分行使，制约公权力的违法滥用。行政法在这方面承担着比其他部门法更为艰巨的任务。这就要求我们在行政法治建设的各个阶段、各个环节都要更加重视制约、规范和监督行政权，保护、扩展和救济公民权。[①]今后应抓紧完善政府改进经济调节、严格市场监管、加强社会管理、更加注重公共服务方面的行政法制度，进一步健全行政责任追究制度，积极研究制定行政程序法、行政收费管理法和行政编制法等综合性的重要行政法律，而目前尚未全面展开的行政组织法规范建构更是任重而道远。

(3) 深化行政体制改革。深化行政体制改革在推进依法行政中起着先导性和基础性作用。应该结合我国转型时期政治、经济、文化和社会生活的实际，从法治和公共行政的视角推动内涵式行政体制改革，系统思考政府职能调整整合、政府机构再构和政府运行机制再造的统一，实现政府职能向创造良好发展环境、提供优质公共服务、维护社会公平正义的根本转变，实现政府组织机构及人员编制向科学化、规范化、法制化的根本转变，实现行政运行机制和政府管理方式向规范有序、公开透明、便民高效的根本转变，最终建构起法治政府、服务型政府。[②]

(4) 提高行政执法质量。行政执法是法律实施的重要阶段，直接关系到法治政府的建设。目前，行政执法中还存在一些问题，导致行政管理的目的没有很好地实现，或者在行政执法中出现了一些如暴力执法等不文明、不合法的现象，造成了政府信誉的降低。因此，推动行政法治建设需要严格行政执法，注重从完善行政执法体制、完善行政执法程序、创新行政执法方式、严格行政执法人员管理制度、加强行政执法经费财政保障、全面落实行政执法责任制等方面提高行政执法质量。

(5) 创新公共服务方式。推进法治政府的建设，是建设服务型政府理念的最好体现。应当把"以服务行政模式履行政府法定义务"作为核心，兼顾服务行政和秩序行政两个领域，处理好服务型政府与法治政府、服务型政府与服务行政、秩序行政与服务行政之间的关系，创新公共服务方式，为人民提供高效、优质的服务，保障国家和社会公共利益，尊重和保障公民合法权益。

(6) 深化司法体制改革。权力明确、职责明晰是法治国家的基本要求。因此，在法治社会中，行政权与司法权都有很明确的分治界限。深化司法体制改革事关人民法院和人民检察院的司法职能，而公正司法是法治中国建设的正义防线。建立公正司法，就是要彰显文明，惩处邪恶，不让诚信者吃亏，坚持法律面前人人平等，让人民群众在每一个司法案件中都感受到公平正义；建立高效司法，就是要树立群众观念，方便群众诉讼，在合理的期限内做到案结事了；建立权威司法，就是要确保人民法院和人民检察院能够依法独立公正行使审判权、检察权，不受行政机关、社会团体和个人的干预，让每一项司法裁决都能

① 参见袁曙宏：《30年行政法治建设回顾与前瞻》，载《法制日报》，2008-12-07。

② 参见石亚军、湘军：《以法治深入推进内涵式行政体制改革》，载《法制日报》，2013-11-20。

得到执行。①

本章小结

1. “行政”是一个历史概念，行政法领域的行政通常指公共行政，是指国家行政机关或其他特定的社会公共组织，为了实现公共利益，依法对国家与社会公共事务进行有效管理的活动及其过程。

2. 与传统的行政管理或政府管理相比，公共行政具有公共性、适应性、效能性、法治性、回应性、公平性等特征；根据不同的标准，公共行政可分为国家行政与社会行政、权力行政与非权力行政、秩序行政与给付行政、裁量行政与羁束行政。

3. 行政权，是指国家行政主体执行法律、管理国家行政事务和社会公共事务的权力。行政权是行政的基本依据，行政权的特性直接决定行政行为的特性。绝对的权力导致绝对的腐败，权力本身具有无限扩张的倾向，具有诱惑性、腐蚀性。依法控权是限制行政权力的基本方式；与此同时，对行政权的限制还需要建立公共行政的德性。

4. 从法律意义上来讲，公民权利是指一个国家的公民所享有的法律地位上具有的能力或资格，涉及政治、经济和社会的各个方面，有些还是互相交叉的。行政权与公民权利存在着对立关系、制衡关系和统一关系。

5. 公共行政的变革历经了从权力行政到服务行政、从国家行政到社会行政、从刚性行政到柔性行政的历史变迁，为行政法学提供了许多新的研究课题：依法行政原则在公共服务理念之下面临挑战、行政范围急剧拓展、行政方式多样化、行政裁量权进一步扩张、行政态度由消极转向积极、行政行为类型日趋丰富。

6. 行政法治是使公共行政服从良善规则治理的目的性事业。从形式意义上看，法治主要是一个关于法律地位的问题，法治的精髓在于法之于权力的优势地位，强调任何人——包括君主、政府在内——都必须受法的约束，不允许有法外特权；而从实质意义上看，法治主要是一个关于法律标准的问题：良法为治，恶法非法，人们只应服从良善规则的治理。

7. 我国行政法治建设步入了一个新的起点，需要进一步培养行政法治思维、完善行政法制体系、深化行政体制改革、提高行政执法质量、创新公共服务方式、深化司法体制改革。

关键术语

公共行政　　公共利益　　社会行政　　羁束行政　　行政权　　公民权利　　行政法治　　良法善治

复习思考题

1. 如何理解公共行政的内涵？

---

① 参见胡建淼：《十八届三中全会的法治亮点》，载《学习时报》，2013-11-26。

2. 何谓行政权？其基本内容是什么？
3. 如何理解行政权与公民权利的关系？
4. 阐述现代公共行政变迁对于行政法学的挑战。
5. 何谓行政法治？其基本内涵是什么？
6. 如何推进我国行政法治的发展？

案例自测

“碰瓷式”执法为哪般？

2024 年 5 月 11 日，网上流传一段“云南运管人员疑似碰瓷执法”的视频，引发网友热议。网传视频是一段行车记录仪录像，显示拍摄时间为 2024 年 5 月 10 日 13 时 57 分。视频中，车辆疑似拐弯汇入道路后，从马路旁冲出了五名身穿制服的执法人员，车辆减速后，一名执法人员直接扑到了车辆引擎盖上，随后翻了个身，这时录像中能明显地听到“啊……啊……真疼啊……”的叫喊声，能清晰地看到执法人员的衣服上印有“交通执法”字样。

云南省在 2023 年 4 月至 10 月，开展道路交通安全和运输执法领域突出问题专项整治工作，主要集中整治“逐利执法”、执法不规范、执法方式简单僵化、执法粗暴、执法“寻租”等群众反映强烈的突出问题。其中，“碰瓷式”执法被纳入执法粗暴问题范畴，要进行重点整治。

如此执法确实荒唐，不仅让公众大跌眼镜，更对执法部门的公信力造成了严重损害。“碰瓷”执法严重影响政府形象，作为社会管理者，决不能随意用近乎“碰瓷”的方式办案，否则很难获得民众信任支持。只有在合法合规的前提下，规范公正的执法行为，才会赢得公众的信任和支持。

资料来源：《“碰瓷式”执法？交通执法人员扑到引擎盖上翻滚喊疼》，载光明网，2024－05－12。有修改。

思考题：

（1）“碰瓷式”执法反映出行政执法中的哪些问题？

（2）结合对本案例的思考，阐述如何有效推进行政法治进程。

第3章

行政法的基础理论

本章要点

- 行政法的理论基础
- 行政法律关系的渊源
- 行政法的基本原则
- 行政法产生与发展的基础

3.1 行政法的概念与内涵

行政法的概念至今仍是一个尚未形成通说并有待深入研究的基础性问题。多年以来，德、法、英、美、日等国在各自制度背景下所形成的不同理解对于我国行政法概念的形成和发展产生了明显的影响。

3.1.1 大陆法系的行政法概念

大陆法系国家严格区分公法和私法，将行政法列入公法范畴，侧重于行政法内容和调整对象的界定。这些国家在理念上认为，在原则上和具体规则上，公权力的行使与私权利的行使表现为不同的特点，需要以不同的法律规范区别对待。既然形成了针对公权力的专门的法律规范，特别是针对行政权行使的法律规范，相应地就要建立解决因这些法律规范的适用而产生的纠纷的法律制度。这些国家大都设有行政法院，学者们也主要从公共管理角度把行政解释为调整行政活动的公法。

最早把对行政法的认识加以系统整理，使之成为一门独立的法律学科的是德国法学家迈耶，其在名著《德国行政法》中指出，“行政法是指调整作为管理者的国家与作为被管理者的臣民之间关系的法律规范”。另一位德国学者哈特穆特·毛雷尔（Hartmut Maurer）认为“行政法是指以特有的方式调整行政——行政行为、行政程序和行政组织——的（成文或不成文）法律规范的总称，是为行政所特有的法”①。法国学者奥科（Aucoc）认为，“行政法即规范行政以及行政权对于人民关系法规之总体”。法国当代行政法学家术·瓦林（S. Worli）则从内容描述的角度出发，认为行政法“不仅包括行政权及其形式的程序和原则，公民受到侵害时的救济措施，还包括行政机关的组织形式、行政机关颁布规章的权力及程序、文官制度、政府对财产的征用和管理、公共事业、行政责任”②。

荷兰法学家克鲁尔（Kluwer）认为，“行政法通常是宪法的延伸和具体化，它主要是关于政府行政和对行政的司法审查”。土耳其行政学者罗纳则认为，“行政法是公法的一个部门，它是调整行政机关同公民之间的关系，规定国家官员的法律地位以及公民在同作为国家代表的政府官员交往中的权利和义务的法律规范的总称。同时，行政法规定义务的程序。简言之，行政法是建筑于行政活动和行政决定基础上的法”③。

3.1.2 英美法系的行政法概念

在英美法系国家，公法和私法一般不作严格区分，也不另设行政法院，行政案件同民事案件一样由普通法院审理，其行政法概念要比大陆法系国家的行政法概念窄一些，更侧重于行政程序规范，强调通过司法权对行政权的控制。学者们主要从保护私人利益的角度，把行政法概括为控制行政权的法，甚至把行政法仅仅理解为程序法。

英国著名法学家戴西的观点早期对英美法系行政法的影响很大，其认为行政法主要是用于在行政法院进行行政诉讼的、旨在保护官吏特权的法律，它与法治原则不相容，所以作为法治国家的英国没有行政法。但这一观点后来受到严重批评。20 世纪 30 年代，英国著名法学家詹宁斯（Jennings）有针对性地提出行政法是关于公共行政的全部法律，内容不以行政诉讼为限，也包括行政机关的组织、权力、权利、义务和责任。此观点已为大部分英国行政法学者所接受。④ 他认为行政法“是控制政府权力的法”，“是规范行政机关行使权力、履行职责的一系列普遍原则”⑤。从这样的表述中可以看出强烈的控权法色彩。

最早把行政法作为独立的法律部门和学科来研究的美国学者古德诺（F. J. Goodnow）在 1893 年提出，“行政法是公法的一部分，它规定行政机关的组织和职权，并规定公民在受到行政行为侵害时的行政救济”⑥。美国行政法学大师戴维斯（K. C. Davis）教授的行政法定义就凸显了行政法的控权功能：行政法是“关于行政机关的权力和程序的法律，特别要包括对行政行为进行司法审查的法律”⑦。

---

① ［德］哈特穆特·毛雷尔：《行政法学总论》，33 页。
② Bernard Schwartz，*Administrative Law*，Boston，Boston University Press，1976，p. 2.
③ 胡建淼：《行政法》，10 页，北京，法律出版社，2005。
④ 胡锦光、莫于川：《行政法与行政诉讼法概论》，6 页，北京，中国人民大学出版社，2002。
⑤ ［美］威廉·韦德：《行政法》，5～6 页。
⑥ Frank Goodnow，*Comparative Administrative Law：An Analysis of the Administrative Systems*，National and Local of the United States，Columbia Publishing Company，1893，pp. 8－9.
⑦ ［美］戴维斯：《行政法教程》，1 卷，3 页，1978。

3.1.3　日本的行政法概念

日本的行政法以德国行政法为蓝本，又积极学习法国行政法的判例政策、国家责任和无过失损害赔偿等内容，战后又深受美国行政法的行政程序、司法审查等制度的影响，所以具有吸取各家之长的特色。因中日文化传统相近且国内译介较多，对中国行政法的影响特别大，我国"行政法"一词最早即从日本引进。

日本法学家美浓部达吉认为，行政法为国内公法之一部，规定行政权之组织及行政权主体的国家或公共团体与其所属人民的关系之法；简言之，行政法就是关于行政的国内公法。此观点对早期日本行政法概念的影响很大。第二次世界大战以后，日本行政法学家在认识上发生了一些变化。例如，今村成和教授认为，行政法是指专门关于行政的法，除了有关行政的组织和活动的法之外，也包括关于行政行为造成损失时的补偿的法，以及解决行政纠纷的程序的法。杉村章三郎更是将广义的行政法定义为关于行政的组织、作用及争讼的法（但传统观点仅指其中形式意义上的行政特有的国内公法），是行政组织法、行政作用法、行政争讼法及行政处罚法的总称。

3.1.4　我国的行政法概念

从国内学术界来看，关于什么是行政法，诸多学者分别从行政法的性质、目的、内容和形式等方面对行政法予以了界定。主要有两种观点的争议。一种观点认为，法律是调整社会关系的工具。每一个部门法都有其特定的调整对象。因此，从行政法调整对象的角度来定义，认为："行政法是调整行政关系，即国家行政机关及其工作人员在行使行政职能过程中发生的各种社会关系的法律规范的总称。"行政关系主要包括四类：第一类是行政管理关系；第二类是行政法制监督关系；第三类是行政救济关系；第四类是内部行政关系。[①] 另一种观点认为，法律作为一种社会规范，目的在于约束和调整人们的社会行为，因而行政法是约束、控制行政权力，即控制国家行政机关行政权滥用的法。主要是对行政权的主体、行政职权的分配与设定、行政权行使的程序予以规范，从而将行政权的行使纳入法治的轨道。其中较有影响的又有"单一关系调整说"，此说认为行政法"是指有关国家行政管理法律规范的总称，是以行政关系为调整对象的一个仅次于宪法的独立法律部门"[②]。"两种关系同时调整说"，此说认为行政法"既调整行政关系，又调整监督行政关系，是调整这两类关系的法律规范和原则的总称"[③]。"行政权力双向规范说"，此说认为"行政法是关于行政权力的组织分工和行使、运作，以及对行政权力进行监督并进行行政救济（或补救）的法律规范的总称"[④]。

概括和借鉴上述理论观点，我们认为，行政法是法的一个独立部门，是调整因行政主体行使行政权而产生的特定社会关系的法律规范和原则的总称。

（1）行政法是独立的法律部门。行政法具有自身特定的调整对象和调整方法，这种特

① 参见姜明安主编：《行政法与行政诉讼法》，7页，北京，北京大学出版社、高等教育出版社，1999。
② 张焕光、胡建淼：《行政法学原理》，3页，北京，劳动人事出版社，1989。
③ 罗豪才主编：《行政法学》，9页，北京，北京大学出版社，1996。
④ 王连昌主编：《行政法学》（修订版），1页，北京，中国政法大学出版社，1999。

定性，决定了它在国家法律体系中的独立地位。

(2) 行政法的调整对象是行政关系，而行政关系的核心是行政权。行政法的存在是为了控制、保障和规范行政权的运行。行政法通过行政组织法控制行政权的权源；通过行政程序法规范行政权行使的方式；通过行政法制监督法、行政责任法、行政救济法制约行政权滥用。

(3) 行政法属于公法。公法是与私法相对应的概念。公法，即调整公权力的获得和运行的法律规范，其目的在于确认或建立符合公共利益和意志的行政法律秩序。传统意义上的公法包括宪法和行政法。立法法、行政法、司法法是在宪法宏观调整国家权力的基本原则之下，调整某一部分具体的国家权力的法律规范，因此，都属于公法的范畴。

3.2 行政法的特征

行政法作为一个独立的法律部门，与其他部门法相比，无论在形式上还是内容上都有自己的特征。

3.2.1 行政法在形式上的特征

(1) 行政法没有一部完整、统一的法典。由于行政法涉及的社会生活领域十分广泛，面对的调整对象具有多样性，决定了难以用统一的方法进行规范。例如，人事行政与税收行政之间虽具有共同点，但在具体管理方法上却存在很大差异。而且，行政法内容纷繁复杂，又有较强的技术性、专业性，再加上行政关系与其他社会关系不同，要顺应时代和情势的变化而及时变化，相应的行政法规范必然要经常进行变动，行政机关实施行政管理过程中的具体行为也会发生变化。因此，制定一部系统、完整的行政法典几乎是不可能的，只能以不同的规范性法律文件规定不同的行政法规范，调整不同性质和特点的行政关系，使行政法律规范寓于形式多样的法律文件之中。

(2) 行政法规赖以存在的法律形式、法律文件的数量庞杂。行政法内容的广泛性、技术的复杂性、专业的细致性及行政管理过程的动态性，决定了行政法有多种多级的立法者，不仅最高权力机关或地方权力机关可以制定，而且有权的行政机关也可以制定。仅以行政规章为例，国务院各部门、各省、自治区、直辖市以及较大的市的人民政府都享有规章的制定权，从而导致行政规章的数量十分庞大。从名称上看，就有“规定”“办法”“实施细则”等多种称谓。这就使得行政法的表现形式繁多，种类不一，即具有多种法律渊源。

3.2.2 行政法在内容上的特征

(1) 行政法涉及的领域广泛、内容丰富。现代行政权力的不断扩张与膨胀，行政活动领域极其广泛，既涉及国家事务的管理，如国防、外交、治安、教育、税收等领域，又覆盖社会公共事务的管理，如卫生保障、环保绿化、劳动保护、社会福利等在内的几乎所有的社会生活领域，触及社会的每一个角落。因此，各领域所发生的社会关系均需行政法调整。西方学者形容其为"从摇篮到坟墓"的全方位管理。作为上层建筑的法律必定要反映这一事实。

(2) 行政法规范具有易变性。一般说来，法律规范都具有一定的稳定性。在行政法规范中，以宪法、法律形式表现的那部分法律规范因其具有一定的原则性和抽象性而具有相当的稳定性；而因为社会经济关系经常处于变动之中，科技文化不断发展，行政权力以及因行使行政权力形成的行政关系也必须随之变动，因此，以行政法规、行政规章形式表现的法律规范必须及时对其内容进行调整以适应管理的需要，因而具有易变性。

值得指出的是，行政法的变动性只是相对于其他部门法而言，并不是说这种易变性意味着朝令夕改，行政法规范依然具有法的相对稳定性、拘束力和强制力等基本特征。

(3) 行政法的实体性规范与程序性规范总是交织在一起。在一个法律文件中，规定行政权力的取得、运行及对相对人产生的后果等内容的规范往往是紧密相连的。如果仅规定行政权力的取得，而不同时规定其行使的程序是不可能的，这是由行政活动本身的特点决定的。行政实质上就是管理、执行，因此，享有权力与行使权力是一体的。也正是由于行政权的特殊性，出于民主、公正的要求，科学与效率的需要，必须对行政权行使的步骤、顺序、方式、时限等予以规定。因此，有关行政权的实体性规范和程序性规范通常相互交织，并存在于一个法律文件之中。

3.3　行政法的渊源与分类

3.3.1　行政法的渊源

行政法由一系列行政法规范和原则组成，而这一系列规范和原则又通过丰富的法律形式表现出来。行政法的渊源，就是指行政法的外部表现形式，也即行政法规范和原则的载体。行政法的渊源很多，不同国家行政法的渊源不尽相同。例如，法国行政法绝大多数来自最高行政法院的判例，德国行政法的基本法是《行政程序法》，美国的行政法有大量的制定法文件，如阳光下的政府法、司法审查法等。在我国，行政法来源于各类国家机关所创制的具有法律效力的规范，我们可以将之分为一般渊源和特殊渊源两大类。行政法的一般渊源是指国家权力机关或行政机关制定的规范性文件；行政法的特殊渊源则是指有关行政法规范和原则的法律解释以及国际条约、惯例等。我国行政法的渊源，可以分为以下几种形式：

1. 宪法

宪法是国家的根本大法，具有最高法律效力，是各项立法的依据，是我国最高位阶的法源。具有行政法意义的宪法规范通常原则性很强，涉及行政权力的取得、行使及对其监督等根本问题。例如，宪法规定了行政管理活动的原则性规范；规定了行政机关在国家机构中的法律地位和行政体制；规定了行政机关的职责和设立权限；规定了公民权利与行政权力的关系及处理原则，等等。宪法确认的这些规范通常是基础性的、纲领性的、指导性的，对所有其他的行政法规范具有统率的作用。

2. 法律

法律是指最高国家权力机关制定的规范性文件，包括全国人民代表大会制定的基本法律和全国人民代表大会常务委员会制定的一般法律。它是对宪法中所规定的关于行政权力的获得、行使和接受监督的原则性规范所进行的具体化。我国已经制定了比较完整的行政法律体系，涉及行政管理、行政组织、行政行为、行政监督等诸多方面。其中全国人大制定的规范性文件称为“基本法律”，如《中华人民共和国国务院组织法》《中华人民共和国行政诉讼法》等；全国人大常委会制定的规范性文件称为“非基本法律”或“其他法律”，如《中华人民共和国国家赔偿法》《中华人民共和国行政复议法》《中华人民共和国治安管理处罚法》等。法律作为行政法的渊源在地位上仅次于宪法，具有较高的效力等级，是其他法律渊源的依据，其他形式的法律规范一般都具有执行性和从属性，是法律的具体化，不得与法律相抵触。

3. 行政法规

行政法规是国务院为了实现对国家的政治、经济、教育、科技、文化、外事等各项事务的管理，依据宪法和法律制定的关于行政管理的规范性文件的总称。由于法律关于行政权力的规定常常比较原则、抽象，因而还需要由行政机关进一步具体化，行政法规就是对法律进行具体化的主要形式，其效力仅次于宪法和法律，高于地方性法规和规章，是国务院领导全国行政工作的一种有效手段。根据国务院《行政法规制定程序管理条例》的规定，其名称主要为“条例”“规定”“办法”三种。

4. 地方性法规、自治条例、单行条例

地方性法规，是指省、自治区、直辖市的人民代表大会及其常务委员会，省、自治区人民政府所在地的市、国务院批准的较大的市以及经全国人大及其常委会批准设立的经济特区（市）的人民代表大会及其常委会，在不与宪法、法律、行政法规相抵触的前提下所制定而后颁布的规范性文件的总称。在地方性法规中，相当一部分涉及地方国家行政机关权力的取得、权力的行使以及对权力的监督等问题，涉及公民、法人或者其他组织在行政权力行使过程中的权利和义务，因而是行政法的重要渊源。随着地方行政事务的不断增多，地方性法规也迅速发展，成为地方行政机关行使行政权力的主要依据。

自治条例和单行条例是指民族自治地方的人民代表大会依据宪法、民族区域自治法和其他法律规定的权限，结合当地的政治、经济和文化的特点所制定的规范性文件。自治条例是指民族区域自治地方的人大制定的行使宏观性民族自治权的法规。单行条例是指民族自治地方的人大制定的行使某一方面民族自治权的法规。自治条例和单行条例不同于地方性法规之处在于其可以根据本民族特点，对法律、行政法规和地方性法规作出变通处理，但不得违背法律或者行政法规的基本原则，如果民族区域自治法、法律、行政法专门针对民族自治地方作出了规定，自治条例和单行条例就不得作出变通规定。自治区的自治条例和单行条例，报全国人大常委会批准后生效；自治州、自治县条例和单行条例，报省或自治区人大常委会批准后生效，并报全国人大常委会备案。

5. 规章

规章分为部门规章和地方性规章。部门规章，是指国务院各职能部门制定的规范性文件的总称。地方性规章，是指各省、自治区、直辖市的人民政府，省、自治区人民政府所在地的市、国务院批准的较大的市以及经全国人大及其常委会批准设立的经济特区（市）的人民政府，根据法律、行政法规和本省、自治区、直辖市的地方性法规所制定的规范性文件的总称。在效力上，部门规章的效力等级低于法律和行政法规，地域效力则及于全国；地方性规章效力等级低于法律、行政法规和地方性法规，地域效力则仅限于本行政区。规章的内容主要是针对本部门、本地区的行政管理活动，很多行政职权与行政程序的详尽规定都是通过规章的形式予以确认，且数量大，使用频率高、适用范围广，是我国行政法的重要渊源。

6. 法律解释

法律解释是指有权机关就法律规范在具体适用过程中，为进一步明确界限或进一步补充，以及如何具体运用所作出的解释。根据全国人大常委会 1981 年通过的《关于加强法律解释工作的决议》，有权解释包括立法解释、司法解释、行政解释和地方解释。通常，将全国人大及其常委会对法律的解释称为“立法解释”，将国家行政机关对于不属于审判和检察工作中的其他法律的具体应用问题以及自己依法制定的法规进行的解释称为“行政解释”，将国家最高司法机关对司法工作中具体应用法律问题所做的解释称为“司法解释”，将地方权力机关对地方性法规条文的解释以及有关地方政府对地方性法规、规章如何具体应用的解释称为“地方解释”。这些解释常常涉及与行政有关的法律规范适用问题，具有规范性，是行政法的补充渊源。

7. 国际条约、惯例

现代国家之间在政治、经济、文化等方面的交往日益频繁，往往需要通过条约、惯例的形式确定相互之间的权利义务，确定相互交往的规则，确定相互之间的法律地位。国际条约、惯例时常会涉及一国国内的行政管理，成为调整该国行政机关与公民、组织及外国人、外国组织之间关系的行为准则，条约与一国的法律相比较，具有明显的特殊性，它涉及两国之间的关系，涉及一个国家的国际信用。其中，涉及行政管理的部分一经我国承认，就要对我国的行政机关有约束力，属于我国行政法的渊源。当然，凡是我国承认时予以保留的条款，都不能成为我国行政法规范的组成部分。

3.3.2　行政法的分类

行政法的内容十分广泛，根据不同的标准，可以把行政法分为不同的类别，其中常见的行政法分类主要有以下几种[①]：

1. 一般行政法与特别行政法

这是以行政法调整对象的范围为标准对行政法所作的划分。一般行政法是对一般的行政关系加以调整的法律规范与原则的总称，如行政组织法、公务员法、行政处罚法、行政程序法等。特别行政法是对某一方面或某一领域的行政关系加以调整的法律规范的总称，如经济行政法、军事行政法、体育行政法、教育行政法、公安行政法、民政行政法、卫生行政法、科技行政法等。

2. 实体行政法与程序行政法

这是以行政法规范的性质为标准对行政法所作的划分。实体行政法是规范当事人在某种法律关系中的存在、地位或资格和权能等实体性权利义务的行政法规范的总称。程序行

---

① 参见罗豪才、湛中乐主编：《行政法学》(第二版)，8～10 页。

政法则是规定实施实体性行政法规范所必需的当事人程序性权利义务的行政法规范的总称，如行政诉讼法、行政程序法等。在行政法领域，行政实体法与行政程序法总是交织在一起，前者是行政行为的内容，后者是行政行为的表现形式，二者是统一的。

3. 行政主体法、行政行为法、行政监督法和行政救济法

这是以行政法的作用为标准对行政法所作的划分。行政主体法基本可以分为两部分：一部分是规范行政主体的设置、编制、职权、职责、活动程序和活动方法等内容的行政法；另一部分是规范国家行政机关与其公务员双方在录用、培训、考核、奖惩、职务升降、交流中的权利（职权）、义务（职责）关系等内容的行政法。行政行为法，又称行政活动法，即有关行政行为的规范。这类行政法规范中，最主要的是关于行政机关在进行行政管理、实施行政活动的过程中，与作为相对人的个人、组织之间的权利（职权）、义务（职责）关系的规范。行政监督法是规范特定行政主体对于一般行政主体的行为如何进行检查督促的行政法。行政救济法则是规定如何对违法、不当或其他行政行为造成的后果进行补救的行政法。

除此以外，还可以从其他角度将行政法分为：中央行政法与地方行政法、平时行政法与战时行政法、积极行政法和消极行政法等。在这里就不一一介绍了。

3.4 行政法律关系

3.4.1 行政法律关系的概念与特点

1. 行政法律关系的概念

法律关系，是一个重要的法学范畴，是法律规范在调整一定社会关系的过程中形成的人们之间的权利义务关系。不同的法律调整不同的社会关系，行政关系是行政法律关系调整的对象，行政关系经行政法调整后，便上升为行政法律关系。行政法律关系，是指由行政法规范确认和调整的因行政权力的行使而形成的行政主体与其他当事人之间的权利义务关系。这种为行政法所调整的社会关系可以称为行政关系。可以说，行政关系是行政法律关系的“前身”，行政法律关系是行政关系的“升华”。即便如此，两者之间还是有着严格的区别。

（1）行政法律关系属于法律关系，体现了国家意志，由国家强制力作保障；而行政关系是一种社会关系，不反映国家意志。行政关系的内容是丰富的，属性也是多样的，行政关系还可以体现为政治关系、经济关系或其他关系。

（2）行政法律关系以行政关系为基础，但不等于行政关系，只有当行政关系为行政法所调整，具有行政法上的权利义务内容时才转化为行政法律关系。例如，行政机关制定规范性文件的行为，其结果只是产生相应的行为规范，只有出现相应的法律事实而在特定主体之间形成一种具有权利义务关系才是行政法律关系。

2. 行政法律关系的特点

（1）在行政法律关系当事人中，必有一方是行政主体，即行政机关和法律、法规授权的组织等。行政法律关系是行政主体在行使行政职权的过程中，与行政相对人等形成的相互关系。因此，在行政法律关系中，行使行政职权的行政主体是不可或缺的。它们在行政法律关系中居于支配地位，具有固定性和不可替代性。

（2）行政法律关系当事人的权利义务由行政法律规范预先规定。在行政法律关系中，当事人的权利义务不能由当事人双方相互协商确定，而是由行政法律规范事先设定。当事人不得自由选择权利、义务，也不得随意放弃权利、转让义务，而只能依据行政法律规范的规定享有权利或承担义务，这是行政法律关系区别于民事法律关系的主要特征。

（3）行政法律关系具有不对等性。这种不对等性主要表现在两个方面：第一，行政法律关系双方主体的地位不平等。行政主体以国家强制力为其后盾，可以行使强制权，迫使相对人履行义务。第二，行政法律关系的产生、变更不以双方主体的意思表示一致为必要条件，行政主体可以单方面地设定或变更行政法律关系，而无须征得相对人的同意。

（4）行政法律关系引起的争议，在解决方式及程序上有其特殊性。行政法律关系中产生的争议，通常由行政机关按照行政程序或行政司法程序加以解决。但由于此类争议所涉及的问题通常具有专业性技术性强的特点，因此应由具有专业性优势的行政机关或行政裁判机关来解决。只有在法律明文规定的情况下，才可将行政争议提交法院。

3.4.2　行政法律关系的构成要素

行政法律关系由三个要素构成，即主体、客体和内容。

1. 行政法律关系的主体

行政法律关系的主体，亦称行政法主体，是指在具体的行政法律关系中享受权利、承担义务的当事人，包括行政主体和行政相对人。

行政主体是能够以自己的名义依法拥有和行使行政职权，并能够对行使行政职权的行为造成的后果承担法律责任的机关和组织，包括国家行政机关，以及法律、法规授权的或国家行政机关委托的企事业单位、社会团体和其他组织等。值得一提的是，目前学术界对个人（指从事国家行政管理活动并得到专门授权的行政公务人员）能否视为行政主体尚存在重大分歧。行政相对人又称行政相对方，是指在行政法律关系中与行政主体相对应，处于被管理和被支配地位的法人、组织或个人。行政相对人在行政法理论上具有重要意义，它表明行政管理活动中处于被管理地位的当事人，绝不是单纯的被支配对象，而是既享有权利又承担义务的行政法律关系主体。根据我国现行法律的规定，在具体的行政法律关系中可以成为行政相对人的主要有国家组织、企事业单位、社会团体、公民以及在我国境内的外国组织、外国人和无国籍人等。

阅读与思考

中国足协，开出重磅罚单

2024 年 5 月 4 日，2024 赛季中甲联赛第 9 轮，大连英博足球俱乐部队主场 0：1 负于广州足球俱乐部队。比赛过程中，场上球员发生违反赛风赛纪的赛场暴力和非体育行为。赛后双方球队人员场内聚集，产生摩擦和冲突，引发现场混乱，造成严重不良社会影响。为查明事件原因、厘清各方责任，中国足协成立调查组，就本场比赛赛风赛纪问题进行深入调查。调查认定，本场比赛爆发严重赛风赛纪问题是一起因大连英博足球俱乐部履行赛风赛纪第一责任人责任不力，对球员教育约束不严，内部管理松散，个别球员无视赛场纪律，在输球情况下情绪失控、恶意滋事以及广州足球俱乐部队个别球员职业道德作风不良，赛后实施非体育行为挑衅公众导致的典型的违反赛风赛纪事件。

中国足协纪律委员会依据《中国足球协会纪律准则》，结合调查事实和责任认定，按照规定程序对主要责任方大连英博足球俱乐部队、主要肇事者大连英博足球俱乐部队10号球员王某某、直接责任者44号球员科特尼克以及负有责任的广州足球俱乐部队32号球员霍某某进行如下处罚：

给予大连英博足球俱乐部队予以通报批评，罚款人民币20万元。

对大连英博足球俱乐部队10号球员王某某予以停赛10场，罚款人民币10万元。

对大连英博足球俱乐部队44号球员科特尼克予以停赛6场，罚款人民币6万元。

对广州足球俱乐部队32号球员霍某某予以停赛4场，罚款人民币4万元。

对本场比赛中其他实施暴力行为的球员依照规定严肃处罚。

资料来源：《中国足协，开出重磅罚单》，载光明网，2024-05-11。有修改。

【阅读思考】

中国足协的处罚法来自哪里？

2. 行政法律关系的客体

行政法律关系的客体是指行政法律关系当事人的权利、义务所指向的对象。它包括人身、物和行为等。人身指人的身体、身份和声誉。行政行为可以对人的身体、身份和声誉发生直接的作用，例如，行政拘留、居民身份证管理、颁发荣誉证书等。行为指行政法律关系主体的作为和不作为。它既包括行政主体的行政行为，也包括行政相对人的一般行为。作为行政法律关系客体的物，可以是物质形式，也可以是货币形式；可以是消费资料，也可以是生产资料。如行政赔偿关系的客体可能是金钱，行政没收关系的客体可能是物品，行政救济关系的客体可能是生活资料，行政合同关系的客体则可能是生产资料。行政法律关系客体的物还可以是满足人精神需要的物，主要是指行政法律关系主体从事智力活动所取得的成果，如学术著作、专利、发明等。

如因行政处理引起的行政法律关系的客体，可以是行政主体责令行政相对人所为的一定行为；而申请行政主体执法引起的行政法律关系中的客体，则是行政相对人的申请行为。同时，并不是所有的行为都可以成为行政法律关系的客体，只有与行政职能有关且具有法律意义的行为或经法律规范的行为，才能成为行政法律关系的客体。[①]

3. 行政法律关系的内容

行政法律关系的内容是指行政法律关系主体所享有的权利和承担的义务，也表现为行

① 参见胡锦光主编：《行政法与行政诉讼法》，24页，北京，高等教育出版社，2007。

政主体的职权和职责以及行政相对人的权利和义务。其中行政主体的权利具有特殊性，它既是权利又是义务。它自己所享有的行政职权不能放弃，如行政立法权、行政决定权、行政制裁权、行政强制权、行政命令权等。同时，要履行的义务或职责必须依法行使，如正确适用法律、依法行使职权、尊重和保护行政相对人的各项合法权益、保障和促进社会公共利益的实现等。若有违法或失职，便要承担相应的法律责任。

3.4.3　行政法律关系的产生、变更和消灭

行政法律关系的产生、变更和消灭是以相应的行政法规的存在为前提条件，以一定的法律事实的出现为直接原因的。相应行政法规的存在为行政法律关系的产生、变更和消灭提供了可能，而一定行政法律事实的出现则使行政法律关系的产生、变更和消灭成为现实。行政法律事实即由行政法律规范规定的，能够引起行政法律关系产生、变更和消灭的客观现象。

1. 行政法律关系的产生

行政法律关系的产生是指由于一定的法律事实而在行政主体与行政相对人之间形成的特定的权利义务关系，即把行政法律规范中规定的权利义务转变为现实中的由行政法律关系主体实际享有的权利和实际承担的义务。行政法律关系的产生必须具有两个基本条件：(1) 行政法律规范的存在。行政法律关系是行政规范调整行政关系的结果，行政法律关系中的权利义务是依据法律规定的。因此，行政法律关系产生和变化的法律依据和前提条件是行政法律规范。(2) 行政法律事实的出现。行政法律事实是指行政法律规范所规定的，能够引起行政法律关系产生、变更和消灭的具体条件和事实根据。它包括行政法上的法律事件和行政法律行为。其中行政法上的法律事件是指能够引起行政法律关系产生、变更和消灭的不以人的意志为转移的客观事件（如地震、台风等自然灾害；人的出生、死亡等社会事件）；行政法律行为是指能够引起行政法律关系产生、变更和消灭的，行政法主体有意志的行为（如行政征收、强制执行等行政主体的行为；超速驾驶等相对人的行为）。

2. 行政法律关系的变更

行政法律关系的变更是指行政法律关系在存续期间发生的变化。它涉及行政法律关系的主体、和内容相互交织而发生的增减、更替等变化，主要表现为：(1) 主体变更。从行政主体的变更上看，行政机关的合并、分离和撤销可以导致行政权利义务转移至新的行政主体。从行政相对人来说，行政相对人由于死亡或其他原因不能行使权利义务，其权利义务由其继承人、监护人等行使。① 主体变更必须是基于法律关系内容的存在和有法律效力，要受到行政法的严格限制。(2) 内容变更。是指主体间权利义务本身发生了形式上的改变。如行政给付关系中由给予行政相对人廉租房变为给予其一定的住房补贴；行政处罚中罚款数额的变更等。

3. 行政法律关系的消灭

行政法律关系的消灭是指原当事人之间的权利义务关系完全消失或不复存在。行政法律关系的消灭包括两种情形：(1) 行政法律关系的一方或双方当事人不复存在，从而使行

---

① 参见王学辉主编：《行政法与行政诉讼法学》，24 页，北京，法律出版社，2009。

政法律关系消失。如某公务员死亡或被开除、辞退或辞职，他与国家之间的行政职务关系就归于消灭；再如文物的灭失使文物保护上的法律关系归于消灭。(2) 行政法律关系的全部内容因被撤销或履行不复存在，从而使行政法律关系消失。如设定权利义务的法律、法规、规章被废除；作为根据的行政行为被撤销等。行政法律关系的消灭也同样以行政法律规范的存在为前提，以行政法律事件的出现或行政法律行为的发生为条件。

3.5 行政法的地位与功能

随着社会事务的不断增多，现代科技、经济、文化的迅猛发展，现代行政管理的触角已经延伸到社会生活的各个方面，行政权力的日益膨胀，作为规范和保障行政权力行使的行政法，在社会生活中的地位和作用日渐突出。与刑法、民法等基本部门法一样，行政法已经发展成为我国法律体系中不可或缺的基本法律部门，发挥着十分重要的作用。

3.5.1 行政法在法律体系中的地位

行政法是我国社会主义法律体系的一个组成部分，是仅次于宪法的部门法，具有重要的地位和影响。①

(1) 从行政法的调整对象来看，行政法调整着广泛而重要的社会关系。法律体系是法律部门的有机统一体，民事法律调整平等主体之间的人身财产关系，刑事法律则以追求惩治具有社会危害性的犯罪行为为规范内容。然而，平等民事主体之间的社会关系并不是唯一的社会关系，除此之外，还存在国家与个人的关系，尤其是行政权力主体与公民、法人的关系。违反公共秩序、损害社会及他人利益的行为也不止犯罪行为一种，还有尚未构成犯罪但又需要追求和惩治的违反社会秩序的行为。② 这类社会行为、社会关系与国家权力、公民权利息息相关，是公民权利与国家权力关系的重要组成部分。为此，除了民事法律、刑事法律之外，还应当有调整国家行政权力的取得、行使及对之监督的一类法律规范，即行政法律。由于调整对象的特殊性和调整内容的系统性，行政法在我国法律体系中占有十分重要的地位。

(2) 从行政法与宪法的关系来看，行政法是宪法的重要的实施法。首先，行政法是实施有关现代国家机构之间关系的宪法规范的主要法律，具有保障和监督对社会有广泛影响的行政管理的作用。其次，行政法是实施宪法确定的各项国家政策的主要法律，且相对于民法、刑法等，它往往较全面地推行宪法确定的各项基本国策。宪法所规定的国家基本政治、经济、文化、社会制度和公民基本权利义务无一不涉及行政权力的行使与监督问题，没有行政法规作具体规定，这些基本制度和权利就无法落实，宪法也难以实施。正因为如此，有不少学者称行政法为“小宪法”，西方学者霍兰德甚至把宪法典叫作“静态的宪

① 参见罗豪才、湛中乐主编：《行政法学》(第二版)，30～31 页。

② 参见马怀德主编：《行政法与行政诉讼法》，19 页，北京，中国法制出版社，2000。

法”，而把行政法叫作“动态的宪法”。

（3）从行政法与其他基本法律部门的关系来看，行政法对其他部门法的影响越来越大。现代国家的行政机关越来越多地“干预”民事活动；行政法的调整范围也逐渐扩及某些传统上认为应属民法调整的领域。

3.5.2　行政法的作用

就一般意义上说，行政法与其他部门法一样，具有法的规范作用和一般社会作用。而作为一门独特的部门法，行政法具有如下两方面独特的作用：

（1）行政法具有保障行政权有效行使的作用。

行政权是否能有效地行使，关系到一国社会、经济、政治、文化等各个领域的发展，而行政法作为调整行政关系的法律规范对行政权的有效行使起到保障作用。

第一，行政法具有确认行政权是一种相对独立于立法权和司法权的国家权力，并为国家行政机构所享有；第二，行政法确认行政权在各行政机关和机构之间的分配，从而保障行政权在各行政机关和机构之间统一、有效地运作；第三，行政法确认和保障行政机关对公务员的管理权，确认公务员的地位和职权，保障行政机关内部的统一和协调；第四，行政法确认行政机关及其公务员对于公民、法人和其他组织的行政管理权力，保证行政机关的优益权、执行权和强制权；第五，行政法确认行政的程序，保证行政过程的可预期性、有序性，提高行政效率。总之，行政法保障行政权的统一、有序、有效的行使，从而达到行政目的。

（2）行政法具有保护公民、法人和其他组织合法权益的作用。

公民、法人和其他组织的合法权益受到法律的保护，不受任何个人、团体的侵犯，也不受国家行政机关违法行为的侵犯。因为有相当一部分的侵权行为，不仅损害另一方当事人的权益，而且损害社会公共利益、社会秩序和经济秩序。制止这些侵权行为，就是维护社会公共利益和公共秩序，这是行政机关，也是行政法的重要作用。第一，行政法明文禁止行政机关违法侵犯公民、法人和其他组织合法权益的行为；第二，行政法保障公民的参政权、批评权、建议权，使得公民、法人和其他组织能依法参与行政管理；第三，行政法保障公民对行政机关及公务员违法侵权行为及其后果提出申诉、控告以及赔偿损失的权利。因而，行政法自其诞生以来，就始终是民主法制的一个重要组成部分，必须具有保护公民、法人和其他组织合法权益的作用。

3.6　行政法的基本原则

3.6.1　行政法基本原则的含义

行政法的基本原则是指贯穿全部行政法法律规范，调整和决定全部行政行为，指导行政法实施的基本准则。行政法的基本原则是行政法作为部门法所特有的基本准则。这些原则具有最普遍的意义和最重要的价值。

行政法作为一个部门法，是一个统一的法律规范体系。虽然行政法具有数量众多、不确定法律概念和自由裁量多，以及实体法和程序法交织的特点，但是行政法律规范之间有着内在的联系，体现着共同的基本原则。另一方面，众多的行政机关所进行的各种行政活动，作出的各种行政行为必须保持整体上的统一性，因此，它们必须统一在共同的原则之下。行政机关在行政活动中违背了这些基本原则，将产生直接的法律后果，有关行政机关必须承担相应的法律责任。

从行政活动的实践方面来看，行政法基本原则的重大意义和重要功能体现在以下几个方面：第一，行政法的基本原则是行政法律规范制定的依据，行政法律规范是行政法基本原则的具体展开。长期以来，由于不能正确把握行政法的精神、实质，在立法和执法的过程中出现了一定的偏差。因此，正确把握行政法的基本原则，对我国制定行政法律规范具有重大的指导作用。在执法过程中，由于行政法律关系的错综复杂，执法者如果不能正确理解和掌握基本原则，就可能出现不能正确行使行政权力的现象。所以无论是制定还是实施行政法律规范都离不开基本原则的指导。① 第二，行政法的基本原则是在适用行政法律规范、解释行政规范时，特别是在解释不确定法律概念和作出自由裁量时的依据。在现代社会的发展过程中，行政关系越来越复杂化、多样化。在现代社会的公共事务面前，行政法律法规不可能对所有的问题都予以直接调整，而是由赋予了自由裁量权的行政机关根据具体情形予以裁量。因此，行政主体能否做出符合社会公理和体现行政法基本价值的行政行为，就需要行政法的基本原则来予以规范和调整，从而有效地平衡有限的法律规定和无限的社会关系之间的矛盾。第三，行政法的基本原则是在当代行政管理中行政机关在作出非强制性的、积极的行政行为时也必须遵守的准则。② 行政主体行使权力必须遵循行政法的基本原则。行政权力的运行过程实际上是行政主体在实施行政管理中执行法律的过程，作为行政法律规范的基本准则的基本原则，则是行政权力主体在行政活动中必须遵循的行为准则，从而，促使行政活动沿着行政法制的轨道运行。

3.6.2 行政法基本原则的现状

1. 国外行政法基本原则的现状

（1）法国：行政法治与均衡原则。

行政法治原则，即政府行政活动必须遵守法律；法律规定行政机关的组织、权限、手段、方式和违法的后果。在法国，行政法治原则包含三项内容：第一，行政行为必须有法律依据。第二，行政行为必须符合法律。第三，行政机关必须以自己的行为来保证法律的实施。③

均衡原则是作为控制行政自由裁量权而出现的，它是二战后法国行政法院对具体行政行为的监督逐渐强化的产物。但是，“均衡性”作为行政法院对于行政机关的具体行政行为进行司法监督或审查的原则，其含义目前仍没有一致的解释。大体说来，它是行政法院在行政机关具有自由裁量权或其他特殊情况下，在无法依据法律条文或其他原则

① 参见王学辉主编：《行政法与行政诉讼法学》，56页。
② 参见王维达主编：《中国行政法学教程》，13页，上海，同济大学出版社，2006。
③ 参见王名扬：《法国行政法》，204页，北京，中国政法大学出版社，1988。

对行政行为进行裁决的情况下，监督、审查、决定是否撤销一定行政行为的法律手段。它根据具体情况审查行政行为是否合理、行政决定是否适度，审查事实与法律适用是否一致。其根本要求是“合理均衡”[①]。在此基础之上，逐渐形成了法国行政法中的行政均衡原则。

法治思想的传播为法国行政法基本原则的产生奠定了坚实的思想基础，法国的行政法院制度为之创造了良好的制度环境，正是这些因素的共同作用，逐步推动了行政法治与行政均衡两项基本原则在法国的形成与发展。

(2) 德国：依法行政、比例与信赖保护原则。

在德国，对行政法及其基本原则产生最重要影响的因素是法治国思想与议会民主、基本权利等宪法原则，这些宪法原则在行政实践中融入了德国行政法体系，形成了行政法的基本精神，并逐渐演化成依法行政原则、比例原则与信赖保护原则三大基本原则。法治国的思想发轫于德国，法治国理念孕育着依法行政原则。随着法治国思想在德国从形式意义法治到现代实质意义法治的发展变迁，行政法基本原则也在法治主义由机械走向机动、行政权由消极走向积极的历史背景下逐步发展并完善，即由作为形式主义的依法行政原则过渡到包括实质主义的比例与信赖保护原则。

在德国，依法行政原则被认为是法治国成立的最基本要素，其含义是指行政活动必须接受议会法律的规制，必须置于法院的司法控制之下；行政活动违法的，必须追究行政机关的法律责任。

比例原则，又称为均衡原则或平衡原则，是实质意义法治国原则的典范。奥托·迈耶曾将比例原则誉为行政法中的“皇冠原则”。它具体包括三个子原则：第一，行政措施对目的的适应性原则。第二，最小干预可能的必要性原则。第三，禁止过分的适当性原则。简而言之，比例原则要求行政目的与行政手段相适应、成比例，要求行政措施符合行政目的且为侵害最小之行政措施。[②]

信赖保护原则是二战后在德国发展成功的又一项行政法原则。其含义是：基于维护法律秩序的安定性和保护社会成员正当权益的考虑，当社会成员对行政过程中某些因素的不变性形成合理信赖，并且这种信赖值得保护时，行政主体不得变动上述因素，或在变动上述因素后必须合理补偿社会成员的信赖损失。该原则的核心思想即维护法律秩序的安定性，保护社会成员的正当权益。[③]

(3) 英国：越权无效与自然公正原则。

在英国，行政法被看成是“动态的宪法”。行政法与宪法的紧密关系决定了行政法原则与宪法原则之间的关系。英国行政法原则以宪法原则为基础，但宪法原则又没有直接取代行政法原则。“议会主权”与“法治”，是英国宪法的两大基本原则，它决定了英国行政权力与议会、法院之间的法律关系。以此为基础，英国提出了“越权无效”和“自然公正”这两大内容丰富、相互有机联系的行政法基本原则。

---

① 王桂源：《论法国行政法中的均衡原则》，载《法学研究》，1994 (3)。

② 参见城仲模主编：《行政法之一般法律原则》，121、154页，台北，三民书局，1994。

③ 参见李春燕：《行政信赖保护原则研究》，载《行政法学研究》，2001 (3)。

越权无效要求行政主体的行政行为符合议会制定法所赋予的权限，防止违反制定法的行政违法行为——如超越管辖权、不履行法定义务、滥用权力、记录中所表现的法律错误等——发生。自然公正原则要求行政主体在处分相对人权利时，应听取对方的意见，保障相对人的防御权利，克服自己做自己的法官。[①]“越权无效”是授权法原则，“自然公正”是普通法原则，前者既涉及实体，也管辖程序，后者则是纯程序性原则。

（4）美国：正当程序与行政公开原则。

行政性正当程序原则，即行政机关行使行政权力剥夺私人的生命、自由或财产时，必须听取当事人的意见，当事人具有要求听证的权利。它是作为美国宪法原则的“正当法律程序”在行政法领域中的具体运用，也是其向行政法领域的渗透与扩张。

行政公开是20世纪六七十年代美国行政法发展的又一重要方向。这段时期，公众认识到过去通过司法审查和行政程序来限制行政权，只能保障个人的权利免受行政机关的侵犯，而不能保证行政权的行使符合公共利益，也不能保证行政机关能为公众提供更多的福利。因此，行政必须公开，由公众直接参与对行政的监督，以补充程序限制和司法审查的不足。“行政公开是指个人或团体有权知悉并取得行政机关的档案资料和其他信息而言，通常称这种权利为了解权。”[②] 当然，公众享有了解权，有权知悉并取得政府掌握的档案或信息，同时，法律也对公众的了解权作了限制。《情报自由法》《阳光下的政府法》《隐私权法》分别就政府文件的公开、会议的公开和个人记录的公开问题作了详细规定，构成了美国行政公开制度之骨架。

（5）日本：法治行政原则。

“法治行政”是日本行政法学的重要原理。尽管日本学者并不注重回答“日本行政法的原则是什么”，然而法治行政原理在日本自然处于行政法基本原则的地位。它包含三项基本内容：第一，法律保留原则，即要求政府的行政活动必须有国会制定的法律依据；第二，法律优先原则，即坚持法律高于行政；第三，司法救济原则，一切司法权属于法院，法院具有行政纠纷的终裁权，公民合法权利遭受不法行政侵害时有权请求司法救济。[③]

2. 我国行政法基本原则的现状[④]

就提法和具体内容而言，自1978年以来，中国对行政法基本原则的研究可分为两个阶段。

（1）1986年以前，以提国家行政管理的基本原则为主。[⑤] 在内容上，这一时期所提到的行政管理的基本原则，则靠近政治学、宪法学基本原则，尤其是等同于行政学的基本原则，大体有十几种：在党的统一领导下实行党政分工和党企分工原则；人民群众参与国家管理原则；民主集中制原则；各民族权利平等原则；国家实行计划化原则；社会主义法制原则；精简原则；按照客观规律办事，实行有效的行政管理原则；“四个坚持”原则；管

---

① 参见胡建淼：《十国行政法——比较研究》，5～9页，北京，中国政法大学出版社，1993。

② 王名扬：《美国行政法》，953页，北京，中国法制出版社，1995。

③ 参见胡建淼：《十国行政法——比较研究》，237～238页。

④ 参见胡建淼：《行政法》，48～50页。

⑤ 值得一提的是，应松年、朱维究编著的《行政法学总论》（工人出版社，1985）于1985年就在名称上改提“行政法的基本原则”。

理民主化原则；管理科学化原则；管理法制化原则；为人民服务原则；效率原则；等等。

(2) 1986年以后，以提行政法的基本原则为主。在内容上，这一时期所提到的行政法的基本原则极其复杂多样，大体上有几十种：国家行政机关统一行使国家行政权原则；依法行政原则；统一领导、分级管理原则；参与行政原则；行政管理中的民族平等原则；行政首长负责制原则；因地制宜原则；行政效率原则；国家计划管理原则；行政民主原则；行政合理原则；越权无效原则；应急性原则；行政权责一致原则；行政权威原则；行政法的科学性原则；民主与效率相协调原则；行政公开原则；行政统一原则；行政时效原则；行政权行使的法律制约原则；依法行政和坚持党的领导原则；工作责任制原则；责任行政原则；从实际出发原则；国家、集体、个人利益统一原则；保障自由、平等、竞争原则；等等。

然而，自1990年以来，绝大多数学者主张并普遍承认行政法的基本原则是两条，即行政合法性原则和行政合理性原则。挖掘行政合法性原则和合理性原则的确切内涵与具体内容已经替代了对于行政法基本原则究竟有几条的论题。但是，必须强调的是，行政合法性原则和合理性原则都是建立在"以人民为中心"这一根本立场之上，首先要回答法治政府"为了谁、依靠谁、服务谁"的问题。在中国式现代化进程中推动全面依法治国向纵深发展，必须坚持人民主体地位，牢牢把握社会公平正义这一法治价值追求，切实依法保障人民权益。

3.6.3 行政合法性原则

1. 行政合法性原则的含义

行政合法性原则是行政法治的核心内容。它是指行政权的存在、行使必须依据法律，符合法律，不得与法律相抵触。行政合法性原则要求行政主体必须严格遵守行政法律规范的要求，不得享有行政法律规范以外的特权，法无明文规定不得为之，超越法定权限的行为无效；行政违法行为依法应受到法律制裁，行政主体应对其行政违法行为承担相应的法律责任。合法包括实体合法和程序合法。

2. 行政合法性原则的具体要求

行政合法性原则的前提条件是"有法可依"，而行政合法性原则的具体要求就是"有法必依"。应当指出的是，行政合法性原则是贯穿整个行政过程，对具体行政行为和抽象行政行为都有约束力的原则。它所指的法，既包括实体法，也包括程序法；既包括宪法，也包括法律、法规和规章。

(1) 行政主体合法是指行政主体的组织地位和权力来源合法。行政主体的组织地位合法，是指行政主体是依法成立的，是依照国家宪法和组织法的规定而成立的，或者是依据授权法的规定而享有行政职权、履行国家行政职能的组织。如行政机关和法律法规授权组织。行政主体权力来源合法，是指行政主体的权力来自宪法、组织法和其他法律、法规的授权，是来自国家权力机关对国家权力进行的配置。行政主体的权力是国家公共权力、是全体人民的权力。[①]

---

① 参见王学辉主编：《行政法与行政诉讼法学》，58页。

（2）行政行为合法要求任何行政主体的行政行为必须严格遵守宪法、法律、法规、规章的规定，应当在法律法规授予的行政职权的范围内进行。由于行政权自身具有潜在的侵益性的特点，依据法治原则，要求行政主体在实施行政活动时，必须有法律依据，尤其是在行政主体在实施可能侵害公民的权利、自由或对公民课以义务负担等不利的情况下。行政主体只能在法律授予的行政职权范围内活动，任何违法行政行为均属无效行为，行政主体必须对此承担法律责任。

（3）行政程序合法要求任何行政主体在依法作出行政行为时，必须严格遵守法律、法规、规章规定的程序。程序合法是实体权力合法的保障。依照程序行使行政权力进行行政管理是现代行政法的方向。行政主体做出影响行政相对人权益的行政行为时，必须遵循法定程序。包括事前的告知程序、听取行政相对人陈述、申辩的程序和事后提供法律救济的程序等。任何违反程序规定的行为均属无效行为，行政主体必须对此承担法律责任。

（4）行政违法无效要求行政必须做到主体合法、行为合法、程序合法。无法律规范依据的行政主体和行政行为一律无效。此外，行政所依据的法必须是根据《中华人民共和国立法法》所规定的立法主体所制定的法律、法规、规章。凡是违反《中华人民共和国立法法》所制定的任何法律规范不能作为行政的依据，据此作出的任何行政行为无效。

阅读与思考

丰祥公司诉上海市盐务局行政强制措施案

原告：上海丰祥贸易有限公司，住所地：上海市奉贤区柘林镇。

法定代表人：金雪才，该公司董事长。

被告：上海市盐务管理局，住所地：上海市石门二路。

法定代表人：唐清华，该局局长。

上海市盐务管理局（简称盐务局）于2001年5月21日作出（沪）盐政〔2001〕第9号盐业违法物品扣押强制措施，认定：上海丰祥贸易有限公司（简称丰祥公司）违反《上海市盐业管理若干规定》，在不具有经营工业盐资格的情况下，从外省市调入工业盐至本市。根据《盐业行政执法办法》的有关规定，对丰祥公司作出了扣押工业盐共计300吨的行政强制措施。丰祥公司不服，向上海市静安区人民法院提起行政诉讼。

原告诉称：我公司经工商登记，具有工业盐的经营资格，于2001年5月11日从山东调入工业盐300吨。因运输在途时间，该批盐于5月16日抵沪。盐务局却以我公司违反尚未生效的《上海市盐业管理若干规定》为由进行扣押。因该规定没有溯及力，盐务局的行政扣押行为没有法律依据，故要求撤销盐务局作出的暂扣行为。

被告辩称：《上海市盐业管理若干规定》于2001年3月26日发布，5月15日施行。丰祥公司明知该规定的内容，却违反规定，在该规定施行后将工业盐调入上海。况且，丰祥公司已不具有工业盐的经营资格。我局对丰祥公司违法调入的工业盐采取扣押措施，有执法依据，请求维持该扣押行政行为。

上海市静安区人民法院认为：

盐务局作为政府主管部门，依法具有查处盐业违法案件的职权。盐务局认定丰祥公司从外省市调入工业盐至本市，有货物运单为证，认定事实清楚，证据确凿。丰祥公司认为其调盐行为发生在《上海市盐业管理若干规定》施行之前，不适用该规定的理由不足：因为丰祥公司将盐由外省调入本市，是一种持续行为，该行为应以货物运至本市后为完成。由于该行为完成时，《上海市盐业管理若干规定》已施行，盐务局适用该规定及《盐业行政执法办法》的有关规定，对丰祥公司调入本市的工业盐予以扣押，并将扣押通知书送达丰祥公司，适用法律正确，执法程序亦符合规定，并无不当。

据此，上海市静安区人民法院依照《中华人民共和国行政诉讼法》第五十四条第（一）项之规定，于2001年12月29日作出判决：

维持上海市盐务管理局2001年5月21日作出的（沪）盐政〔2001〕第9号盐业违法物品扣押行政强制措施。

宣判后，丰祥公司不服一审判决，向上海市第二中级人民法院提起上诉。

丰祥公司上诉理由是：一审认定事实不清、适用法律不当。《上海市盐业管理若干规定》第十四条第一款与国务院《盐业管理条例》第二十条的规定相抵触；上诉人不是盐业违法案件当事人，不能适用《盐业行政执法办法》的有关规定；本案不适用《上海市盐业管理若干规定》，本案购盐合同的成立时间在《上海市盐业管理若干规定》实施之前，故该规定对本案没有溯及力，即便有溯及力，按照该规定盐务局也不具有查处工业盐违法案件的职权。故请求撤销一审判决，依法改判撤销盐务局的行政扣押行为。

盐务局辩称：一审判决认定事实清楚、适用法律正确。我局具有查处工业盐违法案件的职权；丰祥公司将工业盐非法调入本市，是一种持续的行为，该行为的完成发生在《上海市盐业管理若干规定》实施之后，故该规定对上诉人的违法行为具有效力。请求驳回上诉，维持原判。

上海市第二中级人民法院认为：

根据国务院《盐业管理条例》第四条的规定："轻工业部是国务院盐业行政主管部门，主管全国盐业工作。省及省级以下人民政府盐业行政主管部门，由省、自治区、直辖市人民政府确定，主管本行政区域内的盐业工作。"轻工业部《盐业行政执法办法》第七条规定："各级行政主管部门，应当设立盐政执法机构，负责本辖区内的盐政执法工作。"根据以上国务院、轻工业部的法规、规章的规定，上海市人民政府制定了《上海市盐业管理若干规定》，其中第四条规定："上海市商业委员会是本市盐业行政主管部门。上海市盐务局是市人民政府依据《食盐专营办法》授权的盐业主管机构，负责管理本市行政区域内的食盐专营工作，组织本规定的实施，并接受市商委的领导。"因此，本市盐业行政主管部门是市商委，而非盐务局。盐务局只能负责管理食盐专营工作，并无对本市工业盐的经营、运输进行查处的职权，不具有作出封存、扣押违法经营工业盐行政强制措施的执法主体资格。

庭审中，盐务局就其作出具体行政行为提供以下法律依据：

1. 轻工业部《盐业行政执法办法》第二十四条规定："在盐业违法案件当事人有隐匿、销毁证据可能的情况下，对违法物品，盐政执法机构可予以先行封存、扣押，并向当事人出具封存、扣押通知书。"

2.《上海市盐业管理若干规定》第十四条第一、二款的规定："食盐和纯碱、烧碱工业用盐以外的其他用盐由市盐业公司统一经营"，"根据方便供应的原则，市盐业公司可以委托取得食盐批发许可证的企业销售食盐和纯碱、烧碱工业用盐以外的其他用盐；未受委托的任何单位和个人不得擅自销售"。

二审庭审中，盐务局未能提供丰祥公司有"隐匿、销毁证据可能的情况"的事实证据。

丰祥公司认为，其有权经营工业盐，并且既非盐业违法案件的当事人，也没有隐匿、销毁证据的情况，《盐业行政执法办法》第二十四条规定的情况不适用于该公司。根据国务院《盐业管理条例》第二十条的规定，盐的批发业务，由各级盐业公司统一经营。未设盐业公司的地方，由县级以上人民政府授权的单位统一组织经营。《上海市盐业管理若干规定》第十四条的规定与国务院《盐业管理条例》第二十条的规定相抵触。

盐务局则认为，《上海市盐业管理若干规定》与《盐业管理条例》的有关规定并不抵触，根据国家轻工业局盐业管理办公室中盐政〔2000〕109号《关于对上海市盐务管理局〈关于请求解释"盐的批发业务由各级盐业公司统一经营"的请示〉函复函》的答复内容，市盐业公司统一经营包括工业盐在内的盐业产品，其他单位和个人不得从事统一经营盐产品的采购和经销。

上海市第二中级人民法院认为：

盐务局未能提供丰祥公司有"隐匿、销毁证据可能的情况"的事实证据，故盐务局适用《盐业行政执法办法》第二十四条对丰祥公司作出扣押工业盐的强制措施，属认定事实不清，适用法律、法规不当。国务院《盐业管理条例》第十九条规定："食用盐，国家储备盐和国家指令性计划的纯碱、烧碱用盐，由国家统一分配调拨。"本案涉及的是工业盐，不属上述条文规定的由国家实行统一分配调拨的盐类范畴。《盐业管理条例》第二十条规定："盐的批发业务，由各级盐业公司统一经营。未设盐业公司的地方，由县级以上人民政府授权的单位统一组织经营。"根据丰祥公司营业执照的经营范围，丰祥公司具有经营工业盐的经营范围，属可经营工业盐的公司，有权经营工业盐。故盐务局根据《上海市盐业管理若干规定》第十四条的规定作出具体行政行为，属于适用法律、法规不当。依据《盐业管理条例》第三十一条规定，本条例由轻工业部负责解释，盐务局提供的中盐政〔2000〕109号《关于对上海市盐务管理局〈关于请求解释"盐的批发业务由各级盐业公司统一经营"的请示〉函复函》系国家轻工业局内设机构盐业管理办公室的文件，国家轻工业局盐业管理办公室无权对《盐业管理条例》作出解释，且该复函亦未对外公布，故对外不具有法律效力。

综上，上海市第二中级人民法院认为：

本案中盐务局未能提供丰祥公司有违反相关食盐管理的事实证据，且对工业盐不具有封存、扣押的执法主体资格。盐务局作出扣押丰祥公司工业盐的行政强制措施，认定事实不清，适用法律、法规错误，该具体行政行为不合法。原审法院判决维持具体行政行为，属认定事实不清，适用法律、法规错误。丰祥公司的上诉请求，应予支持。据此，上海市第二中级人民法院依照《中华人民共和国行政诉讼法》第五十四条第（二）项第1、第2目和第六十一条第（三）项的规定，于2002年5月24日判决：

一、撤销上海市静安区人民法院（2001）静行初字第71号行政判决；

二、撤销上海市盐务管理局于2001年5月21日作出的（沪）盐政〔2001〕第9号盐业违法物品扣押行政强制措施。

一、二审案件受理费共计人民币200元，由上海市盐务管理局负担。

资料来源：《中华人民共和国最高人民法院公报》，2003（1）（总第81期）。

【阅读思考】

盐务局作出扣押丰祥公司工业盐的行政强制措施是否合法？

如何理解合法性原则的具体要求？

3.6.4　行政合理性原则

1. 行政合理性原则的含义

行政合理性原则是在我国行政法中与行政合法性原则相并列的又一项基本原则，它是指行政行为内容要客观、适度、符合公平正义等法律理性。在行政法中，行政合理性原则的存在有其客观基础，它是实际行政活动的需要。行政行为首先应当合法，但是，任何法律都有限度，尤其是规范行政活动的法律，这种限度表现在以下两个方面：（1）法律不可能规范全部行政活动。由于行政活动的复杂多变，使得国家行政活动也呈现多变性与复杂性，法律不能对全部行政活动作出细密无疏的规定，在许多情况下行政机关只能在法律原则的指导下，运用自由裁量权，根据客观情况采取适当的措施或作出合适的决定。（2）法律对行政活动的规范，应留出一定的余地，以便使行政机关根据具体情况灵活处理。如果法律对行政活动规定得面面俱到，毫无裁量余地，则最终可能导致行政机关束手无策，无法适应行政管理的客观要求。

行政合理性原则是基于自由裁量权而产生的。自由裁量权，是指行政机关在法律规范明示或默示的范围内，基于行政目的，在合理判断的基础上决定作为或不作为，以及如何作为的权力。承认和保护行政自由裁量权十分重要，但并不意味着行政机关可以为所欲为，它同样要受到一定的约束。自由裁量权要根据客观情况，在适度的范围内，符合社会大多数人的公平正义观念而实施。合理性原则要求行政机关必须合理地行使自由裁量权。[①]

行政合法性原则和合理性原则既有区别又有联系。合法性原则要解决行政是否合法问题，适用于行政法的所有领域；合理性原则解决行政是否合适问题，主要适用于自由裁量领域。通常一个行为如果触犯了合法性原则，就不再追究其合理性问题；而一个自由裁量

① 参见胡锦光、莫于川：《行政法与行政诉讼法概论》，23页。

行为，即使没有违反合法性原则，也可能引起合理性问题。随着国家立法进程的推进，原先属于合理性的问题可能会提升为合法性问题。

2. 行政合理性原则的具体要求

行政合理性原则的具体要求就是如何在法定自由裁量时，使行政决定的内容最大限度地达到符合立法的意图和精神及公平正义等法律理想。主要要求表现在以下几个方面：

(1) 行政行为的动因应符合立法目的。任何法律的制定都是基于一定的社会需要，为了达到某种社会目的。而行政法律规范授予行政主体某种行政权力都是为了实现该项立法目的。即使没有成文法的规定，行政主体在运用行政权力时也必须符合立法目的。特别是在行政主体被赋予裁量权时，立法目的尤其要进行特别考虑。凡是有悖于立法目的的行为都是不合理的行为。总之，行政行为的动因需与立法目的保持一致。

(2) 行政行为应建立在正当考虑的基础上，不得考虑不相关因素，适用法律规范平等，不得对相同事实给予不同对待。正当考虑，是指行政主体在作出某一行政行为时，在其最初的出发点和动机上，不得违背社会公平观念或法律精神，必须客观、实事求是，而不能主观臆断、脱离实际或存在法律动机以外的目的及追求。如张某、赵某两位大学生去某景区游玩时发现，该景区以 20 元的价格对学生实行优惠门票价，但是对于本地学生凭学生证却是每人 10 元的门票价，这种对外地游客实行另一种不同的价格即是对相同事实给予不同的对待。

(3) 行政行为的内容合乎情理，不得反复无常。行政行为具有确定力和公定力，行为一经作出，未有法定事由和未经法定程序不得随意撤销、废止或改变；对行政相对人的授益性行政行为作出后，事后即使发现该行为违法或者对政府不利，但只要行为不是因为相对人的过错造成的，也不得撤销、废止或改变；行政行为作出后，如事后发现有较严重违法情形或可能给国家、社会公共利益造成重大损失的，必须撤销或改变此种行为时，行政机关对撤销或改变此种行为给无过错的相对人造成的损失应给予补偿。①

阅读与思考

“从成都机场广告封杀令”看政府行为

2004 年 3 月的一天，为了改善整治乱设的广告牌，四川省成都市高新区执法局双流县综管办的执法人员来到了成都机场高速路两侧，对路边所有的广告牌进行强制拆除。机场路十几家广告公司觉得很冤，它们认为属于它们的 40 多座广告牌当时都是经各部门层层审批，办理合法手续的，怎么突然变成违法广告了呢？就在强拆现场，广告商们联合进行抵抗，一场冲突在所难免。

当时，在机场路竖广告牌是非常不容易的，广告商们天天顶着炎炎烈日到工商、土地、交通等部门交费，跑断了腿费尽口舌办完各种手续后，还要再花 20 万元的建设成本才能在指定的地方竖立广告牌。广告牌竖起以后，工商部门每年还要到现场对广告牌竖立的位置和发布的内容进行审查，只有两项内容都通过了才准许发布广告。对广告内容

① 参见杨登峰主编：《行政法与行政诉讼法》，28 页，武汉，武汉大学出版社，2010。

的合法性进行审查，广告商表示理解，但是对广告牌的位置也要一年一审，十几家广告公司就觉得有些不合情理。一座广告牌造价几十万，商家3年才能收回成本，如果有关部门第一年批准但是第二年不批准了，那几十万元钱不就泡汤了吗？广告公司的担心并非没有道理，到2001年年审的时候，广告公司突然被告知由于政府职能发生转换，工商局不再对广告牌竖立的位置这一项进行审批，而是转到了市容环境管理局。但是，当他们跑到成都市市容环境管理局打听情况时，却得知现在局里要搞清理，目前只能暂停审批，等待规划。几个月过去了，市容环境管理局的态度仍不明朗，既没说批准也没说不批准，这种模棱两可的做法急坏了机场路的十几家广告公司。毕竟，有的广告牌立起来不到一年，成本远远还没收回，况且很多广告公司和客户都签了几年的合同，一旦停止发布广告就要承担违约责任，这其中的损失该由谁来赔呢？

然而，又是几个月过去后，十几家广告公司盼来的却是一纸强拆令。2004年1月，四川省成都市市容环境管理局、城市管理行政执法局、规划局、工商局、交通局五部门突然发出通告，机场路现有广告牌必须全部拆除，一个不留，而原因就是这两年广告牌没有通过市容环境管理局的审批。这个理由让十几家广告公司非常气愤，于是，它们决定向成都市市容环境管理局讨个明白。在市容环境管理局，广告商们情绪激动地对工作人员说：这些广告并不是没有手续，而是手续到期了，但是转到市容环境管理局后，你们一直不给批，白白空置了两年。现在突然要拆除广告牌，我们岂不是太冤枉了？可是，市容环境管理局一直解释，由于市里的规划一直没有出来，没有办法进行审批，所以才耽搁了这么长时间。而十几家广告公司认为，不管是什么原因，这两年没有审批导致现在的混乱局面，责任在于市容环境管理局行政不作为，并不在于广告公司，而后果更不该由广告公司来承担。

广告公司理所当然地认为，既然政府同意它们在这里设置广告牌，而且它们也按照要求交纳了费用，这就意味着政府默许和认可了广告设立的合法性。十几家广告公司认为，五大局这样做给它们带来的不仅是血本无归，濒临破产，而且如果它们发布的广告被强行中止，它们还要按合同进行赔偿，这对广告商们来说无疑是灭顶之灾，他们天天愁眉苦脸，惶惶不可终日，还有什么比生存没有保障更可怕的事呢？

资料来源：肖文涛主编：《公共管理案例教程》，296～298页，北京，中共中央党校出版社，2006。

【阅读思考】

本案中有数个行政机关负责对广告牌进行审批，因而导致冲突，该问题按照《行政许可法》应如何解决？

如何实现行政行为的合乎情理？

3.6.5　行政合法性原则与合理性原则之间的关系

中国行政法的两大基本原则即行政合法性原则与合理性原则之间，既有联系又有区别。掌握它们之间的关系，对于我们具体适用和贯彻这两项基本原则是极为重要的。要准确地把握它们之间的关系，必须注意以下几点①：

第一，行政合法性原则与行政合理性原则是行政法的基本原则，两者不可偏废。政府的行政行为必须既合法又合理，任何合法不合理或合理不合法的行为均是不许可的。

第二，行政合法性原则是主要原则，行政合理性原则是补充原则。行政合理性原则必须以合法性原则为前提。合理是合法范围内的合理，任何违法的所谓“合理性”概不允许。

第三，行政合法性原则既适用羁束行政行为，又适用自由裁量行政行为，而行政合理性原则仅适用自由裁量行为。行政合理性原则只适用自由裁量权限范围的行为，但自由裁量权并不全是合理性问题。

第四，行政合法原则既适用行政管理，又适用行政诉讼，而行政合理性原则不适用行政诉讼。

第五，违反行政合法性原则构成行政违法，违反行政合理性原则构成行政不当。行政违法和行政不当合称为行政瑕疵。行政瑕疵是行政法旨在防止和排斥的行政行为。控制和纠正行政瑕疵是我国行政法的重要任务。

3.7 行政法的历史发展

3.7.1 行政法的产生

近代意义的宪法和行政法，随着民主政治的发展应运而生，具体而言，行政法的产生得益于两方面的基础，即经济基础与思想基础。②

1. 经济基础

18 世纪末 19 世纪初，世界第一次产业革命发生，商品经济迅猛发展，使社会机构发生了根本变化。一方面，大批自耕农、佃农由于失去土地而获得人身自由，成为自由选择职业的工人阶级，要求获得迁徙自由、交换自由、人格平等等权利；另一方面，手工业变为机器大工业，大企业发达，中小企业为保护其自由竞争，避免政府干涉，要求实行民主自治，宪法和行政法应运而生。

2. 思想基础

（1）18、19 世纪提倡天赋人权说，个人主义思想高涨，民主自由思想伴随而来。认为国家由个人组成，人民之所以组织国家，其目的在于保障其天赋的自由平等权利。国家应尊重个人，而不得借口为国家利益侵害个人利益，因此，应严格限制政府的权力。所谓“最好的政府，最少的管理”，政府的任务仅限于：保护国土、抵抗侵略；维护国内秩序，保障人民安宁；举办私人所不愿为的事业。这三项即为自由主义思想的代表理论。

（2）民主政治思想和法治思想。个人主义、自由主义思想要求保护民权，实现民主政治。当时民主政治的理想主要包括：国家为国民所共有；利益为国民所共享；政治为国民

① 参见胡建淼：《行政法学》（第二版），67 页，北京，法律出版社，2003。

② 参见朱维究、王成栋主编：《一般行政法原理》，19～21 页。

所共管。为实现上述理想，必须实行法治，以客观的行政法律，代替主观的、以个人好恶为准的施政依据，并使政府和人民共同遵守。在严格法治之下，任何政务的推行，必须以法律为准绳：政府机关的职权由法律规定；人民的权利义务由法律规定，非以法律不得对人民课以义务、限制权利。这种"机械法治主义"的基本精神即是无法律则无行政。其主要特征有：成文法至上，以成文法为唯一法典；狭义的法律至上；法律规定力求细密，避免弹性，尽量减少政府自由裁量的余地。

(3) 分权思想和立法至上思想。认为提倡法治就必须提倡权力分立。主张将立法权与执行权分开，分别属于不同的机关，彼此相互牵制，相互制衡，以杜绝专制政治，保障人民自由。由于提倡"机械法治"，执行机关必须依据立法机关制定的法律施政，亦步亦趋，立法机关的权力优于执行机关，故有立法至上之说。

3.7.2　行政法的发展

20 世纪以后，行政法的精神及内容，与行政法产生之初大不相同。同样基于经济和思想两方面原因，行政法开始向现代发展。

1. 经济原因

19 世纪末 20 世纪初，资本主义由自由竞争阶段发展至垄断阶段。垄断资本为攫取高额利润，变本加厉地对国内人民剥削和压榨，导致财富集中、贫富悬殊、劳资矛盾日益激化，社会问题日益增多，国际竞争日益激烈，国际关系紧张。这些情况迫使各国逐渐意识到，国家的任务不应仅限于抵御外侮、维持国内秩序，而应救助经济上的弱者以稳定社会生活，并逐步为全社会谋福利，即纷纷走向所谓的"福利国家"。

2. 思想原因

(1) 团体主义思想代替个人主义思想。

个人主义思想提倡尊重个性，主张个人独立，为推翻专制统治、推进社会进步作出了重大贡献，但随着社会的发展，这种忽视社会的纯粹个人主义思想，已经不适应时代的需要，团体主义思想随即产生。团体主义主张个人与社会是有机整体，社会由个人集合而成，因个人的合力作用才能维持社会的正常运转，所以没有离开个人的社会，也没有离开社会的个人。社会的真正利益，也即个人的真正利益，双方利益息息相关，在个人利益与社会利益不能并存时，自当维护社会上大多数人的利益，而牺牲少数人的利益。国家为维护或增加社会公益，必要时可以对个人自由加以限制或干涉，以尽现代福利国家的职责。

(2) 法治思想的变更。

实行"机械法治"的目的，在于牵制政府，使政府在成文法范围内亦步亦趋。而在团体主义思想下，将政府与人民视为有机整体。而且随着社会发展，政府职能扩大，实行"机械法治"事实上已不可能，法治的特点也相应演变为：并非成文法为唯一法源，习惯法与条例也可以成为法源；不仅以狭义的法律作为行政与审判的依据，行政机关制定、公布的命令也可以作为行政与审判的依据；法律规定不再力求细密，转而使其富有弹性，给予执行者以广泛的自由裁量权。

(3) 诸权协力思想与行政权的扩大。

由于法治观念的演变，立法机关与行政机关的关系由消极牵制转变为积极合作，传统的权力分立思想由诸权协力思想取而代之。相应地，由权力分立衍生的立法至上也随之变化，行政权扩大，以适应现代社会福利国家、全能政府的需要。行政权的扩大主要表现在：委任立法制度发达；准司法权的拥有；授予政府紧急命令权；行政机关自由裁量权扩大；给付行政发达。

3.7.3 各国行政法发展概况

1. 大陆法系国家行政法的发展

大陆法系行政法以法国和德国行政法为代表，包括奥地利、比利时、荷兰、意大利等国家。大陆法系的行政法产生较早，体系完善、理论发达。其特点主要是各国都有两个法院系统，即普通法院和行政法院；都存在两种法律规则，即公法和私法。但是由于大陆法系各国的历史不同，在行政法的产生和发展上也存在差异。

（1）法国行政法。

法国行政法产生最早，素有“行政法母国”之称，且内容丰富，理论发达。法国行政法是在1789年法国大革命之后产生的，在大革命前法国是一个实行高度中央集权的封建君主专制国家。大革命推翻了封建专制制度，资产阶级按照三权分立的思想重新设计了法国的政体。法国行政法的产生与行政法院的形成密不可分，行政法院先于行政法而产生，法国行政法的观念、原则和制度都是通过行政法院的判例确立的，因此考察法国行政法的历史发展过程应从法国行政法院的产生入手，同时注意其判例。1889年最高行政法院对卡多案的判决，确立了行政法院对行政诉讼的直接管辖权。一切行政诉讼可以直接向最高行政法院提起，最高行政法院的判决为终审判决，不得上诉。此后，行政法院虽经历了一些重要变化，如1953年行政司法体制的改革，但都是内部关系的调整。

法国行政法除了具有大陆法系行政法的两个一般特点外，还有以下几个特点：重要原则由判例产生，行政法的发展与行政法院的判例有着直接密切的关系，成文法仅起补充作用；设立权限争议法庭，裁决普通法院和行政法院之间的管辖争议；体系完整，既包括内部行政法，又包括外部行政法，既包括实体行政法，又包括程序行政法；从行政法的功能上看，有保障行政权和控制行政权的双重作用。

（2）德国行政法。

与法国相比，德国的行政法产生的时间要晚些，而且德国的行政法院属于司法机关，行政色彩比法国较淡薄一些。德国在警察国家时代出现行政法，其主要内容是关于社会秩序的警察法。进入资本主义社会后，行政法的主要功能才转变为监督控制行政权，保护公民的权利和自由，判例将国家的警察职能限制在维护公共安全和秩序方面。当代的德国行政法的基础和对象是享有广泛社会职能的国家行政，这种行政表现为国家向公民提供福利的关系，行政法的任务不再是简单的控制行政权，不再将国家与公民置于对立地位，国家使用公法合同、行政指导等非强制性的方式，吸收公民参与行政活动，国家与公民处于和谐统一的关系，这体现了当代行政法发展的基本方向。

从整体看，德国各邦采用了行政系统内部解决行政争议的行政法院制度，并由此产生了公私法的区别，与私法有关的法律案件由司法法院管辖，与公法有关的法律案件由行政法院管辖。当代德国行政法同样具有大陆法系行政法的一般特点，此外，它还表现出以下特点：成文法多于判例法；程序实体合一化；行政法院司法化。

2. 英美法系国家行政法的发展

英美法系又称普通法系，其行政法以英国和美国行政法为代表，包括加拿大、澳大利亚、新西兰等国家。英美法系行政法虽然也以行政服从法律为前提，但是各国都没有形成像大陆法系国家那样独立的行政法院系统；普通法院在审理各种案件（包括行政案件）时，适用同一体系的法律规则。

（1）英国行政法。

英国是普通法系的发源地。按照普通法的观念，英国人都受普通法和普通法院的管辖，但是普通法观念也成为英国行政法发展的阻碍，所以具有现代意义的行政法直到 17 世纪下半叶才在英国逐渐形成。

英国没有采用严格的三权分立学说，行政权与司法权的区别不甚明显。长期以来，主要靠治安法院为主的刑事程序保障行政目的的实现。治安法官同时还享有对公民个人的命令权、许可权。发生行政争议后，统一由普通法院审查，这在一定程度上会造成对行政案件的忽视，使得行政法不能自成一个体系，所以早期的英国没有明确的行政法概念。19 世纪末，随着行政管理范围的扩大，英国议会开始委任行政立法；同时，各种类型的行政裁判所也得到了迅速发展。到了 20 世纪，现代行政法理念逐渐被人们接受，行政法律制度逐渐发展。特别是随着英国行政活动逐渐增多，出现了集立法功能与司法功能于一身的行政裁判机构并迅速发展。同时，随着委任立法问题、对行政权的救济方式以及赔偿方式等问题的大量出现，行政法的地位、作用和完善等问题，都日益成为英国当前法制建设的重大课题。

（2）美国行政法。

美国也属于普通法系国家，行政法院体制受普通法院的管辖。受英国行政法的影响，美国的行政法产生较晚，1887 年成立的州际贸易委员会被认为是美国行政法的开始。随着国家干预社会经济的力度不断增加，特别是从罗斯福“新政”开始，各种独立管制机构纷纷成立，如联邦商业委员会、联邦能源委员会、国家劳工关系局等。它们获得了议会的委任行使部分立法权限，它们有权在各自的管理领域内制定规章，有权以类似于司法程序的行政司法程序裁决争议、决定事项，并且有权进行处罚。这样，这些管制机构成为同时享有准立法权、行政权、准司法权的“三权合一”的“第四政府”，也在美国的政治、经济、文化、社会生活中扮演了非常关键的角色，对美国行政法的发展产生了重要影响。因此，美国行政法的重点之一是如何确立独立管制机构的地位，决定这些机构行使权力的程序以及处理法院与行政机构关系等问题。美国行政法的另一个重点和特色在于其行政程序法。为了处理由这些管制机构的成立而引起的各类行政问题，1946 年美国制定了《联邦行政程序法》，该法是美国行政法中划时代性的法律，开创了美国行政法的新纪元，奠定了美国行政法进一步发展的法律基础。此后又制定了《联邦侵权赔偿法》《情报自由法》《阳光下的政府法》等重要行政法律，奠定了现代美国行政法的基本框架，标志着其行政法已发展到成熟阶段。

3.7.4　中国行政法的历史发展

1. 旧中国行政法状况

中国作为中华法系的代表，历代的典章制度浩如烟海，其中有相当大的部分涉及国家机关的组织、职权，如《唐六典》《元典章》等，此种法律规范即为中国古代的行政法。[①] 现代意义的行政法直到民国时期才开始萌芽。孙中山领导资产阶级革命，推翻了清王朝的统治，主张实行资产阶级法治。1912 年颁布生效的《中华民国临时约法》是中国现代法学意义上行政法学产生的标志。《中华民国临时约法》中写道："中华民国之主权属于国民全体"，并第一次提到行政诉讼，"法院依法律审判民事诉讼和刑事诉讼，但关于行政诉讼，其他特别诉讼，另以法律定之"。1914 年 5 月 18 日北洋军阀公布了《行政诉讼条例》，同年 7 月 15 日公布了《行政诉讼法》，这是中国历史上第一部行政诉讼法。1914 年 3 月 21 日公布的《平政院编制令》，规定平政院具有行政法院的性质，行政审判权不属于普通法院，而属于平政院。至此，在形式上初步建立了行政诉讼制度。随后，1932 年 11 月 27 日，国民党政府颁布了《行政诉讼法》，1945 年 4 月 16 日又颁布了《行政法院组织法》，这两个法律规定，行政法院与普通法院分立，专门处理行政诉讼案件。

2. 新中国的行政法发展状况

新中国成立以来，逐步建立起具有大陆法系许多特征的社会主义法律制度，行政法的历史发展大致经历了如下几个阶段[②]：

(1) 第一阶段（1949—1956 年）为行政法的初创阶段。在这一阶段，新中国行政法在经历了曲折的发展过程后，逐步建立起社会主义法律制度。建国初期，主要任务是建立各级政权，解决民主革命时期遗留的问题，从战争环境走向和平建设。在《共同纲领》的基础上，这一时期制定了一些规范行政组织的法律，如《政务院及所属各机关组织通则》等。1954 年，我国颁布了第一部宪法，宪法规定一切权力属于人民，公民对任何违法失职的国家机关及其工作人员有控告的权利。由于国家机关工作人员侵犯公民权利而受到损失的人，有取得赔偿的权利。还规定了中央和地方各级政府机关的组织和职权规范等。宪法的制定颁布为中国行政法的创立奠定了基础。这一时期，国家制定并颁布了大量行政法规以规定国家行政主体在进行行政管理时的权限和管理方式。同时，国家建立了行政监察制度，根据宪法制定了一系列行政组织法规，如《中华人民共和国国务院组织法》等，还加强了对行政机关的内部监督，国务院设立了监察部，在县、市以上地方政府也设立了监察机关，行使监察权，监督行政机关的工作，并受理不服行政处分的申诉。此外，在各级党政部门建立了信访机构，完善了信访制度。在此阶段，行政法刚刚起步，但行政法治还没有成为人们的共识，从制度上看，还没有建立起监督行政的机制，对行政活动缺乏法律控制。据统计，从 1949 年 10 月至 1956 年 12 月，国家共颁布行政管理法规 829 个，这一阶段中国行政法体系的逐步建立为行政法的发展奠定了坚实的基础。

(2) 第二阶段（1957—1977 年）为行政法的倒退阶段。在这 20 年里，中国法制遭到了严重的摧残，"法律至上"的原则受到批判，行政法制取消，国家处于一种无法可依的状态。这一阶段我国行政法倒退的主要表现是：第一，由有法可依转向按照政策和领导指示办事；第二，取消了一些监督行政的机构和制度，撤销行政监察机关，取消人民检察院对行政活动的法律监督，甚至人民政府也被取消。

---

① 参见朱维究、王成栋主编：《一般行政法原理》，26～27 页。

② 参见张树义：《行政法与行政诉讼法》，29～30 页；朱维究、王成栋主编：《一般行政法原理》，27～28 页。

(3) 第三阶段(1978—1989年)为行政法的重新起步阶段。随着党的十一届三中全会的召开,拨乱反正,沉寂了近20年的中国法制得到了一定程度的恢复,行政法也迎来了新的起步机遇。1982年宪法是我国行政法恢复并迅速发展的重要基础。同年颁布的《中华人民共和国民事诉讼法(试行)》首次明确规定"行政案件由人民法院按照法律规定受理"。行政法重新起步阶段的主要表现是:第一,制定新宪法和组织法,恢复了人民检察院、人民政府的机构设置和地位,完善了人民代表大会制度,并规定了国家行政机关在国家机构中的地位、作用和职权;第二,制定了大量的经济和社会管理规范,如《治安管理处罚条例》等;第三,确认了作为行政法基础的一系列宪法原则,如人民主权原则、法制的统一和尊严的原则、平等原则、职能分工原则、效率原则等;第四,按照经济体制改革的需要,实行政治体制改革,转变政府职能;第五,确立了行政立法制度和行政司法制度。

(4) 第四阶段(1989—2012年)为行政法的完善阶段。该阶段是我国行政法快速发展的阶段。1989年颁布、1990年正式实施的《中华人民共和国行政诉讼法》标志着中国行政法学理论和实践进入新的发展阶段,该法确立了司法权对行政权的制约机制,给公民的合法权利以切实的保障,促进了行政机关依法行政的水平,同时使我国三大诉讼法制度发展完备。其后《国家赔偿法》《行政处罚法》《行政复议法》《行政许可法》等一系列行政法律法规的制定,表明我国行政法体系的基本框架已经建立并不断得到完善。

(5) 第五阶段(2013年至今)为行政法的全面发展阶段。进入新时代,行政立法、行政执法、行政司法,从制度到理论,都得到了全面而突出的推进、完善和突破。党的十八届四中全会通过的《全面推进依法治国若干重大问题的决定》,对新时代依法治国作了顶层设计和全面部署。随后,《法治政府建设实施纲要(2015—2020年)》《法治政府建设实施纲要(2021—2025年)》以及与其相契合的《法治社会建设实施纲要(2020—2025年)》《关于加强社会主义法治文化建设的意见》等制度和规范先后颁布,《中华人民共和国立法法》《中华人民共和国行政诉讼法》《中华人民共和国行政处罚法》等实体法相继修订,《重大行政决策程序暂行条例》出台,行政公益诉讼制度、行政规范性文件备案审查制度等行政法规范进一步构建和完善。2020年11月,中共中央召开了全面依法治国领导小组工作会议,将习近平法治思想明确为全面依法治国的指导思想,开创了法治中国建设新局面。

进入21世纪,依法治国、建设社会主义法治国家成为我国法制建设的新方向,行政机关和公民的法律意识有了极大的提高,权力机关和司法机关对行政权的监督机制发挥着越来越大的作用。中国正朝着"法治国"的目标艰难而稳步地前进着。

本章小结

1. 行政法是法的一个独立部门,是调整因行政主体行使行政权而产生的特定社会关系的法律规范和原则的总称。与其他部门法相比,行政法无论在形式上还是内容上都有自己的特征。

2. 行政法的一般渊源是指国家权力机关或行政机关制定的规范性文件;行政法的特

殊渊源，包括有关行政法规范和原则的法律解释以及国际条约、惯例等；根据不同的标准，可以把行政法分为一般行政法与特别行政法，实体行政法与程序行政法，行政主体法、行政行为法、行政监督法和行政救济法。

3. 行政法律关系，是指由行政法规范确认和调整的因行政权力的行使而形成的行政主体与其他当事人之间的权利义务关系，由三个要素构成，即主体、客体和内容。行政法律关系的产生、变更和消灭是以相应的行政法规的存在为前提条件，以一定的法律事实的出现为直接原因的。

4. 就一般意义上说，行政法具有法的规范作用和一般社会作用；而作为一门独特的部门法，行政法具有保护公民、法人和其他组织合法权益以及有保障行政权有效行使的作用。

5. 行政合法性原则是指行政权的存在、行使必须依据法律，符合法律，不得与法律相抵触。其具体要求是：行政主体合法、行政行为合法、行政程序合法、违法无效。行政合理性原则是指行政行为内容要客观、适度、符合公平正义等法律理性。其具体要求是：行政行为的动因应符合立法目的，行政行为应建立在正当考虑的基础上，行政行为的内容合乎情理。

6. 行政法的产生和发展得益于两方面的基础，即经济基础与思想基础。大陆法系行政法特点主要是各国都有两个法院系统，即普通法院和行政法院；都存在两种法律规则，即公法和私法。英美法系行政法则没有独立的行政法院系统；普通法院在审理各种案件时，适用同一体系的法律规则。

关键术语

行政法　实体行政法　程序行政法　行政法律关系　行政合法性原则　行政合理性原则

复习思考题

1. 什么是行政法？有何特点？
2. 行政法的渊源有哪些？
3. 行政法律关系的构成要素有哪些？
4. 什么是行政合法性原则？它的基本内容是什么？
5. 什么是行政合理性原则？它的基本内容是什么？

案例自测

2010 年 7 月 9 日，第三人上海市闵行区土地储备中心（以下简称“闵行土储中心”）依法取得拆迁许可证，后拆迁期限延长至 2019 年 1 月 31 日。原告上海永品实业有限公司（以下简称“永品公司”）所有的本市闵行区闵北路 688 弄 1－6 号房屋位于该许可证的拆迁范围内。2018年5月17日，该基地的评估公司出具房地产估价报告，以2010年7月9日作为评估时点，对涉案房屋的评估价格为每平方米建筑面积3 650元。因拆迁双方对安置补偿协商未果，2018年10月25日，第三人闵行土储中心向被告上海市闵行区住房保障和房屋管理局（以下简称“闵行住房局”）提出裁决申请。2018年11月22日，闵行住房局作出房屋拆迁裁决，以前述房地产估价报告为依据，对原告予以货币补偿并送达原告及第三人。原告不服，向上海市浦东新区人民法院提起行政诉讼，请求撤销被诉拆迁裁决。

资料来源：中国政法大学法治政府网。

思考题：

（1）行政合法性原则在本案中是否得到体现？

（2）如何理解“民告官”行为中的行政法治观念？

第4章 行政主体与行政组织

本章要点

- 行政主体的内涵和合法要件
- 行政机关的形式
- 公务员的法律地位
- 公职关系发生、消灭的条件
- 被授权组织与被委托组织的条件与范围
- 行政相对人的权利义务

行政主体是指为了实现和确保行政管理目标而发生的法律关系中权利的享有者和义务的承担者，即在所有行政性的法律关系之中拥有主体身份的当事人[①]，包括国家机关（主要是国家行政机关）、被授权的组织、被委托的组织和个人、国家公务员、行政相对人（包括公民、外国人、无国籍人）等。

4.1 行政主体概述

4.1.1 行政法上的主体制度起源及意义

行政主体概念最早源于西方国家，如法国的“personne morale administratif”、德国的“verwaltungstrager”及英美国家的“administrative agency”等概念。在这些国家里，行政主体制度既是社会利益多元的产物，也是行政分权和自治的法律技术，同时还是多元社会里行政实体制度的基础性内容。大陆法系国家往往通过行政主体制度来实现社会利益的配置，确立中央与地方的关系，建立地方自治制度和公务自治制度。国外“行政主

① 参见贾平：《行政法主体研究》，载《河北法学》，2001（4）。

体概念是使行政活动具有统一性和连续性的一种法律技术，是行政组织的法律理论基础”[①]。因而行政主体的理论出现主要是强调行政组织的统一与协调，以及实体责任的最终归属。

我国的行政主体理论最早出现于 20 世纪 80 年代末，到 90 年代中期已成为行政法学研究行政组织的主流。最早使用行政主体概念的是《行政法学原理》和《中国行政法学》。[②] 90 年代后，绝大多数行政法教科书都采用了行政主体概念，并用较大篇幅阐述行政主体的定义、种类和资格要件等，形成了独特的行政主体理论。

80 年代末，行政主体理论在我国的出现主要有三方面的原因[③]：

第一，行政法学界研究行政组织角度的变化。自 80 年代初行政法学恢复研究以来，许多学者从组织学、管理学的角度研究行政组织，或者仅对行政组织法的规定作事实性的描述。这一状况逐渐引起不满。学者们着意求新，寻找研究行政组织的新的角度。行政主体理论正是在这一需求下出现的。有学者论证说，对行政组织的研究应当是从行政主体的角度出发，因为行政法学对行政组织的研究应从法律的角度，主要是研究行政组织在法律上的地位，而行政组织的法律地位即在于其作为行政上的主体。[④]

第二，国外行政主体制度及理论的传入。80 年代末期，随着对国外行政法制度的了解，法国、日本等国的行政主体制度及理论被介绍、引入中国。[⑤] 学者们在行政组织之外接触到行政主体这一崭新概念，将其引进到我国的行政法学研究自在情理之中。

第三，行政诉讼实践的需要。1989 年 4 月 4 日我国制定颁布了《行政诉讼法》，并于 1990 年 10 月 1 日生效，至此，行政诉讼制度全面建立。行政诉讼面对的问题之一是如何设定被告制度。虽然行政诉讼法对此作了规定，但需要从理论上予以论证。不久，有学者从行政主体的角度解释行政诉讼被告制度，并逐步获得学术界的认同。

不无遗憾的是，行政主体理论虽已获得普遍接受，但对行政主体的研究多年来并没有取得实质性进展。随着经济转型带来的社会多元利益格局的形成，现行行政主体理论的局限性已日益凸显。按照现行的行政主体理论，人们要判断某一组织能否成为行政诉讼的被告，首先需确定该组织是否具有行政主体资格，凡不具有行政主体资格的组织均不能成为行政诉讼的被告。这样一来，处理下列问题就有些棘手：如村民委员会依据村规民约限制、剥夺村民权利或对村民进行处罚，村民不服，能否提起行政诉讼？行业组织依据组织章程与规则对其成员予以惩戒，受惩戒的成员不服，能否提起行政诉讼？公立学校依照校纪校规对在校学生进行处分，受处分者不服，能否提起行政诉讼？等等。显然，这些纠纷是行使公权力引起的，不适宜通过民事诉讼的途径解决，提起行政诉讼又因这些组织的行政主体资格难以确定，而使得这些纠纷在诉讼上陷于尴尬境地，这表明曾以有利于确定行

---

① 王名扬：《法国行政法》，41 页。

② 参见张焕光、胡建淼：《行政法学原理》；张树义、方彦主编：《中国行政法学》，北京，中国政法大学出版社，1989。

③ 参见薛刚凌：《我国行政主体理论之检讨——兼论全面研究行政组织法的必要性》，载《政法论坛》，1998 (6)。

④ 参见张尚□主编：《走出低谷的中国行政法学》，700 页，北京，中国政法大学出版社，1991。

⑤ 参见王名扬：《法国行政法》，38 页；［日］南博方：《日本行政法》，13 页，北京，中国人民大学出版社，1988。

政诉讼被告作为主要存在理由的行政主体理论陷入困境。有鉴于此，现在在我国越来越多的学者已经主张重构"行政主体"理论。

4.1.2 行政主体的概念及特征

关于行政主体的概念，学者们的表述虽然各不相同，但是大同小异，基本一致。有的学者认为行政主体特指能以自己的名义实施国家行政权（表现为行政管理活动），并对行为效果承担责任的组织。有的学者认为行政主体是享有实施行政活动的权力，能以自己的名义从事行政活动，并因此而承担实施行政活动所产生责任的组织。由以上定义可以看出我国行政主体具有以下特征：

第一，行政主体只能是组织，而不是个人。[①] 只有组织才可能在一定条件下成为行政主体，因为法律将行政权力直接赋予一定的组织，都是以一定的组织状态来享有某些行政职权和行政职责的。虽然行政管理的相对一方多数情形下都是面对行使权力的具体个人，即行政机关的公务员，或者法律、法规授权其实施公共行政管理活动的组织之工作人员，或者接受委托行使行政权力的组织之工作人员，或者直接接受委托从事管理行为的个人。但是，这些个人行使公共行政权力有两种基本情况：其一，个人具有公务员或者法律、法规授权组织的工作人员身份；其二，个人具有接受委托行使行政权力的组织的工作人员身份，或者直接接受委托的身份。无论哪种情况，个人都不具有以自己的名义对外行使管理权力的独立地位。在前一种情况中，个人都是以行政机关或者法律、法规授权组织的名义作出管理决定，其法律后果由行政机关或者法律、法规授权组织承担；在后一种情况中，个人都是以委托者的名义作出管理决定，其法律后果由委托者承担。因此，国家行政活动虽然大多由公务员来实施，但他们都必须以组织的名义而不能以个人的名义进行。

第二，享有并行使公共行政权力。在现实生活中，自然人以及一定组织通过其成员（自然人）从事着各种各样的活动。必须在法律意义上给予这些活动以适当的分类、定性，才能决定适用不同的规则。一般而言，行政主体和民事主体分别适用行政法规则和民法规则，它们的一个重要区别就是前者享有并行使公共行政权力，这种权力的行使往往在权力者和权力行使对象之间形成不对等的法律关系。而且，由于行政组织也有可能从事民事活动，如购买办公设备，所以，以是否享有和行使公共行政权力作为标准，也可以划分为民事主体的行政组织和作为行政主体的行政组织。

第三，行政主体是能够以自己的名义行使行政职权的组织。这是一个组织取得行政主体资格的重要条件，是判断一个组织是不是行政主体的外在标准。"以自己的名义"的外在表现形式就是能够在做出行政决定的法律文书上署名。行政机关的某些内设机构、派出机构和临时机构以及受委托的组织虽然也能做出具体行政行为，但它们不能以自己的名义进行，不是行政主体。如某县政府通过政府"红头文件"行使成立一个"某某管理办公室"，这个办公室就以自己的名义实施了某种行政行为，但这个办公室不是行政主体，因为该县政府的文件没有达到法律、法规和规章的效力。

---

① 但是其他地区或国家，包括我国的一些学者都认为"个人"也可以成为行政主体，例如像被授权的会计师或是航空器船舶的机长和船长（见朱维究、王成栋主编：《一般行政法原理》）。

第四，行政主体必须是能独立承担责任的组织。独立承担责任是我们判断行政主体的最重要的标准。某一个组织能够成为行政复议的被复议人，能够成为行政诉讼的被告，能够成为行政赔偿中的赔偿义务机关，不能成为上述法律关系中的被复议人、被告和赔偿义务机关的显然就不是行政主体。[①] 在法理上，不能为自己的行为独立承担责任的就不具备主体资格，他们实施行政行为的法律后果只能由他们所代表的行政主体承担。因此，行政主体必须是能够独立承担自己所作行政行为的组织。

4.1.3　行政主体的类型

各国和地区行政主体的概念基本一致，但行政主体的范围与类型却略有不同。

法国行政法认为行政主体是指实施行政职能的组织，依法享有行政职能的权力并承担由此引起的权利、义务和责任的组织。行政主体之间是相对独立地行使权利，承担义务的。在法国，行政机关的行为分为公行为和私行为，行政机关进行公行为时，由公法调整，可能成为行政主体。而公务员由于不承担职务行为的行为效果，所以公务员不是行政主体的组成部分。按法国的法律规定，行政主体包括政府组织、地方团体和公务法人。政府组织由中央政府和地方政府组成。法国的地方团体是指一个以地域为基础的、具有独立的法律人格和履行地方公务、享有行政上的自治权力的行政主体。法国的公务法人采用列举的方式，规定了如大学、中学、图书馆、博物馆等实施公务的机关。

德国行政法学将行政主体分为如下几种类型：(1) 国家（包括联邦和州），称为原始行政主体。(2) 公法社团。(3) 公共营造物即行政主体为保障特定公共目的的持续履行，所成立的结合人与物双重因素的组织体，如学校、邮政、铁路等。(4) 公法财团。(5) 具有部分权利能力的行政机构，即根据公法设立，不具有公法人资格，但根据授权自负其责地执行特定行政任务，并在此范围内享有独立权利义务的组织。(6) 经授权执行行政任务之私法组织，即以自己的名义行使国家以法律或行政处理、公法契约形式所授予的公权力之私人（自然人或私法人）。(7) 私法组织形式的行政主体，即行政主体依据私法设立，并授权其以私法方式执行特定行政任务的私法人。此类组织能否成为行政主体，学者颇有争议。毛雷尔认为："它取决于人们是将行政主体的概念仅限于根据公法设立的组织和主体（主权主体），还是扩展到一切法律上独立的，经授权执行行政任务的组织和主体。"

我国台湾地区承继了德国行政主体的基本分类，包括：(1) 公法社团，可分为地域团体（如国家、地方自治团体）和身份团体（如农会、渔会等）。(2) 公营造物，指行政主体所控制，持续用以达成特定公目的的物和人的手段的整体，也有人称其为"公法上的事业机构"或"公共机构"。例如公立学校、博物馆、公园、公立医院等。(3) 公法财团，即国家或其他公法社团为达成特定的公共目的，以公法上的财产捐助行为所设立的具有权利能力的法人。(4) 公权力受托人，指享受公行政托付之公权力，并以自己的名义行使，从而完成特定行政任务的私人。[②]

① 参见王学辉主编：《行政法与行政诉讼法学》，69 页。

② 参见李昕：《现代行政主体多元化的理论分析》，载《行政法学研究》，第 6 卷。

当然除此之外，还有学者对行政主体作了其他分类。如：(1) 中央行政主体和地方行政主体；(2) 委员会制行政主体和首长制行政主体；(3) 地域行政主体和公务行政主体；(4) 派出性行政主体和非派出性行政主体；(5) 内部行政主体和外部行政主体；(6) 职权行政主体和授权行政主体；(7) 职权性行政主体和授权性行政主体；(8) 行政机关、行政机构、公务组织和社会组织等。[①]

4.1.4 行政主体的相关概念

1. 行政主体和行政机关

主体是一定关系的参加者，行政主体是行政关系的参加者，是行政关系中行使行政管理权力的一方。多数情况下，行政关系中的行政主体是由行政机关担当，但行政主体不能简单地等同于行政机关，行政机关是生活中用语，行政主体则是一个法学上的概念。其区别在于：

第一，行政主体是行政组织在行政关系中的一种地位，只有在行政机关加进一种行政管理关系时，它才在这种关系中具有行政主体地位。所以不能在行政机关和行政主体两个概念中间画等号。

第二，并非所有的行政机关都能成为行政主体。行政机关只有具备一定的条件才能成为行政主体，因而，某个政府机构可能是行政机关，但它并不一定就能成为行政主体。例如政府内部的某个办事机构、协调性机构，它们仅负责管理、协调内部事务，并不对外行使职权，不能与相对人之间形成管理和被管理的关系，也就不会有什么责任需要承担，因此不具有行政主体资格。

第三，并非行政机关在所有场合都能成为行政主体。行政机关在法律上可以具有双重身份，即民事主体与行政主体。它既可以民事主体的身份从事活动，如到商店购买办公用品，也可以行政主体的身份从事行政活动，如作出行政处罚。当行政机关租用办公用房、购买办公用品时，其身份是民事主体；当其以行政职权享有者的身份进行管理时，其身份是行政主体。在不同的活动中，需要遵循不同的规则。在行政法上关注的是行政机关的行政主体身份。

第四，成为行政主体的不限于行政机关。在行政法上，行政主体是以行政职权的享有者身份出现的，行政职权为行政机关所享有，因而，行政机关是最主要的行政主体，但行政机关对行政权并不构成独占。在许多情况下，非行政机关的社会团体也可能享有行政权，在行政法上具有行政主体身份。尤其是在现代社会，国家行政的范围日益扩展，公共职能不断扩张，许多事情授权于非行政机关的社会组织实施，它们因法律、法规的授权而取得行政法上的行政主体地位。

2. 行政主体与行政法主体

行政主体是行政法主体的一种。行政主体可能在各种行政法律关系中存在，但在各种行政法律关系中，它只是关系的一方当事人（一方主体），与另一方当事人（对方主体）共同构成关系的双方。例如，在行政管理关系中，行政主体与行政相对人构成关系双方主

---

① 参见叶必丰主编：《行政法学》，76页，武汉，武汉大学出版社，1996。

体；在行政法制监督关系中，行政主体与行政法制监督主体构成关系双方主体；在内部行政关系中，它与国家公务员等构成关系双方主体。严格地说，行政主体只有在行政管理法律关系中，才具有真正的行政主体地位。在行政法制监督关系中，行政主体处于监督对象地位；在内部行政关系中，它们有时与对方主体处于平等协商的地位等。之所以在各种行政法律关系中均称为“行政主体”，是因为它们是同一当事人，并且它们在其他法律关系中的不同法律地位均是因为其在行政管理法律关系中的法律地位而产生的，有“行政主体”的因素在其中起作用。

3. 行政主体与行政法人、公法人、公务法人

行政法人是日本行政法学提出的一个重要概念，是指“由国家或地方公共团体出资设立的法人，具有公共财团法人的性质……行政法人是随着给付行政的发展，依据公共事业应通过公共手段来实现的设想而设立的”。它属于日本行政主体的范围。①

公法人（public corporation）是英国行政法中一个引人注目的主体概念。行政法的初学者不易区别它与行政主体之间的差异。英国行政法著作中讨论的公法人，主要是指具有一般职权范围的中央行政机关和地方行政机关以外，享有一定的独立性和单独存在的法律人格，并从事某种特定的公共事务的行政机构。英国行政法学著作有时又称为半自治的国家行政组织或半自治的非政府组织。公法人有三个特征：（1）有独立的法人人格；（2）在全国或一定地区执行由法律或特许状所规定的某种公共事务；（3）对一般行政机关虽然保持一定程度的独立，但仍然保持一定程度的联系。②

公务法人是法国行政法学者的一大“发明”。其含义接近于英国的“公法人”，又相当于美国的“独立管制机构”。法国的公务法人是指由国家设立的从事一定公务的法人组织。它是以公务为标准进行划分的一种分权形式，不同于以地域为标准的行政组织。它是行政主体的一种。

可见，日本的行政法人、英国的公法人和法国的公务法人在其所在国家的行政法学中，都属于行政主体的范围，但不能等同于行政主体本身，因为它们只是行政主体的一个组成部分。

阅读与思考

天津师大学生不服开除学籍状告学校案

张某是天津师大外国语学院英语教育专业2001级本科生。2005年3月17日，在学院组织的“英语学科教学论”考试中，张某因请假联系工作不能返回参加考试，请他人代考，被监考教师发现并上报学院。校方于3月24日作出《关于对外国语学院学生张某考试作弊问题的处理决定》，给予原告开除学籍处分。庭审中，原告张某诉称，自己平时学习成绩优异。3月17日临时举行的“英语学科教学论”考试，因请假不能返回，仓促之下请他人代考。事后也做了深刻检讨，主观上积极承认错误，但是校方仍作出开除学

① 参见［日］南博方：《日本行政法》，14页。
② 参见王名扬：《英国行政法》，86页，北京，中国政法大学出版社，1987。

籍的处分，剥夺其受教育的权利，开除学籍的处分明显不当。为此，张某请求天津市第二中级人民法院撤销被告天津师范大学作出的开除学籍的处理决定。

资料来源：姜明安、毕雁英主编：《行政法与行政诉讼法教学案例》，55页，北京，北京大学出版社，2006。

【阅读思考】

本案中高等学校的性质和法律地位是什么？能不能成为行政主体？行政法主体的范围包括哪些？

4.1.5 行政主体的合法要件

1. 行政主体的合法要件分类

一般认为，行政主体必须具备两个合法要件：一是组织要件，二是法律资格要件。对于组织要件说法不一，有的强调需要经过正式的批准成立手续，也有的强调行政主体必须有法定的机构编制、职位和人员编制、拥有独立的行政经费，还有的强调行政主体必须有独立的办公场所等；但是无疑都同意行政主体必须是依法成立的组织。法律资格要件包括三项：第一，行政主体必须是依法享有公共行政权力的组织；第二，行政主体必须是能以自己的名义行使公共行政权力、实施行政活动的组织；第三，行政主体必须是能够独立承担行政责任的组织。

2. 行政主体法律资格要件

（1）行政主体法律资格的取得。

行政主体获得独立法律地位的核心要素是具有独立的公共行政权力，因而根据行政主体的公共行政权力的来源不同，行政主体法律资格的取得有两种途径。

依法取得，即依照宪法和行政组织法的有关规定而取得行政主体法律资格。从法律依据上说，行政主体取得法律资格的依据有宪法和行政机关组织法，如宪法和行政机关组织法中有关国务院及其职能部门和地方各级人民政府及县级以上地方人民政府职能部门的规定。从决定方式上说，行政主体取得法律资格的决定方式有国家权力机关的决定和行政机关的决定两种，前者如地方各级人民政府，后者如县级以上地方人民政府的工作部门。从描述方法上说，取得的公共行政权力的职权与职责主要由宪法和行政机关组织法以概括性和原则性方式进行规定，并突出对行政机关职能的确立与规定，而其具体的职责权限内容，由单行法律、法规明确规定。从时间方面来说，行政主体取得法律资格的时间和该组织的成立是同时的，即行政机关依法成立之时，就是该机关取得行政主体法律资格之日。从对象方面来说，取得资格的对象是国务院及其职能部门、地方各级人民政府及其派出机关和县级以上地方人民政府的各个工作部门。

依授权取得，即依照宪法和行政组织法以外的单行法律、法规的授权规定而取得行政主体法律资格。依授权取得行政主体法律资格最突出的特点为：被授权组织取得行政主体法律资格是经过特别的、有效的授权，行使的职权为自己非固有职权，即本来不应该由它们来行使的职权。经有效授权取得行政主体法律资格主要有两种途径：1）有关法律、法规直接授权。例如，根据《专利法》，国务院专利行政部门负责管理全国的专利工作；统一受理和审查专利申请，依法授予专利权。省、自治区、直辖市人民政府管理专利工作的部门负责本行政区域内的专利管理工作。又如根据《商标法》，国务院工商行政管理部门商标局主管全国商标注册与管理的工作。2）由有权机关的合法授权。这种形式又具体分为两种：其一，由有权制定法律、法规的国家机关依法定职权和法定程序直接授权，如2007年第十届全国人民代表大会常务委员会第二十八次会议通过《批准授权国务院可以对储蓄存款利息所得停征或者减征个人所得税的决定（草案）》，根据这一决定草案，全国人大常委会授权国务院根据国民经济和社会发展的需要，可以对储蓄存款利息所得停征或者减征个人所得税。其二，由法律、法规规定的有权机关依法授权，如依据《反垄断法》第十三条，国务院反垄断执法机构负责反垄断统一执法工作。国务院反垄断执法机构根据工作需要，可以授权省、自治区、直辖市人民政府相应的机构，依法负责有关反垄断执法工作。依据授权取得行政主体法律资格的时间与该组织的成立可能是同时的，也可能是分开的，即组织机构成立在先，取得资格在后；取得资格的对象是行政机关所属的行政机构、公务组织和社会组织。

（2）行政主体法律资格的转移。

行政主体法律资格的变更是指享有行政主体法律资格的组织因一定的法律事实而将原有的行政主体法律资格依法转移给其他行政组织的情况。发生转移后，原行政主体的公共行政权力及实施行政行为的法律效果，同时由新的行政主体接收。行政主体法律资格的转移主要有两种情况：一是行政主体的分解，即由原来的一个行政主体分解为两个或两个以上的行政主体，如八届全国人大一次会议，将原电子机械工业部分解成工业部和电子工业部；二是行政主体的合并，是指由原来的两个以上的行政主体合并为一个行政主体，如十一届全国人大一次会议通过关于国务院机构改革方案的决定，组建人力资源社会保障部。将人事部、劳动和社会保障部的职责整合划入人力资源社会保障部。组建国家公务员局，由人力资源社会保障部管理。不再保留人事部、劳动和社会保障部。

（3）行政主体法律资格的丧失。

行政主体法律资格的丧失是指因一定的法律事实而使已具有行政主体法律资格的组织失去其主体资格的情况，包括两种类型：第一，依法获得行政主体法律资格的组织其行政主体法律资格的丧失主要是由于其组织的被解散或撤销，撤销之后，其行使行政行为的法律效果由撤销机关承受。例如，1982年国务院撤销第六机械工业部，但该部在被撤销之前所实施的行政行为仍然有效，其法律效果由国务院承担。第二，依授权获得行政主体法律资格的组织其行政主体法律资格的丧失主要是由于授权规定的废止和修改。1987年国务院发布的《中华人民共和国价格管理条例》第二十条曾授权物价监督检查所具有价格监督检查和对价格违法行为进行处罚的职权，使其成为授权行政主体，但《中华人民共和国价格法》取消了这一授权规定，从而使其失去了行政主体法律资格。

4.2 行政组织

4.2.1 行政组织的概念

行政组织是行使国家公共行政权力、管理国家行政事务和社会公共事务的机构体系。狭义的是指国家行政机关，广义的包括国家立法、司法等机关中管理行政事务的机构，也包括企业、事业及社会团体中管理行政事务的机构。在现代社会中，各国普遍设置掌握国家行政权力的行政组织。如我国国务院及省、自治区、直辖市以及市、地、县、乡等各级政府及其办事机构。我国的行政学所研究的行政组织，主要是指国家行政机关。

所有的行政组织都具有八个要素：(1) 目标体系。行政组织要有明确的目标体系，由总目标及逐层分解出的分目标组成。(2) 机构建制。机构是行政组织的实体，是行使公共行政权力的载体，依据法律设置机构是行政组织构成的基础。(3) 权责划分。确定行政组织的权责，明确组织间的隶属关系和平行关系，以及行政组织的权责划分。(4) 职位配置。行政组织中实行的职位分类，包括合理确定职级、职等、职系等，明确每个公务人员的职责。(5) 人员结构。公务人员是行政组织中的主角，合理的行政组织应由具有一定素质和合理智能结构的公务人员组成。(6) 管理方式。行政组织通过一定的管理方式，对管理对象施加定向影响，体现行政组织的功能，实现行政目标。(7) 运行程序。行政是有一定办事程序的动态过程，行政组织的运行程序，应采取科学的方法，以提高行政效率。(8) 法律规范。有效的行政组织具有健全的规章制度和法律规范，以保证行政组织依法办事。

4.2.2 行政组织的特点

行政组织掌握公共行政权力的地位和与之相一致的公共行政事务管理的广泛性及其对国民承担的责任，决定了行政组织的特性。

(1) 政治性。政治性是一切国家组织的共同属性。对行政组织而言，其政治性体现在两个方面：其一是反映国家行政组织本质特征的阶级性；其二是由国家行政组织在国家公共管理治理结构中居于的强大决策地位所决定的决策性。

(2) 社会性。任何一种行政组织都承担管理社会公共事务的职能。在现代，各国国家行政机关干预社会事务的范围和程度不断扩大和加深，行政组织直接或间接干预和管理经济等社会事务。

(3) 服务性。行政组织是社会上层建筑的组成部分，要适应和服务于经济基础，为社会经济的稳定和发展服务。行政组织是国家权力的执行机关，必须执行法律和法令，服务于社会。社会主义国家的行政组织及其公务人员以为人民服务、为社会公共利益服务为宗旨。

(4) 整体性。行政组织是一个规模庞大和结构复杂的社会系统。行政组织按不同层次、不同业务部门、不同区域以及不同管理功能和程序，设置相应的组织结构，具有隶属和制约关系的完整权责分配体系。

（5）适应性。行政组织的建立、调整受各国的历史条件、经济发展水平、社会政治和经济制度以及文化传统诸因素制约和影响，各国都根据行政管理的实际需要，建立相应的行政组织，并适应客观需要不断进行调整。

（6）法制性。行政组织是依法代表国家行使行政权力的机构，行政领导依法由选举或任命产生，一般公务人员的任用也要根据有关法律或法规；行政组织在行使行政权过程中按法律规定进行管理。法制贯穿于行政管理的全过程，行政组织及其公务人员必须依法办事，违法必究。

4.2.3　行政组织的类型

现代行政组织可以说是各类形式机构的复合体，从不同的角度和标准，可以对行政组织进行不同的分类。

（1）根据公共行政权力性质和大小的不同，可将行政组织分为领导组织和被领导组织。领导组织，是指具有决策、组织、指挥、协调和监控权力的公共行政组织。它是各级行政组织的指挥和决策中枢，在整体公共行政组织中发挥最终的领导作用。行政首长是领导组织的代表。被领导组织，是指在行政首长的统一领导下具体执行领导组织所制定的决策与命令，落实各种公共行政任务的组织。其根本特征是执行性和辅助性，因此从某种意义说行政组织中除了领导组织以外的一切行政组织皆属被领导组织，它是行政组织体系中规模最大的部分，根据工作内容、工作性质或流程的不同可以将其分为诸多种类。

（2）根据行政管理区域和行政层级的不同，可将行政组织分为中央行政组织和地方行政组织。中央行政组织，习惯上讲也就是中央政府，它是指一个国家拥有的公共行政权力最大、管辖范围涉及全国的行政组织。它代表国家行使公共行政权力，执行全国性公务，是一个国家的最高行政组织。其产生和地位的确定要以国家宪法和组织法为依据，其变革直接涉及一个国家行政体制的某些变化。地方行政组织，是指管辖权限范围仅涉及某一特定行政区域的行政组织。地方行政组织有不同的行政层级，不同层级的行政组织其活动的地域范围也各有差别。地域性是其首要特征。另外，无论是集权制还是分权制国家，各级地方行政组织都受到中央政府一定程度的限制，受控性也是其显著特征。

（3）根据工作性质和职能性质的不同，可将被领导行政组织分为职能组织和辅助组织。职能组织，是指直接担负整个行政组织的目标和任务，发挥政府政治、经济、文化及各项社会职能的行政组织。这类组织的基本特征是直接承担独立的行政管理事务，是行政组织结构中具有相对独立管理权限的工作部门，它有明确而独立的责任目标。因此，它是政府组织系统中数量最多、拥有较多直接行政管理权限的机构类型。辅助组织，是指活动内容直接为行政首长、领导组织和职能组织提供服务保障，从而间接地为实现整个行政组织目标创造有利条件的行政组织。在这类组织中，最主要的是办公部门、信息服务部门或研究部门。其基本特征是综合性、服务性和繁杂性，即为行政首长及其领导的决策中枢机关和职能部门提供全面服务，所涉及的工作范围极其广泛，事务相当复杂。

（4）根据在行政管理流程中所处位置的不同，可将行政组织分为决策组织、执行组织、咨询组织、信息组织、监督组织。[1] 决策组织，是指在行政管理活动中拥有作出决定、制定规则和发布命令权力的行政组织。如各级政府组织。决策组织是行政组织系统的领导组织，理论上讲，一个行政组织只能有一个决策中心，以保持政令统一。但是，实际上，在公共行政管理中，决策组织的界定也具有相对的意义，在不同行政层级上决策组织的地位并非完全相同，即某一级行政组织对上一级政府组织而言它不具有决策性质，而对下级行政组织来说它又必须承担决策的职能。执行组织，是指对决策组织所作出的指示、决定、命令、决议等加以贯彻和实施的行政组织。由于决策与执行在行政组织层级结构中的相对性，执行组织也是一个相对概念。执行组织在执行决策中枢指令时，对其方式的选择也需作出决定，也就是说执行也有决策，这种决策是执行性决策。执行组织是行政管理活动中承担经常性活动的组织，是决策落实过程的体现，其结构体制合理程度、方式选择是否恰当、人员素质如何等直接影响决策效果。因此，执行组织的执行过程也就是检验决策正确与否的主要标准。咨询组织，亦即参谋组织，是指为决策组织提供意见和建议，主要由专家、学者或有实际经验的行政人员组成的行政组织。这类组织在不同体制类型的行政组织系统中所表现的构建方式、作用程度等各有不同。发达资本主义国家更多以半官方或民间咨询机构为主体来承担公共行政咨询任务，政府系统中则以聘任“顾问”的形式灵活地发挥参谋咨询作用；而社会中介组织体系不太健全的国家就主要以官方咨询组织的设立为形式来完成公共行政咨询职能。信息组织，是指专门从事信息收集、加工、储存与传播的行政组织。如信息中心、统计局等。信息社会离不开信息，信息沟通是否顺畅，信息收集是否准确全面，信息加工处理是否科学快捷，信息储存是否合理方便，直接影响整个行政组织的效率。因此，是否拥有一个权威性的、健全配套的信息管理系统，就成为现代行政组织是否完善的一个硬指标。监督组织，是指负责对整个行政组织及其工作人员、非政府公共组织、企业组织及公民遵纪守法情况、政策决策执行情况等进行监察、督导、检查工作的行政组织。如监察局、审计局、工商管理局等部门。行政监督组织可分为一般性监督组织和专门性监督组织。在现代公共行政管理中，监督体系越来越处于极其重要的地位，它能够防止管理中各种错误和弊端的出现，减少损失，保证整个管理顺畅发展。

另外，人们对行政组织还有其他的分类方式，如从工作内容的专业程度将被领导组织分为综合管理组织和专门管理组织；从行政组织设置的时间把它分为常设组织和临时组织等。

4.3 行政机关

4.3.1 行政机关的概念

行政机关是指依法享有行政职权，能够以自己的名义代表国家进行行政管理活动，并且承担由此产生的法律后果的行政组织。行政机关具有如下特点：

---

[1] 参见勤政：《行政组织》，载《地方政府管理》，1992 (3)。

（1）行政机关是国家机关，是由国家依宪法和相关组织法设置并授予职权、代表国家进行管理活动的机关。因此它区别于政党、社会组织、团体。

（2）行政机关是行使国家行政职能的国家机关。这又与立法机关、司法机关相区别。国家权力按职能分工可分解为立法权、司法权和行政权，分别由不同国家机关行使。立法机关行使的是国家立法权，司法机关行使的是国家司法职权，而行政机关行使的是国家行政职权，即执行法律、管理国家各项行政事务。

4.3.2　中央行政机关

我国行政机关包括中央行政机关和地方行政机关两级。中央行政机关有国务院、国务院组成部门（包括各部、委员会、中国人民银行和审计署等）、国务院直属机构（如海关总署、国家税务总局、国家市场监督管理总局等）等组成。

1. 国务院

中华人民共和国国务院，即中央人民政府，是最高国家权力机关的执行机关，是最高国家行政机关。根据宪法和组织法的规定，国务院享有并行使广泛的行政管理职权。根据《宪法》第八十九条的规定，国务院共享有 18 项行政管理职权。它们是：

（1）根据宪法和法律，规定行政措施，制定行政法规，发布决定和命令。

（2）向全国人民代表大会或者全国人民代表常务委员会提出议案。

（3）规定各部和各委员会的任务和职责，统一领导各部和各委员会的工作，并且领导不属于各部和各委员会的全国性的行政工作。

（4）统一领导全国地方各级国家行政机关的工作，规定中央和省、自治区、直辖市的国家行政机关的职权的具体划分。

（5）编制和执行国民经济和社会发展计划和国家预算。

（6）领导和管理经济工作和城乡建设。

（7）领导和管理教育、科学、文化、卫生、体育和计划生育工作。

（8）领导和管理民政、公安、司法行政和监察等工作。

（9）管理对外事务，同外国缔结条约和协定。

（10）领导和管理国防建设事业。

（11）领导和管理民族事务，保障少数民族的平等权利和民族自治地方的自治权利。

（12）保护华侨的正当的权利和利益，保护归侨和侨眷的合法的权利和利益。

（13）改变或者撤销各部、各委员会发布的不适当的命令、指示和规章。

（14）改变或者撤销地方各级国家行政机关的不适当的决定和命令。

（15）批准省、自治区、直辖市的区域划分，批准自治州、县、自治县、市的建置和区域划分。

（16）依照法律规定决定省、自治区、直辖市的范围内部分地区进入紧急状态。

（17）审定行政机构的编制，依照法律规定任免、培训、考核和奖惩行政人员。

（18）全国人民代表大会和全国人民代表大会常务委员会授予的其他职权。

国务院由全国人民代表大会产生，对全国人民代表大会负责，受全国人民代表大会及其常务委员会的监督。国务院由总理、副总理若干人、国务委员若干人、各部部长、各委员会主任、审计长和秘书长组成。国务院实行总理负责制，每届任期同全国人民代表大会每届任期相同。总理、副总理和国务委员连续任职不得超过两届。总理领导国务院的工作，副总理、国务委员协助总理工作。总理、副总理、国务委员、秘书长组成国务院常务会议。总理召集和主持国务院常务会议和国务院全体会议。[①]

2. 国务院组成部门

根据《国务院行政机构设置和编制管理条例》第六条第三款的规定，国务院组成部门依法分别履行国务院基本的行政管理职能，包括各部、各委员会、中国人民银行和审计署。国务院除办公厅外，其具体组成部门如下：

中华人民共和国外交部

中华人民共和国国防部

中华人民共和国国家发展和改革委员会

中华人民共和国教育部

中华人民共和国科学技术部

中华人民共和国工业和信息化部

中华人民共和国国家民族事务委员会

中华人民共和国公安部

中华人民共和国国家安全部

中华人民共和国民政部

中华人民共和国司法部

中华人民共和国财政部

中华人民共和国人力资源和社会保障部

中华人民共和国自然资源部

中华人民共和国生态环境部

中华人民共和国住房和城乡建设部

中华人民共和国交通运输部

中华人民共和国水利部

中华人民共和国农业农村部

中华人民共和国商务部

中华人民共和国文化和旅游部

中华人民共和国国家卫生健康委员会

退役军人事务部应急管理部

中国人民银行

中华人民共和国审计署

教育部对外保留国家语言文字工作委员会牌子。工业和信息化部对外保留国家航天局、国家原子能机构牌子。人力资源和社会保障部加挂国家外国专家局牌子。自然资源部对外保留国家海洋局牌子。生态环境部对外保留国家核安全局牌子。农业农村部加挂国家

① 参见胡锦光主编：《行政法与行政诉讼法》，50页。

乡村振兴局牌子。

3. 国务院直属机构

国务院直属机构是主管国务院的某项专门业务，具有独立的行政管理职能的行政机关。根据宪法和法律的规定，国务院直属机构享有法定的行政管理权力，能以自己的名义行使行政权力并承担相应的法律责任。根据《国务院关于机构设置的通知》，国务院直属设特设机构一个，即国务院国有资产监督管理委员会，一般直属机构包括：

中华人民共和国海关总署
国家税务总局
国家市场监督管理总局
国家金融监督管理总局
中国证券监督管理委员会
国家广播电视总局
国家体育总局
国家信访局
国家统计局
国家知识产权局
国家国际发展合作署
国家医疗保障局
国务院参事室
国务院机关事务管理局

国家市场监督管理总局对外保留国家反垄断局、国家认证认可监督管理委员会、国家标准化管理委员会牌子。国家新闻出版署（国家版权局）在中央宣传部加挂牌子，由中央宣传部承担相关职责。国家宗教事务局在中央统战部加挂牌子，由中央统战部承担相关职责。

4. 国务院办事机构

国务院办事机构是协助国务院总理办理专门事项，不具有独立的行政管理职能的行政机关。主要是国务院研究室。国务院侨务办公室在中央统战部加挂牌子，由中央统战部承担相关职责。国务院港澳事务办公室在中共中央港澳工作办公室加挂牌子，由中共中央港澳工作办公室承担相关职责。国务院台湾事务办公室与中共中央台湾工作办公室、国家互联网信息办公室与中央网络安全和信息化委员会办公室，一个机构两块牌子，列入中共中央直属机构序列。国务院新闻办公室在中央宣传部加挂牌子，由中央宣传部承担相关职责。

5. 国务院直属事业单位

国务院直属事业单位经过国家法律、法规和国务院的授权享有一定的行政职权，管理某项特定的行政事务。目前，国务院直属事业单位主要有：

新华通讯社
中国科学院
中国社会科学院
中国工程院

国务院发展研究中心

中央广播电视台

中国气象局

国家行政学院与中央党校，一个机构两块牌子，作为党中央直属事业单位。

6. 国务院部委管理的国家局

国家粮食和物资储备局（由国家发展和改革委员会管理）

国家数据局（由国家发展和改革委员会管理）

国家烟草专卖局（由工业和信息化部管理）

国家林业和草原局（由自然资源部管理）

中国民用航空局（由交通运输部管理）

国家文物局（由文化和旅游部管理）

国家疾病预防控制局（由国家卫生健康委员会管理）

国家消防救援局（由应急管理部管理）

国家药品监督管理局（由国家市场监督管理总局管理）

国家能源局（由国家发展和改革委员会管理）

国家国防科技工业局（由工业和信息化部管理）

国家移民管理局（由公安部管理）

国家铁路局（由交通运输部管理）

国家邮政局（由交通运输部管理）

国家中医药管理局（由国家卫生健康委员会管理）

国家矿山安全监察局（由应急管理部管理）

国家外汇管理局（由中国人民银行管理）

国家移民管理局加挂中华人民共和国出入境管理局牌子。国家林业和草原局加挂国家公园管理局牌子。国家公务员局在中央组织部加挂牌子，由中央组织部承担相关职责。国家档案局与中央档案馆、国家保密局与中央保密委员会办公室、国家密码管理局与中央密码工作领导小组办公室，一个机构两块牌子，列入中共中央直属机关的下属机构序列。

7. 国务院议事协调机构和临时机构

国务院议事协调机构和临时机构是国务院根据具体工作需要而设立的，协调国务院各行政机构的非常设性机构。经国务院授权，能够行使相应的行政权力，在该权力范围内具有行政主体资格。国务院设立议事协调机构，应当严格控制数量；可以交由现有机构承担的或者由现有机构进行协调可以解决问题的，不另设立议事协调机构。另外，设立国务院议事机构，还应当明确规定承担办事职能的具体工作部门。[①]

4.3.3 地方国家行政机关

从定义上来看，地方国家行政机关是指活动范围仅限于国家一定行政区域范围内，且其管辖事项仅限于地方性行政事务的行政机关，也称地方人民政府，即是指各级地方人民政府。

---

① 参见胡锦光主编：《行政法与行政诉讼法》，51页。

1. 地方各级行政机关

(1) 地方国家行政机关的体制。

根据法律规定，从行政区域划分来看，我国地方各级人民政府分为省（自治区、直辖市)、市（自治州、直辖市的区)、县、乡（镇）四级。从管理方面来看，根据《中华人民共和国地方各级人民代表大会和地方各级人民政府组织法》（2022 年修正）第七十七条的规定，地方各级人民政府分别实行省长、自治区主席、市长、州长、县长、区长、乡长、镇长负责制。省长、自治区主席、市长、州长、县长、区长、乡长、镇长分别主持地方各级人民政府的工作。在任期方面，地方各级人民政府每届任期与本级人民代表大会每届任期一样。乡、民族乡、镇的人民政府执行本级人民代表大会的决议和上级国家行政机关的决定与命令，以及管理本行政区域中的行政工作。省、直辖市的人民政府对乡、民族乡、镇的建置和区域划分有决定权。

(2) 地方国家行政机关的性质。

我国地方行政机关的特点是具有“双重从属制”，一方面，地方各级人民政府是本级地方国家权力机关的执行机关且需要对本级人民代表大会及其常委会负责与报告工作；另一方面，地方各级人民政府都对其上一级的国家行政机关负责和报告工作。此外，地方国家行政机关又都是国务院统一领导下的国家行政机关，需要服从国务院的领导。

(3) 地方国家行政机关的法定职权。

根据《中华人民共和国地方各级人民代表大会和地方各级人民政府组织法》第七十三条的规定，我国县级以上地方各级人民政府可行使以下几类职权：

1) 执行权。行本级人民代表大会及其常务委员会的决议、执行上级国家行政机关的决定命令、执行国民经济和社会发展计划等行政工作，此外，还可办理上级国家行政机关交办的其他事项。

2) 领导权。领导所属各工作部门和下级人民政府的工作，改变或者撤销所属各工作部门的不适当的命令、指示和下级人民政府的不适当的决定、命令。

3) 规章制定权。省、自治区、直辖市的人民政府可以根据法律、行政法规和本省、自治区、直辖市的地方性法规，制定规章，此外，省、自治区的人民政府所在地的市和经国务院批准的较大的市的人民政府，可以根据法律、行政法规和本省、自治区的地方性法规，制定规章。

4) 保护保障权。主要是保护集体及公民的财产权，保护经济组织的合法权益，保障公民的权利及保障少数民族和妇女的权利。

5) 对本级政府职能部门和下级人民政府行政工作的领导和监督权。①

此外，自治区、自治州、自治县的自治机关，还可依照宪法、民族区域自治法和其他法律的规定，行使除上述职权外的自治权。

(4) 地方各级人民政府的职能部门。

地方各级人民政府的职能部门是根据宪法和法律，地方县级以上各级人民政府根据工作需要和精简的原则而立，承担某一方面行政事务的组织与管理职能，享有法定行政管理

① 参见《中华人民共和国地方各级人民代表大会和地方各级人民政府组织法》。

权力的行政机关。职能部门依照有关法律、法规的规定，独立享有并行使相应的行政职权，包括对自己管理的行政事务发布决定和命令，就主管事务进行一定范围和方式的处理，如颁发行政许可证照，对违法行为采取制止、纠正措施和依法进行处罚等。[①]

(5) 地方人民政府的派出机关。

地方人民政府的派出机关，是指由县级以上地方人民政府经有权机关批准，在一定区域内设立的行政机关。

我国地方人民政府的派出机关有三种类型：省、自治区人民政府经国务院批准设立的行政公署；县、自治县人民政府经省、自治区、直辖市人民政府批准设立的区公所；市辖区、不设区的市人民政府经上一级人民政府批准设立的街道办事处。

地方人民政府的派出机关具有行政主体的资格。

乡（镇）人民政府是最基层的人民政府，领导和管理所辖行政区域内的行政事务。

在乡（镇）人民政府系统中，只有乡（镇）人民政府一个行政主体，除行政法律规范授权的情形外，其他任何内部机构或派出机构都不具有行政主体的资格。

2. 民族自治地方的行政机关

民族自治地方行政机关是指自治区、自治州、自治县、民族乡的人民政府及其工作部门（民族乡不设专门工作部门）。民族自治地方的人民政府对本级人民代表大会和上一级国家行政机关负责并报告工作，在本级人民代表大会闭会期间，对本级人民代表大会常务委员会负责并报告工作，它们都是国务院统一领导下的国家行政机关，都服从国务院。同时，自治区、自治州、自治县的人民政府与其相应人民代表大会同为民族自治地方的自治机关。民族自治地方的人民政府实行自治区主席、自治州州长、自治县县长负责制。自治区主席、自治州州长、自治县县长，分别主持本级人民政府工作。[②]

3. 特别行政区的行政机关

香港特别行政区政府是香港特别行政区行政机关。特别行政区政府的首长是香港特别行政区行政长官。特别行政区政府设政务司、财政司、律政司和各局、处、署。特别行政区的主要官员由在香港通常居住连续满 15 年并在外国无居留权的香港特别行政区永久性居民中的中国公民担任。特别行政区必须遵守法律，对特别行政区立法会负责；执行立法会通过并已生效的法律；定期向立法会作施政报告；接受立法议员的质询；征税和公共开支须经立法会批准。[③]

澳门特别行政区政府是澳门特别行政区的行政机关。特别行政区的首长是特别行政区的行政长官。特别行政区政府对特别行政区立法会负责，执行立法会通过并已生效的法律，定期向立法会作施政报告，答复立法会议员的质询。特别行政区政府的主要官员由在澳门通常居住连续满 15 年的澳门特别行政区永久性居民中的中国公民担任。特别行政区主要官员就任时应向澳门特别行政区终审法院院长申报财产，记录在案。[④]

---

① 参见胡锦光、莫于川编著：《行政法与行政诉讼法》，50 页，北京，中国人民大学出版社，2009。

② 参见《民族区域自治法》第二、十二、十五条。

③ 参见《中华人民共和国香港特别行政区基本法》第五十九条至六十四条。

④ 参见《中华人民共和国澳门特别行政区基本法》第六十一条至六十六条。

阅读与思考

上锦制药有限公司诉上海市药品监督管理局撤销行政批复案

2017 年 9 月 13 日，上海市金山区市场监督管理局（以下简称“金山区市场监管局”）向原上海市食品药品监督管理局（以下简称“原市食药监局”，因机构改革，其药品安全监管职能由上海市药品监督管理局承担）提出《关于使用不符合国家药品标准规定的生草乌投料生产止痛消炎软膏问题的请示》。同年 10 月 23 日，原市食药监局针对该请示作出《关于金山区市场监管局对使用不合格生草乌投料问题的批复》（以下简称“涉案批复”），主要内容为“根据《中华人民共和国药品管理法》第四十八条第三款第二项的规定，使用不符合国家药品标准规定的生草乌投料生产的止痛消炎软膏应判定为按假药论处的假药。你局应依据相关法律法规处置，并做好行政执法和刑事司法衔接工作”。涉案批复发文时公开范围为免于公开。上锦公司因涉嫌制售假药由上海市人民检察院第三分院提起公诉才获知涉案批复，遂提起行政诉讼，请求撤销涉案批复。二审庭审中，上诉人陈述其在刑事案件中仅获知涉案批复的内容，直至本案一审审理中才首次获取涉案批复的复印件文本。

资料来源：中国政法大学法治政府网。

【阅读思考】

上海市药品监督管理局的行为是否违法？

4.4　公务员

行政主体与公务员联系紧密，不可分割。行政活动通常是由一个个公务员实施，尽管行政活动是由公务员代表行政主体具体实施的，但公务员并不是行政主体。公务员与行政主体或说行政机关之间的关系，也同样必须由法律加以规定或予以明确。许多法律问题的解决必须以明确二者之间的关系为前提。

4.4.1　公务员的概念与分类

1. 公务员的概念

各国对公务员的称谓有所不同，英国称“文职人员”，法国称“职员”或“官员”，美国称“政府雇员”，大多指称代表国家从事社会公共事务管理、行使国家行政权力、履行国家公务的人员。根据《中华人民共和国公务员法》（简称《公务员法》），我国的公务员是指依法履行公职、纳入国家行政编制、由国家财政负担工资福利的工作人员。由此可以看出“公务员”已不再局限于政府机关工作人员，而将扩大至符合上述三个条件的所有工作人员，即公务员范围将从行政机关扩大到党委、人大、政协、审判、检察、民主党派等机关的工作人员。此外，《公务员法》还根据我国的实际情况保留了“参照管理”的形式，即法律、法规授权的具有公共事务管理职能的事业单位中除工勤人员以外的工作人员，经批准参照《公务员法》进行管理。

2. 我国公务员的分类

根据《公务员法》（2018 年修订）第十六条的规定，我国实行公务员职位分类制度。公务员职位类别按照公务员职位的性质、特点和管理需要，划分为综合管理类、专业技术类和行政执法类等类别。根据此法，对于具有职位特殊性，需要单独管理的，可以增设其他职位类别。各职位类别的适用范围由国家另行规定。该条是对职位分类制度的规定。职位分类与品位分类是两种基本的公务员分类方式。职位分类通常是根据职位的工作性质、责任轻重、难易程度和所需资格条件等进行分类。品位分类是以"人"为中心的分类，侧重人的资历条件；职位分类是以"事"为中心的分类，侧重职位的职务、职责与职权。品位分类相对简单，利于吸收教育程度较高的优秀人才，便于公务员流动；缺陷是不利于公务员的专业化发展。职位分类按职位的要求择人，利于公务员的专业化发展；缺陷是灵活性不足，不利于人才流动。两种分类方式近年来有相互兼容的发展趋势。职位分类制度的作用和意义在于两点：

一是为职务设置提供基础。职位类别的划分是职务设置的前提，职务设置是职位类别划分的结果。我国原来的公务员制度中正是因为没有职位类别的划分，才导致职务序列设置的单一化。在职位分类的基础上划分职位类别，是设置多样化的职务序列的必要条件。

二是为各项管理提供依据。职位分类不仅是为了解决公务员职业发展问题，更重要的是为了公务员的各项管理提供依据，为实施公务员分类管理提供前提。职位设置中关于任职资格条件与工作职责的规定，为录用、考核、职务升降、培训、职位聘任提供了客观标准。职位类别的划分，为职务序列分类设置、录用考试分类、培训分类、考核分类、工资制度分类等管理奠定了一个基本前提。对此，《公务员法》（2018 年修订）第三十条规定："公务员录用考试采取笔试和面试等方式进行，考试内容根据公务员应当具备的基本能力和不同职位类别、不同层级机关分别设置"；第六十六条规定，"机关根据公务员工作职责的要求和提高公务员素质的需要，对公务员进行分类分级培训"；等等。

职位分类制度主要体现在两个方面：一是划分职位类别，二是职位设置。本法在第十六条至第十九条作了相应规定。

（1）行政执法类职位。指行政机关中直接履行监管、处罚、稽查等现场执法职责的职位。这是行政执法类职位的本质特征。与政府机关的综合管理类、专业技术类职位相比，行政执法类职位具有下列特点：一是纯粹的执行性。只有对法律法规的执行权，而无解释权，不具有研究、制定法律、法规、政策的职责。这一点，与综合管理类职位的区别尤为明显。二是现场强制性。依照法律、法规现场直接对具体的管理对象进行监管、处罚、强制和稽查。行政执法类职位主要集中在公安、海关、税务、工商、质检、药监、环保等政府部门，且只存在于这些政府部门中的基层单位。

设置行政执法类职位，有利于为基层执法公务员提供职业发展空间，激励他们安心在基层做好行政执法工作。目前，基层一线行政执法队伍将近 200 万，是社会管理与市场监管职能的直接履行者，是政府形象的窗口，是老百姓接触最多的特定公务员群体。基层执法部门的机构规格低，绝大多数处于科级以下，根据统计，70%左右的基层一线执法公务员只有办事员和科员两个职业发展台阶，但公务员队伍的基数较其他部门要大得多，这就导致了一线执法公务员队伍的职业发展空间狭小，影响他们的积极性。设置行政执法类职位，还有利于加强对一线执法公务员队伍的管理和监督。规范执法岗位职责，严格其任职资格条件，可以更好地规范执法行为，更好地提高一线行政执法队伍的专业化水平，更好地落实执法责任追究制度。

（2）专业技术类职位。指机关中从事专业技术工作，履行专业技术职责，为实施公共管理提供专业技术支持和技术手段保障的职位。与其他类别职位相比，专业技术类职位具有下列三个特征：一是具有只对专业技术本身负责的纯技术性。二是专业技术类职位与其他职位相比具有不可替代性。三是技术权威性。这种权威性体现在技术层面上，为行政领导决策提供参考和支持，最终的行政决策权仍属于行政领导。如公安部门的法医鉴定、痕迹检验、理化检验、影像技术、声纹检验，国家安全部门的特种技术、特种翻译，外交部门的高级翻译等职位。

划分和设置专业技术类职位主要是为从事专业技术工作的公务员提供职业升降阶梯，吸引和稳定不可缺少的相关专业技术人才，激励他们立足本职岗位，成为本职工作的专家。

（3）综合管理类职位。指机关中除行政执法类职位、专业技术类职位以外的履行综合管理以及机关内部管理等职责的职位。这类职位数量最大，是公务员职位的主体。综合管理类职位具体从事规划、咨询、决策、组织、指挥、协调、监督及机关内部管理工作。

需要说明的是，目前公务员队伍中除上述三类职位外，还有法官、检察官职位。该类职位分别行使国家的审判权与检察权，与其他类别职位的性质、特点存在明显区别。法官、检察官在等级、义务、权利、资格条件、任免程序、回避等方面的管理也是与其他类别公务员有所区别。所以《公务员法》第三条规定，法律对公务员中领导成员的产生、任免、监督以及监察官、法官、检察官等的义务、权利和管理另有规定的，从其规定。考虑到法官法、检察官法对法官、检察官的职务设置已有原则规定，故这里没有单独将其列出来。

以上类别并没有穷尽公务员的职位类别。以后根据实践的需要，还可能划分新的类别。因此，《公务员法》（2018 年修订）明确规定："根据本法，对于具有职位特殊性，需要单独管理的，可以增设其他职位类别。"作出这样的授权，是为进一步完善职位分类制度预留制度空间。同时还规定，各职位类别的适用范围由国家另行规定。这里的"国家另行规定"，是指中央层面的规定，包括法律、行政法规以及中央公务员主管部门的规章。

4.4.2　公务员法律地位

公务员的法律地位是公务员法律身份和公务员法律资格的体现，是公务员享受公务员权利、履行公务员义务的基础。在不同的行政法律关系中，公务员的法律地位呈现出不同的特点。在外部行政管理法律关系中，公务员以所在行政机关的名义，代表行政机关行使国家行政权，其行为结果由行政机关对外负责。在这一行政法律关系中，公务员并不具有一方当事人的资格，而只是代表行政机关与作为行政相对人的个人、组织发生关系。在行政诉讼法律关系中，公务员同样不具有诉讼当事人的资格，而只能以行政主体代表的身份出现。当然，公务员在非处于公务员地位时，可以作为外部行政管理关系中的相对人与行政机关发生关系，对行政机关具体行政行为不服，可以提起行政诉讼成为诉讼的原告。在内部行政法律关系中，公务员可以公务员的名义作为一方当事人与行政机关发生关系，如公务员对行政机关的有关处分不服，可以以一方当事人的身份向上级有关部门提出申诉。①

公务员与国家的法律关系主要有以下几方面的特征：第一，从关系主体双方的地位看，它是在国家机关和公务员之间发生的，具有明显的行政管理性。一个重要特点就是指挥与服从，而不是讲究平等协商，这种关系体现了国家对公务员的主动管理地位。第二，从关系主体的范围看，主体范围较小，一般只有行政机关及机构和公务员两种。公务员是国家行政管理的主体，他们依法行使国家行政权力，执行国家公务。无论是哪一级公务员管理机关总是代表国家进行管理的，所以，公务员与其管理机构发生的关系实质上是与国家间的关系。第三，从关系的内容看，实际上是一种权利义务关系。公务员与国家间管理关系的内容十分丰富，涉及的方面也比较多，但归根到底这些内容无非为权利和义务两类，即一方面规定了国家或作为国家代表的公务员管理机构的权利和义务，另一方面也规定了公务员的权利和义务。其中一方的权利便是对方的义务，双方的权利和义务关系反映了国家和公务员在法律面前的平等关系。

通常认为公务员与国家之间形成的是一种公职关系，即公务员因担任公共行政职务、执行公共行政任务而与行政主体之间发生的法律关系。但在不同国家，对公职关系性质的理解存在较大差异。目前通常提到的有以下几种关系：

1. 特别权力关系学说

特别权力关系学说，源起于19世纪的德国，由当时较为著名的行政法学家拉班德、奥托·迈尔提出。他们认为，在国家和公民之间的关系中，存在一般权利义务关系和特殊关系。一般权利义务关系受法治主义的约束，即行政机关必须遵循法律保留、法律优先等行政法原则。然而，在学校管理、监狱及其他设施管理、公务员管理以及兵役管理等领域，是一种内部行政关系，不受法律的调整，即不适用法律保留、法律优先等原则。针对学校与学生、监狱与犯人、行政机关与公务员等特别权力关系，行政机关可以自己发布调整特别权力关系的规则，也可以在没有法律授权的情况下，实施侵害行为。人权受到一定制约，在形式上不要求有严密的法律依据，司法救济也受到限制。这种学说之所以产生，是与当时德国资产阶级革命未尽彻底、官僚传统十分深厚有关。一方面，学者倾向于接受更具吸引力的民主、法治理念，另一方面，他们还必须顾及当时状况，故把一般权利义务关系和特别权力关系分开，以使行政机关在后者享有更为宽泛、自由的统治权。二战以前，日本深受德国法制之影响，也采纳了特别权力关系学说。

二战以后，由于特别权力关系学说反对普遍的法治，且与人权理念在世界范围内的发展相悖，德国、日本学者都从《联邦德国基本法》《日本宪法》的有关规定出发，主张放

① 参见陈伯礼等：《行政法与行政诉讼法》，46～47页，武汉，武汉大学出版社，2011。

弃特别权力关系学说。法院以后也通过一系列判例，在相当程度上正式摈弃了特别权力关系学说。尽管出于公共行政管理的需要，传统被认为属于特别权力关系的领域在一定范围内还保留着特殊性，但学者们只是从特殊法律关系角度加以解释，而不是维系特别权力关系概念。具体就公职关系而言，学界和法院一般都认为，公职关系是同时具备公民和公务人员双重身份的公务员与行政主体之间的权利义务关系，此关系通常需由法律予以规定，尤其在涉及公务员基本人权的时候。而变更公务员的法律地位、资格以及进行惩戒性处分等对公务员不利的决定，公务员也可以向法院提出司法审查。在日本，更多学者倾向于认为，相比较以契约自治为基本原则、法律约束为例外的普通劳动关系而言，公职关系（亦即公务员关系）只是规则予以大幅调整的特殊的劳动契约关系而已。

2. 劳动契约关系学说

劳动契约关系学说又称为雇佣契约关系学说，流行于英国、美国。雇佣关系，顾名思义，就是雇主与雇员的关系。现代主权理论认为，国家权力产生于人民主权，归根结底是个人权利的派生结果。权力所有者与权力使用者的分离产生了一般权利能力与特别权利能力之分，前者由普通公民和社会组织享有，后者则由国家享有，而国家通过雇用和培养一大批"特殊公民"来实现国家权力。国家与公务员之间就是这种雇佣关系。

雇佣关系的产生，可以说是与美国公务员制度的建立同步的。在美国文官制度建立之后，公务员的法律地位就十分明确，美国政府与公务员之间是雇主与雇员的关系，除由行政法规范加以调整外，概由民事合同加以调整。

雇佣关系的主要特点是：第一，仿效私人雇佣关系，公务员与国家间的关系建立在雇佣契约的基础上，是双方合意的结果，双方法律地位平等。第二，公务员的权利义务明确，雇佣关系包括了公务员的法律义务，也包括了雇主对公务员的供养义务。第三，责任系统较完备，公务员既要对雇主——政府负责，也要对顾客——公众负责。

可见，无论是德国、日本对特别权力关系学说的摈弃、修正，还是英国、美国历来主张的劳动契约关系学说，目的都在于确保法治对公务员关系的约束，确保公务员合法权利受到行政主体侵犯时公务员可以获得司法救济。

相比较而言，尽管我国也有学者主张公职关系是一种特殊的劳动契约关系，但从现有公务员法制状况看，公务员与行政机关之间发生的任何法律纠纷，都被认为是司法不得介入的领域。无论是特殊的劳动契约理念，还是保护公务员基本权利的理念，都没有形成，也难以支持公务员受司法保障的制度构建。当前，公务员还是被认为可以通过行政系统内部得到有效的管理，公务员与行政机关之间的权益纠纷，仍然由行政系统内部的机制予以解决。

4.4.3 公务员的权利和义务

1. 公务员的权利

公务员的权利是公务员顺利执行公务的基本保障，公务员的法律地位主要通过其权利表现出来。公务员权利是公务员队伍稳定性和连续性的保证。公务员权利是国家依法赋予并受国家法律保护，任何组织和个人如果侵犯公务员权利，都应当承担相应的法律责任。对于公务员的人身权利和财产权利，公务员有选择的自由，但与公务员享有的同国家公职权力相关的权利内容，如公务员参加培训的权利，是国家根据公务员工作岗位的要求和提高公务员素质的需要设置的，是公务员履行公务的特定要求，不得随意放弃。这样，一方面能保证公务员安心工作；另一方面能消除公务员个人顾虑，严格依照法律履行职责。《公务员法》（2018年修订）第十五条规定，公务员享有下列权利：

（1）获得履行职责应当具有的工作条件；（2）非因法定事由、非经法定程序，不被免职、降职、辞退或者处分；（3）获得工资报酬，享受福利、保险待遇；（4）参加培训；（5）对机关工作和领导人员提出批评和建议；（6）提出申诉和控告；（7）申请辞职；（8）法律规定的其他权利。

2. 公务员的义务

公务员作为国家机关中的工作人员，既享有国家法律赋予的职权，同时也要履行法律为其设定的义务。公务员的义务是国家法律对公务员必须做出一定行为或不得做出一定行为的约束和强制。规定公务员义务的必要性在于：一是有助于增强公务员的责任感；二是有助于加强人民对公务员行为的监督。《公务员法》（2018年修订）第十四条规定，公务员应当履行下列义务：

（1）忠于宪法，模范遵守、自觉维护宪法和法律，自觉接受中国共产党领导；（2）忠于国家，维护国家的安全、荣誉和利益；（3）忠于人民，全心全意为人民服务，接受人民监督；（4）忠于职守，勤勉尽责，服从和执行上级依法作出的决定和命令，按照规定的权限和程序履行职责，努力提高工作质量和效率；（5）保守国家秘密和工作秘密；（6）带头践行社会主义核心价值观，坚守法治，遵守纪律，恪守职业道德，模范遵守社会公德、家庭美德；（7）清正廉洁，公道正派；（8）法律规定的其他义务。

阅读与思考

政府下文统一公务员手机“彩铃”是否合适?

2006年8月28日央视《中国法治报道》播出贵州黄平县县政府下发文件，要求副科级以上干部更换手机铃声，以此作为衡量是否热爱家乡的标准。于是，300多名干部的手机被换成相同的彩铃。该县宣传部的廖部长说，县里没做硬性要求，更换彩铃完全是个人自觉自愿。但多数干部称这是强制行为，且许多人是自费使用。公务员统一彩铃的事件并非头一次出现。在2005年，江苏盱眙县政府也在没有提前告知的情况下，将副科级以上干部的手机彩铃设置为宣传词和宣传歌曲，以此为该县举办的第五届中国龙虾节做宣传。此事件曾一度沸沸扬扬，引来一片炮轰之声。贵州省黄平县有关领导看来并未以此为前车之鉴。

对黄平县和盱眙县的此种做法，有人认为是公权越界，剥夺了公务员们的知情权和选择权，是对其私有财产的一种侵害。公务员是否必须按照政府部门的要求，统一设置手机彩铃和宅电彩铃，涉及公务员与国家的关系、公务员的双重身份等问题。

当一个人一身兼具“公民”与“行政人”双重身份之后，角色冲突就随之而来了。为避免这种角色冲突，关键是要在不同情境下明确区分公民身份与公务身份。一般而言，以公务员所从事活动的公私属性为区分标准显得最为得当——当公务员投入柴米油盐的私人事务时，他就首先是“公民”，“公民身份”占主导；而当他行使职权、从事公共事务时，他只能放弃“公民身份”及其相应的权利，按“公务身份”的规则做人。

资料来源：《公务员身份，在彩铃声中含混不清》，载《检察日报》，2006-08-30。

【阅读思考】

如何理解公务员的双重角色？

4.4.4　公务员的职务任免

职务任免是任职与免职的统称，是包括由于各种原因导致公务员职务产生、变更或消灭的全部行为过程。任职是指任免机关依据有关法律法规，在其任免范围内，通过法定程序，任命（或聘任）公务员担任某一职务。主要情形包括：

（1）新录用人员试用合格的。

（2）从其他机关及企业、事业单位调入国家行政机关任职的。

（3）转换职位任职的。

（4）晋升或降低职务的。

（5）因其他原因职务发生变化的。

前两种情形任职，具有正式确认公务员身份关系和职务关系两层法律意义。后三种情形任职，公务员身份不变而只有职务关系发生变化，公务员需要从原来的职位转移到另一个新的职位上去，公务员基本权利义务没变，但职权和责任关系发生变更。

免职是指任免机关依据有关法律法规，在任免权限范围内，通过法定程序，免除公务员担任的某一职务。主要情形包括：

（1）因转换职位而需免除原职务。

（2）因晋升或降低职务而免除原职务。

（3）因离职学习期限超过一年而免除职务。

（4）因受撤职处分而免除职务。

（5）因健康原因不能坚持正常工作一年以上而免除职务。

（6）因退休而免除职务。

（7）因其他原因职务发生变动，包括因辞职、辞退、开除以及非正常死亡等而解除或终止公务员职务。

4.4.5　公务员的责任

责任行政是现代行政的基本精神。公务员作为依法行使国家权力的公务人员，担负着公共管理的职责。法律责任作为公务员法实施的保障机制，它的创设和实现也具有一定的目的性。

法律责任包括行政法律责任、民事法律责任、刑事法律责任和违宪法律责任。在不同的法律责任中，其归责原则和承担责任的具体形式都不相同。行政法律责任是指公务员由于违反行政法律规范或不履行行政法律义务，损害行政法保护的个人、组织的合法权益或国家社会公益所应承担的否定性法律后果。公务员承担行政法律责任的方式主要是行政处分，其具体形式有三类：一是精神处分，包括通报批评、警告、严重警告、训诫、记过、记大过等；二是职务处分，包括停职、降职、免职、撤职、调离、强制退休、开除或解雇等；三是薪俸处分，包括减薪、停薪、罚薪、停发补贴、减少退休金等。

民事法律责任是指公务员因实施民事违法行为而依照民法应承担的不利的民事法律后果。根据《民法典》的明确规定，国家机关或者国家机关工作人员在执行职务中，侵犯公民、法人的合法权益造成损害的，应当承担民事责任。承担民事法律责任的方式主要有：停止侵害；排除妨碍；返还财产；恢复原状；赔偿损失；赔礼道歉；消除影响、恢复名誉等。

刑事法律责任是公务员因实施刑事法律禁止的行为所应承担的法律后果，是国家根据刑事法律对其犯罪行为的否定性评价和谴责。承担刑事法律责任的基本方式是刑罚，包括主刑和附加刑。主刑的种类有管制、拘役、有期徒刑、无期徒刑、死刑；附加刑的种类有罚金、剥夺政治权利、没收财产。除刑罚之外，其辅助方式还有训诫、责令具结悔过、保安处分等不同形式。

4.5 被授权组织与受委托组织

4.5.1 被授权组织

1. 法律、法规授权的组织的概念与特征

根据《行政诉讼法》第二条的规定："公民、法人或者其他组织认为行政机关和行政机关工作人员的行政行为侵犯其合法权益，有权依照本法向人民法院提起诉讼。前款所称行政行为，包括法律、法规、规章授权的组织作出的行政行为。"可见，授权行政主体是指由法律、法规直接将某些行政职能及行政授权予其行使的组织，被授权组织在授权范围内，其诉讼地位与行政主体相同。法律法规授权的组织具有以下主要特征：

第一，法律法规授权组织属于非国家行政机关的组织。它们不同于行政机关，不具有国家行政机关的法律地位，通常是行政机构和国家机关以外的其他社会组织。只有在行使法律法规授权的行政职能时，才享有国家行政权力和承担行政法律责任。

第二，法律法规授权组织承担的行政事务是特定的和单一的。其特定职能只限于相应法律、法规明确规定的某项具体职能或某种具体事项，其范围是优先的。如《城市生活无着的流浪乞讨人员救助管理办法》将对流浪乞讨人员救助的权力授予作为事业单位的流浪乞讨人员救助站。

第三，法律法规授权组织的行政权力由具体的法律、法规来授予。被授权的行政权力一般只限于办理某一项具体的行政事务，并且这种授权常具有一定的期限，该行政事务完成时，相应的授权即结束。而行政机关的行政权力具有相对稳定性，只要该行政机关存

在，就一直享有行政权力。

2. 被授权组织的范围

法律、法规、规章授权非国家行政机关的组织行使国家行政职权主要有下述几种情形：其一，事业单位。法律法规授权事业组织行使特定行政职能的情况比较广泛。如《中华人民共和国教育法》授权公立学校及其他教育机构招收学生或者其他受教育者，对受教育者颁发毕业证书与学位证书等。在我国体制转轨时期，特别是在政府机构改革过程中，撤销某些行政机关，使其不合理的管理职能消失，对于某些必要的管理职能，则通过法律、法规、规章授予有关行业协会或其他社会组织行使。其二，社会团体。社会团体公民自愿组成，为实现会员共同愿望，按照其章程开展活动的非营利性社会组织。如工会、妇联等，因与作为其成员的公民有着非常密切的联系，故国家将某些相关行政职能，如劳动保护、社会救济、物价监督、计生管理等，通过法律、法规、规章授予它们行使或授权它们协助国家行政机关行使。如《中华人民共和国工会法》授权工会保障职工合法权益等。其三，行政机构。行政机构是各级人民政府及其职能部门根据工作需要而在内部设立的工作机构，包括行政机关的内设机构、派出机构和临时机构。其职能因与相应国家行政职能有较密切的联系，国家从方便管理的角度将相应行政职能授予这些组织行使。如县级工商局设置的工商所、县级公安局设置的派出所以及各类临时机构。其四，基层群众性自治组织。村民委员会、居民委员会是广大公民的群众自治性组织，它们不是国家行政机关，但政府的许多行政管理职能通过它们的协作和配合方得以实现。法律（如《村民委员会组织法》《城市居民委员会组织法》等）、法规、规章常常将某些行政管理职能直接授予它们行使或授权它们协助基层人民政府行使。法律、法规、规章授权非国家行政机关的组织行使行政职权是行政权转移和社会化的重要形式。在这种情况下，行政主体已不再是国家行政机关而已转变为非国家行政机关的组织了。

目前我国的立法对行政授权主体资格始终没有明确规定，缺乏对授权组织的条件和职能的说明。

4.5.2　被委托组织

1. 被委托组织的概念与特征

行政机关委托的组织是指受行政机关委托、以委托行政机关的名义行使一定行政职权并由委托机关承担相应法律后果的组织。行政委托，是指行政机关在其职权、职责范围内，根据行政管理工作的需要，依照法律、法规和规章将自己负责管理的某一项或某一方面的行政事务委托给其他行政机关、社会组织或者个人办理的法律行为。行政委托不同于法律、法规授权，受委托组织以委托行政机关的名义行使职权。一旦有关的组织和个人接受了行政机关的委托，即构成行政委托关系。在行政委托关系中，实施行政委托行为的行政机关是委托方，接受行政委托的组织和个人是被委托方。

行政委托关系最本质的特征在于被委托人只能以委托的行政机关的名义行使被委托的行政权力，办理被委托的行政事务，也就是被委托组织的权力来自行政机关，但是被委托组织并没有因为委托行为而获得行政权力，被委托组织只能行使委托机关所委托的特定行政权力，行政主体仍是行政机关，行为主体才是非国家行政机关的组织。由于受委托组织行使一定的行政职能是基于行政机关的委托，而非基于法律、法规的授权，因此被委托人实施行为所导致的法律后果由委托的行政机关承担。这样，一方面有利于防止行政权的膨胀和滥用，另一方面为公民参与行政管理提供了机会和途径。

为了防止行政机关自我扩张、自我膨胀的趋势，现代国家必须严格控制行政机关的编制。但是在当代社会，国家行政管理的范围日益扩展，行政对社会生活的介入也愈来愈深，其管理事务也日渐繁杂。同时，某些行政机关由于受条件等因素限制或者存在特殊原因，例如，人员不足、专业人员水平和技术装备满足不了行政管理的需求，导致行政主体无法亲自行使某项职能，而可以去委托其他行政组织或非国家行政机关的组织和人员来行使行政职能，这样不仅能节约行政管理成本、提高行政管理效能，也能达成行政管理的目标，因而行政委托成为现代行政法发展的一个趋势。因此行政机关在法律允许的范围内将自己拥有的行政处罚等职权委托给具有法定技术设备和人员条件的组织行使，已经成为一种常态。例如，我国《行政处罚法》《行政许可法》等法律均作出了明确规定。

但是由于长期以来缺乏必要的规范、监督机制也不健全等原因，行政委托方面存在着相当普遍、不容忽视的问题。一是委托行为不合法。行政机关的委托行为是否必须要有明确的法律依据，目前在我国尚无明文规定。二是委托程序不规范、手续不健全。主要是由于大多数行政委托是口头进行的，即使少数委托采用了书面形式，也都忽视了权责对等的原则，而没有明确受委托组织和个人的责任关系和制约措施，这容易让受委托组织和个人的权力失去控制，出现擅自设定委托和无依据实施委托的情况。三是行政委托尚未形成有效的监督机制，目前对行政委托的监督，大多局限于行政复议、行政诉讼过程中的个案监督，也未形成有效的内部监督机制。为了有效监督行政委托，防止公共权力发生异化的现象①，也应该对于行政委托制定明确和严格的条件。

2. 被委托组织的条件与范围

在我国行政立法实践中，对于被委托组织的条件，我国目前除《行政处罚法》《行政许可法》外，尚无明确的规定。其中《行政处罚法》第二十一条明确规定了受委托组织行使行政处罚权必须符合三个条件：（1）依法成立并具有管理公共事务职能。该条件表明，被委托组织应是管理公共事务为其基本职能的事业组织而不是以经济、经营活动为基本职能的企业组织或者其他组织，被委托组织只能是依法成立的事业组织，而不能是行政机关临时决定成立的组织。（2）有熟悉有关法律、法规、规章和业务并取得行政执法资格的工作人员。这一条件表明，被委托组织的相关工作人员要了解掌握与受托行使的职权有关的法律、法规，熟练相关业务知识。（3）需要进行技术检查或者技术鉴定的，应当有条件组织进行相应的技术检查或者技术鉴定。该条件是对被委托组织“物”的要求，要求被委托组织的相关技术能够满足受托行使的职权的需要。同时，接受委托的组织必须在委托范围

---

① 例如在广州发生的沸沸扬扬的“违章拍摄”事件，很多学者认为进行违章拍摄的普通公民实际上就是对行政权力的一种分化。

内实施行政处罚，不得超越权限。而《行政许可法》（2019 年修正）在第二十四条规定：行政机关在其法定职权范围内，依照法律、法规、规章的规定，可以委托其他行政机关实施行政许可。委托机关应当将受委托行政机关和受委托实施行政许可的内容予以公告。委托行政机关对受委托行政机关实施行政许可的行为应当负责监督，并对该行为的后果承担法律责任。受委托行政机关在委托范围内，以委托行政机关名义实施行政许可，不得再委托其他组织或者个人实施行政许可。

没有法律依据的行政委托会对公民的权利和自由构成潜在的危害。为了克服这一危害，必须用法律来规范、制约行政权力，使行政委托在其行使的过程中受到其他国家权力的制约和公民权利的监督，从而保证行政权力不至于侵犯公民、法人和其他组织的合法权益，以实现合法行政和合理行政。首先，行政机关必须在法律规定可以委托的情况下，才能委托。这里的“法律”是指广义的法律，应该包括宪法、法律、行政法规、地方性法规和规章，而不应将行政机关临时性的决定、指示、命令包括在内。行政机关必须在法律、法规及规章规定可以委托时，才能委托。没有法定依据的委托，是一种“自行委托”，是不合法的，也是无效的。然后，被委托组织必须是在委托的职权范围内行使行政职权，并接受委托机关的监督和指导。被委托组织以委托行政机关的名义实施行政职能，在行使职能过程中，接受委托机关的监督，其后果由委托行政机关负责，如果被委托组织在行使职权过程中出现过失，委托行政机关可依法在负责赔偿后向被委托组织提出赔偿。最后，如果被委托组织在行使行政职权过程中的具体行为引起了纠纷或争议，行政相对人在向人民法院提起诉讼时，只能委托行政机关作为被告身份应诉。

3. 行政机关委托的组织与法律、法规授权的组织的区别

行政机关委托的组织与法律、法规授权的组织有许多相近之处，但也存在很大的区别。

（1）行政授权必须有法律、法规的明文授权规定为依据。行政委托也必须依法进行。只要不违背法律精神和法律目的，即可实施委托。

（2）行政授权必须符合法定的方式。行政委托的法定方式，都是行政主体在行政管理活动中，以较具体的委托决定来进行的，有关行政委托的事项范围、职权内容、委托时间、委托人和被委托人之间的关系等，都将在委托决定中予以明确。

（3）行政授权的法律后果使被授权的组织取得了所授予行政职权的主体资格，成为该项行政职权的法定行政主体。而被委托组织不是行政主体，所以不能直接行使法律、法规所授予的职权，也就是说行政委托的对象可以是另一行政主体，也可以是其他社会组织，在特定情况下也可以是法定的个人，但均不会因此而发生职权及职责的转移，被委托组织也不能因此而取得行使被委托职权的行政主体资格。

（4）由于被委托组织没有行政主体的资格，其行使职权行为后果的法律责任由委托行政机关承担，如在行政诉讼中，被告身份应是委托行政主体而非被委托组织。

可见，行政授权和行政委托是两个不同的法律概念，特别是在其行使的法律根据、法定方式和法律效果方面有着根本性的区别。

阅读与思考

大易云计算股份有限公司诉市场监督管理局行政处罚决定案

上海大易云计算股份有限公司（以下简称“大易公司”）主要经营人力资源软件开发服务业务。2018 年 12 月 13 日，上海市浦东新区市场监督管理局（以下简称“浦东新区市监局”）作出行政处罚决定，认定大易公司于 2018 年 4 月 1 日起在其自设网站（www.dayee.com）上发布广告。该广告在荣誉奖项部分含有“2017—2018 大中华区最佳招聘管理软件服务商”“连续三年（2013—2016）蝉联‘大中华区最佳招聘管理软件服务商’”等获奖内容并贴有相应的获奖证书图片。上述奖项名称中含有“最佳”用语。大易公司上述行为违反《广告法》第九条第（三）项“使用‘国家级’、‘最高级’、‘最佳’等用语”的规定，对其罚款 100 000 元。大易公司不服，诉至上海市静安区人民法院，要求撤销浦东新区市监局作出的上述行政处罚决定，并返还大易公司已缴纳的罚款100 000 元。

资料来源：中国政法大学法治政府网。

【阅读思考】

在本案中，上海市浦东新区市场监督管理局作出的行政处罚决定是否应该被撤销？

4.5.3 社会公共组织

随着现代行政从“公共权力”走向“公共服务”，行政主体由一元化走向多元化已经成为现代行政法发展的一个特征。进入公共管理时代，政府只是公共管理的核心主体，非政府的公共组织与更大范围的公众参与一起构成公共管理中不可或缺的公共管理主体。社会组织和公众参与将弥补政府在一定条件下的失灵。公共性、公共精神是公共管理的本质特征和现实表现形式。而公共精神既包括平等也包括参与，它是以全体公民和社会整体的生存发展为依归的一种价值取向。许多国家，例如英国等西欧国家的政府都是通过非营利组织来向社会递送公共服务，充分发挥非营利组织在社会公共服务中的作用。所以，政府社会管理还应当包括制定政策鼓励和引导包括非政府公共组织在内的社会组织的积极参与。因此从另一角度而言，现代行政主体从原始主体至衍生主体，从公共权力主体至公共服务主体，体现了现代行政的发展趋势。所以，行政主体的多元化既是现代行政变迁的产物又是其变迁的体现。

虽然社会公共组织自我管理与国家行政管理二者在本质上都是公行政，都源于公权力，目的都是为相对人提供秩序、安全和服务，但国家行政管理以国家强制力为后盾，而社会组织内部的管理则更多地建立在内部相对人自觉服从和相应内部纪律的基础上。国家行政管理由于国家权力的坚硬外壳和与行政相对人的相对较远距离，以及国家机关内部的复杂结构，容易产生官僚主义和腐败，社会公共组织的自治管理则与相对人保持着最小距离和给予相对人最大的透明度，管理者处于被管理者近乎随时随地的监督之下，从而较易于防止或避免官僚主义和腐败。另外，社会自治管理的成本要大大小于国家行政管理。所以西方国家 20 世纪 70 年代的行政改革得到的启迪之一是：随着社会进步，特别是科学技术的迅速发展，人们越来越深刻地认识到，在处理政府与市场、政府与社会、政府与公众的关系上，传统意义上的政府职能将发生变化，政府会把更多职能以多种形式下放给那些非政府、非营利性组织承担。这些组织不仅要提供公共服务，而且要承担对社会公共事务的管理。

在我国，这种发展和转移要晚于西方发达国家，大约始于 20 世纪 80 年代。改革开放以来，我国民间组织发展迅速。据民政部统计，截至 2007 年底，全国共有社会组织 38.7 万个，其中社会团体 21.2 万个，民办非企业单位 17.4 万个，各类基金会 1 340 个。其中行使社会公权力的组织是各种各样的，如作为基层群众性自治组织的村民委员会、城市居民委员会，作为社会团体的工会、共青团，作为行业协会组织的律师协会、医师协会，作为学术机构的大学、研究院，等等。这些组织既可根据法律、法规、规章的授权或行政机关的委托行使一定的国家行政职权，也可根据其本身的章程对其内部公共事务进行自治管理，行使社会公权力。不过总的来说我国社会组织力量尚弱，还不能适应多元阶层、多元利益并存的需要。在许多矛盾中，政府直接处在百姓的对立面，并在一定程度上造成政府作用失灵。

因此，在现代社会，行政民主的要求已不再仅仅是责任政府，而是必须以公民通过多种途径和形式直接参与和自治为补充。很显然，在新世纪，公民自治和公民参与将是我国行政法发展的另一重要特色。

阅读与思考

拍违者分享警察执法权？

从 2003 年 7 月 15 日起，广州市交警部门开始试行《关于奖励市民拍摄交通违章的通告》(简称《通告》)。《通告》规定了拍摄人员资格为年满 16 周岁、具备完全民事行为能力以及拥有广州市户籍；拍摄对象则是在广州市注册登记的机动车辆；拍摄路段是市区的主要路段；拍摄违章种类为逆向行驶、违反标志标线规定、驾驶和乘坐二轮摩托车不戴安全头盔、以侧坐方式乘坐二轮摩托车、二轮摩托车违反载人规定。照片经审核确认后，交警部门在违章行为发生后的下一个月 20 日给予拍摄人员每宗 20 元奖励。截至 9 月 1 日，共有近 400 名市民报名登记并提交了大量车辆违章照片，公安交警部门初步采用达 33 680 张。交通秩序有所好转。

“奖励市民拍违章”实施两个月左右后被交警部门暂停，暂停时间目前定为 9 月 8 日到 9 月 23 日。暂停原因是该活动在执行过程中出现了一些始料不及的新情况，其中包括拍摄职业化引发的造假勒索等。

湛中乐（北京大学法学院教授）：从公民参与角度讲，这项举措的推行是有利于调动公民来参与道路交通管理的。问题是在公民参与的背后，实际上有个所谓的激励机制，就是一张照片 20 元钱。公民在警察执行职务的时候有一定的协助义务，那是在个案中，在具体处理问题时不能推广之。这种对拍摄违章进行奖励的后果就是拍摄者在分享着警察执法的一部分权力，而没有法律规定警察执法的权力是可以再去委托的。行政机关的执法权实际上体现在一系列的过程和环节，那么这种拍摄违章照片实际上是搜集调取和收集证据的过程。《道路交通管理条例》和《行政处罚法》里边都有明确的规定，道路交通管理的执法主体是交通警察，（证据的搜集）应该是由警察来做的事情。它现在等于让一般的市民或者甚至让一个职业拍摄群体来行使一个权力，这就容易造成我们所说的权力的异化。

资料来源：《广州市民拍违章加剧社会矛盾》，载《南方都市报》，2003-11-20。

【阅读思考】

如何理解行政执法过程中的公民参与？

4.6 行政相对人

4.6.1 行政相对人的概念与特征

行政相对人也称行政相对方，是指在行政法律关系中与行政主体相对应的另一方当事人，是其权益受行政主体的行政行为影响的公民、法人和其他组织。如在税务行政管理法律关系中，税务机关为行政主体，纳税的单位或个人则是与税务机关相对应的行政相对人；在工商行政管理中，工商管理局为行政主体，个体工商户则是行政相对人。

行政相对人同样是一个学理概念，在具体的行政法律规范中是找不到“相对人”这一术语的，只能找到与其相通的概念，如我国《行政诉讼法》《行政处罚法》《行政复议法》中的“公民、法人和其他组织”就是与行政相对人相通的概念。行政相对人作为一个法律概念，具有以下特征：

第一，行政相对人是具体行政管理关系中的一方当事人。这里当事人是法律概念，而不是生活术语，也就是说，这里的“人”不仅指自然人，而且包括组织。其中，个人相对人不一定是单个的个人，只要行政行为涉及的多个个人之间没有组织上的联系，不构成一定的组织体，不管涉及的个人有多少，他们仍为个人相对人。作为行政相对人的组织主要是指国内外各种具有法人资格的企事业组织、社会团体以及不具有法人资格的非法人组织等。国家机关（包括行政机关）在实施非职权行为时，同样可能成为行政相对人，接受相关行政机关的管理。组织相对人一般以其代表人与行政主体发生关系，组织代表人必须在法定的权限内行使代表权限。①

第二，行政相对人是与行政主体对应的另一方法律主体。它与行政主体的权利义务关系有多种形态，包括行政管理法律关系、行政救助法律关系、行政合同法律关系、行政委托法律关系、行政复议法律关系、行政诉讼法律关系等。但是以往很多学者将行政相对人与行政主体的关系仅看作行政管理关系，认为行政相对人在行政关系中处于被管理地位，

① 参见陈伯礼等：《行政法与行政诉讼法》，59页。

具有被动性。其实，行政相对人只是在行政管理关系中处于被动地位，而在其他关系中，则有可能处于主动地位，如在行政诉讼法律关系中行政相对人处于原告地位，具有主动性。此外，这种“被管理”地位，并不意味着行政相对人只有义务没有权利。实际上，行政相对人既有权利也有义务，只是与相对的一方行政主体相比，行政相对人不具有行政职权。

第三，行政相对人是具体行政法律关系中的一方当事人，因而是相对的、有条件的。因此特定当事人在某一具体行政法律关系中是行政相对人，而在另一行政法律关系中则可能成为行政主体。如某特定行政机关在日常行政管理中是行政主体，而当它建造房屋，依据市政建设法律法规向政府城建部门申请颁发有关证照时，行政主体变成了行政相对人，所以在此意义上行政机关同样可能成为相对人，成为行政诉讼的原告。

行政相对人是行政法学上的概念，不是行政法律规范上的术语，因此它不由法律条文直接表明，而由有权机关在处理案件时作理论上的确认。

4.6.2　行政相对人的范围

行政相对人的范围可以概括为：国家机关、社会团体、企事业单位、公民、外国人和外国组织。

1. 国家机关

国家机关包括国家行政机关和国家权力机关等，它们通常都不是行政相对人，只有在特定条件下，才成为行政相对人。国家机关在社会生活中有多重身份，既可以作为行使国家权力的组织，也可以作为从事一般民事活动的主体。当国家机关作为从事民事活动的“机关法人”时，它有可能受行政机关的管理和监督，这时候则成了行政相对人，如人民法院需要建房向土地行政管理部门申办土地使用权证时，在具体这样的管理关系中，人民法院就成了行政相对人。

2. 其他社会组织

依据宪法和法律规定，国家行政机关有领导和管理经济工作、科教文卫工作、城乡建设工作及促进或保护公民合法权益实现等方面的工作职权。而在经济领域里从事活动的主要是经济组织，事业单位则主要从事科教文卫事业，公民合法权益的实现与社会团体的活动有一定的联系。因此，社会团体和企事业单位所从事的事业必然要接受国家行政机关的管理，所以这样一些组织也就成了行政相对人。行政法上的“其他社会组织”是指经由主管机关批准成立或认可能够从事一定的经营、生产或其他活动但不具备法人资格的社会组织或经济组织。主要有：(1) 经国家主管部门批准或认可的从事一定生产或经营活动的经济实体。(2) 经一定主管机关批准或认可的处于筹备阶段的企业、事业单位和社会团体。(3) 经有关部门批准，某些外国组织在我国设立的经营一定业务或从事一定社会活动的组织。[①]

3. 公民

公民是行政法律关系中最主要、最经常、最广泛的行政相对人。严格来讲，公民是指

---

① 参见孟鸿志主编：《行政法与行政诉讼法》，74 页，北京，科学出版社，2009。

具有某国国籍的自然人，与外国人和无国籍人相对应。广义上所使用的公民通常也涵盖外国人和无国籍人，基本等同于自然人的意义。公民从出生到死亡，基本上都要与作为行政主体的行政机关发生各种各样的关系，这时的身份通常就是行政相对人。[①] 在我国公民成为行政相对人的情况多种多样，如在户口登记法律关系中，所有的公民都能成为行政相对人；而在行政处罚关系中则只有具有相应行为能力并违法的公民才成为行政相对人；行政救济法律关系中，只有特定的应受救济的公民才能成为行政相对人。

4. 外国人和外国组织

我国宪法规定，中华人民共和国保护在中国境内外国人的合法权利和利益，在中国境内的外国人必须遵守中华人民共和国的法律、在中国境内的外国企业和其他外国经济组织，以及中外合资经营的企业，都必须遵守中华人民共和国的法律。它们的合法权益和利益受中华人民共和国法律的保护。这表明在中国境内的外国人、外国组织都应当遵守我国的宪法和法律，服从我国政府的管理和监督，同时，我国政府也有义务保护在中国境内的外国人和外国组织的合法权益和利益，因而，外国人和外国组织在特定条件下属于行政相对人。

4.6.3 行政相对人的权利和义务

行政相对人与行政主体一样，在行政法中既享有权利也履行义务。但目前所确认的行政相对人的实体性权利义务通常大都是宪法上的基本权利义务或民事法律上的权利义务。而很多学者认为，除此之外行政法主体的权利和义务还有着不同于其他法律关系的特点，如认为：行政法上的权利义务均依法产生；行政法上的权利义务是在行政管理活动中形成的；行政法主体的权利义务具有对应性。因此行政法意义上的权利义务还需进一步明确。

在不同的行政法律关系中，相对人的具体权利义务会有所不同，但是总的说来，有一些内容却是基本的。根据我国相关法律规定以及理论上的认识，这些基本内容包括以下几个方面：

1. 行政相对人的权利

（1）行政参与权。行政相对人有权依据宪法和法律规定通过各种形式和途径直接或间接参与国家行政事务的管理，及参与行政程序活动。行政主体必须提供正当、平等的机会让行政相对人选择。

（2）行政协助权。行政相对人有权主动协助国家进行行政管理。如根据《广播电视设施保护条例》的规定，任何单位和个人有权制止侵占、哄抢、私分、截留、破坏广播电视设施的行为。

（3）行政保护和行政受益权。行政相对人有权依法要求国家行政机关对其人身权和财产权进行合法、正当、平等保护，有权依法从行政主体那里获得某种利益。如公民因科技发明或专利设计，有权根据相关条例规定，获得有关机关的奖励。

（4）隐私保密权。行政相对人有权要求行政主体按照法律规定对其隐私进行保密。行政主体在行政活动过程中，非经法定程序，不得公开行政相对人的隐私，行政主体有为行

① 参见上书，73页。

政相对人保护隐私的义务。

(5) 监督行政权。行政相对人有权对国家行政机关及其工作人员的工作进行批评建议、对不法工作人员的行为进行控告和检举；《中华人民共和国宪法》规定："中华人民共和国公民对于任何国家机关和国家工作人员，有提出批评和建议的权利；对于任何国家机关和国家工作人员的违法失职行为，有向有关国家机关提出申诉、控告或者检举的权利，但是不得捏造或者歪曲事实进行诬告陷害。对于公民的申诉、控告或者检举，有关机关必须查清事实，负责处理。任何人不得压制和打击报复。"

(6) 行政救济权。行政相对人有权在其合法权益受到行政机关及其工作人员的不法侵害时获得救济。主要包括申诉、控告权，行政复议、行政诉讼权等。公民、法人或者其他组织对行政机关作出的行政处罚，有权申诉；公民对于任何国家行政机关、国家公务员和国家行政机关任命的其他人员的违法失职行为，有权向监察机关提出控告。相对人认为行政主体的具体行政行为侵犯其合法权益的，有权依法提出行政复议申请或提出行政诉讼。[①]

2. 行政相对人的义务

与权利相对，行政相对人的义务大致包括以下几项：

(1) 遵纪守法、维护行政法律秩序的义务。行政法对社会关系的调整形成了行政法律秩序，如教学秩序、交通秩序等，行政相对人必须遵守行政法律、法规、规章的规定，自觉履行相关义务，并遵守和维护行政法律秩序，否则将受到行政主体的处罚。

(2) 服从行政命令的义务。公共行政管理通过各种行政命令实现，行政相对人必须服从行政主体的命令，如在行政处罚中，当事人当自收到行政处罚决定书之日起 15 日内，到指定的银行缴纳罚款。遇到行政命令不当或不合法时，在该命令未经法律程序改变或撤销之前，相对人不得拒绝执行。

(3) 协助行政主体履行行政职责的义务。行政主体在对相对人进行管理时离不开相对人的协作，相对人应对行政主体履行职务提供便利、给予积极协助和配合，如行政主体送达行政决定书，相对人不得拒绝接收。在部分行政行为中，相对人还有提供与行政行为相关真实信息的义务，如相对人申请行政许可时，应当如实向行政主体提交有关材料和反映真实情况。

(4) 保守国家秘密、维护国家利益的义务。行政相对人在接受行政管理和服务过程中应保守国家秘密和维护国家利益。

不过有鉴于我国历史上行政权力曾长期专横肆虐，"行政权力至上""行政全能主义""官本位"等传统观念迄今历久不衰，实践中更偏重于权利保护的思路及模式，更加强调的是相对人的权利和管理方的义务，这也是符合行政法的价值导向以及现实需要的。

本章小结

1. 行政主体是享有实施行政活动的权力，能以自己的名义从事行政活动，并因此而承担实施行政活动所产生责任的组织。行政主体必须具备两个合法要件：一是组织要件，

① 参见陈伯礼等：《行政法与行政诉讼法》，63 页。

二是法律资格要件。

2. 行政组织是行使国家公共行政权力、管理国家行政事务和社会公共事务的机构体系，狭义的是指国家行政机关。行政组织具有政治性、社会性、服务性、整体性、适应性、法制性等特点。

3. 行政机关是指依法享有行政职权，能够以自己的名义代表国家进行行政管理活动，并且承担由此产生的法律后果的行政组织。我国行政机关包括中央行政机关和地方行政机关两级。

4. 我国的公务员是指依法履行公职、纳入国家行政编制、由国家财政负担工资福利的工作人员。按照职位的性质、特点和管理需要，公务员可划分为综合管理类、专业技术类和行政执法类等类别。在不同的行政法律关系中，公务员的法律地位呈现出不同的特点。在外部行政管理法律关系中，公务员以所在行政机关的名义，代表行政机关行使国家行政权，其行为结果由行政机关对外负责。在内部行政法律关系中，公务员可以公务员的名义作为一方当事人与行政机关发生关系。

5. 授权行政主体是指由法律、法规直接将某些行政职能及行政授权予其行使的组织。行政机关委托的组织是指受行政机关委托、以委托行政机关的名义行使一定行政职权并由委托机关承担相应法律后果的组织。

6. 行政相对人是指在行政法律关系中与行政主体相对应的另一方当事人，是其权益受行政主体的行政行为影响的公民、法人和其他组织。行政相对人的权利包括行政参与权、行政协助权、行政保护和行政受益权、隐私保密权、监督行政权、行政救济权。与权利相对，行政相对人的义务大致包括遵纪守法、维护行政法律秩序的义务，服从行政命令的义务，协助行政主体履行行政职责的义务，保守国家秘密、维护国家利益的义务。

关键术语

行政主体　行政组织　行政机关　行政委托　公务员　行政相对人

复习思考题

1. 在我国行政法学中行政主体指称的范围多大?
2. 我国行政主体制度应如何完善?

案例自测

王某不服某县工商局行政委托处罚案

云南省某自治州东海县李家营镇铁杉屯村地处山区，交通十分不便。该村部分村民便利用该村地理位置偏僻、工商等执法部门不便进行监管的便利，生产、加工掺有麦麸、变质植物油、霉变花生米和核桃仁的伪劣辣椒面，并使用工业染料“酸性大红”“碱性荧光黄GR”对产品染色。由于东海县红松食品有限公司生产的红松牌辣椒面在当地十分畅销，而且销售价格相对较高，该村生产的伪劣辣椒面的包装全部假冒红松牌商标。工商机关会同公安部门多次进行检查、打击、取缔。但是往往是执法部门前脚一走，制假生产又死灰复燃，屡禁不绝。经初步检查，2003 年 9 月到 2004 年 5 月短短不到一年的时间，该村制假作坊共加工假冒辣椒面五百多吨，获违法所得十万多元。经检测，含有“酸性大红”“碱性荧光黄 GR”的辣椒面对人体有致癌畸变作用，不能食用。该种伪劣辣椒面由于售价比较低，经不同的渠道大批量地流入市区，给广大老百姓的生命健康造成极大的威胁，也给东海县红松食品有限公司造成了巨大的经济损失。东海县红松食品有限公司为了避免进一步的损失，不得已就派 4 名职工常驻铁杉屯村执行打假任务，一经发现制假企业和作坊生产假冒辣椒面就立即报告工商等执法部门。但由于地处偏远、交通不便，执法部门仍然不能有效及时地对违法生产进行打击。为了更加方便、经常地打击不法生产，东海县工商行政管理局遂与东海县红松食品有限公司签署了行政委托协议，委托该公司行使打假的行政职能。2004 年 5 月，东海县红松食品公司的打假人员发现铁山屯村村民王某在山上隐蔽处生产假冒的红松牌辣椒面，当场查获已经加工好、未来得及外运的假冒成品一吨多。打假人员遂依据《中华人民共和国产品质量法》第四十九条、第五十条和第六十条的规定，以东海县工商局的名义对当事人王某给予责令停止违法活动、没收产品、原料和生产工具、没收违法所得并罚款 2 000 元的行政处罚。王某对此行政处罚不服，向东海县人民法院提起行政诉讼。

资料来源：莫于川主编：《行政法案例研习教程》，73～74 页，北京，中国人民大学出版社，2009。

思考题：

（1）东海县红松食品有限公司在本案中能否成为行政主体？

（2）东海县红松食品有限公司对王某作出的行政处罚是否合法有效？

（3）王某提起的行政诉讼应该以谁为被告？法院应该如何处理？

法律法规链接

《行政机关公务员处分条例》（简称《处分条例》）于 2007 年 4 月 22 日经国务院令第 495 号发布，并于 2007 年 6 月 1 日起实施，是我国第一部全面、系统地规范行政惩戒工作的专门行政法规。条例共 7 章 55 条，分总则、处分的种类和适用、违法违纪行为及其适用的处分、处分的权限、处分的程序、不服处分的申诉、附则。制定这一条例旨在严肃行政机关纪律，规范行政机关公务员的行为，保证行政机关及其公务员依法履行职责。

党中央、国务院历来高度重视行政惩戒工作，先后制定了一系列有关行政惩戒工作的方针政策。为了依法加强行政惩戒工作，早在 1957 年，经全国人大常委会批准，国务院公布了《国务院关于国家行政机关工作人员的奖惩暂行规定》；1988 年，国务院公布了《国家行政机关工作人员贪污贿赂行政处分暂行规定》；1993 年，国务院制定了《国家公务员暂行条例》，对公务员纪律及惩戒作了原则规定；1997 年，全国人大常委会通过了《行政监察法》，对监察机关的职责和监察程序等作了原则规定；2005 年，全国人大常委会通过了《公务员法》，对公务员的纪律和惩戒作了原则规定。这些法律法规的公布施行，为制定《处分条例》奠定了法制基础。

第 5 章

行政行为与行政程序

本章要点

- 行政行为的类型、要件与效力
- 行政立法的性质与原则
- 行政许可的实施与监督
- 行政处罚的实施与程序
- 行政强制的实施与程序
- 行政合同的功能与发展
- 行政规划的功能与发展
- 行政指导的类型与发展
- 行政征收的类型与发展
- 行政程序法的原则与制度

5.1 行政行为概述

5.1.1 行政行为的概念

“行政行为”一词最初是学者们在讨论行政管理时所使用的学术概念，之后，由德国行政法学家迈耶率先将其提炼为一个特定的行政法学概念。迈耶指出：“行政行为在具体情况中决定臣民的权利义务。”① 此后，各国学者在行政学和行政法学研究中都广泛使用了“行政行为”这一概念，例如，美国学者西蒙于 1947 年出版了《行政行为：对行政组织决策过程的研究》一书，从行政学的视角界定行政行为。日本学者盐野宏则从行政法学的视角对行政行为作了如下界定：“是指行政活动之中，在具体场合具有直接法效果的行政的权力性行为。”② 我国学者对行政行为概念的认识也存在着差异，主要从广义和狭义两个角

① ［德］奥托·迈耶：《德国行政法》，97 页。

② ［日］盐野宏：《行政法总论》，72 页。

度进行界定。研究早期，学者们主要持广义说，认为“行政行为，是国家行政机关实施行政管理活动的总称”[①]。后来，学者们大多从狭义的视角对行政行为进行界定，认为“行政行为是享有行政权能的组织或个人运用行政权对行政相对人所作的法律行为”[②]。

基于上述不同角度的界定，本书对行政行为作如下定义：行政主体在实施行政管理活动中，基于行政职权所作出的，能够直接或间接地引起行政法律效果的公务行为。具体而言，行政行为的概念包含以下几层含义：

（1）行政行为是行政主体所作出的行为。也就是说，行政行为的主体必须具备行政主体的资格，只有行政机关或法律法规授权组织以自己的名义实施的行为才有可能成为行政行为。由此不难看出，“行政行为在行政法律关系中，是管理方的管理行为，而不是被管理方的被管理行为”[③]。所以，行政相对人的合法权益如果因行政行为而受到影响，作为管理方的行政主体就应当对此承担法律上的责任。

（2）行政行为是一种公务行为。从目的上看，行政行为是行政主体为了实现国家行政管理目标而进行的一种公务活动，它是与行政职权的行使紧密相连的。因此，行政机关和法律法规授权组织所从事的民事活动或别的活动，不属于行政行为，如购买办公用品或租用办公用房等。

（3）行政行为能直接或间接地产生行政法律效果。产生行政法律效果，是指行政行为的作出能使行政相对人的权利和义务发生变化。如赋予或剥夺相对人某种权利，赋予或免除相对人某种义务等。故此，并非行政主体行使职权的所有行为都是行政行为，如气象预报、通知、工作汇报等行为，由于不会引起相对人权利和义务的变化，所以不属于行政行为。

5.1.2 行政行为的特征

行政行为与民事行为和其他国家机关的行为相比较，主要具有下述特征：

1. 从属法律性

行政行为是执行法律的行为，任何行政行为必须有法律根据，没有法律的明确规定或授权，行政主体不得强加给行政相对人义务，也不得赋予行政相对人权利。

2. 单方意志性

在法律法规授权范围内，行政主体在作出行政行为时，无须事先与行政相对人进行协商并征得其同意即可依法自主实施。即使是在一些双方性行政行为（行政合同）中，起决定性作用的往往也是行政主体，其行政行为同样具有明显的单方意志性。

3. 效力先定性

效力先定性，是指行政行为一经作出后，即事先假定其符合法律规定，在没有被有权机关宣布为违法无效之前，对行政主体和行政相对人均具有约束力，任何个人或团体都必须遵守和服从。行政行为的效力先定性源于行政行为行使的目的，是为了维护公共秩序和

① 王岷灿：《行政法概要》，97页，北京，法律出版社，1983。
② 姜明安主编：《行政法与行政诉讼法》（第三版），176页，北京，北京大学出版社、高等教育出版社，2007。
③ 胡建淼：《行政法学》，72页，北京，法律出版社，2005。

公共利益，使公共秩序和公共利益有所保障，故需要赋予其此种特权。显然，这是行政行为与民事行为的一个显著区别。

4. 强制性

行政行为是行政主体以国家名义实施的执法行为，有国家强制力作为其实施的保障，行政相对人必须服从并配合行政行为，否则就会导致强制执行。行政行为的单方意志性是行政行为强制性的前提，行政行为的强制性是行政行为单方意志性的保障。

5. 非营利性

行政行为旨在履行国家行政管理职能，维护公共利益、提供公共服务，对行政主体而言，这既是法律赋予的权力也是法律规定的职责或义务。行政主体履行行政管理职能所需的经费是由国家公共财政来负担的，而行政相对人已经无偿地提供了公共财政的来源（通过税收和规费等），因而接受行政主体提供的公共服务就应该是免费的。由此可见，等价交换、有偿服务的民事行为原则不能适用于行政行为，行政行为不能附带营利性的目的。

5.1.3 行政行为的分类

行政行为种类繁多，内容庞杂。对行政行为进行分类研究，不仅有助于深入地理解和把握不同行政行为的特点，也有助于对各种行政行为的监督手段与救济途径、方式的确定。因此，从不同角度对行政行为作相应的分类，历来是行政法学界广为流行的做法。[①]根据不同的标准可以对行政行为作不同的分类，主要有以下几种：

1. 抽象行政行为与具体行政行为

以行政行为适用范围为标准，可以将行政行为分为抽象行政行为和具体行政行为。抽象行政行为是指行政主体以不特定的人或事件为管理对象，所作出的具有普遍约束力的行政行为，如制定具有普遍约束力的行政法规、行政规章和各种规范性文件等。具体行政行为是指行政主体以特定的人或特定的事件为管理对象，所作出的特定行政行为。如针对某一公民、法人或组织作出处罚或奖励决定，实施行政许可或行政强制等。

抽象行政行为的效力具有普遍性和持续性，对其主体资格要求比较严格[②]；具体行政行为的内容、对象和效力都具有特定性和具体性，其主体资格具有普遍性。一般来说，只有具体行政行为可以引起行政诉讼，而抽象行政行为不能引起行政诉讼。

2. 内部行政行为与外部行政行为

以行政行为的效力作用范围为标准，可将行政行为分为内部行政行为与外部行政行为。内部行政行为是行政主体为对其内部事务实施管理而作出的，只对行政组织内部产生法律效力的行政行为，其主要内容是对隶属于自身的组织、人员和财务进行管理。例如：行政机关内部的职责分配、人员配置；对工作人员作出行政处分；上级行政机关对下级行政机关下达行政命令等。外部行政行为亦称为公共行政行为，是指行政主体在对社会公共事务实施管理的活动中针对公民、法人或其他组织所作出的行政行为，如行政征收、行政

---

① 参见应松年：《行政法与行政诉讼法学》（第二版），115页，北京，法律出版社，2009。

② 作出抽象行政行为的主体应当具有制定行政法规、行政规章或规范性文件的资格，而实施具体行政行为的主体只要具备行政主体的资格即可。

许可、行政处罚等。内部行政行为具有不可诉讼性，相对人不服从内部行政行为不构成行政复议和行政诉讼的理由，而外部行政行为在符合法定的条件下，可以适用行政复议和行政诉讼程序。

3. 羁束行政行为与自由裁量行政行为

以行政行为受到法律规范拘束的程度为标准，行政行为可以分为羁束行政行为与自由裁量行政行为。羁束行政行为，是指法律规范对其条件、内容、方式、程序等都作出了较详细、明确、具体规定的行政行为。行政主体实施羁束行政行为必须严格依照法定的条件、标准、形式和程序进行，没有或较少有自行斟酌、选择、裁量的余地。例如：税务机关的征税活动，就只能根据法律规定的征税对象和范围，按照法律规定的税种和税率进行征税，税务机关没有选择和裁量的余地；公安机关在决定某一公民该颁发何种类型的居民身份证时，也没有自由裁量的余地，必须按照《中华人民共和国居民身份证法》的规定执行。①

自由裁量行政行为，是指法律规范仅对行为目的、行为范围等作一原则性规定，而将行为的具体条件、标准、幅度、方法等留给行政机关自行选择、决定的行政行为。例如：根据《治安管理处罚法》第二十六条规定，有下列行为之一的，处五日以上十日以下拘留，可以并处五百元以下罚款；情节较重的，处十日以上十五日以下拘留，可以并处一千元以下罚款：(1) 结伙斗殴的；(2) 追逐、拦截他人的；(3) 强拿硬要或者任意损毁、占用公私财物的；(4) 其他寻衅滋事行为。这里，对具体的行为人究竟处以哪种处罚以及处以多少处罚等，由公安机关视情况而定。

对行政行为作羁束行为和自由裁量行为划分并不是绝对的。羁束行为通常也存在一定的自由裁量成分，法律、法规不可能对行政行为在所有情况下的所有处置方法都作出详细、具体、明确的规定，行政主体实施自由裁量不是无限制地自由裁量，自由裁量行为也存在一定的羁束因素。

4. 依职权行政行为与依申请行政行为

以行政行为是否可以由行政主体主动作出为标准，行政行为可以分为依职权行政行为和依申请行政行为。这是基于行为的主动性程度对行政行为所作的一种划分。依职权行政行为是指无须行政相对人作出意思表示，如申请、声明、要求等，行政主体也可依据法律、法规赋予的职权主动实施的行政行为。例如征收税款、对违法行为进行处罚、制定行政规范等。依申请行政行为是指行政主体只有在行政相对人作出意思表示的情况下才能实施的行政行为。如行政复议、颁发营业执照、商标注册、赋予行政相对人专利权等。从司法审查的角度来说，依职权行政行为的行为合法性是重点，而对于依申请行政行为则关注的是行政主体是否应当作为的问题。

5. 单一行政行为与共同行政行为

以行政主体与处理事件的关系为标准，行政行为可以分为单一行政行为和共同行政行

① 《中华人民共和国居民身份证法》第五条规定："十六周岁以上公民的居民身份证的有效期为十年、二十年、长期。十六周岁至二十五周岁的，发给有效期十年的居民身份证；二十六周岁至四十五周岁的，发给有效期二十年的居民身份证；四十六周岁以上的，发给长期有效的居民身份证。"

为。单一行政行为，是指只有一个行政主体针对一件行政事务而作出的行政行为。如工商行政管理局针对某行政相对人的违法行为作出吊销其营业执照的决定；公安机关对违反治安管理条例的行政相对人实施行政处罚等。共同行政行为是指，两个以上的行政主体针对同一行政事务所作出的同一个行政行为。如市场监管部门与税务局联合进行市场检查；公安局、教育局和人社局联合发文，对大中专毕业生户口迁移问题作出规定等。

对单一行政行为提起行政复议和行政诉讼，在行政复议中只有一个被申请人，在行政诉讼中也只有一个被告，即作出该行政行为的单一行政主体；而对共同行政行为提起行政复议与行政诉讼，在行政复议中须有共同被申请人，在行政诉讼中须有共同的被告，即共同作出该行政行为的多个行政主体。

6. 要式行政行为与非要式行政行为

以行政行为是否必须具备特定的法律形式为标准，行政行为可以分为要式行政行为与非要式行政行为。要式行政行为，是指必须具备某种法定形式或遵守特定法定程序才能产生法律效力的行政行为。如《行政处罚法》（2021 年修订）第五十九条规定：行政机关依照本法第五十七条的规定给予行政处罚，应当制作行政处罚决定书。行政处罚决定书必须盖有作出行政处罚决定的行政机关的印章。《税收征收管理法》第四十七条规定：税务机关扣押商品、货物或者其他财产时，必须开付收据；查封商品、货物或者其他财产时，必须开付清单。《行政处罚法》（2021 年修订）第四十二条规定：行政处罚应当由具有行政执法资格的执法人员实施。执法人员不得少于两人，法律另有规定的除外。非要式行政行为，是指法律法规没有对形式和程序作出要求，行政主体根据实际需要无论采用何种方式都能成立的行政行为。如行政主体在公共危机事件的处理中，为了避免社会公众的生命和财产安全受到严重的损害，对行政相对人采取的强制性约束行为。行政行为绝大多数都属于要式行政行为，非要式行政行为一般只在紧急情况或不影响行政相对人权利的条件下使用。

7. 作为行政行为与不作为行政行为

法理学界通常以行为方式为标准把法律上的行为分为作为行为和不作为行为。① 因此，以行政行为是否以积极的作为方式来表现为标准，可以把行政行为分为作为行政行为与不作为行政行为。作为行政行为，是指行政主体以积极作为的方式来改变现有行政法律关系状态的行为。如行政强制、行政奖励、行政征收等。不作为行政行为，是指行政主体以消极不作为的方式来对待法定作为义务和职责的行为。虽然不作为行政行为不会对现有行政法律关系状态产生影响，但是在特定条件下却可能会对行政相对人的合法权益造成损害，构成法律上的行为。根据《行政诉讼法》第十二条的规定：人民法院受理公民、法人或者其他组织提起的下列诉讼：申请行政许可，行政机关拒绝或者在法定期限内不予答复，或者对行政机关作出的有关行政许可的其他决定不服的；申请行政机关履行保护人身权、财产权的法定职责，行政机关拒绝履行或者不予答复的。

除上述划分方法外，行政行为还可以被划分为有效行政行为与无效行政行为，合法行政行为与违法行政行为，无条件行政行为与附条件行政行为，受益行政行为与不利行政行为，自为行政行为、授权的行政行为与委托的行政行为，行政立法行为、行政执法行为与

① 参见应松年：《行政法与行政诉讼法学》（第二版），117 页。

行政司法行为等多种类型。

5.1.4　行政行为的要件

行政行为的要件，是指行政行为的成立与合法所必须具备的条件。行政行为的要件包括两个方面的内容，即行政行为的构成要件与行政行为的合法要件。

1. 行政行为的构成要件

行政行为的构成要件是指一个行政行为成立所必须符合的基本条件，这是行政行为区别于其他行为的标准。从逻辑上讲，行政行为的存在是行政相对人申请法律救济的前提条件。鉴于大陆法系国家行政法中的行政行为概念主要源于民法，因此可以依托民法原理对行政行为的构成要件进行分析，尽管在民法学原理上，对于行政行为的构成要件还存在争议，但通常可以为人们所接受的是行为主体、行为标的和意思表示三要件说。[①] 基于上述，本书认为，行政行为的构成要件主要包括：

（1）主体要件。行政行为的作出者必须是拥有相应行政职权的行政机关，或者是法律法规授权的组织，或者是受行政主体委托行使行政权力的组织和个人。除此以外的其他主体所作出的行为都不是行政行为。

（2）权力行使要件。行政主体在客观上存在运用行政职权或履行行政职责的行为。即行政行为必须要通过一定的外化形式在客观上表现出来。至于其行政权力运用或行政职责履行的形式合法与否并不影响行政行为的成立。

（3）意思表示要件。行政主体有凭借国家行政权力影响行政法律关系变化的意图，并有追求这一效果的意思表示。行政主体的意思表示无须征得行政相对人同意，就可以产生一定的法律后果。至于行政主体的意思表示是否真实、自愿，并不影响行政行为的成立。

（4）功能要件。行政主体所作出的行为能直接或间接地导致行政法律关系的产生、变更或终止，对行政相对人的权利与义务造成影响。

上述四个要件是行政行为成立的基本条件，然而行政行为成立并不意味着行政行为合法，只有具备合法要件之后，才能认定行政行为是合法的。

2. 行政行为的合法要件

行政行为形成后要获得实质的效力，还需要具备一定的合法要件。行政行为只有符合一定的条件，才能产生行政法律关系当事人双方或一方预期的效果，才是合法的。[②] 行政行为的合法要件，是指行政行为合法成立和生效所必须具备的条件。行政行为的合法要件包括各类行政行为都应当具备的一般合法要件和各自可能具有的特定的合法要件。行政行为的一般合法要件主要包括：

（1）主体合法。其具体要求为：1）作出行政行为的主体必须具有行政主体的资格。2）实施行政行为的人员必须具有合法的公职身份。3）因委托关系而产生的行政行为，必须以其行政主体委托行为的合法性为前提。

（2）权限合法。行政主体必须在法定的职权范围内实施行政行为，越权无效。行政主

---

① 参见龙卫球：《民法总论》（第 2 版），444～446 页，北京，中国法制出版社，2002。

② 参见沈福俊等：《行政法与行政诉讼法：案例与图表》，84 页，北京，法律出版社，2010。

体的职权范围包括：事项管辖范围、级别管辖范围、地域管辖范围和委托管辖范围等，权限合法即要求行政主体行使行政权力的方式、内容和对象都不超过其法定的职权范围。

（3）内容合法。其具体要求是：1）行政行为的作出具有充分的事实根据，证据确凿。2）行政行为的意思表示真实、确定，不存在误解与歧义。3）行政行为有明确的法律依据，适用法律、法规正确。4）行政行为必须公正、合理，符合社会公共利益和立法精神。

（4）程序合法。行政主体必须依照法律规定的步骤、形式和时限作出行政行为。程序合法既是行政行为合法实施的保障，也是行政行为实体合法的要求。

5.1.5 行政行为的效力

行政行为一旦成立，只要公布或告知，就会对行政主体、行政相对人以及其他人产生法律上的效力。[①] 我国有学者提出："在行政行为是法律的具体表现的前提下，行政行为的效力来源于它所体现或者表现的法律。"[②] 因此，简而言之，行政行为的效力就是指行政行为在生效后所产生的法律后果。

1. 行政行为的生效规则

一般情况下，具备上述要件的行政行为都能产生预定的法律效力，但并非所有行政行为具备了上述要件便立即生效。不同的行政行为在生效时间和生效方式上是有差异的，正是这种差异构成了行政行为的生效规则。行政行为的生效规则，是指行政行为生效时间与生效方式的法定规律。其规则主要有四项：

（1）即时生效。指行政行为一经作出即产生法律效力。如行政命令、针对当场行为和法律特别规定的情况所采取的紧急行政措施等。

（2）受领生效。行政主体将行政行为告知相对人，并为相对人所接收方产生法律效力。相对人接收行政行为告知的时间即为行政行为正式生效的时间。

（3）告知生效。指行政主体必须将行政行为的内容采取公告或宣告的形式使行政相对人知晓后方能生效。与受领生效不同，告知生效所适用的对象为不确定的行政相对人，行政主体公告或宣告的时间即可作为行政行为正式生效的时间。

（4）附条件生效。指行政行为的生效附有一定的期限或条件，在所附期限来到时或条件达到时行政行为才能生效。

2. 行政行为的效力内容

行政行为生效后便会对行政主体和行政相对人产生法律上的效力。行政行为的效力包含以下几项内容：

（1）公定力。指行政行为一经成立，不论合法与否，都被推定为合法有效，在没有被有权机关宣布为违法无效之前，对行政主体和行政相对人均具有约束力，任何个人或团体都必须遵守和服从。

（2）确定力。行政行为一旦作出，就不能被随意地改变或撤销。对行政主体来说，无依法定理由和程序，不得任意改变其行为内容或就同一事项重新作出决定。对行政相对人

---

① 参见莫于川：《行政法与行政诉讼法》，113页，北京，中国人民大学出版社，2012。

② 叶必丰：《行政行为的效力研究》，33页，北京，中国人民大学出版社，2002。

来说，行政行为一旦生效就必须服从，非依法程序和理由，不得要求改变相应行政行为。

（3）拘束力。指行政行为生效后，行政行为的内容即对行政主体和行政相对人产生法律上的约束效力，双方必须共同遵守，都不得再作出与该行政行为相抵触的行为。

（4）执行力。行政行为的执行力，是指行政行为生效后，行政主体有权依法采用一定的手段，使行政行为的内容得以实现的效力。行政主体和行政相对人都有权利和义务使行政行为的内容得以实现，如果行政相对人不自觉履行义务，行政主体就可以依法自行强制执行或申请法院强制执行。

5.1.6　行政行为的变更、撤销与终止

1. 行政行为的变更

行政行为的变更，是指作出行政行为的行政主体或其他有权国家机关对该行政行为的内容、依据、形式或效力等所作出的部分改变。引起行政行为变更的原因通常有两种：（1）由于行政行为的部分内容违法或不当；（2）虽然行政行为内容合法，但是客观情况的变化需要对其部分内容作相应的变更。行政行为的变更并不导致原行政行为的消灭，它只会导致行政行为部分内容的失效。

2. 行政行为的撤销

行政行为的撤销，是指有权国家机关对已经生效的行政行为作出撤销的决定，使其失去法律效力。行政行为违法、不当是导致行政行为被撤销的主要原因。行政行为自宣布被撤销之日起即失去其法律效力，对于行政行为的撤销效力可以追溯到行政行为作出之日，由该撤销的行政行为引起的行政法律关系的变化，应尽量恢复到该行政行为作出前的状态。如果行政相对人的合法权益已受到被撤销的行政行为损害，行政主体应予以赔偿或作出补救。

3. 行政行为的终止

行政行为的终止，是指行政主体作出行政行为后，因客观环境发生了重大变化或行政行为已完成了原定的目标、任务，使得该行政行为丧失了继续存在的必要，便依法决定终止行政行为的往后效力。行政行为被终止的原因往往并不是行政行为本身具有瑕疵，它可能是因为行政行为的实施期限届满，也可能是行政相对人消失（如死亡等）或行政行为履行完毕，或作出行政行为所依据的法律法规已经被有权机关修改或撤销等。行政行为的终止不同于撤销，终止行政行为强调的是行政行为曾经是有效的，但现在由于客观情况发生了变化而被终止，其终止的效力并不溯及既往，行政主体不就终止行政行为承担法律责任。行政行为撤销则强调行政行为的作出自始至终都是无效的，行政主体需对撤销行政行为承担相应的法律后果。

5.2　行政立法

5.2.1　行政立法的概念

不同视角对于行政立法具有不同的概念界定。广义上的行政立法是指具有法定权力的国家权力机关和行政机关依法制定和发布有关行政管理方面普遍性规范的行为。这种观点

在20世纪80年代较为流行。狭义上的行政立法是指国家行政机关依法制定和发布有关国家行政管理普遍性规范的行为。①

本书倾向于从狭义的视角对行政立法做如下界定：行政立法是指依法享有行政立法权的国家行政机关，根据法定权限、遵循法定程序，制定行政法规和行政规章的行为。它包含以下几层含义：

（1）行政立法的主体须具备一定的资格，并非所有的行政机关都拥有行政立法权，只有依法享有立法权的行政机关，才能够从事行政立法活动。根据我国的法律规定，只有国务院，国务院各部委、委员会，国务院直属机构，省、自治区、直辖市人民政府，省、自治区、直辖市人民政府所在地的市人民政府，经国务院批准的较大市的人民政府②以及作为经济特区的市人民政府才具备行政立法的主体资格。③

（2）行政立法的目的是实施和执行权力机关制定的法律，因此它具有从属国家法律性，无论是其立法的程序还是其立法的内容都必须符合法律的规定。从立法的程序来说，行政立法必须严格遵循立项、起草、审查、决定、签署、公布、备案等一系列的法律规定程序。从立法的内容来说，行政法规和行政规章所规范的事项与内容只能限于行政主体的法定职权范围，且不得与法律相抵触，否则无效。

（3）行政立法是一种抽象行政行为。与国家权力机关的立法行为不同，行政立法具有行政的性质，它实际上是行政机关实施行政管理的一种行政行为。尽管在形式和效果上行政立法与国家权力机关的立法行为有类似之处，但由于行政机关相对于国家权力机关的从属性地位，决定了行政立法只能是一种从属性立法活动，是一种准立法行为。作为一种行政行为，行政立法产生的是具有普遍约束力的行政法规或行政规章，这些行政法规和行政规章所针对的不是特定的个人、组织或事项，而是普遍适用的，因此行政立法是一种带有准立法性质的抽象行政行为。

5.2.2 行政立法的性质

关于行政立法的性质，行政法学理论中有不同的学说。学者们围绕行政立法是行政行为还是立法行为进行了广泛的争论。我国多数学者主张，行政立法既然是特定的行政机关进行的立法活动，它就既有别于普通的行政执行行为，又有别于纯粹的权力机关立法行为，即行政立法兼具了行政和立法的双重属性。④ 因而，行政立法既具有行政权力的性质，是一种抽象行政行为，又具有立法的性质，是一种准立法行为。

1. 行政立法本质上是一种行政行为

行政立法行为的主体是行政机关，是行政机关在日常的行政管理活动过程中制定规范

---

① 杨海坤：《行政法与行政诉讼法》，53页，北京，法律出版社，1992。

② 目前经国务院批准的较大的市有：唐山、大同、包头、大连、鞍山、抚顺、青岛、无锡、吉林、齐齐哈尔、淮南、洛阳、宁波、淄博、邯郸、本溪、苏州、徐州等市。

③ 根据《宪法》第八十九条和第九十条、《立法法》第七十二条、《国务院组织法》第十四条、《地方组织法》第五十一条的规定，国务院有权制定行政法规；国务院各部委、委员会，国务院直属机构有权在本部门的职权范围内制定行政规章；省、自治区、直辖市人民政府，省、自治区、直辖市人民政府所在地的市人民政府和经国务院批准的较大市的人民政府以及作为经济特区的市人民政府可以在其职权范围内制定地方行政规章。

④ 参见应松年：《行政法与行政诉讼法学》（第二版），127页。

性文件的活动。行政机关作为国家权力机关的执行机关，基于行政管理的需要由宪法规定或通过授权而获得一定的立法权，其目的是为了更好地推进整个行政机关更为高效、准确地进行行政管理活动，使宪法和法律所规定的国家目的具体化。因此，行政立法从本质上而言，是行政机关的行政管理活动，行政立法行为既不能改变行政机关的性质，更不能取代专门立法机关的活动。①

2. 行政立法是一种准立法行为

由于现代立法的专业性、技术性和适应性，以会议为主要活动形式的权力机关往往难以胜任，因而有必要委托行政机关行使部分立法权。② 行政立法是行政机关代表公权力以国家名义制定社会规范的行为③，不同于权力机关的立法，属于准立法行为。在我国的立法体系中，行政机关根据《宪法》和《立法法》的立法权进行的立法，是一种授权立法行为，因此，行政立法的地位居于权力机关立法之下，属于从属性立法。作为从属性立法，行政立法所制定的行政法规居于宪法与法律之下，行政法规不得与法律相抵触，地方政府规章不得与地方性法规相抵触。

5.2.3　行政立法的分类

依据不同的标准，可以对行政立法作以下几种分类：

1. 职权立法与授权立法

以行政立法权力的来源为标准，行政立法可以分为职权立法与授权立法。职权立法，是指国家行政机关直接根据宪法和法律所赋予的立法权，在其法定职权范围内制定和发布行政法规与行政规章的活动。授权立法，是指特定的国家行政机关，依据特定法律、法规授权，或依据国家权力机关的特别授权，制定规范性法律文件的行为。授权立法的“立法权”来源于法律法规特别授权或授权方机关的委托决议，在授权立法的活动中，被授权方机关实际上是在代行授权方机关的立法权力。因此，被授权机关的立法权可以超出其自身的行政职权范围，而以授权方机关的授权范围为界。④

如表 5－1 所示，我们可以对职权立法与授权立法作一简单比较。

表 5－1　职权立法与授权立法的比较

行政立法	权力来源	权力性质	规范范围	效力等级
职权立法	宪法、组织法、立法法直接赋予	固有的职权	立法机关的法定职权以内	低于授权立法
授权立法	特定的法律赋予，国家权力机关授予	委托的权力	授权机关授权范围以内	高于职权立法

① 参见上书，128 页。

② 参见姜明安主编：《行政法与行政诉讼法》（第三版），206 页。

③ 参见应松年：《行政法与行政诉讼法学》（第二版），129 页。

④ 在某些情况下，实施立法代理权的被授权机关，可以超出该机关原职责范围内的立法权，而代行授权方机关的立法权，授权立法所制定的行政法律规范，与授权的国家权力机关所制定的行政法律规范，具有同等的法律效力。参见罗豪才、湛中乐主编：《行政法学》（第二版），50 页。

2. 中央行政立法与地方行政立法

以行使行政立法权的主体为标准，行政立法可以分为中央行政立法与地方行政立法。中央行政立法是指中央国家行政机关依职权或授权制定行政法规或行政规章的活动。中央行政立法所调整的对象是，全国范围内具有普遍性的问题和某些必须由中央作出统一规定的重大问题，如国家安全问题、环境保护问题、全国性的治安问题等。地方行政立法，是指享有行政立法权的地方国家行政机关依据法定职权制定法律规范的行为。省、自治区、直辖市人民政府，省、自治区、直辖市人民政府所在地的市人民政府，经国务院批准的较大市的人民政府以及作为经济特区的市人民政府才具有地方行政立法的权力。地方行政立法一方面要根据本地方实际情况，将中央行政立法的规定具体化，确定实施细则和执行办法；另一方面则应对本地方具有特殊性的问题作出具体规定，以调整地区性特有的社会关系。

地方行政立法与中央行政立法在立法主体、立法成果、规定事项范围、司法适用、效力等级等方面的主要特点如表 5－2 所示。

表 5－2　地方行政立法与中央行政立法的主要特点

<table>
<tr><th>行政立法</th><th>立法主体</th><th>立法成果</th><th>规定事项范围</th><th>司法适用</th><th>效力等级</th></tr>
<tr><td rowspan="2">中央行政立法</td><td>国务院</td><td>行政法规（名称："条例""规定""办法"）</td><td>为执行法律的规定需要制定行政法规的事项；《宪法》第八十九条规定的国务院行政管理职权的事项</td><td>人民法院审判行政案件的适用依据</td><td rowspan="4">宪法具有最高的法律效力；法律的效力高于行政法规；行政法规的效力高于行政规章。部门行政规章与地方行政规章具有同等效力，二者发生抵触不能确定如何适用时，由国务院裁决。省、自治区人民政府制定的规章的效力高于省会城市、较大的市的人民政府制定的规章；地方政府规章的效力低于本级权力机关制定的地方性法规</td></tr>
<tr><td>国务院部、委、中国人民银行、审计署和相应具有行政管理职能的直属机构</td><td>中央行政规章（名称："规定""办法"等）①</td><td>为执行法律或者国务院的行政法规、决定、命令等需要制定行政规章事项</td><td rowspan="3">人民法院审判行政案件的参考依据</td></tr>
<tr><td rowspan="2">地方行政立法</td><td>省、自治区、直辖市和较大的市的人民政府</td><td>地方行政规章（名称："规定""办法"等）</td><td rowspan="2">为执行法律、行政法规、地方性法规的规定或为了实现本行政区域的具体行政管理而需要制定行政规章的事项</td></tr>
<tr><td>省、自治区、直辖市和较大的市的人大及其常委会</td><td>行政性的地方性法规（名称："规定""办法""实施细则""条例"等）</td></tr>
</table>

3. 执行性立法、补充性立法和试验性立法

以立法目的和功能为标准，可以把行政立法分为执行性立法、补充性立法和试验性立法。

（1）执行性立法。执行性立法是指国家行政机关为了执行法律、法规而进行的立法活

① 《行政法规制定程序条例》第五条规定："国务院各部门和地方人民政府制定的规章不得称'条例'。"

动。执行性立法通过制定实施条例、实施细则或实施办法等，使法律、法规的一般规定具体化，它并不具有创设新的法律义务的意义，不能为行政相对人设置新的权利与义务。

（2）补充性立法。补充性立法是指国家行政机关根据法律、法规或国家有权机关授权，对已经颁布的法律、法规尚未规定的某些事项加以补充规定的立法活动。补充性立法是对法律、法规没有规定的事项作出规定，在某些情况下它可能会创设新的法律规则或权利义务规范。

（3）试验性立法。试验性立法是指国家行政机关在法律、法规或有国家有权机关授权的条件下，对本应由法律规定的事项而先行作出有关规定的活动。[①] 试验性立法多属于特别授权立法，其产生的法规通常称为"暂行条例"或"暂行规定"。

5.2.4　行政立法的原则与程序

1. 行政立法的原则

行政立法的原则，即贯穿于整个行政立法过程中的基本准则。行政立法原则体现于行政立法过程之中，对于行政立法具有重要的指导作用，其内容主要包括：依法立法原则，行政立法活动必须依照法定权限和法定程序进行；民主立法原则，行政机关在行政立法时应尽可能地听取各方面的意见，使人民群众能有效地参与行政立法；科学立法原则，行政立法不仅要能够保障行政权力的顺利实施，而且还应当有利于公民利益的增进。

2. 行政立法的程序

行政立法的程序是指依照法律规定[②]，行政主体在制定行政法规和规章时所必须遵循的步骤、方式和顺序。一般说来，行政立法的程序包括规划、起草、审查、通过、签署公布、备案六个阶段。

（1）规划。行政立法规划，是指行政立法机关根据国民经济和社会发展计划所规定的任务，编制行政立法的计划确定行政立法的项目。与国民经济和社会发展计划相对应，行政立法规划分为五年规划与年度规划，其内容包括一定时期内行政法规、规章的拟订、修改和补充等各个方面。在编制行政立法规划时，首先应当对每一个立法项目的必要性进行认真研究，要考虑到其立法的社会条件是否成熟，并分清轻重缓急，做到有选择、有重点、有计划地规划。其次，要研究立法项目的可行性，如立法的条件是否具备，内容是否完整，所涉及的管理体制是否理顺，职权范围、调整对象是否清晰，等等。再次，要使各立法项目在法律、法规和规章体系中的地位明确化，避免法规、规章之间形成交叉和冲突。

国务院行政法规立法计划编制的程序是：国务院各主管部门对本部门所主管的事务提出立法建议；国务院法制局对这些立法建议进行汇总研究、综合协调，拟订立法计划草案并上报国务院；最后由国务院对立法计划进行审议确定。国务院各部、委的行政规章制定

---

① 如《立法法》（2023 年修正）第八十二条规定："除本法第十一条规定的事项外，其他事项国家尚未制定法律或者行政法规的，省、自治区、直辖市和较大的市根据本地方的具体情况和实际需要，可以先制定地方性法规。"

② 我国目前规范行政立法程序的法律文件主要有《中华人民共和国立法法》《行政法规制定程序条例》《规章制定程序条例》《法规规章备案条例》。

规划由相应部、委的法制部门编制，报相应部、委首长审批。地方政府的行政立法规划，一般先由地方人民政府的职能部门针对本部门的业务事项制定相应的立法规划草案，再由地方人民政府的法制部门对各部门的立法规划草案进行汇总研究、综合协调，形成统一的地方行政立法规划草案，最后报请本级人民政府常务会议审议批准。

（2）起草。起草是指对行政立法规划所列入的、需要制定的法规和规章，由相应的行政机关主管部门对其进行起草的活动。一般而言，当法规或规章的内容与多个主管部门的业务有密切联系时，由政府法制机构或主要部门负责，组成各有关部门参加的起草小组从事起草工作，而对于其主要内容不涉及多个部门业务的法规和规章，则由相应的主管部门负责起草。

起草的过程应当注意以下方面：第一，行政立法起草小组人员组成，除主管部门和相关部门外，还应根据需要尽量吸收有关业务专家、法律专家以及社会团体代表参加，以便从不同的方面听取对草案的建议和意见。第二，草案应当在广泛调查研究、充分收集和分析有关材料的基础上形成，力求做到草案内容切实可行、结构严谨、形式完整。第三，对于需要制定实施细则的法规与规章，在起草阶段应一并对其实施细则进行起草。

（3）审查。行政法规和行政规章的草案拟订之后，须送交本级政府法制机构进行审查。审查的内容主要包括：行政立法的必要性和可行性；是否符合宪法、法律的规定和国家的方针政策；是否与有关行政法规协调、衔接；是否越权，是否重复；起草过程是否符合法定程序；草案结构、语言文字等立法技术是否规范；是否正确处理有关机关、组织和公民对送审稿主要问题的意见；上报手续及有关资料、说明是否齐备，等等。

法制机构对行政立法草案进行审查后，应写出审查报告，与法规或规章草案一并提交行政立法机关审议。对于审查不合格的草案，可以退回起草部门也可以组织有关人员对其进行修改。

（4）通过。行政法规、规章审查工作完毕后，须提交立法机关正式会议讨论审议。行政法规应经过国务院全体会议或常委会审议通过；部门规章应提交相应行政立法机关的部委委员会审议通过；地方政府规章须提交地方政府全体会议或常务会议审议通过。

（5）签署公布。行政法规、规章经审查、通过后，须经行政立法机关的行政首长签署并公开发布后才能产生法律效力。国务院发布的行政法规，应由国务院总理签署；各部委发布的规章，应由部委首长签署；地方政府发布的地方规章，应由省长、自治区主席或市长签署。公报和报纸是行政法规、规章发布的主要渠道。[①]

（6）备案。备案是将已经发布的行政法规、规章上报法定机关，使其知晓，并在必要时备查的程序。备案不仅有利于对行政法规和规章的监督管理，也有利于行政法律规范本身的内部统一和协调。《立法法》规定：行政法规和规章必须在公布后的 30 日内报有关

---

① 《立法法》（2023 年修正）第七十八条：“行政法规签署公布后，及时在国务院公报和中国政府法制信息网以及在全国范围内发行的报纸上刊载。”第八十九条：“地方性法规、自治区的自治条例和单行条例公布后，及时在本级人民代表大会常务委员会公报和在本行政区域范围内发行的报纸上刊载。”第九十七条：“部门规章签署公布后，及时在国务院公报或者部门公报和中国政府法制信息网以及在全国范围内发行的报纸上刊载。地方政府规章签署公布后，及时在本级人民政府公报和中国政府法制信息网以及在本行政区域范围内发行的报纸上刊载。在国务院公报或者部门公报和地方人民政府公报上刊登的规章文本为标准文本。”

机关备案。行政法规报全国人民代表大会常务委员会备案；部门规章和地方政府规章报国务院备案；地方政府规章应当同时报本级人民代表大会常务委员会备案；较大的市的人民政府制定的规章应当同时报省、自治区的人民代表大会常务委员会和人民政府备案。

5.2.5　行政立法监督

行政立法具有普遍约束力和强制执行力，一旦其违法或不当，就势必会对行政相对人的合法权益造成广泛和严重的损害。因此，应特别强调对行政立法的监督和审查，防止行政机关滥用立法职权，从而保障行政相对人的合法权益，提高行政立法的效率和质量。在西方国家，听证制度、备案审查制度是行政立法事前监督的主要形式，其事后监督则主要是司法审查。在我国，行政立法监督的主要途径有：权力机关的监督、行政机关的监督和司法机关的监督。

1. 权力机关的监督

权力机关的监督也称为立法监督。权力机关对行政立法的监督，既有事前监督，也有事后监督。事前监督主要是针对授权立法，授权法是其主要的监督形式，权力机关在授权法中应当严格规定授权立法的目的、性质和范围，防止行政机关的行政立法超越授权范围或者违背授权目的。事后监督主要表现为权力机关对行政立法行为的审查，权力机关有权撤销被授权机关制定的与宪法、法律相抵触的行政法规或规章。①

2. 行政机关的监督

行政机关监督行政立法，是行政系统内部根据组织隶属关系和层级管理体制对自己的抽象行政行为进行的自我控制和自我纠错，它属于行政系统内部的监督行为。《宪法》《立法法》等法律规定，行政机关对由自己或下级行政机关所制定的违法或不当的行政法规、规章，享有依法变更和撤销的权力。②

3. 司法机关的监督

司法机关对行政立法的监督是一种事后监督，主要体现为人民法院在审理行政案件、裁决行政争议时，有权依照法律规定对行政法规、规章进行司法审查，认定行政立法是否与宪法和法律相一致，是否越权或违反法定程序等。对于违法或不当的行政法规、规章，人民法院虽无权撤销，但在行政案件的审理中可以不予适用。

5.2.6　其他行政规范性文件

值得注意的是，行政机关行政立法行为的结果是产生具有普遍约束力的行政法规或行政规章，而行政机关制定行政法规和规章以外的其他行政规范性文件的行为则并不属于行

---

①　根据《立法法》第一百零八条的相关规定，全国人民代表大会常务委员会有权撤销同宪法和法律相抵触的行政法规；地方人民代表大会常务委员会有权撤销本级人民政府制定的不适当的规章；授权机关有权撤销被授权机关制定的超越授权范围或者违背授权目的的法规，必要时可以撤销授权。

②　如《立法法》第一百零八条第三项、第六项规定："国务院有权改变或者撤销不适当的部门规章和地方政府规章"；"省、自治区的人民政府有权改变或者撤销下一级人民政府制定的不适当的规章"。

政立法的范畴。但作为行政行为的表现形式，其他行政规范性文件与行政法规、规章都具有行政行为的一般特征和效力，都可以作为行政机关作出行政行为的依据，都属于抽象行政行为的范畴。虽然其他行政规范性文件与行政法规、规章相比在规范内容、效力等方面都存在显著的区别（如表5-3所示），但事实上，制定其他行政规范性文件的活动与行政立法活动一样，在行政管理的实践中大量存在，是行政机关履行行政职责不可缺少的手段。

表5-3　其他行政规范性文件与行政立法的区别

行政行为		行为主体	行为结果	规范的内容	制定的程序	法律意义	效力
抽象行政行为	行政立法行为	宪法和法律规定享有行政法规、规章制定权的行政机关	行政法规、行政规章	可以在法定权限内对相对方设定某些权利与义务。如：行政处罚（限制人身自由的除外）、行政许可、行政强制等	必须遵循严格的行政立法程序	可以成为人民法院审理行政案件的参照性依据	行政法规和行政规章的效力大于其他行政规范性文件的效力
	制定其他行政规范性文件的行为	乡、镇人民政府及其以上的行政机关	决定、命令等	无权直接为相对方设置权利和义务。如：不得设定行政处罚、行政许可、行政强制等	没有严格的程序规则予以制约	不能成为人民法院审理行政案件的参照性依据	

实践经验表明，其他行政规范性文件的使用，有利于规范政府行为，加强和完善政府的行政法制工作；有利于调动和发挥各级地方政府积极性，提高政府的工作效率；也有利于促进和完善我国的行政立法工作。然而，就目前来说，我国在制定和完善其他行政规范性文件的工作方面还存在不少问题，如：制定的主体混乱；规范内容越权；与其他规范性文件或法律、法规抵触；制定以实用为原则，不以法律、法规、规章为依据；其制定程序缺乏应有的规则制约，等等。要使其他行政规范性文件充分发挥出应有的作用，避免其消极作用的产生，就必须解决上述问题。

5.2.7　我国行政立法的问题与对策

1. 我国行政立法的现状与存在的问题

改革开放之后，我国行政立法的工作取得了长足的进步，行政立法的理论和实践得到不断发展和丰富，立法的数量和质量都有显著提高。行政立法在促进社会经济发展、稳定社会秩序、调整不同利益主体之间的权利义务关系等方面，都起到了十分重要的作用。但是，行政立法在发展的同时也还存在着诸多的问题，主要表现在：

（1）行政立法理念相对滞后。

受计划经济体制的影响，我国的行政立法具有浓厚的行政权力本位色彩，它更多的是为了强化行政管理方的权力，而不是为了对其权力进行制约。因此，行政立法往往出于行政机关自身的需要，缺乏对作为行政管理相对方的公民、法人和其他组织的合法权益的保护意识，但是，相对人尽义务的色彩比较浓厚。这种以“官本位”和“治民”为主要特征的行政立法理念显然不利于社会主义市场经济的发展，不符合现代民主政治的要求。

(2) 行政立法冲突广泛存在。

立法冲突，是指立法者在立法权限上的相互冲突，以及不同立法文件对同一事项的规定内容不同，而导致的在效力上的相互抵触。由于有关行政立法的法律、法规不健全，以及部门主义与地方保护主义等原因，我国行政立法主体权限长期存在交叉重叠、互相冲突的现象，行政立法体系不协调，系统性问题突出。诸如行政法规、规章与法律的冲突；行政规章与行政法规的冲突；同一行政法律规范自身的相互矛盾等现象屡见不鲜。《立法法》出台以后，行政立法冲突的情况有所改善，但总的来说，行政立法冲突的问题远没有得到解决。① 如何进一步加强行政法律、法规和规章的清理工作，如何制定和完善行政立法的相关法律制度，已成为当前进一步深化行政立法工作所亟待解决的问题。

(3) 行政立法程序不够健全。

健全的行政立法程序是行政立法科学化的根本保障，在行政立法实践中，立法程序意识的淡漠和立法程序设置的表面化必然会导致行政立法的失误和行政执法的障碍。直至今日我国还没有一部统一的行政立法程序法，虽然《立法法》与国务院《行政法规制定程序暂行条例》对行政立法的程序和方式有一些说明，但这些规定只是粗略地对行政立法的阶段与步骤作出了划分，不仅笼统，而且缺乏可操作性，无法满足我国当前行政立法实践的需要。由于缺乏严格的法律程序规定，在目前的行政立法工作中行政立法的随意性往往难以消除。行政立法机关在立法项目的设立、立法手段的选择、立法内容的规定等方面通常主要是从自己的主观意愿出发，缺乏对行政相对方实际处境和相关权利的考虑。由于缺少公众参与行政立法过程的程序规定，公众对于行政立法过程的参与和监督都很难得到实现，这不仅使立法难以集中全民智慧，让立法的实效性和科学性受到削弱，而且还造成部分行政法规和规章缺乏公众认同的社会基础和心理保证，致使其效力目标难以实现。

(4) 行政立法质量不高。

尽管我国目前行政立法的数量众多，规范的范围也很广泛，但从立法的质量来看还有待提高。如，在行政立法项目的确定上，有的行政法规、规章漠视对现实问题的解决，或者制定的内容过于超前，执行起来社会效益很低。在行政立法内容的规定方面，重管理，轻服务，公民参与行政立法的程度不高，对立法成本效益分析不够，导致执法、守法的成本过高。从行政立法技术的角度来看，立法用语不规范、逻辑结构不严谨、内容不完整、下位法机械照搬上位法等现象大量存在。②

2. 我国行政立法制度的完善与发展

随着我国社会主义市场经济的不断发展，在传统计划经济体制下形成的行政立法体制，已经难以适应社会转型和未来发展的需要。更新行政立法理念、避免行政立法冲突、提高行政立法质量，使行政立法活动更加规范、立法内容更加符合实际，将是今后行政立法制度建设的基本方向。具体而言，行政立法制度的发展与完善应当从以下几个方面着手：

---

① 虽然《立法法》规定，行政立法必须依照规定的权限和程序进行，但由于该法没有对各行政立法主体的立法职权、权限、程序、依据以及审查、监督等问题作出明确、具体的规定，致使行政立法在很大程度上仍处于法律上的失控状态。在行政立法的实践中，行政立法主体各行其是，越权立法、重复立法、盲目立法等现象仍然存在。

② 参见王倩：《行政立法缺位与完善》，载《社会科学论坛》(学术研究卷)，2007 (8)。

(1) 变革行政立法理念，改变以部门利益和地方利益为主导的立法观念。

行政立法理念应从行政权力本位转向公民权利本位，在立法过程中必须保证公民意见的充分表达，要重视对行政相对人权益的保护，体察民众的诉求，强化行政立法的服务精神，淡化其管理色彩；同时要树立行政立法的全局观念，使行政立法立足于社会整体发展的要求。必须坚决制止那些仅从部门利益和地方利益出发而重复、盲目立法，越权、违法立法的行为，唯有如此，方能促进和维护我国行政立法体系的统一和协调。

(2) 合理划分、明确界定行政立法主体权限。

合理划分、明确界定行政立法主体权限是建立健全行政立法制度的首要环节。在我国当前行政立法所存在的问题中，有许多问题源于行政立法主体权限划分不清。由于目前关于行政立法主体权限划分的法律规定大多是原则性的规定，没有具体的法律规则，行政立法主体在立法的项目、内容和方式等方面仍拥有较大的自由选择权，要避免行政立法的随意性，就必须使抽象的法律原则具体化，制定出其对应的具体法律规则，使宪法、组织法、立法法关于行政立法主体权限划分的相关规定落到实处。

(3) 完善行政立法程序与监督体制，提高立法质量。

严格行政立法程序是防止立法随意性，提高立法质量的保障，对维护法制统一，克服立法冲突具有重要意义。在目前行政立法程序不完善的情况下，立法质量如何全凭行政立法机关的立法指导思想和具体操作人员的素质，主观性、不确定性因素太大。要解决这一问题，应当以下几个方面入手：首先，完善行政立法内部程序，对《立法法》和国务院《行政法规制定程序暂行条例》关于行政立法程序的内容作进一步具体的细化的规定，确保行政立法程序的各个环节都能够得到严格的执行；同时，创新行政立法外部程序，建立起立法的民主参与机制，采用听证制度、咨询制度等方式广泛听取公民、法律专家或技术专家的意见，实现立法的民主化、公开化、规范化和科学化。其次，强化行政立法监督，对行政立法的行为和后果进行监控，保障行政立法权运用的合法性与规范性。具体而言，一是要建立专门的行政立法监督机构，通过立法的形式，固定其行政立法监督权，制定和完善相关的具有操作性的监督制度；二是要继续完善行政立法的报批制度和备案制度，特别是要对报批程序、备案期限等作出明确规定；三是建立行政立法的社会监督机制，将“听取意见”等形式逐步制度化、统一化，强化行政立法的民主精神。最后，提高立法技术提升立法质量，使立法规范在概念范畴、内容体系和逻辑结构等方面更加协调、明确和严谨，同时注重行政立法的成本收益分析，使每项立法都建立在切实可行的基础上，提高行政法规、规章的执行力。①

阅读与思考

《收费公路管理条例》修订稿向社会公开征求意见

2015 年 7 月 21 日至 8 月 20 日，交通运输部通过网站公开征求社会公众对《收费公

① 参见邵东华：《论行政立法程序中公众参与的问题与对策》，载《河南师范大学学报》（哲学社会科学版），2007 (5)。

路管理条例》修订稿的意见，共收到邮件 221 封、意见 454 条，其中总体意见 265 条，针对条文的意见 189 条。

对条例修订的有关意见主要集中在：收费公路发展应突出维护公共利益、收费公路的统借统还制度、信息公开制度、高速公路的养护收费制度、免收车辆通行费的范围、明确社会资本投资收费公路的合理回报范畴、提高通行效率和服务质量、严格控制运营管理成本、加强收费公路运营主体服务监管等方面。

相当一部分公众对构建"非收费公路为主、收费公路为辅"的两个公路体系及"用路者付费、差异化负担"的原则表示理解和认同，同时提出了许多建设性意见；也有一部分公众对高速公路拟实行长期养护收费等制度持不同意见。

在向社会公开征求意见期间，交通运输部先后组织召开了专家座谈会和企业座谈会，听取了专家学者、收费公路经营企业、运输企业、公路使用者及行业协会代表意见。同时，各省级交通运输主管部门分别召开了运输企业、公路运营单位、行业协会、相关专家等参加的座谈会，并征求了省级人民政府的意见，广泛听取了各方面意见和建议。

资料来源：赵文君、齐中熙《〈收费公路管理条例〉修订稿向社会公开征求意见 454 条》，载环球网，2015－08－27。有修改。

【阅读思考】

（1）此案例反映了行政立法的什么原则？

（2）行政立法的程序是什么？

（3）如何确立行政立法过程中的民主参与机制？

5.3　行政许可

5.3.1　行政许可的概念与特征

行政许可是行政主体在履行行政管理职能时所广泛采用的一种行政手段，它是一种非常重要的具体行政行为。《中华人民共和国行政许可法》（2019 年修正）第二条规定："本法所称行政许可，是指行政机关根据公民、法人或者其他组织的申请，经依法审查，准予其从事特定活动的行为。"该法第三条进一步规定："有关行政机关对其他机关或者对其直接管理的事业单位的人事、财务、外事等事项的审批，不合适本法。"这是对"行政许可"进行的狭义的概念界定。

根据《行政许可法》的规定，结合我国行政法学界近年来对行政许可的研究成果，本书对行政许可作如下界定：行政许可，是指在法律一般禁止的情况下，行政主体根据行政相对人的申请，经依法审查，通过颁发许可证或执照等形式，依法赋予特定的行政相对人从事某种活动或实施某种行为的权利或资格的行政行为。这一概念可以从以下几个法律特征来加以把握：

（1）行政许可的主体是特定主体。只有基于行政管辖职权，行使对行政相对人申请的审核与批准权的行政机关或法律、法规授权的组织，才能成为行政许可的主体。处于行政相对人地位的公民、法人和其他组织不能成为行政许可的主体。

(2) 行政许可是依申请行政行为。行政主体对行政许可的作出，必须以相对人的申请为前提条件，没有特定的行政相对人申请，行政主体不会主动赋予相对人从事某种活动的法律资格。也就是说，行政许可是依申请的行政行为，而非依职权行政行为。

(3) 行政许可是受益行政行为。行政许可赋予了行政相对人一定的权利或资格，实际上也就是免除了行政相对人某种法定不作为的义务，故行政相对人必然是行政许可的受益者。

(4) 行政许可是要式行政行为。行政主体实施行政许可，必须有特定的形式要件表示，一般都应当采用书面的形式，如明示的许可证、执照或附有印章的正规文书等。

(5) 行政许可以法律一般禁止的存在为前提。法律一般禁止，是指未经审查和批准，行政相对人就不得从事某些特定的活动。行政许可是对法律一般禁止的解除，对于符合特定条件的相对人，行政许可使其享有从事法律一般禁止的某些活动的权利和资格。如果没有法律的一般禁止，行政许可便失去了存在的意义。例如：持枪许可的存在以法律禁止一般人持枪为前提，采矿许可的存在以法律禁止一般人采矿为前提，猎捕许可的存在以法律禁止一般人猎捕为前提，等等。

5.3.2 行政许可的设定和分类

1. 行政许可的设定

行政许可的设定，是指国家机关依照法定权限和程序，对行政许可的主体资格、权限，许可的依据、范围等作出规定的活动。

根据《行政许可法》规定，行政许可权设定的主体主要是全国人大及其常务委员会和国务院，在某些条件下，省级人民政府和较大的市以上的地方人大及其常务委员会也可以成为行政许可设定权的主体。[①] 除此以外，国务院各部委和其他地方人民政府一律不得设立行政许可。各主体设定行政许可的权限、程序和范围都源于法律的授权与规定。法律、行政法规、地方性法规可以作为行政许可正式设定的依据，国务院的决定、省级地方政府规章可以作为行政许可临时设定的依据。因此，行政许可设定以立法机关设定行政许可为核心，即以法律作为行政许可最基本的法律规范性文件，以行政法规和地方性法规作为具体设定依据，在许可设定领域尚未制定法律的地方，可以由行政法规和地方性法规来补充和完善。[②]

从行政许可内容来看，法律可以设立任何形式的行政许可。行政法规可设立除涉及公民人身自由以外的、法律尚未设立的其他许可事项。地方性法规、规章不得设立应当由国家统一确定的公民、法人或者其他组织的资格、资质的行政许可；不得设定企业或

---

① 如《行政许可法》第十五条规定：尚未制定法律、行政法规和地方性法规的，因行政管理的需要，确需立即实施行政许可的，省、自治区、直辖市人民政府规章可以设定临时性的行政许可。

② 参见应松年：《行政法与行政诉讼法学》（第二版），183页。

者其他组织的设立登记及其前置性行政许可。其设定的行政许可，不得限制其他地区的个人或者企业到本地区从事生产经营和提供服务，不得限制其他地区的商品进入本地区市场。[①] 国务院部门规章和其他行政规范性文件不得设立行政许可，只能在上位法设定的行政许可事项范围内，对实施行政许可的具体条件、程序、期限等作出具体规定。

总之，设定行政许可，应当遵循经济和社会发展规律，有利于发挥公民、法人或者其他组织的积极性、主动性，维护公共利益和社会秩序，促进经济、社会和生态环境协调发展。

2. 行政许可的分类

根据不同的标准，可将行政许可作如下分类：

(1) 一般许可与特殊许可。

以行政许可的范围为标准，可将行政许可分为一般许可与特殊许可。一般许可，是指行政机关确认行政相对人是否具备从事某种特定活动的条件的行为，对被许可人的数量通常没有限制，其主要功能是防止危险、保障安全，如卫生许可、营业许可、驾驶许可等。特殊许可，是指行政机关向被许可人授予某种权利时，除要求被许可人符合一般许可条件外，还规定有对被许可人的某种限制，其主要功能是维护公共利益，分配稀缺资源，对被许可人的数量通常都有严格的限制，如持枪许可、猎捕许可、特殊矿产开采许可等。

(2) 排他性许可与非排他性许可。

以对许可事项所享有的权利程度为标准，可将行政许可分为排他性许可与非排他性许可。排他性许可，是指某相对人在获得某项许可后，其他任何人和组织均不能再获得该项许可，如专利许可、商标许可、土地使用许可等。非排他性许可，是指凡符合条件的相对人均可申请获得的许可，如驾驶许可、营业许可、准生许可等。

(3) 权利性许可与附义务许可。

以许可是否附有附加义务为标准，可将行政许可分为权利性许可与附义务许可。权利性许可，是指被许可人可自由放弃被许可的权利，并且不因此承担任何法律责任的许可，如排污许可、猎捕许可、持枪许可等。附义务许可，是指被许可人在获得许可的同时，亦承担一定期限内从事被许可事项的义务，否则要承担一定的法律责任，如营业许可、专利许可、商标许可等。[②]

(4) 独立许可与附文件许可。

以行政许可所需书面文件的不同为标准，可将行政许可分为独立许可与附文件许可。独立许可，是指单独的许可证已包含了行政许可的全部内容，无须其他附加的文书作补充说明，如卫生许可证、驾驶执照等。附文件许可，是指除许可证外，还需其他附加文书对许可的内容作进一步的补充说明，如专利证书需要附专利说明、商标证书需要附商标图样

---

① 参见《行政许可法》第十五条。

② 如《企业法人登记管理条例》规定：企业在取得营业执照一年内应当开展经营活动，否则工商部门有权吊销其营业执照；《专利法》规定：专利权人，自取得专利之日起满三年，无正当理由不履行实施专利义务的，专利机关根据具备实施条件的单位的申请，可以给予其实施专利的强制许可。

等。当相对人从事被许可的活动时，除了必须持有许可证外，还必须同时持有该证件的附加文书。

(5) 长期性许可与期限性许可。

以许可的期限为标准，可将行政许可分为长期性许可与期限性许可。长期性许可，是指申请人获得许可证后，只要不放弃，或者不因法定事由被注销，该许可将长期持续有效。一般而言，行政许可大多属于长期许可，如营业许可、驾驶许可、生产许可、销售许可等皆是于长期许可。期限性许可，是指只在一定期限内有效，逾期失效的许可，如林木采伐许可、捕鱼许可、商标许可等。

除上述几种分类方法外，还存在其他分类方法。例如以行政许可的目的为标准，可将行政许可分为保障公共安全的许可、保障人民健康的许可、维护社会良好风尚的许可、维护交通安全的许可等。以行政管理的内容为标准，行政许可又可分为公共行政许可、工商行政许可、卫生行政许可、环保行政许可、农业行政许可、城建行政许可等。①

5.3.3 行政许可的实施与监督

1. 行政许可的实施机关

行政许可的实施机关，即行政许可的主体，是指基于相对人的申请，对相对人的申请进行审查从而决定是否准许或者认可相对人所申请的活动或资格的行政机关和法律法规授权的组织。它是行政主体概念在行政许可活动领域中的具体表现形式。② 根据《行政许可法》规定，我国行政许可的实施机关主要有三类：行政机关、法律法规授权组织和行政机关委托的组织。

行政机关是行政许可的实施机关中最重要的一种类型，但并非所有的行政机关都具备行政许可的主体资格。行政机关成为行政许可主体的条件是：能够履行外部行政行为、具有行政主体资格以及有法律、法规明确授予其行政许可权。具有管理公共事务的职能，是法律、法规授权组织成为行政许可主体的前提，在法定授权范围内，授权组织以自己的名义实施行政许可。行政机关在其法定职权范围内，依照法律、法规、规章的规定，可以委托其他行政机关实施行政许可。委托机关应当将受委托行政机关和受委托实施行政许可的内容予以公告。委托行政机关对受委托行政机关实施行政许可的行为应当负责监督，并对该行为的后果承担法律责任。受委托行政机关在委托范围内，以委托行政机关名义实施行政许可；不得再委托其他组织或者个人实施行政许可。

2. 行政许可的实施程序

行政许可的实施程序是指行政许可的实施机关从受理行政许可申请到作出准予、拒绝、中止、收回、撤销行政许可等决定的步骤、方法和时限的总称。③ 行政许可的实施程序设置是否适当，是保障申请人合法权益、保证行政管理高效便民、防止行政机关及其工

① 参见胡建淼：《行政法学》（第二版），256 页。

② 参见罗豪才、湛中乐：《行政法学》（第二版），192 页。

③ 参见汪永清：《中华人民共和国行政许可法释义》，89 页，北京，中国法制出版社，2003。

作人员权力寻租的关键。

我国的《行政许可法》对行政许可实施程序的各个环节作出了详细的规定，其中包括行政许可的申请与受理、审查与决定、期限、听证、变更和延续等各个方面。行政许可实施的一般规定程序如图 5-1 所示。

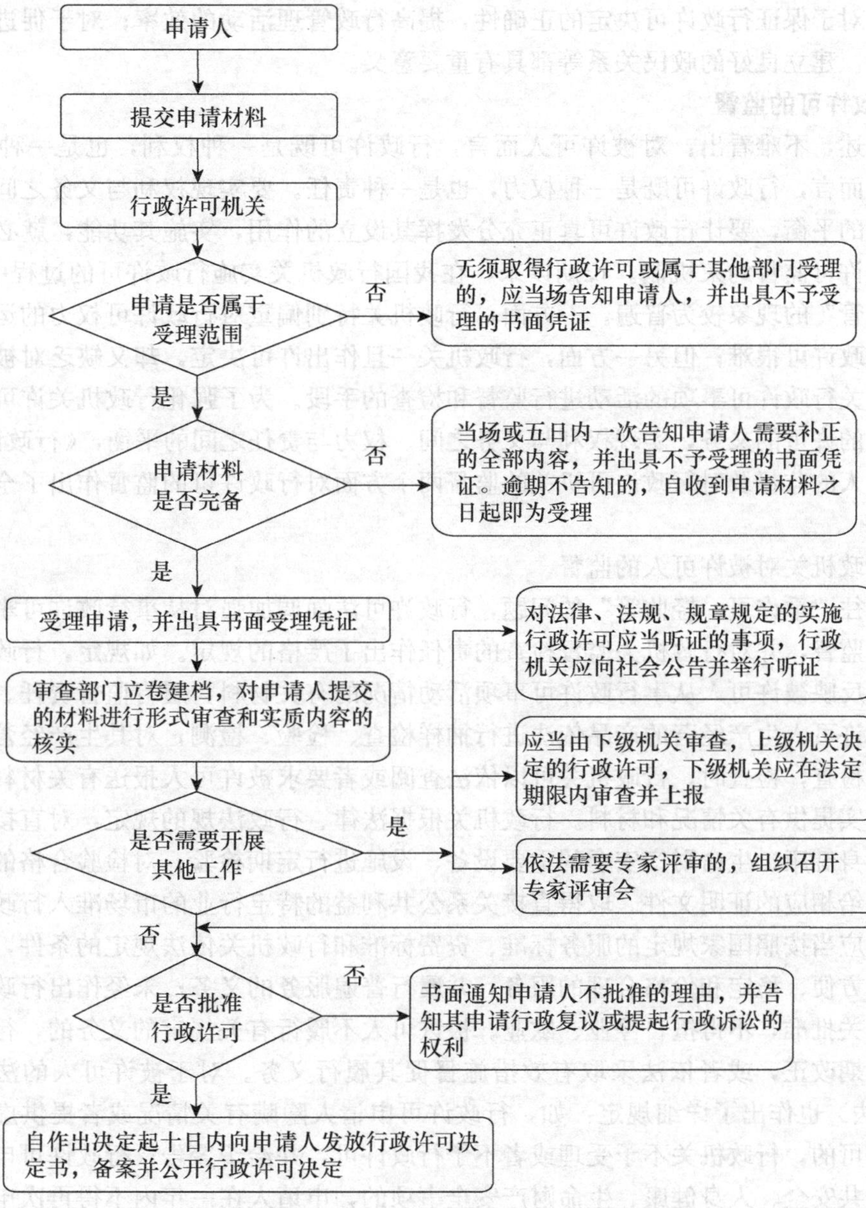

图 5-1　行政许可实施的一般规定程序

一般规定程序适用于普通行政许可，对于某些特定的行政许可实施程序，如特许、认可、核准、登记等，除了要求其遵循行政许可实施的一般规定程序外，行政许可法还对其作出了特别的规定：对有数量限制的特许类行政许可，行政机关应当通过招标、拍卖等公平竞争的方式作出决定；对赋予公民特定资格类的行政许可，要举行考试；对核准类行政许可，行政机关应当按照技术标准、技术规范依法对申请人进行检验、检测、检疫，并根据检验、检测、检疫的结果作出行政许可决定；对登记类行政许可，申请人提交的申请材料齐全、符合法定形式的，行政机关应当当场予以登记，等等。[①]

《行政许可法》对行政许可实施程序的规定，对于规范行政许可行为，防止行政机关滥用权力；对于保证行政许可决定的正确性，提高行政管理活动的效率；对于促进公众参与行政管理，建立良好的政民关系等都具有重要意义。

3. 行政许可的监督

如前所述，不难看出：对被许可人而言，行政许可既是一种权利，也是一种义务[②]；对行政机关而言，行政许可既是一种权力，也是一种责任。要实现权利与义务之间、权力与责任之间的平衡，要让行政许可真正充分发挥其设立的作用，实施其功能，就必须要有健全的行政许可监督约束机制。长期以来，在我国行政机关实施行政许可的过程中，“重许可、轻监管”的现象较为普遍。一方面，行政机关特别偏重对行政许可权力的运用，申请人获得行政许可很难；但另一方面，行政机关一旦作出许可决定，却又缺乏对被许可人违法从事有关行政许可事项的活动进行监督和检查的手段。为了强化行政机关许可的责任和被许可人的许可的义务，实现权利与义务之间、权力与责任之间的平衡，《行政许可法》从对被许可人的监督及对行政许可机关的监督两个方面对行政许可的监督作出了全面而详细的规定。[③]

（1）行政机关对被许可人的监督。

针对以往“重许可、轻监管”的问题，行政许可法强调加强对从事行政许可事项活动的相对人的监督，并对行政机关监督检查的责任作出了严格的规定。如规定，行政机关应当通过核查反映被许可人从事行政许可事项活动情况的有关材料，履行监督责任。行政机关可以对被许可人生产经营的产品依法进行抽样检查、检验、检测，对其生产经营场所依法进行实地检查，检查时，行政机关可以依法查阅或者要求被许可人报送有关材料，被许可人应当如实提供有关情况和材料。行政机关根据法律、行政法规的规定，对直接关系公共安全、人身健康、生命财产安全的重要设备、设施进行定期检验；对检验合格的，行政机关应当发给相应的证明文件。取得直接关系公共利益的特定行业的市场准入行政许可的被许可人，应当按照国家规定的服务标准、资费标准和行政机关依法规定的条件，向用户提供安全、方便、稳定和价格合理的服务，并履行普遍服务的义务；未经作出行政许可决定的行政机关批准，不得擅自停业、歇业。被许可人不履行有关规定的义务的，行政机关可以责令限期改正，或者依法采取有效措施督促其履行义务。对于被许可人的法律责任《行政许可法》也作出了详细规定：如，行政许可申请人隐瞒有关情况或者提供虚假材料申请行政许可的，行政机关不予受理或者不予行政许可，并给予警告；行政许可申请属于直接关系公共安全、人身健康、生命财产安全事项的，申请人在一年内不得再次申请该行

① 参见《行政许可法》第四章第六节“特别规定”。

② 从义务的角度来说，与没有取得行政许可的人相比，被许可人在取得行政许可后即负有始终保持法律规定的条件、义务和法律法规以及行政许可决定中规定的其他义务（参见汪永清主编：《中华人民共和国行政许可法释义》，199页）。

③ 参见《行政许可法》第六章“监督检查”；第七章“法律责任”。

政许可。被许可人以欺骗、贿赂等不正当手段取得行政许可的，行政机关应当依法给予行政处罚；取得的行政许可属于直接关系公共安全、人身健康、生命财产安全事项的，申请人在三年内不得再次申请该行政许可；构成犯罪的，依法追究刑事责任。同时，《行政许可法》还规定，被许可人有下列行为之一的，行政机关应当依法给予行政处罚；构成犯罪的，依法追究刑事责任：1）涂改、倒卖、出租、出借行政许可证件，或者以其他形式非法转让行政许可的；2）超越行政许可范围进行活动的；3）向负责监督检查的行政机关隐瞒有关情况、提供虚假材料；4）拒绝提供反映其活动情况的真实材料的；5）法律、法规、规章规定的其他违法行为。对于未经行政许可，而擅自从事依法应当取得行政许可的活动的公民、法人或者其他组织，行政机关应当依法采取措施予以制止其行为，并依法给予行政处罚；构成犯罪的，依法追究刑事责任。

（2）行政机关对行政许可机关的监督。

《行政许可法》规定：上级行政机关应当加强对下级行政机关实施行政许可的监督检查，及时纠正行政许可实施中的违法行为。这是行政机关内部在实施行政许可方面所进行的层级监督。同时，《行政许可法》还规定：行政机关实施行政许可，有下列情形之一的，由其上级行政机关或者监察机关责令改正，对直接负责的主管人员和其他直接责任人员依法给予行政处分；构成犯罪的，依法追究刑事责任：对符合法定条件的行政许可申请不予受理的；不在办公场所公示依法应当公示的材料的；在受理、审查、决定行政许可过程中，未向申请人、利害关系人履行法定告知义务的；不一次完整告知申请人申请材料的内容和形式的；未依法说明不予行政许可的理由的；依法应当举行听证而不举行听证的。此外，《行政许可法》还特别强调了行政许可的公正与效率问题，规定：对于行政机关工作人员办理行政许可、实施监督检查，索取或者收受他人财物或者谋取其他利益的；对于行政机关不依法履行监督职责或者监督不力，造成严重后果的；构成犯罪的，将依法追究刑事责任；尚不构成犯罪的，将依法给予行政处分。如行政机关违法实施行政许可，给当事人的合法权益造成损害的，应当依照国家赔偿法的规定给予赔偿。[①]

5.3.4　我国行政许可制度的改革与发展

行政许可是国家行政管理的重要手段，通常人们也把它称为“行政审批”。与其他具体行政行为相比，行政许可最大的特点是具有事前控制性。作为行政机关依法对社会、经济事务实行事前监管的重要手段，行政许可对于保障公民的合法权益、加强经济宏观的调控以及保护并合理分配有限的社会资源等，都具有十分重要的作用。然而，行政许可是一把“双刃剑”，其功能既有积极的一面也有消极的一面，如果设置、运用不当，难免会产生弊端。在我国，由于受计划经济管理模式的长期影响，在市场经济建立的过程中，“我们的行政管理还是习惯于事先控制，行政许可渗透到社会关系的各个领域，以致到了每办一件事都要得到许可，有的办一件事甚至需要几十个乃至数百个许可的地步”[②]。由于行政

① 参见《行政许可法》第七章“法律责任”。

② 童卫东：《行政许可法的立法背景及主要内容》，载《中国工商管理研究》，2003（12）。

许可设置过多、过滥，许可的主体、权限和程序也不明确，行政机关实施行政许可，往往只有权力、没有责任，既不考虑申请人或其他利害人的意见，也不关注行政许可的实际实施效能，“暗箱操作”“权力寻租”的现象屡见不鲜。

随着我国市场经济建设的逐步深入和加入世界贸易组织，原有的行政许可制度在一定程度上已经成为转变政府职能、规范政府行为、建设法治政府的一个障碍。2000 年 11 月，国务院召开了深化行政审批制度改革的专门会议，对如何规范审批行为、减少行政审批事项的问题进行讨论，朱镕基总理亲自与会讲话，督促各地行动。2001 年 9 月国务院成立了行政审批制度改革工作领导小组，并对全国范围内的行政审批制度改革工作作出了统一部署。2002 年至 2007 年，国务院先后四次取消和调整审批项目，共 1 992 项。占总数的一半以上。与此同时，各省、自治区、直辖市也都开展了行政审批制度改革，绝大多数省、自治区、直辖市对行政审批项目进行了清理和处理，实现了大幅减少行政审批事项的目标。通过几个批次的清理，我国行政审批制度改革工作取得了明显成效，廉政建设得到加强，工作的效能得到提高，企业和群众办事也更加便捷。

为了进一步完善我国的行政许可制度，巩固行政审批制度改革和政府机构改革的成果，2003 年 8 月 27 日，十届全国人大常委会第四次会议通过了《行政许可法》。该法按照合法与合理的原则、效能与便民的原则、监督与责任的原则对行政许可的设定范围，设定权作出了明确规定，并确立了一次告知制度、申请人陈述和申辩制度、说明理由制度、听证制度、期限制度、相对集中行政许可权制度、“窗口式”办公制度、行政机关对被许可人的监督检查制度、实施行政许可的责任制度等，对行政许可的设立和实施程序进行规范。应当说，《行政许可法》的制定和实施是我国行政许可制度建设的里程碑，它不仅是对原有行政许可制度的根本性改变，更是对旧有的行政管理理念和管理方式的根本变革。全面贯彻、正确实施《行政许可法》，并以此促进行政机关严格依法行政，是目前各级政府的一项重要职责，也是行政法制建设和政府职能转变的一项重要任务。

阅读与思考

小灵通退市，政府部门不能回避

2009 年初，某政府部门发布《某部关于 1900—1920MHz 频段相关事宜的通知》，其中关于“1900—1920MHz 频段应在 2011 年年底前完成清频退网工作”等内容是针对“无线电频率分配”的决定。明确要求所有 1900—1920MHz 频段无线接入系统应在 2011 年年底前完成清频退网工作。这也意味着小灵通将在 3 年内彻底退网。小灵通于 1996 年开始进入我国市场，13 年来，全国用户最多时达 9 000 多万，特别是在中西部地区，小灵通拥有相当规模的用户群。近年来，小灵通用户数呈现下降趋势，据统计数据显示，全国小灵通用户数已由 2006 年的 9 000 多万降至 2008 年年底的近 7 000 万户。尽管如此，“小灵通 3 年内退市”的消息发布后，据网上调查显示，超过 75%的被调查者表示愿意继续使用小灵通。

资料来源：沈福俊等：《行政法与行政诉讼法：案例与图表》，158页，北京，法律出版社，2010。

【阅读思考】

请分析案例中政府部门的行为是否具有合法性，说明理由。

行政许可实施的一般程序是什么？

5.4 行政裁决

5.4.1 行政裁决的概念与特征

1. 行政裁决的概念

行政裁决是行政机关在行政管理过程中经常被运用的一种裁决方式，同时也是法律条文中经常涉及的一个概念，国内有学者将它界定为一种行政司法行为。[①] 也有学者做了更为明确的界定，认为它是行政主体从维护行政管理秩序出发，解决平等主体之间民事纠纷的一种具体行政行为。[②] 综合学者们的观点，本书对行政裁决作如下概念界定：行政裁决是行政机关依照法律授权，以中间人的身份，对行政相对人之间所发生的、与行政管理密切相关的、特定的民事纠纷进行审查和裁决的具体行政行为。

2. 行政裁决的特征

（1）行政裁决的主体是法律、法规授权的特定的行政机关。也就是说，并非所有的行政机关都能成为行政裁决的主体，行政机关只有在法律、法规明文授权的前提下才能享有行政裁决的权力。如《专利法》第六十二条规定：“取得实施强制许可的单位或者个人应当付给专利权人合理的使用费……其数额由双方协商；双方不能达成协议的，由国务院专利行政部门裁决。”

（2）行政裁决的对象是特定的民事纠纷。行政裁决的对象是平等主体的公民、法人和其他组织之间发生的民事、经济纠纷（合同纠纷除外）[③]，而不是非平等主体之间的行政纠纷。在我国，民事纠纷一般由法院负责裁判，行政机关通常无权对民事纠纷进行裁决。但在特定的情况下，为了实现行政管理目标，也为了避免相对人累于法院烦琐而复杂的诉讼程序，法律特别规定了行政机关对个别种类的民事案件予以裁决的权力。一般而言，行政裁决只能适用于与行政管理密切相关的，限于行政机关法定管理事项的民事纠纷。如，商标、专利等知识产权领域的权属纠纷；土地、矿产、森林等自然资源的权属纠纷等。

（3）行政裁决适用程序的性质是行政程序。虽然行政裁决程序更多地吸收和容纳了司法程序的内容，使得它与其他行政行为的程序存在一定的差异，但并没有因此改变其性质为行政程序的事实，行政程序依然是行政主体实施行政行为的程序的概称，是行政主体依

---

① 参见莫于川：《行政法与行政诉讼法》，180页。

② 参见应松年：《行政法与行政诉讼法学》（第二版），269页。

③ 平等主体的公民、法人和其他组织之间发生的合同纠纷，不属于行政裁决的范围，根据《仲裁法》规定，合同纠纷可以通过行政仲裁的方式解决。

法作出行政裁决时所遵循的步骤、顺序、方式和时限的总和。①

（4）行政裁决是一种特殊的具体行政行为。首先，行政裁决是一种具体行政行为，它是行政机关基于行政职权，针对特定的民事纠纷和特定的当事人而作出的行政行为。其次，行政裁决是一种依申请的特殊单方行政行为，一方面，行政机关实施行政裁决应当以当事人的申请为前提，没有当事人的申请，行政机关不得作出行政裁决；另一方面，行政机关在作出行政裁决时享有单方决定权，无须事先征得当事人的同意就可作出行政裁决，如当事人对裁决不服可以向法院提起诉讼。最后，行政机关在行政裁决中不是作为行政法律关系中的一方当事人，而是以中间人的身份作为第三方主体出现，对平等主体间的民事关系居中公断，因此它具有“准司法”的性质。

5.4.2 行政裁决的范围与种类

1. 行政裁决的范围

随着我国改革开放的深入和利益格局的调整，社会矛盾纠纷日益多元化、复杂化，作为一项解决社会纠纷的法律制度，行政裁决发挥着越来越重要的作用。从目前法律、法规的规定上看，行政裁决已涉及自然资源、社会治安、卫生医疗、工商、环境、计量和知识产权等众多行政管理领域。目前，对行政裁决的范围作出了明文规定的法律、法规主要有：《土地管理法》第十六条：“土地所有权和使用权争议，由当事人协商解决；协商不成的，由人民政府处理”；《邮政法》第三十五条：“用户因损失赔偿同邮政企业发生争议的，可以要求邮政企业的上级主管部门处理，对处理不服的可以向人民法院起诉；也可以直接向人民法院起诉”；《民间纠纷处理办法》第十五条、第十七条：“处理民间纠纷，应当先行调解。调解时，要查明事实，分清是非，促使当事人互谅互让，在双方当事人自愿的基础上，达成协议”，“ 经过调解后，仍达不成协议的纠纷，基层人民政府可以作出处理决定”；除此以外，《治安管理处罚法》《草原法》《专利法》《商标法》《森林法》《著作权法》《计量法》《食品卫生法》《环境保护法》《医疗事故处理条例》等也对行政裁决的内容作出了规定。

2. 行政裁决的种类

从法律设定的行政裁决的范围来看，我国的行政裁决主要包括以下几种类型：

（1）权属纠纷裁决。权属纠纷是指双方当事人因某一财产的所有权或者使用权的归属发生争议，如土地、森林、水、矿产等自然资源归属的争议，以及商标、专利、著作、唱片等知识产权归属的争议。对于涉及与行政管理相关的某一财产的权属纠纷，当事人可以依法请求有关行政机关作出裁决。②行政机关对民事权属纠纷的裁决，也被称为“行政确权”。

（2）侵权纠纷裁决。侵权纠纷，是指因一方当事人违反法律的规定或某种义务，而对另一方的合法权益造成不法侵害时所引发的纠纷。产生侵权纠纷时，当事人可以依法申请

---

① 参见沈福俊等：《行政法与行政诉讼法：案例与图表》，225页。

② 如《森林法》第二十二条规定：“单位之间发生的林木、林地所有权和使用权争议，由县级以上人民政府依法处理。个人之间、个人与单位之间发生的林木所有权和林地使用权争议，由乡镇人民政府或者县级以上人民政府依法处理。”

相关行政机关进行裁决，从而确定侵权责任。我国目前规定侵权纠纷裁决的法律主要有《专利法》《著作权法》《商标法》等。

(3) 补偿纠纷裁决。补偿纠纷，是指一方当事人的合法行为对另一方的合法权益造成损失，而引发的双方当事人在损失补偿的方式或程度方面的争议。对于涉及与行政管理相关的补偿纠纷，双方当事人可以依法请求有关行政机关作出补偿裁决。在实践中，行政机关对由城市拆迁而引发的拆迁人与被拆迁人之间关于拆迁补偿形式和补偿金额争议的裁决；对取得实施强制许可的单位或个人与专利权人之间关于专利使用费数额争议的裁决等，均属于补偿性纠纷的裁决。

(4) 损害赔偿纠纷裁决。损害赔偿纠纷是一方当事人的合法权益受到非法侵害后，要求侵害者给予损害赔偿而引发的纠纷。与行政管理相关的合法权益受到损害的当事人，可以依法要求有关行政机关对损害赔偿纠纷作出裁决，确认赔偿责任和赔偿金额，使其受到侵害的权益得到恢复或赔偿。如食品卫生、药品管理、环境保护、医疗卫生、产品质量、社会福利、自然资源利用、知识产权、物价管理等方面的某些损害赔偿纠纷，根据法律规定都可以采用行政裁决的方式来解决。

应当注意的是，以上几种纠纷裁决之间往往是具有内在联系的，在某些情况下，它们是同一行政裁决行为的不同环节。

5.4.3　行政裁决的程序

行政裁决的程序是指有关行政机关裁断纠纷必须遵循的步骤和方式。我国目前的法律、法规，没有对行政裁决程序加以统一规范，只是零星规定于相关的法律、法规之中。但作为一种具有约束力和强制力的准司法行为，行政裁决同样需要遵循一定的程序，以确保纠纷能够得到公正有效的解决。一般而言，行政裁决的程序应当包括以下几个步骤：

(1) 申请。行政裁决以当事人的申请为前提，当事人认为自己的合法权益受损而与对方当事人发生纠纷时，应当在法定期限内向有管辖权的行政机关提出书面裁决申请，申请书应写明纠纷双方当事人的姓名、住址、请求裁决的事项及所根据的事实、理由等。

(2) 受理。行政机关在收到申请后，应当对申请作出初步审查，对于符合申请条件的，行政机关应当予以受理；对于不符合申请条件的，行政机关应当及时告知申请人，并说明不受理的理由。

(3) 调查、审理。行政机关通过实地考察或向当事人以外的其他人进行询问等方式，对纠纷的事实和证据进行查证核实，并采用听证、对质等形式，弄清事实、辩明是非。

(4) 调解、裁决。行政机关在作出裁决前，通常先依法对争议双方进行调解，当事人自愿调解的，行政机关应当调解。调解不成的，行政机关则依法作出裁决。

(5) 执行。行政机关依法作出裁决后，裁决即产生法律效力，当事人对行政裁决在法定期限内不提起诉讼又不履行的，行政机关可以申请法院强制执行，或依法强制执行。①

阅读与思考

《关于健全行政裁决制度加强行政裁决工作的意见》出台

中共中央办公厅、国务院办公厅印发了《关于健全行政裁决制度加强行政裁决工作的意见》(以下简称《意见》),并发出通知,要求各地区各部门结合实际认真贯彻落实。

《意见》指出,行政裁决是行政机关根据当事人申请,根据法律法规授权,居中对与行政管理活动密切相关的民事纠纷进行裁处的行为。行政裁决具有效率高、成本低、专业性强、程序简便的特点,有利于促成矛盾纠纷的快速解决,发挥化解民事纠纷的"分流阀"作用。

《意见》强调,行政裁决工作要以习近平新时代中国特色社会主义思想为指导,深入贯彻党的十九大和十九届二中、三中全会精神,按照坚持依法治国、依法执政、依法行政共同推进,坚持法治国家、法治政府、法治社会一体建设的要求,建立健全通过行政裁决化解矛盾纠纷的制度,逐步形成党委领导、政府负责、各职能部门为主体的行政裁决工作体制,为促进人民安居乐业、社会公平正义、国家长治久安提供有力保障。

《意见》指出,要切实履行裁决职责,重点做好自然资源权属争议、知识产权侵权纠纷和补偿争议、政府采购活动争议等方面的行政裁决工作,更好地为经济社会发展服务。要创新工作方式,大力推广现代信息技术在行政裁决工作中的运用。要适时推进行政裁决统一立法,以法律或者行政法规的形式对行政裁决制度进行规范。要建立行政裁决告知制度,健全行政裁决救济程序的衔接机制。要加强行政裁决调解工作,在行政裁决纠纷多发领域,探索建立"一站式"纠纷解决服务平台,切实减轻人民群众在依法维权中的负担。

《意见》要求,地方各级党委要充分发挥在矛盾纠纷化解中的领导作用,承担行政裁决职责的行政机关要把健全行政裁决工作机制作为推进法治政府建设的重要抓手,纳入本地区本部门法治政府建设考核评价体系。各地区各部门要加强行政裁决工作队伍建设,积极探索行政裁决工作队伍专业化、职业化发展模式。要大力宣传行政裁决制度,上级行政机关要加强对下级行政机关行政裁决工作的督促、检查和指导。司法部要加强对行政裁决工作的综合协调和督促落实,适时组织对本意见实施情况进行评估,及时发现问题并提出建议。

资料来源:《中共中央办公厅 国务院办公厅印发〈关于健全行政裁决制度加强行政裁决工作的意见〉》,载中国政府网,2019-06-02。

【阅读思考】

(1) 行政裁决的范围有哪些?

(2) 健全行政裁决制度加强行政裁决工作有何必要性?

---

① 依据《行政诉讼法》第九十七条的规定:"公民、法人或者其他组织对具体行政行为在法定期限内不提起诉讼又不履行的,行政机关可以申请人民法院强制执行,或者依法强制执行。"

5.5　行政处罚

5.5.1　行政处罚的概念

1. 行政处罚的概念与特征

第八届全国人民代表大会第四次会议于1996年3月17日通过《中华人民共和国行政处罚法》，建立了行政处罚的基本法律制度，目的是惩戒违法行为并加以制裁。根据《行政处罚法》的相关规定，本书对行政处罚作如下界定：行政处罚是指特定的行政主体依法对违反行政管理秩序而尚未构成犯罪的行政相对人予以行政制裁的具体行政行为。行政处罚具有以下法律特征：

（1）行政处罚的主体、种类、范围和程序都必须是法定的。首先，行政处罚的主体应当是法律、法规明确规定的拥有行政处罚权的行政机关或其他行政主体；其次，行政处罚的设定与实施均只能限于行政主体的法定职权范围，越权无效。行政处罚权的实施权，大多由行政机关或法律法规授权组织行使，在行政机关依法委托的情况下，也可以由被委托的组织行使。

（2）行政处罚是对行政相对人违反行政管理秩序但尚未构成犯罪的行为的制裁。也就是说行政相对人的行为违反的是行政法律规范，而并非违反其他法律，没有构成犯罪，这是行政处罚与刑事制裁、民事制裁的重要区别。

（3）行政处罚是一种惩戒性的行政执法行为。行政处罚为相对人设定的是一种法律责任，而不是一般性的义务。行政主体实施行政处罚，对违法相对人的权益进行限制或剥夺，其目的是使其今后不再重犯，而并非以实现义务为目的。

2. 行政处罚与相关概念的区别

（1）行政处罚与行政处分。

行政处分是行政主体基于行政隶属关系，对有违纪、失职行为但尚不构成犯罪的工作人员的一种纪律制裁。行政处分与行政处罚的区别如表5-4所示。

表5-4　行政处分与行政处罚的区别

	主体资格	适用关系	采用的形式	法律依据	行为性质	法律救济
行政处分	一般行政机关	行政隶属关系	一般有六种：警告、记过、记大过、降级、撤职、开除	有关行政机关工作人员的法律规范如《公务员法》《行政检查法》等	内部行政行为	内部申诉
行政处罚	法律、法规规定的特定行政机关	行政管辖关系（主要是地域管辖）	无统一规定，形式多样，如：罚款、没收、暂扣或吊销许可证照、行政拘留、责令停产停业等	有关行政管理的法律规范如《土地管理法》《环境保护法》《治安管理处罚法》等	外部行政行为	行政复议和行政诉讼

（2）行政处罚与刑事处罚。

行政处罚与刑事处罚之间具有一定的联系，一是某些违反行政管理秩序的行为既可能是行政处罚的对象也可能是刑事处罚的对象；二是从责任上看两者具有衔接性，行政处罚针对的是尚未构成犯罪的行政违法行为，构成犯罪的则适用刑事处罚。行政处罚与刑事处罚之间的区别如表 5－5 所示。

表 5－5　行政处罚与刑事处罚的区别

	实施主体	处罚对象	采用形式	行为性质
刑事处罚	国家司法机关——人民法院	违反刑事法律规范的犯罪分子	统一由刑法规定，共五种主刑，五种附加刑，如管制、拘役、有（无）期徒刑、剥夺政治权利、罚金等	司法行为
行政处罚	具有外部管理权限的行政机关或法律法规授权组织	违反行政法律规范的行政相对人	无统一规定，形式多样，如罚款、没收、暂扣或吊销许可证照、行政拘留、责令停产停业等	行政行为

（3）行政处罚与行政强制执行。

行政强制执行，是指公民、法人或其他组织拒不履行法律规定义务或行政决定设定的新的义务，行政机关或人民法院依法采取强制措施，迫使其履行义务的具体行政行为。行政强制执行与行政处罚都是行政主体对违反行政法律规范的行为所采取的以国家强制力为后盾的具体行政行为，二者虽然具有某种承接关系，但也存在明显的区别（见表 5－6）。

表 5－6　行政处罚与行政强制执行的区别

	实施主体	目的	性质
行政强制执行	行政机关、法律法规授权组织、人民法院	促使被强制人履行法定义务	不对行政相对人科以义务，而只是迫使其履行法定义务的执行行为
行政处罚	行政机关、法律法规授权组织	惩戒行政违法行为	是对行政违法的行政相对人科以义务的行政法律制裁行为

5.5.2　行政处罚的种类与原则

1. 行政处罚的种类

我国行政处罚的种类由法律、行政法规设定。法律可以根据需要设定任何一种行政处罚；在符合已有法律规定的前提下，行政法规可以设定除限制人身自由以外的行政处罚；在符合已有法律、行政法规规定的前提下，地方性法规可以设定除限制人身自由和吊销营业执照以外的行政处罚；规章只能设定警告或一定数额的罚款的行政处罚；行政机关制定的其他规范性文件不得设定行政处罚。根据《行政处罚法》和现行法律、法规的规定，行政处罚主要有以下几种类型：

（1）警告。它是行政主体对违反行政法律规范的公民、法人或者其他组织给予告诫，使其认识错误不再重犯的一种行政处罚。警告适用于违反行政法律规范情节轻微、对社会危害程度不大的行为人，它通过对违法者的名誉、荣誉、信誉等施加影响，使其纠正违法，避免再犯，因而它既具有教育性质又具有一定的处罚性。警告属要式行政行为，应当以书面形式作出。

（2）罚款。它是行政相对人违反行政法律规范时，行政主体强迫其在一定期限内缴纳一定数额金钱的一种行政处罚。罚款是目前在行政执法活动中运用得最为广泛的行政处罚措施之一。罚款的数额或幅度通常由法律、法规和规章规定。

（3）没收违法所得、没收非法财物。它是行政主体依据有关法律、法规，把违法当事人的违法所得和非法财产的财产所有权予以最终剥夺的一种行政处罚。

（4）责令停产停业。它是指行政主体禁止违反行政法律规范的当事人在一定期限内停止生产或经营的一种处罚方式。责令停产停业是一种严厉的行政处罚，它往往会对生产经营者的物质利益造成比较大的损失，通常只适用于较为严重的违法行为。

（5）暂扣或者吊销许可证、执照。它是行政主体依法暂时扣留或者撤销违反行政法律规范的当事人从事某种活动的权利或资格的证书一种行政处罚。许可证、执照是公民与其他组织从事某些活动的权利或资格凭证，暂扣或吊销当事人的许可证、执照实际上也就是在限制或剥夺他们从事某种活动的资格。

（6）行政拘留。是国家公安机关或者安全机关对违反行政法律规范的行政相对人在一定时限内限制其人身自由的一种行政处罚。它是行政处罚中最为严厉的一种，因此只有法律才能设定行政拘留。[①] 行政拘留的期限为 1 日以上 15 日以下。

（7）法律、行政法规规定的其他行政处罚。除上述六种行政处罚外，法律、行政法规还可以根据需要创设其他形式的行政处罚，如驱逐出境、通报批评、撤销注册商标、责令改正或限期改正等。

总的来说，行政处罚的种类很多，既有《行政处罚法》的统一规定，也有其他法律、法规的分散规定。如果从行政法学理论上对其作出类型划分，大致有四种类型：第一类，人身罚，主要是指行政主体对违法当事人实施的限制或剥夺其人身自由权的处罚，如行政拘留等；第二类，财产罚，是指行政主体剥夺违法当事人某些财产的所有权的行政处罚，如罚款、没收违法所得和非法财物等；第三类，行为罚，亦称能力罚，是指行政主体限制或剥夺违法当事人某种行为能力和资格的处罚，如责令停产停业与暂扣或吊销许可证、执照等；第四类，声誉罚，是指行政主体对违法当事人的名誉、荣誉、信誉等施加不利影响，以示告诫，使其不再违法的处罚形式，如警告、通报批评等。

2. 行政处罚的原则

行政处罚的原则是行政主体设定和实施行政处罚所必须遵守的基本准则。它贯穿于行政处罚设定与实施的全过程，对于指导和规范行政主体的行政处罚行为具有十分重要的意义。

（1）处罚法定原则。其基本含义是：第一，处罚设定权法定，《行政处罚法》规定只有法律、法规和规章能够设定行政处罚，其他规范性文件不得设定行政处罚[②]；第二，处罚主体与职权法定，没有法律、法规明确授权的任何组织或个人不得行使行政处罚权，行

① 目前对行政拘留处罚措施作出了规定的法律主要有《国家安全法》《治安管理处罚法》《外国人入境出境管理法》《公民出入境管理条例》等。

② 参见《行政处罚法》第十二条至第十六条。

政处罚由具有行政处罚权的行政机关在法定职权范围内实施；第三，处罚依据的法定性，行政处罚的实施必须有法律、法规或规章的规定为依据，无论何种行为，法无明文规定者不处罚；第四，处罚种类、内容和程序的法定性，即实施行政处罚采用的形式必须适用得当，在实体合法的前提下程序也必须合法，否则行政处罚无效。

（2）行政处罚公正、公开原则。这一原则要求行政处罚应当公平公正，没有偏私，设定和实施行政处罚必须以事实为依据，与违法行为的事实、性质、情节以及社会危害程度相当。同时，为了确保处罚的公平公正，对违法行为给予行政处罚的规定必须公布；未经公布的，不得作为行政处罚的依据。

（3）处罚与教育相结合的原则。行政处罚作为一种惩戒手段，其目的不仅是为了对违法当事人实施制裁，同时也是为了教育违法者知法守法。因此，实施行政处罚，纠正违法行为，应当坚持处罚与教育相结合，教育公民、法人或者其他组织自觉守法。

（4）处罚救济原则。行政主体对违法当事人实施行政处罚时，应当告知当事人享有救济权利，可依法申请行政复议或者提起行政诉讼，否则不能实施行政处罚。《行政处罚法》规定的行政处罚相对人的救济权利有：陈述权、申辩权、申请复议权、提起行政诉讼和请求赔偿权等。[①] 处罚救济原则是保证行政处罚合法、公正行使的事后补救措施。

（5）职权分离原则。为了确保行政处罚的合法性和防止腐败，行政处罚的调查、检查人员和行政处罚的决定人员应当分离；听证主持人员应当与本案人员相分离；除法律规定应该当场收缴的罚款外，罚没款的决定机关与收缴机构相分离。[②]

（6）一事不再罚原则。对行政相对人的同一个违法行为，原则上只能给予一次行政处罚，禁止多头处罚和重复处罚。如违法行为构成犯罪的，行政机关必须将案件移送司法机关，依法追究刑事责任；人民法院判处拘役或者有期徒刑时，行政机关已经给予当事人行政拘留的，应当依法折抵相应刑期；人民法院判处罚金时，行政机关已经给予当事人罚款的，应当折抵相应罚金。[③]

5.5.3　行政处罚的管辖与适用

1. 行政处罚的管辖

行政处罚的管辖是指确定对某一行政违法行为应由哪一级或者哪一个行政机关实施处罚的法律制度。确定管辖权是正确实施行政处罚的前提和基础，只有明确对行政违法案件的管辖权，才能有效地对违法行为予以制裁，才能防止处罚主体越权处罚或者重复处罚，才能使行政处罚主体受到有效的监督和约束，提高处罚主体的工作效率。

《行政处罚法》第二十三条对行政处罚的管辖问题作出了规定："行政处罚由县级以上地方人民政府具有行政处罚权的行政机关管辖。法律、行政法规另有规定的，从其规定。"这一规定包括了行政处罚管辖的两个方面的内容：首先，在级别管辖方面，以县级以上地方人民政府管辖为原则，县以下的行政机关一般没有行政处罚案件的管辖权，如法律、行

① 参见《行政处罚法》（2021 年修订）第七条。
② 参见《行政处罚法》（2021 年修订）第六十七条。
③ 参见《行政处罚法》（2021 年修订）第三十五条。

政法规有特别规定，则依据法律法规的特别规定进行管辖。如《行政处罚法》第二十四条规定："省、自治区、直辖市根据当地实际情况，可以决定将基层管理迫切需要的县级人民政府部门的行政处罚权交由能够有效承接的乡镇人民政府、街道办事处行使，并定期组织评估。决定应当公布。"其次，在职能管辖方面，由人民政府具有相应行政处罚权的行政机关管辖，即必须是享有行政处罚权的行政机关。此外，《行政处罚法》第二十五条和第二十七条还对行政处罚的多重管辖、管辖权争议、指定管辖、管辖权移送等问题作出了规定：两个以上行政机关都有管辖权的，由最先立案的行政机关管辖。对管辖发生争议的，应当协商解决，协商不成的，报请共同的上一级行政机关指定管辖；也可以直接由共同的上一级行政机关指定管辖。违法行为涉嫌犯罪的，行政机关应当及时将案件移送司法机关，依法追究刑事责任。对依法不需要追究刑事责任或者免予刑事处罚，但应当给予行政处罚的，司法机关应当及时将案件移送有关行政机关。行政处罚实施机关与司法机关之间应当加强协调配合，建立健全案件移送制度，加强证据材料移交、接收衔接，完善案件处理信息通报机制。

2. 行政处罚的适用

行政处罚的适用是行政处罚主体在认定相对方行为违法的基础上，依照行政法律规范规定的原则和具体方法决定对行政相对人是否给予行政处罚和如何科以行政处罚的一种行政执法活动。

（1）行政处罚适用的条件。

1）行政处罚适用的前提条件。是公民、法人或其他组织已经实施了违法行为，违法事实已经客观存在。

2）行政处罚适用的主体条件。行政处罚的主体是享有法定的行政处罚权的行政机关或法律法规授权的组织或行政机关委托的组织。

3）行政处罚适用的对象条件。违法行为属于违反行政法规范的性质，且违法当事人具有一定的责任能力。

4）行政处罚适用的时效条件。行政处罚的时效，是指行政处罚主体对违法行为人依法追究法律责任的有效期限，如果超出这一期限，则不能再行追究。行政处罚的有效期限，从违法行为发生之日起计算；违法行为有连续或者继续状态的，从行为终了之日起计算。《行政处罚法》（2021 年修订）第三十六条对行政处罚适用的一般时效条件作出了规定："违法行为在二年内未被发现的，不再给予行政处罚"。除此以外，有些法律还对行政处罚时效作出了特别的规定，如《中华人民共和国治安管理处罚法》第二十二条规定："违反治安管理行为在六个月内公安机关没有发现的，不再处理。"

（2）行政处罚的具体量罚。

公民、法人或者其他组织违反行政管理秩序的行为，依照法律、法规或者规章规定应当给予行政处罚的，必须依法给予行政处罚。但以下几种特殊情况不予行政处罚：1）不足法定责任年龄的。《行政处罚法》第三十条规定："不满十四周岁的人有违法行为的，不予行政处罚，责令监护人加以管教"。2）不具备责任能力的。《行政处罚法》第三十一条规定："精神病人在不能辨认或者不能控制自己行为时有违法行为的，不予行政处罚，但应当责令其监护人严加看管和治疗。间歇性精神病人在精神正常时有违法行为的，应当给予行政处罚。”3）违法行为轻微并及时纠正的。《行政处罚法》第三十三条规定：“违法行为轻微并及时纠正，没有造成危害后果的，不予行政处罚。”4）紧急避险行为。为了使国家、公共利益、本人或者他人的人身、财产和其他权利免受正在发生的危险，不得已采取的紧急避险行为而违反行政法律规范的，不受处罚。5）不可抗拒或不能预见的原因引起的。行政相对人非出于故意和过失，而是因为不可抗拒或不能预见的原因导致其行为在客观上违反了行政法律规范的，不予行政处罚。

违法当事人有下列情形之一的，应当依法从轻或者减轻行政处罚：1）已满十四周岁不满十八周岁的人有违法行为的，从轻或者减轻行政处罚；2）主动消除或者减轻违法行为危害后果的；3）受他人胁迫有违法行为的；4）配合行政机关查处违法行为有立功表现的；5）其他依法从轻或者减轻行政处罚的。①

违法当事人有下列情形之一的，应在法定范围内从重给予行政处罚：1）违法行为造成较严重后果的；2）妨碍、逃避或者抗拒执法人员检查的；3）胁迫、诱骗或者教唆他人实施违法行为的；4）其他依法应当从重给予行政处罚的。应当指出的是，对行政违法行为的从重处罚只能是在法律、法规规定的种类和幅度内进行，超过法定范围则无效。

5.5.4 行政处罚的程序

1. 行政处罚的简易程序

行政处罚简易程序亦称当场处罚程序，是指行政机关或法律、法规授权的组织对于违法事实清楚、证据确凿、情节简单轻微的行政违法行为，当场作出行政处罚的程序。适用简易程序的条件是：第一，违法事实确凿并有法定依据。第二，违反情节简单轻微，不涉及其他违法犯罪案件。第三，罚责较轻，罚款数额有限，对公民处以200元以下、对法人或其他组织处3 000元以下罚款或者警告的行政处罚。② 行政处罚简易程序的主要步骤如下③：

（1）执法人员当场向当事人出示身份证件或委托书以表明身份，证明自己实施行政处罚的主体资格。

（2）确认违反事实，说明处罚的理由和依据，必要时进行当场取证。

（3）听取当事人的陈述和申辩，并对当事人的申辩作出正确、全面的回答，且不得因当事人申辩而加重处罚。

（4）制作笔录，填写预定格式、编有号码的行政处罚决定书。行政处罚决定书应当载明当事人的违法行为、行政处罚依据、罚款数额、时间、地点以及行政机关名称，并由执法人员签名或者盖章。

（5）当场交付当事人行政处罚决定书，执行行政处罚并告知当事人所享有的救济

---

① 参见《行政处罚法》（2021年修正）第三十条、三十一条。

② 参见《行政处罚法》（2021年修订）第五十一条。

③ 参见《行政处罚法》（2021年修订）第五十二、五十三条。

权利。

(6) 处罚决定报所属行政机关备案。

2. 行政处罚的一般程序

行政处罚的一般程序是行政处罚的基本程序，是指除法律特别规定的简易程序和听证程序以外的行政处罚程序。它主要适用于处罚较重、情节复杂或当事人对行政执法人员给予当场处罚的事实认定有分歧而无法作出行政处罚的案件。行政处罚的一般程序包括以下几个步骤：

(1) 立案。行政主体发现行政相对方有违反行政法律规范行为，且该行为属于本机关管辖范围以内，符合法律规定时效，但又不适用于行政处罚的简易程序的，则应当予以登记立案。立案应填写立案报告表或立案审批表，同时要附上相关的材料，如控告、检举材料、当事人交代的材料、监督检查人员的检查报告等，在经本机关主管负责人审查批准后立案程序即告结束。

(2) 调查取证。对于已立案的案件，行政机关必须全面、客观、公正地调查，收集有关证据；必要时，依照法律、法规的规定，可以进行检查。行政机关在调查或者进行检查时，执法人员不得少于两人，并应当向当事人或者有关人员出示证件。当事人或者有关人员应当如实回答询问，并协助调查或者检查，不得阻挠。询问或者检查应当制作笔录。行政机关在收集证据时，可以采取抽样取证的方法；在证据可能灭失或者以后难以取得的情况下，经行政机关负责人批准，可以先行登记保存，并应当在七日内及时作出处理决定，在此期间，当事人或者有关人员不得销毁或者转移证据。执法人员与当事人有直接利害关系的，应当回避。①

(3) 告知当事人。行政机关在作出行政处罚决定之前，应当告知当事人作出行政处罚决定的事实、理由及依据，并告知当事人依法享有的权利，包括陈述权、申辩权、要求听证权以及对处罚不服而申请行政复议或提起行政诉讼的权利。

(4) 听取当事人的陈述和申辩。公民、法人或者其他组织对行政机关所给予的行政处罚，享有陈述权、申辩权。行政机关必须充分听取当事人陈述和申辩的意见，对当事人提出的事实、理由和证据，应当认真做好记录并进行复核。当事人提出的事实、理由或者证据成立的，行政机关应当采纳。未事先告知当事人，或者拒绝听取当事人的陈述、申辩的，行政处罚决定不能成立。行政机关不得因当事人申辩而加重处罚。②

(5) 作出行政处罚决定。调查终结，并听取当事人陈述、申辩或举行听证以后，行政机关负责人应当对调查结果进行审查，根据不同情况，分别作出如下决定：确有应受行政处罚的违法行为的，根据情节轻重及具体情况，作出行政处罚决定；违法行为轻微，依法可以不予行政处罚的，不予行政处罚；违法事实不能成立的，不得给予行政处罚；违法行为已构成犯罪的，移送司法机关。对情节复杂或者重大违法行为给予较重的行政处罚，行

---

① 参见《行政处罚法》(2021 年修订) 第四十三条。

② 参见《行政处罚法》(2021 年修订) 第四十五条。

政机关的负责人应当集体讨论决定。[①]

（6）填写行政处罚决定书。行政机关作出行政处罚后，应当制作行政处罚决定书。决定书应当载明下列事项：当事人的姓名或者名称、地址；违反法律、法规或者规章的事实和证据；行政处罚的种类和依据；行政处罚的履行方式和期限；不服行政处罚决定，申请行政复议或者提起行政诉讼的途径和期限；作出行政处罚决定的行政机关名称和作出决定的日期。此外，行政处罚决定书必须盖有作出行政处罚决定的行政机关的印章。[②]

（7）行政处罚决定书的送达。行政处罚决定书应当在宣告后当场交付当事人；当事人不在场的，行政机关应当在七日内依照民事诉讼法的有关规定，将行政处罚决定书送达当事人。行政处罚决定书的送达方式有：直接送达、留置送达、邮寄送达和公告送达。[③] 行政处罚决定书一经送达，即产生法律效果。

3. 行政处罚的听证程序

听证程序是行政处罚一般程序中的一道特殊环节，它介于调查取证与作出行政处罚决定之间。并不是所有行政处罚案件都适用听证程序，根据《行政处罚法》第四十二条规定，听证只适用于以下三种行政处罚案件：（1）责令停产停业；（2）吊销许可证或者执照；（3）较大数额罚款。[④] 对于这三种行政处罚，当事人要求听证的，行政机关应当组织听证，当事人不承担行政机关组织听证的费用。听证程序的具体过程如下：

（1）当事人要求听证的，应当在行政机关告知后三日内提出。

（2）行政机关应当在听证的七日前，通知当事人举行听证的时间、地点。

（3）除涉及国家秘密、商业秘密或者个人隐私外，听证公开举行。

（4）听证由行政机关指定的非本案调查人员主持，当事人认为主持人与本案有直接利害关系的，有权申请回避。

（5）当事人可以亲自参加听证，也可以委托一至二人代理。

（6）举行听证时，调查人员提出当事人违法的事实、证据和行政处罚建议，当事人进行申辩和质证。

（7）听证应当制作笔录，笔录应当交当事人审核无误后签字或者盖章，如当事人对限制人身自由的行政处罚有异议的，依照治安管理处罚条例有关规定执行。

（8）听证结束后，行政机关应当依照《行政处罚法》（2021 年修订）第五十七条的规定作出决定。

4. 行政处罚的执行程序

执行程序是行政处罚程序中极为重要的组成部分，它是确保行政处罚决定所确定的内容得以实现的程序，是行政处罚决定的实现阶段。执行程序包括以下几方面内容：

（1）罚缴分离。除法律规定的应当当场收缴的罚款外，作出行政处罚决定的行政机关

---

① 参见《行政处罚法》（2021 年修订）第五十七条。

② 参见《行政处罚法》（2021 年修订）第五十九条。

③ 参见《行政处罚法》（2021 年修订）第六十一条；

④ 现行法律并没有对“较大数额的罚款”的具体标准作出统一的规定。不同地区、不同行政机关对不同的违法行为所给予的罚款处罚的数额各不相同。

及其执法人员不得自行收缴罚款。当事人应当自收到行政处罚决定书之日起十五日内，到指定的银行缴纳罚款。

(2) 处罚主体收缴罚款。有下列情形之一的，可以由作出行政处罚决定的行政机关及其执法人员当场收缴罚款：依法给予20元以下的罚款；不当场收缴事后难以执行的；在边远、水上、交通不便地区，行政机关及其执法人员依法作出罚款决定后，经当事人提出的。需要注意的是，行政机关及其执法人员当场收缴罚款的，必须向当事人出具省、自治区、直辖市财政部门统一制发的罚款收据，不出具财政部门统一制发的罚款收据的，当事人有权拒绝缴纳罚款。

(3) 收支分离。根据《行政处罚法》的规定，除依法应当予以销毁的物品外，依法没收的非法财物必须按照国家规定公开拍卖或者按照国家有关规定处理。罚款、没收违法所得或者没收非法财物拍卖的款项，必须全部上缴国库，任何行政机关或者个人不得以任何形式截留、私分或者变相私分。财政部门不得以任何形式向作出行政处罚决定的行政机关返还罚款、没收的违法所得或者返还没收非法财物的拍卖款项。

(4) 强制执行。行政处罚决定作出之后，当事人应当在行政处罚决定的期限内自觉履行行政处罚决定设定的义务。如当事人对行政处罚决定不服，可以申请行政复议或者提起行政诉讼，但行政处罚不停止执行。对于无正当理由逾期不履行行政处罚决定的当事人，作出行政处罚决定的行政机关可以采取下列强制措施：到期不缴纳罚款的，每日按应缴纳罚款数额的3%加处罚款；根据法律的规定，将查封、扣押的财物拍卖或者将冻结的存款划拨抵缴罚款；申请人民法院强制执行。[①]

5.5.5 我国行政处罚的问题与对策

作为国家法律制度的重要组成部分，行政处罚既是行政机关依法进行行政管理、保障法律贯彻实施的重要手段，也是行政责任的一种形式。在我国，行政处罚的运用非常广泛，几乎涉及行政管理的各个领域，在现行的行政法律、法规当中许多都设定了行政处罚的相关内容。行政处罚对于维护行政管理秩序，保障公共利益，保护公民、法人或者其他组织的合法权益起到了积极作用。

在《行政处罚法》出台以前，由于对行政处罚的问题没有统一的法律规定，在部门利益机制的驱动下，行政处罚领域出现了许多问题。如行政处罚的设定主体混乱，各种行政机关甚至许多社会团体、企事业组织任意设定行政处罚；滥罚现象严重，受经济利益所驱动，许多行政主体视行政处罚为单位“创收”的有效渠道，纷纷擅自设立行政处罚，特别是行政罚款；行政处罚缺乏监督与规范，由于没有明确的程序规定，同时也缺少必要的监督、制约机制，行政处罚的随意性很大，腐败现象时有发生。[②] 为了治理行政处罚之乱，1996年3月17日八届全国人大四次会议审议通过了《中华人民共和国行政处罚法》。它改变了以往行政执法“重实体、轻程序”的做法，对行政处罚的主体、设定、范围和程序作出了比较完善的规定。近年来的实践表明，《行政处罚法》对规范行政处罚行为，保障和

---

① 参见《行政处罚法》(2021年修订)第七十二条。

② 参见胡建淼：《“其他行政处罚”若干问题研究》，载《法学研究》，2005(1)。

监督行政机关有效实施行政管理，维护公共利益和社会秩序，保护公民、法人或者其他组织的合法权益均起到十分重要的作用。

但随着我国政治、经济、文化和社会改革的不断深入，行政处罚的复杂性日益增加，现行的以《行政处罚法》为基础的行政处罚制度开始呈现出其相对不足、相对落后的一面。如何进一步完善行政处罚制度以完成更加繁重的行政执法任务，以适应依法治国、依法行政的基本要求，将是今后一个时期我国行政处罚制度建设应当着重解决的问题。就目前来看，我国的行政处罚制度主要存在以下几个方面的问题：

（1）行政处罚设定权的规定不够明确。实践表明，我国的《行政处罚法》对行政处罚设定权的规定尚且显得“过粗”。《行政处罚法》虽然明确禁止了法律、法规、规章以外的规范性文件设定行政处罚，但对于它们可以设定的具体的行政处罚的事项与种类并未作出详细的限定。由于我国有规章、地方性法规制定权的主体数量众多，加之法院无权审查行政主体的抽象行政行为，权力机关的法律监督机制也很不完善，在行政处罚的实践中仍然容易出现行政处罚权力的滥用和行政处罚决定的冲突。因此，为了解决这一问题，必须从法律上进一步明确、细化行政处罚的设定权，严格限制和逐步减少规章、地方性法规所享有的行政处罚的权力，使行政处罚体系得到进一步的统一。

（2）行政处罚法听证程序不够完善。将听证制度引入行政程序是《行政处罚法》的一项重大突破，这对于保护公民、法人或者其他组织的合法权益具有非常重要的意义。但根据目前法律的规定，行政机关只有在作出责令停产停业、吊销许可证或执照、较大数额罚款等行政处罚决定时，受罚当事人才享有要求举行听证的权利。由于听证程序的“门槛”设置得很高，在大多数的行政处罚中，公民、法人或其他组织并不能享有听证的权利，这显然既不符合行政处罚民主、公开的原则，也不利于实现行政处罚的公正与合理。所以，合理扩大行政处罚的听证范围，让更多的行政相对人享有听证的权利，应当成为今后行政处罚制度建设的一个方向。①

（3）行政处罚的裁量标准有待规范。对于行政处罚的裁量，《行政处罚法》规定了从重、从轻、减轻、免予或不予处罚等几种情节。如何在制定行政处罚自由裁量标准时充分考虑违法当事人主观故意和违法行为的社会危害程度，使以上情节能够得到合理的量化是行政处罚过程中经常遇到的问题。如在实践中，究竟“较大数额的罚款”的标准是多少，不同地区、不同行政机关对同类的违法行为所规定数额标准都不相同，而且差别很大。由此而产生的直接后果是，同等条件的违法当事人可能享有完全不同的权利，这明显有悖于行政处罚的公平原则。由此可见，只有对行政处罚自由裁量权给予合理限制，规范行政处罚的裁量标准，才能实现法制的统一和量罚的平衡，从而确保行政处罚的公正和公平。

（4）贯彻“一事不再罚”原则所存在的问题。“一事不再罚”原则是指对违法当事人的同一违法行为，不得给予两次以上罚款的行政处罚。② 在行政处罚制度中规定这样一个原则目的在于防止重复处罚，体现过罚相当的法律原则，以保护当事人的合法权益。然而，由于《行政处罚法》没有对“一事不再罚”原则作出明确的解释，在行政处罚的实践

---

① 参见黄维：《我国行政处罚听证程序的立法缺陷及完善》，载《云南行政学院学报》，2007（5）。

② 参见《行政处罚法》（2021年修订）第二十九条。

中，对于“一事不再罚”原则的适用问题往往容易出现争议和分歧。如对于处罚的主体是仅限于一个处罚机关只能进行一次处罚还是指所有处罚机关的处罚次数总和不能超过一次？另外，当一个行为在违反了一个行政法律规范时只能给予一次处罚，还是一个行为无论违反了多少个行政法律规范都只能给予一次处罚？行政执法人员对于这些问题的理解差异，往往导致“一事不再罚”原则在行政执法过程中的适用缺乏统一。因此，明确界定“一事不再罚”原则的内涵，成为目前完善行政处罚制度应当注意的一个重要问题。

阅读与思考

杨某诉中国证券监督管理委员会上海监管局证券行政处罚案

2013 年 1 月 18 日至 2016 年 9 月 12 日期间，原告杨某在某证券公司营业部任总经理，为证券从业人员。尹某系杨某母亲。在上述期间内，杨某实际控制并使用“尹某”账户进行证券交易，其间先后交易“鼎立股份”等股票，累计买入股票成交金额 3.01 亿余元，累计卖出股票成交金额 3.17 亿余元，期末仍持有“同方股份”股票 15 万余股，已卖出股票累计盈利 1 433 万余元。中国证券监督管理委员会上海监管局（以下简称“上海证监局”）经立案调查、事先告知、听证等程序后，于 2017 年 12 月 13 日作出被诉处罚决定，认定杨某作为证券从业人员，控制并使用尹某账户买卖股票的行为，系原《证券法》第四十三条、第一百九十九条规定的借他人名义持有、操作股票的违法行为，依据原《证券法》第一百九十九条的规定，责令杨某依法处理非法持有的剩余股票，没收已获违法所得 1 433 万余元，并处以 4 301 万余元罚款。杨某不服被诉处罚决定，向上海市浦东新区人民法院提起诉讼，请求撤销被诉行政处罚决定。

资料来源：中国政法大学法治政府网。

【阅读思考】

本案中，杨某是否应该接受行政处罚？

5.6　行政强制

5.6.1　行政强制的概念与特征

根据我国现代法治建设的实际情况，我国学者认为，行政强制是行政强制措施与行政强制执行的合称，应该包括两个方面：一是为预防和制止违法行为和危害事件而采取的行政强制措施；二是为实现具体行政行为内容而实施的行政强制执行。[①] 基于上述观点，本书认为，行政强制是行政主体为了维护行政管理秩序，保障公民、法人或其他组织的合法权益，而依照法律、法规规定，对拒不履行行政法义务的相对方采取强制手段，迫使其履

① 参见应松年：《行政法与行政诉讼法学》（第二版），283 页。

行义务或达到与履行义务相同的状态；或者为了预防与制止社会危害事件与违法行为的发生与存在，而依法对相对方的人身、行为及财产采取紧急性、即时性强制措施的具体行政行为的总称。行政强制具有以下特征：

(1) 行政性。行政强制是行政机关履行行政管理职能、实施行政管理的重要手段。与司法强制不同，行政强制以实现行政管理目标为标的，属于具体行政行为的范畴。

(2) 强制性。与其他行政行为相比，行政强制的强制性更为突出。行政强制以国家强制力为后盾，在实际操作的过程中，它通过直接对相对人的人身、财物或行为等进行强迫的方式来实现行政管理目标。实施行政强制无须相对人自愿申请或自觉接受，若当事人不服从这种强制行为，将会招致对其不利的后果。

(3) 法定性。由于行政强制的实施会对相对人的人身、财产等切身利益产生直接的影响，稍有不当即会对相对人的合法权益造成损害，因此，其行为往往受到法律的严格控制，行政机关实施行政强制，必须有法律、法规的明确授权，并严格依照法律、规定的条件和程序实施。

(4) 组合性。行政强制是由行政强制措施和行政强制执行组合而成的。同时，行政强制措施和行政强制执行又是相互区别、各自独立的行政行为。行政强制措施包括对人的强制措施、对财产的强制措施和其他行政强制措施。行政强制执行又可以分为由行政机关自行实施的行政强制执行和人民法院依申请而实施的行政强制执行。

5.6.2 行政强制措施

1. 行政强制措施的概念与特征

根据《行政强制法》第二条规定，行政强制措施是指行政机关在行政管理过程中，为制止违法行为、防止证据损毁、避免危害发生、控制危险扩大等情形，依法对公民的人身自由实施暂时性限制，或者对公民、法人或者其他组织的财物实施暂时性控制的行为。

行政强制措施具有以下特征：

(1) 主体法定性。行政强制措施的主体只能是法律、法规明确授权的行政主体，人民法院不能成为行政强制措施的主体。

(2) 强制性。行政强制措施是对行政相对人及其权利的强行限制，特别是对受控相对人的强制性尤其明显。例如，对公民人身自由的限制，对财产的冻结，对财物的查封、扣押等。

(3) 非制裁性。实施行政强制措施的目的是为了预防、制止、控制正在发生或可能发生的对社会或公共利益产生危害的行为，而不是为了对相对人进行制裁。它与行政相对人的行为是否违法没有必然联系，它可以针对相对人的违法行为，也可针对相对人的合法行为。

(4) 临时性。行政强制措施是一种中间行为，它是为保证最终行政行为的作出所采取的一种临时性措施，它往往与行政处理决定紧密相连，通常是行政机关作出行政处理决定的前奏和准备。

(5) 即时性。行政强制措施是在需要制止违法行为、防止证据灭失、避免危害发生、控制危险扩大的情况下即刻实施的，其根本目的是为了维护社会秩序，防止危害社会的状况发生，因此需要即刻作出一个决定，即刻执行这个决定，并且在决定的作出与该决定的执行之间没有明确的时间间隔。[①]

2. 行政强制措施的种类

2011 年 6 月 30 日，第十一届全国人民代表大会常务委员会第二十一次会议通过《中华人民共和国行政强制法》。《行政强制法》第九条规定："行政强制措施的种类包括：（一）限制公民人身自由；（二）查封场所、设施或者财物；（三）扣押财物；（四）冻结存款、汇款；（五）其他行政强制措施"。由此可见，《行政强制法》根据行政强制措施权限内容的不同，明确规定了四类行政强制措施，并设定了一个兜底条款，即"其他行政强制措施"。

而在实践中，行政强制措施手段多种多样，可以分为限制人身自由，处置财物，进入住宅、场所三类。

此外，从功能上对其划分主要有以下几种类型：

（1）检查性措施。如搜查、留验、检疫、收容审查、拦截检查、解剖查验、留置盘问、当场盘问、人身检查、强制取证等。

（2）预防性措施。如强行消毒、紧急免疫接种、防火管制、冻结资金、隔离检疫、现场保护等。

（3）即时性措施。如当场盘问、紧急处置、临时征用、立即纠正、当场扣押、鸣枪警告、强制带离现场、强制制止、现场管制等。

（4）执行性措施。如封存处理、禁止进港、禁止出港、扣留看护、交通管制、限量供应、强制拖航、强制清除、强制戒毒、强制隔离治疗、强行遣回原地、限制活动范围等。

5.6.3　行政强制执行

1. 行政强制执行的概念与特征

根据《行政强制法》第二条规定，行政强制执行是指行政机关或者行政机关申请人民法院，对不履行行政决定的公民、法人或者其他组织，依法强制履行义务的行为。

行政强制执行有如下几个特征：

（1）从执行主体看，我国行政强制执行的实施机关可以是人民法院也可以是行政机关，这与行政强制措施主体只能是行政机关，民事强制执行的主体只能是司法机关不同。

（2）从执行条件看，行政强制执行以行政相对人逾期不履行行政义务为前提，也就是说，在规定的行政相对人履行义务的期限内不得实施行政强制执行，同时强制执行应以行政处理决定规定的义务为限，不能超越其所设义务范围。

（3）从执行对象看，行政强制执行的对象具有广泛性和法定性，它既可以是物，也可以是行为或人身，这与民事强制的对象仅限于物是不同的。

（4）从执行结果看，行政强制执行的目的是实现法定义务的履行，无论是行政主体还是行政相对人都不具备自由处置的权力，因此不可以进行和解，必须依法执行。

2. 行政强制执行与相关概念的区别

（1）行政强制执行与行政诉讼强制措施的区别。

---

① 参见应松年：《行政法与行政诉讼法学》（第二版），287 页。

行政诉讼过程中也可能存在强制措施的运用问题。[①] 作为行政行为的行政强制执行和行政诉讼中的强制措施的不同点主要体现为[②]：

第一，适用的主体不同。行政强制执行只能由行政机关及其人员或法律、法规授权的组织，在行政管理过程中依法适用。行政诉讼中的强制措施，只能由人民法院在行政诉讼活动中，对有妨害诉讼行为的人适用，其他机关或组织无权适用。

第二，适用的目的不同。行政强制执行的适用，是为了预防或制止相对方违法侵害或迫使义务人履行法定义务或达到与履行义务的相同状态。行政诉讼强制措施的适用，是为了排除影响行政诉讼活动的障碍，以保证诉讼活动的顺利进行。

第三，所依据的法律规范不同。行政强制执行所依据的是行政法律、法规。行政诉讼强制措施所依据的是行政诉讼法律规范。一个依据的是实体法，一个依据的是程序法。

第四，适用的法律后果不同。行政强制执行大都具有可诉性，一旦违法或适用不当，相对方提起诉讼，行政机关就要承担败诉或侵权赔偿责任。而对行政诉讼强制措施不能提起行政诉讼。

（2）行政强制执行与行政强制措施的区别。

行政强制措施与行政强制执行的具体区别表现为：一是从主体上看，行政强制措施的主体是行政机关，不包括司法机关，但行政强制执行的主体二者均有之。二是从行为过程看，行政强制措施属于中间行政行为，行政强制执行属于对最终行为的执行行为。三是从保障功能上看，行政强制措施是一种事先的保障措施，而行政强制执行是一种事后保障措施。四是从法律救济途径看，行政强制措施适用于行政复议和行政诉讼，行政强制执行目前还不适用于行政复议和行政诉讼。[③] 除以上不同外，二者发生的前提也不完全相同，行政强制执行必须以行政处理决定为前提，而行政强制措施则以法定义务为前提。目的也不完全相同，行政强制执行的目的迫使相对人履行行政处理决定的义务，而行政强制措施不限于此，在更多情况下是保障正常的行政管理秩序。此外，行政机关的行政强制措施还必须有单行的法律法规特别授权。

（3）行政强制执行与民事强制执行的区别。

民事强制执行是法院在民事诉讼中一方当事人不履行法院的判决、裁定时，应另一方当事人的申请，依照执行程序和法院的判决、裁定，强制一方当事人履行义务采取强制执行措施，使其义务得以履行的活动。行政强制执行与民事强制执行的区别如下[④]：

第一，申请执行人不同。行政强制执行的申请人只能是作为行政主体的行政机关；而民事强制执行的申请人，可以是民事法律关系双方当事人中的任何一方。

第二，执行依据不同。行政强制执行的依据是行政机关的行政处理决定，而民事强制执行的依据是法院已经生效的判决或仲裁机关的裁决。

---

① 参见《行政诉讼法》（2021 年修订）第五十九条的规定："诉讼参与人或者其他人有下列行为之一的，人民法院可以根据情节轻重，予以训诫、责令具结悔过或者处一万元以下的罚款、十五日以下的拘留；构成犯罪的，依法追究刑事责任。"

② 参见罗豪才、湛中乐：《行政法学》（第二版），252～253 页。

③ 参见胡建淼：《行政法学》，363 页，北京，法律出版社，1998。

④ 参见应松年：《行政行为法》，525～526 页，北京，人民出版社，1993。

第三，执行机关不同。行政强制执行的机关可以是行政机关自己，也可以是法院；而民事强制执行的执行机关只能是法院。

第四，执行对象不同。行政强制执行的对象范围很广，既包括物、行为，也包括人；而民事强制执行的对象只限于物。

第五，执行结果不同。行政强制执行不存在执行和解问题，其结果只能是强迫义务人履行义务或实现与履行义务相同的状态；而民事强制执行的结果除迫使义务人履行义务外，还可以执行和解。

3. 行政强制执行的种类

按照不同的分类标准，行政强制执行可分为不同的种类（见表5-7）。

表5-7　行政强制执行的种类

分类标准	执行方法	执行主体	执行对象	强制执行的义务
行政强制执行类型	直接强制执行； 间接强制执行	人民法院实施的强制执行； 行政机关实施的强制执行	对人身的强制执行； 对财产的强制执行； 对行为的强制执行	作为义务强制执行； 不作为义务强制执行

其中，以执行方法为标准，即以执行主体是否可以请人代替法定义务人履行其义务为标准对行政强制执行作出类型划分是比较常见的分类方法，按照这一分类方法行政强制执行可以划分为间接强制和直接强制。

(1) 间接强制。

间接强制，是指行政主体通过间接手段迫使义务人履行其应当履行的义务或者达到与履行义务相同状态的行政强制措施。它主要包括下述两种形式：

第一，代执行。代执行，是指义务人不履行义务时，由行政主体雇人代替其履行义务，并由义务人缴付所需费用的强制执行方式。例如：拆除违章建筑，人民法院可以请人代为拆除，然后由不履行拆除义务的法定义务人负担费用。代执行的义务一般都是作为义务，是可以由他人代为履行的义务，代执行不适用于某些只能由义务人亲自履行的义务，如履行兵役的义务、退还非法占有的土地的义务等。

第二，执行罚。执行罚，亦称强制金，它是当义务人不履行法定行政义务，而该义务又不能由他人代为履行时，有执行权的机关通过使不履行义务的法定义务人承担新的持续不断的金钱给付义务，以迫使其履行义务的行政强制执行方式。如对到期不纳税款者，课以滞纳金的执行罚以促使其缴纳税款等。执行罚一般只适用于不作为义务和不可由他人代履行的作为义务，执行罚的时间与数额应当由法律、法规明文作出规定。

应当注意的是，执行罚与行政罚款是有区别的，首先，执行罚的目的是通过罚缴一定数额的金钱，以促使义务主体履行其应当履行的义务，而并不是要对义务主体进行制裁和追究法律责任；而行政罚款的目的则是对已经发生的行政违法行为给予制裁并追究其法律责任。其次，从使用频率上来看，执行罚可以针对同一事项反复适用；而行政罚款则必须遵循“一事不再罚”的原则。

(2) 直接强制。

直接强制，是行政主体直接对义务人的人身、财产或行为采取强制措施，从而迫使其义务得以履行或者达到与履行义务相同状态的一种行政强制方式。如：强制传唤、强制拘留、强制收缴、强制收购、强制变卖、强制划拨、强制遣送出境、强制遣回原地、强制铲除、强制许可等。与间接强制相比，直接强制更为有效但也更容易损害行政相对人的合法权益。因此，法律对直接强制的适用条件、主体、范围和程序等都作了非常严格的规定，通常情况下，直接强制只能是在其他间接强制手段难以达到目的时方才采用。

4. 行政强制执行的程序

（1）行政机关的强制执行程序。我国行政强制执行的主体在一般情况下为人民法院，但在法律规定的情况下，也可以是行政机关。① 就目前来看，法律对行政机关的自行强制执行大多只规定了执行的内容，而没有规定执行的程序，因此，在强制执行的程序方面，行政机关有很大的自由选择的余地。从实践上看，行政机关强制执行的一般程序通常应当包括以下几个步骤：

第一，调查。行政机关首先应当对有关事实进行调查，在确认行政处理决定与事实相符，且义务人在法定期限内有不履行义务的故意时，方可考虑作出行政强制执行的决定。

第二，决定。经调查得出肯定结论后，行政机关根据事实与法律，对义务人做出行政强制执行的决定。决定应当以书面形式作出，其内容原则上应当包括：义务人；义务人依法应当履行的义务；行政强制执行的法律与事实依据；执行的主体、时间与方式；义务人享有的救济途径和期限；行政机关的法定代表人签名和盖章；作出强制执行决定的日期等。

第三，告诫。行政机关在作出行政强制执行决定后，并非立即付诸实施，而是应当将行政强制执行决定及其内容通知义务人，并给予义务人在告诫期限内自觉履行义务的最后一次机会，如果义务人能主动履行义务则仍可避免实施强制执行。

第四，执行。经告诫，义务人逾期仍不履行义务的，即可对其实施行政强制执行，其执行程序是：负责执行的人员向义务人出示有效证件表明身份；出示强制执行决定文书，并说明有关情况；若被执行义务人不在场，则可以邀请其亲属或被执行单位的工作人员到场作执行见证人；执行结束以义务人履行义务或达到与履行义务相同的状态为止；执行结束后负责执行的人员应作出行政强制执行记录，对强制执行的基本情况、标的物的现状等给予详细的记载，见证人有证明执行情况和在执行记录上签字的义务；如执行发生费用的，向被执行人收取费用。

（2）人民法院强制执行的程序。

第一，申请。对于不履行法定义务的义务人，行政机关在对其作出行政处理决定和告诫后，在告诫期限满后仍未履行义务的，行政机关应向有关的人民法院提出正式的书面强制执行申请，请求人民法院采取强制执行程序。② 提出申请时，行政机关应当提交申请执行书、据以执行的行政处理决定书和被执行人财产状况等材料。在申请执行书中，应当载

① 《行政诉讼法》（2017 年修正）第九十五条规定：“公民、法人或者其他组织拒绝履行判决、裁定、调解书的，行政机关或者第三人可以向第一审人民法院申请强制执行，或者由行政机关依法强制执行。”

② 依据《最高人民法院关于人民法院执行工作若干问题的规定》的规定：国务院各部门、各省、自治区、直辖市人民政府和海关依照法律、法规作出的行政处理决定，由被执行人住所地或财产所在地的中级人民法院执行；对于专利管理机关依法作出的处理决定，由被执行人住所地或财产所在地的省、自治区、直辖市有权受理专利纠纷案件的中级人民法院执行。

明行政强制执行的法律依据、事实依据、执行对象和执行标准等事项。

第二，审查立案。法院在收到行政机关递交的强制执行申请书及有关法律文书后，应对申请执行的行政处理决定是否合法进行的实质性审查。如行政机关提交的材料是否齐全，手续是否齐备，是否具备申请行政强制执行的条件，同时还要审查其具体行政行为是否有事实依据、法律依据、行政机关是否超越职权、滥用职权，是否违反法定程序等。凡不具备立案条件的，不予立案并将申请材料退回行政机关；凡符合执行条件的，应当立即立案并尽快作出强制执行决定。①

第三，告诫。人民法院在作出强制执行决定后，应当向义务人发出强制执行通知书，命令其在一定期限内履行义务，若在告诫期限内自觉履行义务的则可以免于强制执行，否则将招致强制执行。

第四，执行实施。若经告诫后义务人仍拒绝履行义务的，人民法院即对其实施强制执行。强制执行时，被执行人是公民的，应当通知被执行人或者他的成年家属到场；被执行人是法人或者其他组织的，应当通知其法定代表人或者主要负责人到场，被执行人拒不到场的，不影响执行。如无法定事由，强制执行的实施将延续到迫使义务人履行义务或达到与履行义务相同状态为止。

第五，执行结束。执行标的实现后，人民法院应将案卷材料整理归档，并结清各种手续、清单及费用，书面通知申请强制执行的行政机关，宣告执行程序结束。

5.6.4　我国行政强制法律制度的问题与对策

行政强制作为行政机关实施行政管理的重要手段，一方面能够保证行政效率、行政目的的有效实现，但另一方面又容易导致行政机关滥用公共权力使行政相对人的合法权益受到严重侵害。因此，确立和完善包括行政强制措施和行政强制执行在内的行政强制法律制度，既是行政机关依法行政的需要，也是保护行政相对人合法权益的需要。

我国行政强制法律制度形成于改革开放以后。改革开放以前，在计划经济体制和高度集权的政治体制下，组织力量和政府指令是行政权力行使的有效保障，在行政管理中，与隶属型关系相适应的行政指挥与行政命令是行政权力实施的主要方式。改革开放以后，随着市场经济的发展和行政体制改革的深化以及政府职能的转变，行政权力的行使方式发生了很大变化，原有的主要依靠组织力量和政府指令推动实施的行政管理模式已经无法适应新形势下的要求，依法行政成为政府的主导理念，行政执法的法律、法规日益健全，法律制度成为行政权力行使的根本保障。

我国目前的行政强制法律制度正是在这样的背景下，在不断总结司法实践的经验教训基础上，经摸索而逐步形成并随着社会的进步而逐渐建立和完善的。从改革开放之初到《行政诉讼法》颁布实施之前，行政强制的执行主要是由人民法院参照《民事诉讼法》民事强制的相关规定执行的；之后，1989 年颁布的《行政诉讼法》、1999 年通过的《行政复

---

① 《最高人民法院关于执行〈中华人民共和国行政诉讼法〉若干问题的解释》第九十三条规定："人民法院受理行政机关申请执行其具体行政行为的案件后，应当在 30 日内由行政审判庭组成合议庭对具体行政行为的合法性进行审查，并就是否准予强制执行作出裁定；需要采取强制执行措施的，由本院负责强制执行非诉行政行为的机构执行。"

议法》以及1994年通过的《国家赔偿法》正式把行政强制行为纳入了行政复议、行政诉讼和行政赔偿的范围；1996年《最高人民法院关于处理行政机关申请人民法院强制执行案件分工问题的通知》和1998年《最高人民法院关于办理行政机关申请强制执行案件有关问题的通知》又相继对行政机关申请人民法院强制执行案件的审查主体、审查标准和作出决定的形式等作出了的规定；2000年发布的《最高人民法院关于执行〈中华人民共和国行政诉讼法〉若干问题的解释》则进一步明确了行政强制不予执行的标准。通过多年来的发展和完善，我国已形成了具有自己特色、符合本国国情的行政强制法律制度。2011年6月30日，中华人民共和国第十一届全国人民代表大会常务委员会第二十一次会议通过《中华人民共和国行政强制法》。全国人大常委会从1999年开始酝酿制定该法到表决通过，经过全国人大常委会会议先后五次审议的草案，前后历时12年，最终成为法律。

实践证明，现行的行政强制法律制度是正确可行的，它对保证行政机关顺利履行行政管理职责，维护社会经济秩序，对防止行政机关滥用行政权力，保护公共利益和公民权益等均起到了十分重要的作用。[①] 但就目前来看，我国现行的《行政强制法》在施行过程中，还存在一些亟待解决的问题。

首先，由于法律对行政强制的设定权不明确，导致行政强制的主体混乱，行政法规、地方性法规、部门规章、地方规章甚至于一些其他规范性文件都在设定行政强制。[②] 其后果是，行政机关在实施管理过程中“滥”用行政强制的情况时有发生，公民、法人和其他组织的合法权益得不到有效保障。因此，当前迫切需要制定一部统一的行政强制法对行政强制的设定权作出明确规定，解决行政强制设定权“乱”的问题。结合我国的实际情况，我们认为，《行政强制法》可以对行政强制主体的设定权作出以下规定：原则上行政强制应当由法律设定；对于尚未制定法律，且属于国务院行政管理职权事项的，行政法规可以设定对涉嫌违法的场所、设施和财物的查封或者对涉嫌违法的财物的扣押的行政强制措施；对于未制定法律、行政法规，且属于地方性事务的，地方性法规可以设定对涉嫌违法的场所、设施和财物的查封或者涉嫌违法的财物的扣押的行政强制措施；至于法律已经设定行政强制的，行政法规、地方性法规不得对法律规定的行政强制措施的对象、条件以及方式的范围作出扩大规定；已经制定了法律，但法律中没有设定行政强制的，行政法规、地方性法规不得增设行政强制。总之，只有对行政强制的设定权作出统一、明确的划分，才有可能从源头上解决行政强制主体混乱的问题。

其次，行政机关在行政强制执行程序方面拥有比较大的自由裁量权，对于行政机关自己强制的，其实施步骤、方式与期限等基本上都是由行政机关自行规定。由于缺少程序规范，行政强制在执行中随意性大，因行政强制实施不当导致侵害行政相对人合法权益的情形时有发生。如，有的在没有任何依据的情况下就实施强制；有的在对违规行为实施强制前既没有先行告诫也不送达书面决定；有的强制在被执行人不在场也没有证人时仍然执行；有的随意使用被查封、扣押的财物，对查封、扣押的财物不制作清单，不给收据；有

---

① 参见姜明安：《法律规范行政强制行为的意义和途径》，载《法学家》，2006（3）。

② 据浙江大学行政强制法课题组统计，我国从1950年到1999年，现行有效的法律、行政法规与部门规章共10 369件，其中规定的行政强制措施，从手段、形式或名称上统计，多达263种。

的随意使用被查封、扣押的财物，甚至故意毁坏被执行人的财物等。因此，建立行政强制前的报请批准的程序，强化事先告诫制度，规范实施过程中的检查督促程序，建立特别严厉措施采取前的听证程序，对行政机关采取行政强制的条件、方式、期限等作出限制，应成为今后行政强制法律制度发展与完善的重要内容。

再次，行政机关行政执行权限不够，法院行政执行负担过重，导致行政强制执行不力，也是我国目前行政强制所面临的问题。由于我国现行行政强制执行制度遵循的是以申请人民法院强制执行为主、以行政机关自行强制执行为辅的原则，行政机关因缺少强制执行权，许多强制执行的案件不得不诉诸法院。由于法院审查程序烦琐，执行的期限较长，且行政机关要事先承担一定的执行费用，这使得一些行政机关不愿申请法院强制执行，若遇到较大的阻力，行政强制决定往往是不了了之。其结果是，行政决定执行“软化”，行政效率受到严重影响。另一方面，在目前司法资源较为有限的状况下，为了避免工作负担过重，法院也不愿意轻易受理行政强制执行的案件，即便是受理了，对申请行政强制执行的案件通常也只是采用形式审查，而不是进行实质审查，很多申请执行案件的审查流于形式，行政相对人的合法权益仍难获得有效的保障。为解决上述问题，我们认为可以借鉴世界上许多国家通行的“裁执分离”模式来改进我国现行的行政强制执行体制，即强化行政机关的执行权，同时在行政机关成立统一的相对独立的执行机构，使作出强制执行决定与具体实施强制执行的机关分离，对执行后果不服的当事人可以向人民法院提起诉讼，这样既可以提高行政效率、保持公正，也有助于改善当前行政强制执行不力的状况。

综上而言，现代行政强制制度是现代政府职能的扩大和依法行政理念相结合的产物。行政强制是实施法律的重要手段，是依法行使行政权的有力保障，是维护公共秩序的有力手段，是促进全社会遵守法律的有效方法。《行政强制法》要发挥其真正的作用还需较长时间，还需要在实践中不断发现问题和完善。《行政强制法》需要处理好行政强制所涉及的行政权与公民权、行政权与司法权、中央立法权与地方立法权、公共利益与个人利益、公正与效率等若干基本关系的平衡，我国各级政府应以贯彻实施《行政强制法》为契机，加快建设法治政府。

阅读与思考

镇人民政府的强制拆除行为是否合法

某市某区镇政府为贯彻某省人民政府《关于批准某省农村小城镇建设与经济发展规划纲要和试点方案的通知》精神，保证被某省政府确定为某省农村小城镇建设与经济发展试点镇，某镇人民政府于2002年6月5日对该镇西北街南段进行动迁并发放动迁通知书。该动迁通知书规定从2002年6月5日至2002年12月末在该地段居住的居民搬迁出该区域，同时某镇人民政府根据镇政府制定的《某区某镇人民政府拆迁管理决定》，进行宣传、发动、解释等工作，并于2003年2月5日发出停电、停水通知。至2003年6月23日期间多次与住户进行宣传、协调，在此基础上大多数动迁户已自愿搬迁完毕。只有杨某提出的补偿要求某镇政府认为不合理而没有同意，因而杨某未搬迁。某镇人民政府于2003年7月1日向杨某发出限期拆迁（拆除）通知书，限令杨某在7月3日12时之前自行搬迁，否则将强行拆除。杨某对此通知书未予履行，7 月 3 日 12 时某镇政府组织人员开始对原告杨某的房屋进行强行拆除。

资料来源：毕可志、杨曙光编著：《行政法案例教程》，144～145 页，北京，北京大学出版社，2005。

【阅读思考】

行政强制的一般程序包括哪些内容？

该镇人民政府的强制拆除行为是否合法？

5.7 行政合同

5.7.1 行政合同的概念与特征

行政合同，也称行政契约，作为行政法上的手段，是为政府推行行政政策、实现行政目的服务的。[①] 具体是指行政主体为了实现特定的行政管理目标或履行其行政职能，而与相对人进行协商，所达成的能够引起双方当事人行政法律关系发生变化的协议。

行政合同的特征主要表现在以下几个方面：

（1）主体特征。行政合同的一方当事人必须具有行政主体资格。行政合同中的行政主体既包括职权行政主体也包括授权行政主体，如国家行政机关、法律法规授权组织以及行政机关委托代理的具有法人资格的组织等。在这里要注意的是，并不是行政机关与相对人签订的所有合同都是行政合同，因为行政机关并非在任何场合都是行政主体。[②] 比如行政机关在购买办公用品、后勤物资或者修建家属宿舍时，从事的就是民事活动，在这种情况下其身份就是“机关法人”，而不是“行政主体”，行政机关和相对方签订的购买协议和建筑协议属于民事关系，不能够纳入行政合同的范畴。总之，判断行政机关与相对人所签订的合同是否属于行政合同，主要是要看其在合同关系中的法律身份，当在合同中包含有行政机关实施行政权力的内容时，行政机关的法律身份就是“行政主体”；当合同内容与行政机关行使的公共权力无关时，行政机关的法律身份就是“民事主体”，或称“机关法人”。

（2）目的特征。追求双方当事人自身的经济利益或民事权益是订立民事合同的目标。而行政合同的目标则是，行政主体实现特定的行政管理目标或履行行政职能。也就是说，行政主体订立行政合同的目的完全是为了实现公共管理目标，增进公共利益，与自身的民事权益和经济利益无关。在绝大多数情况下，行政合同中当事人双方的目的是相互对应的，行政主体方为的是实现行政目的，而相对方为的是自身的经济利益或民事权益。

---

① 参见应松年：《行政法与行政诉讼法学》（第二版），315 页。

② 参见胡建森：《行政法》，13 页，杭州，浙江大学出版社，2003。

（3）契约精神。行政合同之所以为合同，最根本的原因就在于具有协商、合意、利益平衡契约的精神，这是行政合同与传统单向性、强制性政府管理手段的重要区别。传统的行政管理手段往往无须征得相对人的同意即可实施，行政合同则不然，合同的成立必须征得相对人的直接同意，行政合同的内容是行政主体和相对人在沟通交流的基础上，通过协商的方式确定的。对相对人来说，在订立协议的过程中有不接受协议的自由或者对协议的内容拥有建议和选择权，即便是协议中有对相对人权益进行限制条款，也是相对人通过衡量其自身利益得失而自愿接受的。行政合同的这种契约精神为双方博弈并达成合意创造了前提条件，为相对人通过讨价还价的方式获取自己最大的利益提供了机会，同时也为行政主体方意志实现提供了可能。“对于行政主体而言，行政合同博弈性的基础是以行政优惠换取‘合意’的行政特权，以便实现行政目标；对于相对人来说，行政合同的博弈性在于以相对方自治权与自主权的部分让渡换取行政优惠，从而最终有利于私利增长。”[①] 由此可见，行政合同这一行政行为在保障行政权力得以实施的同时，充分体现了对行政相对人意愿的尊重，赋予了其较大的自由选择权，充分调动了相对人参与行政管理的积极性。

（4）公共权力因素。如上所述，由于行政合同所具有的主体特征和目的特征，从其产生开始它就带有公共权力的因子，这种因子的存在是以行政主体的特权的形式存在的。具体说来，这里的特权就是指行政合同中行政主体方单方享有的行政优益权，这种权力是普通合同当中双方当事人都不可能享有的，它使得行政合同中行政主体方和相对方的权力、义务不再对等。在行政合同中行政主体不仅是行政合同的当事人，同时也是行政合同的管理者，行政主体在合同中有强制性特权也有主导性特权，这是行政合同与民事合同的重要区别。

5.7.2　行政合同的种类

从行政合同的具体内容上看，行政合同可以分为以下几种类型：

（1）承包租赁合同。承包租赁合同是行政机关为了贯彻国家计划、履行经济职能，而采用责任制、承包制等方式与相关企事业单位或经营者签订协议，对公共资源或国家财产进行管理的合同。土地承包经营合同、国有企业承包租赁合同、国有矿产资源开采合同都属于这类合同。与私人承包租赁合同不同，这种承包租赁合同实际上是一种委托式的行政管理手段，合同的目的在于使政府从直接的经济管理者变为间接的经济调控者。

（2）行政执行合同。行政执行合同是行政机关为了实现某一具体行政目的，而与其下属机关或其他公民、组织之间签订的行政契约。如：环境行政合同、消防安全合同、行政责任书、传染病防治合同等。它是一种契约式的行政管理方式，相对人所要履行的事务在合同中有明确的规定，这些规定往往也就是行政主体所要实现的具体管理目标。

（3）行政协作合同。行政协作合同与其他行政合同最大的不同之处在于，其行政合同的双方当事人地位平等，彼此间不存在命令服从的隶属关系。它是两个或两个以上地位相同的行政机关之间，或行政机关内部不同平级部门之间，为了互相配合以便完成某项共同

---

① 程雁雷：《行政法的博弈分析：以行政合同为例》，载《安徽大学学报》（哲学社会科学版），2000（3）。

的行政任务而签订的协议。如各省、市、自治区政府之间为共同进行基础设施建设、环境保护、传染病防治、促进人才交流与经贸发展等所签订的各类合作合同。

(4) 行政招聘合同。行政招聘合同也称工职合同，它是指行政机关为了招收或聘用国家工作人员，而与受聘人员签订的人事协议。这种合同不同于一般的民事劳动合同，它要求聘用方必须是具有行政主体资格的组织，受聘方为独立的自然人；其人员选聘应当遵循平等竞争、择优录取的原则；对于受聘者在履行公务中的权、责、利等内容，行政招聘合同都应作出明确规定；合同关系一旦确立，无论是作为发聘方的行政主体还是作为受聘方的公务人员都要受到行政法律法规的拘束，双方都必须履行合同规定的内容。随着我国行政人事制度改革不断深化，特别是推行政府雇员制以来，行政招聘合同越来越多地出现在政府的人事管理当中。作为政府获取人才的一种手段，行政招聘合同的运用既保证了行政机构的精简，又使政府及时得到了所需人才的补充，这对于加强我国公务员队伍建设、提高政府工作效率来说都具有非常重要的意义。

(5) 政府采购合同。指各级国家机关、事业单位或团体组织作为采购方，使用财政性资金采购依法制定的、集中采购目录以内的或者采购限额标准以上的货物、工程和服务时而与供货商之间签订的合同。作为一种公法上的行政合同，在我国，政府采购合同的法律适用为《中华人民共和国政府采购法》，合同当事人双方的纠纷采用行政复议或行政诉讼的渠道解决。

其他比较常见的行政合同的类型还有：公共工程承包合同、行政贷款合同、行政补助合同、土地征用合同和行政特许经营合同等。

5.7.3 行政合同的功能

如前所述，与传统的行政行为相比行政合同具有许多优异的特性，这些特性赋予了行政合同不同于传统行政行为的诸多功能，具体说来行政合同的功能有：

(1) 法制化功能。“依法成立的契约，在缔结契约的当事人间有相当于法律的效力。”[①] 承诺是契约的要素，行政合同把承诺引入行政领域，使政府的权力受到允诺后果的约束。行政合同是契约精神与权力因素的结合体，是私法精神对公法规则的渗透，是公法私法化的一个表现，行政合同使政府增强了责任感，有利于依法行政的实现。

(2) 民主化功能。现代法治国家致力于行政民主的目的，乃在于扩大行政参与和政治沟通，满足人民日益增高的民主参与意识。因此衡量民主的尺度，已不再是任何一套一种政治设施或国家形式，而是社会成员在广度和深度上以及在什么问题上参与共同有关的事务。行政合同中，对行政目标实现方式以及内容的选择由行政机关和相对人协商确定，并将相对人是否同意，作为行政合同能否发生法律效力的条件。这就在行政政策的形成以及推行过程中最大限度地融入了相对人的意见，将相对人参与行政管理的程度提升到一个相当高的水平，积极地推动了行政民主化。因此，从民主宪政的意义上讲，行政合同具有扩大行政参与、实现行政民主化的功能。

(3) 激励性功能。行政合同使行政机关和普通公民结成合作伙伴关系服务于国家行政

---

① 梁慧星：《民商法论丛》（第5卷），565页，北京，法律出版社，1996。

职能，通过行政合同，普通公民能以积极的权利方式直接参与实施行政职能特别是经济职能。行政合同改进了行政管理的动员方式，以协商的方式提出要求和义务，便于理解、容易接受和得到赞同，减少了双方因利益和目的的差异而带来的对立性。同时，在行政合同中，行政相对人对行政主体意志的符合、指挥的遵从，不单纯是基于信仰道义，或因有法律的约束强制力作用，而是进一步注入了其自身的经济利益、功劳荣誉等“原动力”。因此，作为行政合同一方当事人的企业或私人，会被激发出奋斗、创造和竞争精神，会增强重承诺、守信用的道德观念意识，树立事业心、责任感，以及自尊、自立、自强之品行。行政合同的激励性功能有利于社会资源的效益应用，对提高国民素质有促进作用。

5.7.4　我国行政合同的产生与发展

我国的行政合同最先出现于农业管理领域，其形式是农业生产经营承包责任制。自党的十一届三中全会开始，这种行政合同行为就成为中国农村一种非常重要的行政管理手段，农民通过承包合同取得了土地使用权，并获得了市场经济的独立主体地位。行政合同的出现意味着我国政府职能的转变，意味着行政权力强度、广度和深度的减弱，同时也意味着相对人权利与自由的扩大。1985 年 1 月 1 日中共中央、国务院《关于进一步活跃农村经济十项政策》规定：“粮食、棉花取消统购，改为合同定额。”合同订购计划由国家确定，粮食经营单位依据国家计划，在春耕前与农民协商、签订合同。自此，从土地的承包经营到粮食的合同订购，可以说在农业管理领域，行政合同已取得了主导地位。①

随后，党的十三大明确指出“无论实行哪种经营责任制，都要运用法律手段，以契约形式确定国家与企业，企业所有者与企业经营者之间的责权利关系”，这为行政合同在我国行政管理领域的进一步广泛运用打下了坚实的基础。紧接着，1988 年国务院又发布了《全民所有制承包经营责任制暂行条例》和《全民所有制小型工业企业租赁经营暂行条例》，通过租赁、承包行政合同政府和企业之间的权利义务关系得到了明确，企业获得了一定的经营自主权，可以自行支配一定的人、财、物，自主安排生产经营活动，从而具有了面向市场的活力。租赁、承包合同的实施既保证了国有资产的收益，又调动了经营者的积极性，使国有资产保值增值的责任落到了实处。从此，行政合同开始被进一步推广运用于我国工业、商业、交通运输、外贸、基建、土地等领域的行政管理。1990 年 5 月 19 日国务院发布了《中华人民共和国城镇国有土地使用权出让和转让暂行条例》，次日国务院又发布了《外商投资开发经营成片土地暂行管理办法》，国家对土地使用权的管理开始从“三无”即无期限、无偿、无流动的行政划拨，部分地转变为有期限、有偿、有流动的行政合同管理方式。随着我国市场经济的不断完善和发展以及政府职能转变的不断深入，国家不能再像从前那样以行政命令的方式调拨企业物资来满足国家的需要，以 2003 年 1 月 1 日实施的《中华人民共和国政府采购法》为标志，被称为“阳光工程”的我国的政府采购制度进入了法制化轨道，一种重要的行政合同—— 国家订货合同成为我国政府采购的重要手段。

然而与此形成鲜明对比的是我国行政合同的理论研究与司法制度建设的严重滞后，一方面，对行政合同的内涵与界定学界还没有形成定论，关于行政合同的法律适用问题尚有民

---

① 参见张树义：《行政合同》，3 页，北京，中国政法大学出版社，1994。

法论者和行政法论者之争；另一方面，民事合同与行政合同界限模糊不清，行政合同的法律地位没有得到确立，行政合同的救济制度存在缺失，仅依靠单一的以民事原则为主的《合同法》，许多有关行政合同的纠纷无法得到有效解决。所以，加强行政合同的理论研究，以及在此基础上建立和完善我国的行政合同制度，应当成为今后法制工作的一项重要任务。

阅读与思考

新桥乡政府单方解除行政合同的行为是否合法

某县新桥乡有座砖瓦窑场，系乡办企业。1999年由孙某与乡人民政府签订了承包经营合同，合同规定：甲方乡人民政府将砖瓦窑场发包给乙方孙某，并提供场地、制砖机械，乙方负责经营管理，承担企业应缴纳的税金，并向甲方交纳承包金每年5 000元，承包期为5年，自1999年1月起至2004年12月底止。孙某承包后，又以发包人身份与西塘乡村民丁某签订了制砖技术承包合同，将该厂转包给丁某。合同规定：孙某提供现房、机械和适当投资，每块砖出售价按0.05元计，孙某每块砖提取0.015元，丁某分取0.035元，承包期为1年。合同生效后，丁某即进行生产。8个月后生产成品砖168万块。新桥乡人民政府发现孙某将承包企业转包给他人，遂决定解除合同将砖瓦厂收回，交由本乡农民刘某经营。孙某多次找新桥乡人民政府说明情况，乡政府称孙某违反合同，不经乡政府同意就擅自将本乡企业转包给他人经营。孙某于是诉诸某县人民法院，称被告新桥乡人民政府侵犯其合法经营权，请求法院判令解除被告合同的行政行为无效，由原告孙某继续经营。

某县人民法院经审理认为，原、被告之间的瓦砖窑场承包经营合同属于行政合同，原告未经被告明确同意擅自转包他人经营，被告为此解除合同属实。承包合同虽然未规定转包事宜，但根据有关法律法规和行政合同的原理，被告有单方解除合同的权利。该院于1999年11月判决维持新桥乡人民政府解除合同的具体行政行为。

资料来源：沈福俊等：《行政法与行政诉讼法：案例与图表》，243页，北京，法律出版社，2010。

【阅读思考】

本案中某县人民法院的判决是否合法？

行政机关在行政合同的履行过程中有哪些权利？

5.8 行政规划

5.8.1 行政规划的概念与特征

行政规划又称为行政计划[①]，在现代行政中扮演着愈来愈重要的角色，一些西方国家

① 一般而言，在行政管理事务中，计划与规划存在一定的差异，规划往往是指比较全面的长远的发展计划，因此，本书使用“行政规划”这一概念。

的行政程序法，例如联邦德国 1976 年的《行政程序法》，专门列章节规定了行政规划的程序，西方国家的行政法学者们，例如日本的室井力、德国的汉斯·J. 沃尔夫等都在行政法专著中对行政规划基本制度做了一定的论述，而在实践层面，行政规划范围也早已超越诸如城市建设规划、交通建设规划等传统领域，扩展到社会事业、经济发展、科技教育、环保卫生乃至政治发展等各个方面。① 对于行政规划，我国有学者认为行政规划是指"行政主体在实施公共事业及其他活动之前，首先综合地提出有关行政目标，事前制定出规划蓝图，以作为具体的行政目标，并进一步制定实现该综合目标所必需的各项政策性大纲的活动"②。也有学者认为，行政规划是"指行政机关为将来一定期限内达成特定之目的或实现一定之构想，事前就达成该目的或实现该构想有关之方法，步骤或措施等所为之设计与规划"③。

结合国内外学者的相关研究，本书认为，行政规划，是指行政机关为了实现特定的行政管理目标，而事先制定出规划蓝图和拟采取的方法、步骤及措施的一种具有法律约束力的部署与安排。

行政规划有如下几个特征：第一，行政规划的主体是行政机关。行政规划是行政机关作出的行政行为，因此，司法机关、立法机关所制定的关于某一领域事务的"计划"或者"规划"不是行政规划。第二，行政规划的目的是为了实现特定的行政管理目标，具有明显的政策导向性。如实现国土或城乡规划、兴办公共事业、建立和完善公共设施等。第三，行政规划具有法定效力。行政规划一经确定，就对行政机关和行政相对人产生约束力，非因法定理由、非经法定程序，不得违反和变更。第四，行政规划具有抽象与具体相结合的双重属性。行政规划作为一种部署与安排，发挥着统一各项行业政策，并确定实施标准的作用。从这一意义上讲，行政规划具有与行政立法或准立法相类似的一面。但另一方面，行政规划往往是基于特定情况、针对具体事宜所作的目标，以及具体实施手段、步骤的设计，它必须采取具体措施在未来一定期限内予以实现，因而具有抽象与具体相结合的双重属性。

5.8.2　行政规划的基本功能

根据世界银行的研究，无论政府的性质如何，市场经济体制下，政府职能都包括下列几个方面的基础性工作：建立法律基础；保持宏观经济的稳定；投资于基本的社会服务与基础设施；保护弱势群体；保护自然环境。④ 为了更好地承担上述职责，行政机关必须针对具体情况，科学、合理地提出促进经济、社会发展的种种构想，并以此作为行政管理活动的目标和指导思想，有序地、稳定地、全面地推进各项社会事业又好又快发展。

1. 促进政府的职能转型

现代社会，政府和市场的边界更加清晰，政府的管理功能也更加明确：政府弥补市场

---

① 参见蔡爱平、傅世春：《行政规划理论与实践若干问题研究》，载《政府法制研究》，2009（10）。
② 姜明安主编：《行政法与行政诉讼法》（第三版），296 页。
③ 翁岳生：《行政法》，800 页，北京，中国法制出版社，2000。
④ 参见世界银行 1997 年世界发展报告：《变革世界中的政府》，北京，中国财政经济出版社，1997。

机制的不足，而不是主导市场，因此政府扮演的角色是“掌舵而不是划桨”[①]。行政规划的发展则契合了政府这种角色转换的要求，它恰当地体现了政府的这种“掌舵角色”。2004年4月20日，国务院发布《全面推进依法行政实施纲要》，强调要改革行政管理方式，需要充分运用间接管理、动态管理和事后监督管理等手段对经济和社会事务实施管理；充分发挥行政规划、行政指导、行政合同等方式的作用。由此可见，行政规划作为政府“掌舵人”职能的体现，与政府职能理念的不断变迁有着相当的契合性。

2. 指引行政机关的行政行为

行政规划能够通过建立科学、合理的行政目标来有效调动行政资源、实施行政活动。在现代社会，政府的作用不能再是“大而全”，对社会、市场不再是单一的行政管制，而行政规划也不是单向的命令与强制，而是在相互沟通的基础上实现行政主体与行政相对人的理解与互信，共同完成行政目标，进而形成政府、社会、企业和公民全方位的开放性互动规划，而这种互动顺应了现代行政服务与合作精神的要求。[②]

3. 提供政府公共服务的蓝本

从某种意义上说，行政规划本身就是政府提供的一种公共服务，或者说提供科学、合理的行政规划，是服务型政府的一项重要职责。[③] 在整个行政规划的编制和施行过程中，政府围绕着既定目的，有效利用各种资源，调整日益多元的社会关系、平衡社会各方利益、整合社会资源、维护社会秩序、促进社会公正，因此，可以说行政规划为政府持续、有效地进行公共服务提供了基本保证。

5.8.3 行政规划的种类

行政规划是我国行政机关实施行政管理的一种基本手段和方法。它不仅有利于各行政主体统一目标，使行政资源得到有效的配置和利用，而且有利于促进公众参与、吸纳民众资源，同时维护和协调社会各方利益。在我国，行政规划的内容丰富，种类多样，根据不同的标准，可以将其分为以下几种类型：

（1）根据制定规划的主体不同，可以分为中央政府的国家规划、中央各部委的行业性规划、地方政府的区域发展规划等。

（2）根据规划的时间长短，可以分为长期规划、中期规划和短期规划。

（3）根据规划事项的范围，可以分为综合规划、专项规划等。

（4）根据规划的内容可以分为经济规划、产业规划、社会规划、开发规划、土地规划、资源保护规划、城市建设规划、教育发展规划、国防工业规划、生态建设规划、科技发展规划、防灾规划、扶贫规划、事业规划、财政规划、人事规划等，都是行政规划的具体表现形式。[④]

（5）根据规划效力划分，行政规划可以分为建议性规划、影响性规划和命令性规划。

---

① ［美］戴维·奥斯本、特德·盖布勒：《改革政府——企业精神如何改革着公共部门》，21页，上海，上海译文出版社，2006。

② 参见蔡爱平、傅世春：《行政规划理论与实践若干问题研究》，载《政府法制研究》，2009（10）。

③ 参见陈保中：《行政规划与行政职能转变》，载《上海行政学院学报》，2009（11）。

④ 参见姜明安主编：《行政法与行政诉讼法》（第三版），299页。

(6) 根据规划是否具有法律上的拘束力，可以分为指导性规划和拘束性规划。

5.8.4　行政规划的原则

(1) 法定原则。法定原则即作出行政规划行为的主体必须是法律法规授权的具有行政规划资格的行政主体，同时，行政规划的范围和对象必须在行政机关的法定职权范围以内，规划的内容与实施的方式、步骤和程序等必须符合相关的法律规定，否则无效。[①]

(2) 信赖保护原则。信赖保护原则是指行政相对人对行政机关行政行为的确定性形成合理信赖，且当这种信赖值得保护时，行政机关不得随意变更、撤销或废止该行政行为，如因公共利益需要或者行政行为违法而确需变更、撤回或撤销时，则应当对行政相对人造成的损害予以补偿或者赔偿。行政规划是对于未来的安排和部署，因此行政规划一经制定，行政相对人就必然对之产生信赖，并会根据此种信赖安排其生产、生活。如果规划制定机关或规划实施机关随意调整、变更规划，就可能会对行政相对人造成重大的经济损失，行政机关对因行政规划调整、变更而受到损失的相对人应当予以公正合理的补偿或者赔偿。

(3) 利益平衡原则。从本质上讲，行政规划的制定和实施就是行政主体运用行政权力调整现存利益格局，重新进行利益分配与协调的过程。"行政规划围绕既定的行政目标，综合运用各种手段，协调行政系统内部及其与行政相对人之间的关系，其核心内容就是对多元利益进行整合，实现多元利益之间的平衡。"[②] 利益平衡原则要求在行政规划的制定和实施过程中行政目标、公共利益、个人利益之间要相互兼顾，使之在实现行政目标、维护社会公共利益的同时又能有效保护行政相对人合法利益。

5.8.5　行政规划的程序

行政规划程序是依法行政的基础和关键，为了保证行政规划行为的公开、公平与公正，必须建立相应的科学、规范的法律程序制度。由于我国目前既没有专门的行政规划法，也没有统一的行政程序法，在行政规划的实践中行政机关具有巨大的裁量空间，其规划程序基本上是由行政机关自行决定，随意性较大，结果导致了行政规划的许多问题，如：规划过程缺乏民主与公开；规划内容缺乏科学性、合理性与稳定性；各种规划之间缺乏协调，相互冲突等。在借鉴西方各国和我国港台地区现有行政规划程序的经验基础上，结合我国当前的行政规划法制实践，我们认为，建立和完善我国的行政规划程序应当包括以下五个方面：

(1) 行政规划的拟订程序。它主要包括行政规划目标的确定、行政规划方案的草拟、行政规划方案的论证等环节。在行政规划的拟订过程中，应当强调公众的参与性，把公众的意愿带入规划草案之中，使规划方案与公众利益一致。

---

① 如《宪法》规定：国务院负责编制和执行国民经济和社会发展规划，县级以上各级地方人民政府编制和执行本地方国民经济和社会发展规划。

② 文正邦、胡晓磊：《行政规划基本问题分析》，载《时代法学》，2007 (2)。

（2）行政规划的确定程序。它主要包括行政规划确定的申请、行政规划的听证、行政规划的审批、行政规划的公告等步骤。除行政规划的拟订、确定以外，对于行政规划的变更、废止等也必须按照相应的程序进行，最大限度地从程序上保证行政规划的合法、合理。

（3）行政规划的实施程序。为了使行政规划的目标得以顺利实现，避免在执行规划的过程中偏离既定的方向，使规划相对人的权益受到侵害，设计一套公开、公平、公正的执行程序以规范行政机关的规划实施行为也是非常必要的。如建立告知、听取申辩、说明理由、不单方接触、职能分离以及执法信息公开和社会公众评论制度等。

（4）行政规划的评估程序。在行政规划制定后，由相关行政部门及社会公众、专家学者等，采用公众满意度调查、定量分析、成本收益分析等多种方式，对其实施效果进行分析评价，以便于行政规划自身不断完善。评估可以分为两个阶段：行政规划实施过程中的评估以及行政规划实施结束后的评估。

（5）行政规划的监督与救济程序。在法治政府、责任政府和服务政府的理念下，行政规划行为应当有其外部法律责任问题。当行政规划行为侵害相对人的合法权益时，应该给予适当的法律救济。从我国当前的实际情况出发，对于行政规划的监督与救济，可以从立法机关审查、行政机关监督、司法机关救济三方面展开：立法机关审查主要依据《宪法》和《监督法》的相关规定对行政规划内容的合法性以及实施情况进行审查；行政机关监督主要通过上下级监督机制、行政责任追究制度保证行政规划的科学性、合法性；司法机关救济就是行政相对人认为行政规划侵犯其合法权益而依法提起行政诉讼，由法院对行政规划进行审查，为行政相对人提供补救。

阅读与思考

徐某等诉规划局建设工程规划许可案

1997年，徐某、黄某、钟某、刘某购买了武平县人民政府出让的武平县平川镇政府路的国有土地进行建房，北面为政府路，南面为与第三人武平县第二中学教学楼相邻的通道。2004年，第三人将已取得的原武平县教育局办公用房拟新建武平二中现代教育中心大楼。2004年4月21日，武平县发展计划局作出批复，同意第三人在校址内兴建现代教育中心大楼。此后，第三人向被告提出建设工程规划许可申请，填写了建设工程规划许可证申请审批表。被告根据《福建省实施〈中华人民共和国城市规划法〉办法》规定的程序，制作了用地红线图，在规划用地红线内确定建设工程规划设计范围，审查了初步设计方案图和施工图，签发了放样图，并于2004年9月28日，向第三人颁发了建设工程规划许可证。该许可证载明：占地面积为850平方米，层数为7层，建筑面积为5 180平方米，建筑高度为26.1米。根据被告提供的由武平县测绘队测绘的放样图可知，武平二中现代教育中心大楼与诸原告房屋的间距最小处为9.47米，最大处为20.72米。四原告对第三人于2004年11月9日开始施工建设并无异议。

四原告诉称，被告的许可违反了《福建省实施〈中华人民共和国城市规划法〉办法》关于建筑物间距的规定。被告在审查武平二中现代教育中心的行政许可过程中，明知此项行政许可直接关系到诸原告的重大利益，而未告知原告进行陈述和申辩，也未将其准许的行政许可予以公开，违反了《中华人民共和国行政许可法》关于行政许可程序的规定。另外，该建筑设计违反了国家计委发布的《中小学建筑设计规范》关于层数的规定。综上，被告颁发的 2004—232 号建设许可证，无论在实体上，还是在程序上都是违法的，请求法院予以撤销。

被告武平县城乡规划建设局辩称，《福建省实施〈中华人民共和国城市规划法〉办法》第四十五条有关间距的规定特指"多层住宅"，但四位原告的房屋均为商住楼，而对于商住楼的间距目前法律法规并无明确规定。因此，原告房屋与武平二中现代教育中心大楼之间的间距只应满足最小防火间距 6 米即可。被告在向第三人颁发建设工程规划许可证完全遵循了《福建省实施〈中华人民共和国城市规划法〉办法》规定的核发建设工程规划许可证的程序。被告对第三人的申请已实际受理并作出决定，另只有重大事项才须告知利害关系人或组织听证。国家计委发布的《中小学建筑设计规范》并非法律法规，行政诉讼是依据法律法规来审查具体行政行为的合法性。故颁发规划许可证的具体行政行为证据确凿，适用法律法规正确，符合法定程序，请求法院判决维持。

第三人武平县第二中学述称，所建的教学楼没有违反《福建省实施〈中华人民共和国城市规划法〉办法》的规定。第三人的建设工程规划许可证是依据《中华人民共和国城市规划法》的规定申请取得的，被告在颁证过程中，没有违反行政许可的法定程序。请求法院判决维持该行政许可。

资料来源：见 http://www.chinalawedu.com/new/1900a24a2010/2010914zhengj94730.shtml。编入本书时稍做修改。

【阅读思考】

行政规划的程序是怎样的？

本案中武平县城乡规划建设局给武平县第二中学颁发的建设工程规划许可证是否合法？

5.9　其他行政行为

5.9.1　行政指导

1. 行政指导的概念与特征

现代市场经济的发展产生了许多在传统行政法下政府难以依法调控的问题，利用非权力的行为影响市场经济的发展，可以产生比用僵硬的法律规制手段干涉市场经济更良好的社会效果，行政指导的出现与运用正是源于这种市场经济发展的需要。①

本书对行政指导做出如下定义：国家行政机关为了谋求行政相对人同意或协力，引导

① 参见姜明安主编：《行政法与行政诉讼法》（第三版），337 页。

行政相对人做出或不做出某种行为，以便实现一定的行政目的，而采取的针对行政相对人的符合国家法律、法规和政策的指导、说服、劝告和建议。

行政指导具有以下特征：

(1) 行政指导的非强制性。行政指导通常以指导、劝告和建议等柔性的非强制性的方式作出，因此与具有强制力的行政命令、行政处罚、行政强制等行政行为不同，行政相对人对于行政指导没有必须服从的义务，行政相对人是否服从于行政指导，是任意的、可选择的。总之，自愿原则是行政指导工作的基本原则。

(2) 行政指导不产生直接的法律效果。由于行政指导不具有强制力，行政相对人可以自主决定是否服从行政指导，因而不直接产生行政法律效果。但对于违反法律、法规或国家政策，给行政相对人造成损害的行政指导行为，行政机关则要承担相应的法律责任。

(3) 行政指导具有能动性。行政指导既可以依行政相对人的申请作出，也可以由行政机关根据形势需要主动作出。与传统的单向性、“被动”式的行政行为相比，行政指导属于“积极”行政的范畴。它既有利于发挥行政相对人的主观能动性，也有利于调动行政机关的积极主动性。

(4) 行政指导的广泛性。行政指导的意图就是要以比较缓和的方式更好地调动相对人参与行政管理的积极性，拓展行政干预的范围，降低行政成本，增进社会效益，从而满足现代市场经济下日益多变的社会、经济对行政管理的需要。因此在实践中，行政指导的范围广泛，种类丰富，行政机关可以在其法定职权范围内采取指导、劝告、建议、示范、告诫等方式对社会经济生活作出及时灵活的反应。

2. 行政指导的种类

行政指导通常采用说服、劝告、建议、示范、教育、协商、政策指导、提供帮助经费、提供知识、技术帮助等多种形式。依据不同的分类标准可以将行政指导分为不同的类型。

(1) 以行政指导有无具体的法律依据为标准，行政指导可分为有法律依据的行政指导和无法律依据的行政指导。有法律依据的，行政机关可直接采用劝告、建议、告诫等行政指导行为[①]；无法律依据的，行政机关可在其职权范围内，基于行政组织法的一般授权，按照法律精神和原则，实施行政指导。

(2) 以行政指导的对象是否特定为标准，行政指导可分为宏观行政指导与个别行政指导。宏观行政指导是指行政机关以不特定的事件或相对人为对象所进行的行政指导，如国务院 1995 年批准的《汽车工业产业政策》、2002 年发布的《指导外商投资方向规定》等均属宏观行政指导。而个别行政指导是指行政机关针对特定的相对人或事所采取的行政指导，如行政机关针对某行政相对人的不良行为，在尚未违法的情况下作出的劝告、警示等。

(3) 以行政指导的功能差异为标准，行政指导可分为管制性行政指导、调节性行政指导和授益性行政指导。管制性行政指导是指行政机关对妨害社会秩序以及危害公共利益的

---

① 如《全民所有制工业企业法》第五十六条，《农业法》第三十七条，《劳动法》第十一条等，均对行政指导的相关内容和方式作出了规定。

行为加以预防、规范、制约的行政指导；调节性行政指导是指行政相对方之间出现利害冲突而又协商不成时，由行政机关出面调停进行劝告的行政指导；授益性行政指导是指行政机关为保护和增进行政相对人的利益而作出的行政指导，如提供咨询、提供信息或者通过提供补助金、奖金或融资等有利条件，鼓励相对方自觉完成某项任务，以利于行政机关行政目标的实现。

此外，如果以所涉及的行业或管理领域为标准，行政指导还可以分为教育行政指导、科技行政指导、商业行政指导、对外贸易行政指导等。

3. 行政指导在行政管理中的作用

行政指导可以说是“从主张完全排斥政府干涉到主张政府强硬干预再到主张政府进行柔软干涉的产物”①。作为对传统依法行政的一种必要补充和一种灵活有效的行政活动方式，行政指导在我国已广泛而深入地运用于政治、经济、文化和科技等各个领域，成为政府施政的重要手段。行政指导在行政管理中的作用主要表现在以下几个方面：

（1）对法律手段的补充作用。行政法治要求政府履行职能时必须要有法律依据，如果法律未作规定，行政机关不能因此而推卸责任。为摆脱行政管理活动中“法律空白”的困境，补充法律手段之不足，行政机关有必要及时灵活地采用非强制性的行政指导来调整有关事项，以有效地实现行政目标。

（2）对经济发展的引导与促进作用。政府可以凭借自身掌握的管理信息、知识资源和地位的优势，通过制定导向性的行政指引、行政辅导、行政提示等行政指导措施，给予社会组织及其成员以全局性、宏观性、预见性的指导，帮助行政相对人进行有关行为的正确选择，从而有利于促进社会经济与科技的健康发展。

（3）对损害公共利益行为的预防与抑制作用。行政指导为政府协调多元主体之间的利益矛盾冲突提供了有效的疏通和调停渠道，对于可能发生的妨害经济秩序和社会公益的行为可起到有效的预防作用，并可抑制刚萌芽的妨害行为，发挥其特殊的保安作用。

（4）对行政民主化的推动作用。行政指导通过实施指导、劝告、建议、宣传、示范、提醒等多种手段和措施，为社会公众提供了充分表达自己的意愿、利益诉求、利害判断和行为选择的机会，恢复和维护了公共权力与公民权利之间的良性互动关系，是行政民主化的一种重要表现形式。

阅读与思考

点头隆胜石材厂不服福鼎市人民政府行政扶优扶强措施案

原告福建省福鼎市点头隆胜石材厂诉称，当地矿山每年开采的玄武岩荒料仅有 9 万立方米，都由第三人福建玄武石材有限公司负责给本市的 920 余家石材加工企业供应，平均每个加工企业只能得到不足 98 方。2000 年，被告福鼎市政府通过下达鼎政办〔2000〕59 号文件和鼎政办〔2000〕60 号文件，从全市玄武岩荒料总量中提留 8 000 方，指定供应给 22 家所谓的扶优企业。2001 年 3 月 3 日，被告又下达鼎政办〔2001〕14 号

① 王连昌主编：《行政法学》（修订版），315 页。

文件，规定对31家企业要用倾斜增加供应荒料的办法扶优扶强。照这样计算，今年需要从玄武岩荒料总量中提留11 300方去供应那些所谓的扶优扶强企业。平均到每家企业头上，就要被提留12.28方荒料。而且被告确定的这31家所谓的扶优扶强企业，就有26家产值低于500万元，根本达不到被告自己制定的扶优扶强条件。被告这种逐年提高扶优荒料提留量的做法，迫使原告逐年减产。原告认为，强劲、优势的企业只能通过公平竞争显露出来，不能通过行政手段扶持起来。被告的这种做法制造了不平等，破坏了公平竞争的社会经济秩序，使拉关系、走后门的腐败之风盛行，是违法行政。请求撤销被告的鼎政办〔2001〕14号文件。

被告辩称其鼎政办〔2001〕14号文件，只是在取得行政相对方、本案第三人福建玄武石材有限公司同意后，对其业务所作的非强制性、不直接产生法律后果的行政指导性文件。对原告来说，该文件既没有给它设定权利，也没有对它科以义务，与它的利益没有直接的关系，不属于《中华人民共和国行政诉讼法》第二条规定的具体行政行为，不是行政诉讼可诉的对象。原告无权就该文件向人民法院提起行政诉讼。

福鼎市人民法院认为：福鼎市的玄武岩石材企业，其生产用原料都由第三人福建玄武石材有限公司供应，而且供应数量有限。在此情况下，被告福鼎市人民政府以鼎政办〔2001〕14号文件，批准下发了《工业领导小组办公室关于2001年玄武岩石板材加工企业扶优扶强的意见》。该文件虽未给原告点头隆胜石材厂确定权利与义务，但却通过强制干预福建玄武石材有限公司的销售办法，直接影响到点头隆胜石材厂的经营权利。因此对点头隆胜石材厂来说，该文件具有了行政诉讼法第十一条第一款第（三）项规定的“认为行政机关侵犯法律规定的经营自主权的”情形，是行政诉讼法第二条规定的具体行政行为，属于人民法院行政诉讼的受案范围，点头隆胜石材厂有权提起行政诉讼。鉴于本案审理期间，福鼎市人民政府已经停止执行鼎政办〔2001〕14号文件，再判决撤销该文件已无实际意义。遂于2001年7月19日判决：确认被告福建省福鼎市人民政府2001年3月13日作出的鼎政办〔2001〕14号文件违法。第一审宣判后，双方当事人均未上诉，该判决已发生法律效力。

资料来源：胡锦光主编：《行政法案例分析》（第二版），170页，北京，中国人民大学出版社，2006。

【阅读思考】

案例中福鼎市政府的行政指导是如何体现的？

与行政命令、行政强制等行政行为相比较，行政指导具有哪些不同的特征？

5.9.2 行政奖励

1. 行政奖励的概念与特征

行政奖励，是指行政主体为了实现行政目的，表彰先进、鞭策后进，充分调动和激发人们的积极性和创造性，而对符合法定条件的相对人给予物质或精神鼓励的一种具体行政行为。与其他行政行为相比，行政奖励具有以下特征：

（1）行政奖励的主体是行政主体。与一般企事业单位内部的奖励不同，行政奖励的主体必须是具有行政主体资格的国家行政机关或法律法规授权组织。在实践中，我国实施行政奖励的主体主要是各级人民政府及其职能部门。

（2）行政奖励是一种法定行为。行政奖励是行政主体依法赋予相对人的奖励性权利，而非行政主体的“恩赐”。任何行政奖励都必须坚持法定的标准和条件：相对人必须达到法定的奖励标准；主体必须具有法定奖励权；使用法定的奖励形式，并按法定的程序实施。

（3）行政奖励是一种受益性行政行为。从法律后果的角度看，行政奖励是行政主体赋予相对人某种权利的行为，在行政奖励中相对人是受益者。

（4）行政奖励是一种无强制执行力的行政行为。行政奖励虽然由行政主体单方面作出，但是行政相对人可以放弃行政主体给予自己的权利和利益。

（5）行政奖励既可以是内部行政行为，又可以是外部行政行为。行政奖励既可以针对行政主体内部工作表现突出、有显著成绩和贡献或有其他突出事迹的工作人员或者集体，也可以针对行政主体以外为国家和社会作出重大贡献的行政相对人。

2. 行政奖励的基本原则

（1）依法奖励的原则。行政奖励是一种法定行为。其奖励的主体、对象、条件、方式和程序等都必须符合法律、法规的相关规定，否则，不能产生法律效力。行政主体在实施奖励时，不能仅凭行政主体中个别人员的意志决定，而应当按照法定的标准和条件，以公开、民主的方式选择最优秀的人物进行奖励。因为行政奖励的目的在于表彰先进，激励和推动后进，若不坚持法定的标准和条件，而将奖励决定随意化势必会影响行政奖励目的实现，甚至产生负面效应。因此，为了确保达到行政奖励的本来目的，对于违反这一原则实施行政奖励行为的组织或个人，应当根据情节给予批评教育和纪律处分，对于已经违法颁发的各种奖励，应当依法予以撤销。

（2）物质奖励与精神奖励相结合的原则。物质奖励满足人的生理需要，精神奖励满足人的心理需要。但无论是精神奖励还是物质奖励，单独使用效果往往都不理想，因为它不能同时满足人的生理需要与心理需要。要充分调动人的积极性与创造性，物质、精神奖励都是不可缺少的。在行政奖励中，物质奖励主要是以发给奖品、奖金或晋升工资等方式进行，精神奖励多以表扬、记功、通令嘉奖、授予荣誉称号等方式进行，为了增强奖励的激励作用，行政奖励应当坚持精神奖励与物质奖励相结合的原则。

（3）公平合理、奖励得当的原则。公平合理，是指在一个单位或在一个可以比较的范围内，奖励的标准要一致，不能因人而异。奖励得当，是指公务员是否受奖，以及所受奖励的等级、内容与形式要同受奖者的贡献相一致，要做到论功行奖、合理适度。

（4）及时性、时效性的原则。奖励是否及时与奖励效果直接相关，奖励及时才能收到好的效果，才能有利于保持人们的积极性和创造性。行政奖励的目的是调动和提高人们的积极性和创造性，所以必须及时地对符合法定条件的相对人给予奖励，以表明国家对其表彰和鼓励；同时，行政相对人不能因为一次获奖就可以终生获益，某一时期受到奖励，只能表明受奖者在那个时期的功绩和贡献，而不能表明其后的功绩和贡献，所以只有贯彻实效性原则，改变行政奖励的“终身制”，才能够使受奖者保持与时俱进、不断进取，同时也可以对他人起到警示和鞭策的作用。

3. 行政奖励的内容、形式和程序

（1）行政奖励的内容。

行政奖励的内容是指行政主体通过行政奖励行为所赋予被奖励人的权利和利益。根据我国现行法律、法规的有关规定，行政奖励的内容主要包括以下三个方面：第一，物质奖励。即给予相对人物质方面的权利和利益，如给予一定数额的奖金或奖品等。第二，精神奖励。即赋予相对人某种荣誉，如授予先进集体、先进工作者、劳动模范、杰出青年等称号或者是记功、通令嘉奖、通报表扬等。第三，职务奖励。表现为给予受奖者晋升一定职务或晋升一定档次的工资。行政奖励这三方面的内容可以以单独的形式授予相对人，也可以合并授予相对人。

（2）行政奖励的形式。

行政奖励的具体形式多种多样，有通报表扬、通令嘉奖、记功、授予荣誉称号、晋级、晋职、给予奖品、给予奖金等。这些形式既可以单独适用，也可以同时并用，并可以发给相应的奖状、奖章、证书作为证明。

（3）行政奖励的程序。

由于我国目前还没有统一的行政奖励法，因而对行政奖励程序没有统一的规定，但从已有的法律规定来看，行政奖励的程序通常包括启动、审批、公布、授奖、存档等阶段。

奖励程序的启动主要是指对行政奖励进行申报或对受奖人进行推荐，主要有以下几种方式：有关组织和个人自行申请或申报；群众评选推荐获奖人；有关组织或个人推荐获奖人或作出行政奖励的机关主动提名获奖人。审批是行政奖励程序的实质性阶段，它是指由法定行政机关依权限对拟受奖人进行审查和评比并作出是否授予其行政奖励的决定。行政奖励审查批准后，为了确保奖励的公正性，奖励决定应当由实施机关以一定的方式公之于众，并且允许当事人和其他利害关系人对奖励决定提出异议，在没有异议或经裁决异议不能成立的情况下，奖励决定才能生效。授奖是行政奖励决定的实施程序，授奖可以举行一定的仪式，由行政主体宣布受奖者的获奖情况并向其颁发奖品、奖金或获奖证书。最后，对于个人的行政奖励情况，应当分别载入受奖者的人事档案和实施行政奖励的行政主体的机关档案。

阅读与思考

某市人民政府是否应该兑现行政奖励

某市人民政府及市经济技术开发区管委会（简称开发区管委会）为发展经济分别颁布实施了《投资指南》和《招商引资奖励办法》，规定对该市（区）引进国内外资金及项目的团体或个人进行奖励。《投资指南》第5章第4项规定：“引进的中外合资项目，按引进项目外商实际出资额的1%～3%提取奖励”；第8项规定：“引进外资及项目的提成奖金，除外商独资企业将根据情况分别由市、乡（镇）政府及有关部门负责提供外，其余均由引进外资项目的我方受益单位在投产后半年内用人民币支付”。《招商引资奖励办法》第4条规定：“引进的生产性项目，在项目投入使用后，按客商实际投资额的1%～5%

奖励中介人”；第 5 条规定：“引进的项目属于先进技术或产品出口的，按客商实际投资额的 2%～3%奖励中介人”；第 9 条规定：“对牵线搭桥招商引资实行的奖励，可以采取以现金支付或根据奖励数额赠送别墅及其他形式抵付等方式，由市开发区管委会负责兑现”。

某贸易公司与韩国株式会社电机公司、日本株式会社电线公司三方签订成立某电子有限公司的协议。电子有限公司成立，领取了营业执照，公司所在地设在该市经济技术开发区。该市会计师事务所出具两份验资报告，电子有限公司合营三方均按合同规定缴足资本 1 400 万美元。

贸易公司负责人多次到市人民政府及开发区管委会要求解决兑奖事宜未果。贸易公司向市中级人民法院提起民事诉讼，后因公司被吊销执照而撤诉。贸易公司主管部门成立公司清算小组。9 月清算小组又提起诉讼，经请示最高人民法院，该市中级人民法院以行政案件立案受理。

资料来源：http://wenku. baidu. com/view/6892d22e3169a4517723a3d6. html。

【阅读思考】

本案中贸易公司是否应该获得行政奖励？为什么？

5.9.3　行政征收

1. 行政征收的概念与特征

在国外及一些地区，一般将行政征收分为税收征收和公益征收两大类。我国行政法学界主要从广义和狭义两个视角对行政征收加以界定：广义上的行政征收是指“行政主体为了公共利益目的，以国家强制力为后盾，从处于被管理者地位的公民或组织处有偿或无偿获取一定财物、金钱或劳务的单方行为”[①]；狭义上的行政征收是指“行政主体根据法律规定，以强制方式无偿取得相对人财产所有权的一种具体行政行为”[②]。依据我国行政征收的运行现状，本书倾向于从狭义的角度对行政征收作出如下定义：行政征收是指行政主体为了公共利益目的，以强制手段无偿取得行政相对人财产所有权的一种具体行政行为。具体而言，行政征收具有以下特征：

(1) 公共性。行政征收是出于保障国家和公共利益的需要，并非出于集团或商业利益，其征收对象具有广泛性，征收所得为国家财政所有，由国家负责分配和使用。

(2) 无偿性。国家机关自身并不创造社会财富，为了履行国家职能，维护政治统治，国家机关只能通过强制无偿占有相对人财产的方式来获得相应的物质保障。与行政征用不同，行政征收剥夺的是相对人的财产所有权，财产被征收后不予返还，也不予补偿。

(3) 强制性。行政征收属单方行政行为，行政机关实施行政征收行为，对于征收的项目、税率、方式、程序等，完全由行政机关依法自行确定，无须征得相对人同意，甚至可

---

① 杨解君：《行政法学》，322～323 页，北京，中国方正出版社，2002。

② 王克稳：《经济行政法论》，145 页，苏州，苏州大学出版社，1995。

以违背相对人的意志，被强制的相对人对征收行为必须服从，否则将承担一定的法律后果。

（4）法定性。由于行政征收的强制性和无偿性，决定了行政征收对行政相对方的权益始终都具有侵害性，因此，为了避免违法行政征收行为对行政相对方的合法权益造成损害，必须确立行政征收的法定原则，将行政征收的整个过程纳入法律调整的范围，使行政征收的项目、金额、程序、主体和相对人等都具有法律上的明确依据。

2. 行政征收与相关概念的区别

行政征收与行政征用、行政征购、行政没收都有区别。行政征用，是指行政主体为了公共利益和行使行政权力，而依法强制占有相对方财产或劳务的使用权的一种具体行政行为，一般而言，被征用方能够得到相应的行政主体给予的补偿。行政征购，是指行政机关通过合同方式取得相对人财产所有权的行为，行政征购关系实质上是一种特殊的买卖关系。行政没收，是指在相对方违反行政法有关规定的前提下，行政主体依法以强制方式取得相对方财产所有权的一种一次性行政处罚行为。四者的区别如表 5-8 所示。

表 5-8　行政征收与行政征用、行政征购、行政没收的区别

具体行政行为	行为标的	作出行为的条件	行为本质	行为特点	行为结果
行政征收	相对人财产	相对方负有法定交纳义务	独立的行政行为	单方性、强制性	财产所有权从相对方转归国家；对相对方没有补偿
行政征用	相对人财产或劳务	公共利益的需要	独立的行政行为	单方性、强制性	行政主体暂时取得相对方财产的使用权，财产原有的使用权不发生转移；对相对方有一定的补偿
行政征购	相对人财产	公共利益的需要	行政合同行为	具有一定的合意性	财产所有权从相对方转归国家；相对方能够获得一定的收入
行政没收	相对人财产	相对方违反行政法有关规定	行政处罚行为	具有单方性、强制性，遵循“一事不再罚”原则	财产所有权从相对方转归国家；对相对方没有补偿

3. 行政征收的分类与设定

（1）行政征收的分类。

一般而言，我国的行政征收主要由行政征税和行政收费两大类构成。行政征税是行政征收中最主要的方面，是税务机关依据具体税法和税收征收管理法的规定，向纳税人收取税款的行为，它是实现国家财政收入的最重要的形式。行政征税是一种因法律确定的义务而引起的行政征收。行政收费，是指行政主体依法向特定相对人提供了行政服务或行政管理，为满足特别的行政支出，而在其法定职权范围内，依据相关法律、法规、规章和政策所规定的收费项目，向受益相对人收取一定费用的活动。行政收费是国家机关为了向社会提供公益服务而采用的一种资金积累方式。行政收费范围广泛，类别众多，比较常见的有：证照类收费、审批类收费、资源类收费、补偿和治理类收费、鉴定类收费、管理性收费、公办教育收费、考试费以及培训费等等。与行政征税相比，行政收费的涉及面更大，内容更复杂，其规范的难度更高。

（2）行政征收的设定。

行政征收的设定，是指何种立法主体有权创设或规定行政征收。行政征收的设定直接关系到公民、法人和其他组织的切身利益，科学的行政征收的设定是规范征收权力、保障公民财产权的关键。实践证明，对行政征收的设定必须由法律法规明确规定，否则极易造成对行政相对人合法权益的侵犯。由于我国行政征收的主体是行政征税和行政收费，所以对行政征收的设定主要应当从行政征税和行政收费入手。

第一，行政征税的设定。行政征税的设定是指对行政征税立法主体的确定。我国目前行政征税的立法主体主要包括：全国人民代表大会及其常务委员会、国务院、省级人民代表大会及其常务委员会和省级人民政府。对于全国性税种，如消费税、关税、车辆购置税、海关代征增值税和消费税等，由全国人民代表大会及其常务委员会设定；国务院在全国人民代表大会及其常务委员会授权的条件下，可以先行对全国性税种制定行政法规并以“条例”或“暂行条例”的形式发布，可以对税法实施的细则、税目和税率进行调整；对于地方性税种，如营业税、资源税、土地增值税、印花税、城市维护建设税、土地使用税、房产税、车船使用税等，在不违反国家统一税法的前提下，省级人民代表大会及其常务委员会可以对其进行设定；在省级人民代表大会及其常务委员会授权的条件下，省级人民政府可以对本地区地方税的实施细则、税目和税率进行调整。

第二，行政收费的设定。行政收费的设定是指对行政收费进行设定的主体的确定。到目前为止，我国的宪法及法律还没有对行政收费的设定权问题作出统一明确的规定，这是导致“乱收费、乱摊派”的重要原因。制定一部统一的行政收费法，已成为完善我国行政征收制度的迫切要求。就目前来看，对于行政收费的设定的大致情况是：法律对行政收费作出原则性规定，国务院或其他行政机关作出具体实施办法；行政法规、部门规章和地方政府规章作出行政收费的具体规定；在法律、法规、规章都没有作出规定的情况下，其他行政规范性文件可以对行政收费作出规定。

4. 行政征收的原则、方式与程序

（1）行政征收的原则。

行政征收应当遵循的原则是：第一，公平、公正、公开的原则，即行政征收应当对在相同条件下的公民、法人和其他组织一律平等对待，反对任何形式的歧视和偏袒，保证负担公平。与此同时行政主体还应当定期公开行政征收状况，接受权力机关和公众的监督，防止行政征收权力本位化。第二，效率的原则，它包含两个方面的内容：一是指行政征收过程本身的效率，二是指行政征收作用于社会政治经济的效率。行政征收是确保国家财政收入的重要途径，因而需要及时和足额征收，同时行政征收又是国家经济宏观调控的重要手段，必须考虑到其对经济有效作用问题。如何设定行政征收主体，制定、选择合理的征收程序和方法是保证行政征收效率的关键。第三，依法征收的原则，行政征收是国家意志的具体体现，它不应受到个别行政机关或行政官员的个体意志所左右，行政征收的对象、数额、程序都必须要有明确的法律依据，只要没有法律依据，任何擅自设定或实施征收的行为都是侵害相对人的合法权益的侵权行为，都是与法律相违背的。

（2）行政征收的方式。

行政征收的方式包括行政征收的行为方式与计算方式。

根据我国的现行法律、法规规定，行政征收的主要行为方式有：查账征收，是指由应征人依据账簿记载，先自行计算缴纳，事后经征收机关查账核实，如有不符合规定的，则多退少补；查定征收，是指由行政征收机关根据应征人的生产设备等情况在正常情况下的生产、销售情况，对其生产的应予征收税费的产品查定产量和销售额，然后依法定的金额征收；查验征收，由行政征收机关对应征人的应征产品进行查验后征收税费，并贴上已征收证明、查验证或盖查验戳，而据以征收的一种征收方式；除此之外，定期定额征收以及代征、代扣、代缴等，也是行政征收的常见行为方式。应当注意的是，无论行政征收机关采用上述哪种征收方式，都必须使用书面形式。

行政征收的计算方式是行政征收额的尺度，是行政征收的核心要素，它直接关系到国家财政收入的多少和应征人负担的轻重。由于行政征收的种类繁多，征收的计算方式也多种多样，为了避免行政征收的随意性，行政征收的计算方法大多为法律、法规所明确规定。如，对于个人所得税中的应纳税所得额，《个人所得税法》就作出了详细的规定：非居民个人的工资、薪金所得，以每月收入额减除费用五千元后的余额为应纳税所得额。[①]

（3）行政征收的程序。

行政征收的程序是指实施行政征收行为的步骤、方式和顺序。行政征收程序在我国主要有两类：一类是自愿缴纳程序，一类是强制征收程序。当相对人按照法律、法规规定的期限或行政主体确定的期限全部主动履行了缴纳义务时，法律上的行政征收即告结束；当相对人没有按照规定期限履行缴纳义务时，行政征收即进入强制征收阶段。为了保证行政征收的顺利实现，防止相对人的合法权益受到损害，法律法规应当明确规定实施行政的程序。一般来说，行政征收按以下几个步骤进行：

第一，行政征收事项登记。任何从事行政机关依法应予征收事项活动的公民、法人或其他组织，都应当到相应的行政机关进行征收事项的登记。行政征收事项登记的目的是为征收管理工作积累资料，以便让国家行政征收机关准确及时地掌握征收款源。对于有意逃避行政征收事项登记的缴纳主体，行政征收主体可以给予其相应的行政处罚。

第二，缴纳鉴定。缴纳鉴定是行政机关依法对缴纳主体应缴纳款项的种类、比率、缴纳环节、征收方式等进行的鉴定。

第三，缴纳申报。缴纳申报是缴纳主体履行缴纳义务的必经手续，缴纳主体应依据有关法律法规的规定，在法定期限内到指定的行政征收机关进行缴纳申报。

第四，款项征收。款项征收是行政征收的最后环节，它是指各级行政征收机关依法向缴纳主体征收各种税费，将应收款项及时、足额地收齐，把已收款项及时解交入库的活动。

5. 我国行政征收制度的改革与发展

行政征收是国家实现其管理职能，满足其财政支出的保障，其本质是国家凭借其权力参与国民收入的分配和再分配。科学、合理的行政征收制度不仅有利于国家对经济的宏观调控，促进经济的发展，也有利于减少社会各阶层之间收入上的差距，避免两极分化，保障社会公平。在我国，行政征收制度主要包括行政收费制度与行政征税制度，“费与税”始终是行政征收关注的最主要对象。

---

① 参见《中华人民共和国个人所得税法》第六条规定。

(1) 行政收费制度。

改革开放以后，随着政府管理职能的增强，除各种行政管理和社会福利事务外，推进经济和各项社会事业的发展也成为政府的重要责任，政府机构和人员数目急剧膨胀，政府行政支出大幅增加。为了解决国家支付能力不足的问题，允许一些部门通过行政收费弥补财政拨款不足，在特定时期对于促进我国各项事业的发展起到了一定的作用。然而，随着行政收费的主体日益增多，所涉及的范围也越来越广，在部门利益的驱使下，一些部门为了谋取自身利益随意设立行政收费事项，"乱收费"的现象愈演愈烈，并成为"三乱"之首，对维护社会公平和市场经济秩序造成了严重障碍。近些年来，尽管国家对治理乱收费工作十分重视，采取了取消部分收费项目，组织收费检查，组建非税收入管理机构，对非税收入征收一定比例的政府调控金等一系列措施，但行政收费仍然是前清后乱，边管边乱，始终没有走出"治理—膨胀—再治理—再膨胀"的怪圈。

要打破这种恶性循环，彻底消除乱收费的现象，首先还得从规范行政收费的设定权入手。由于我国目前的宪法及法律对行政收费的设定权限没有作出明确规定，在实践中，除法律、法规和规章设定行政收费权以外，有些地方性法规、规章也在纷纷创设行政收费权，甚至连一些基层地方政府也通过其他规范性文件的形式来创设行政收费权。行政收费一时间成为各种行政机关"创收"的法宝，"费出多门""重复收费"的现象屡禁不止。究其根本原因，主要就在于行政收费的设定权设定的层次过低，主体过多，随意过强。因此，如何提高行政收费设定权的主体层次，明确其主体的种类和地位，规范其设定行政收费的行为，应当成为进一步完善我国行政收费制度的着力点。其次，继续推进由"费"改"税"的工作，将可以改为税收的行政收费统统改为收税。由于我国现行的行政收费显得过多过滥，对税基造成了严重的侵蚀，出现了许多"费挤税""费税不分"的现象，税法的严肃性和权威性受到损害。如何使政府的非税收入法制化、规范化，维护税法的权威，确保行政征收的规范、合理，"费改税"是一条有效的途径。事实上，税与费是有区别的，税收解决的是国家支出的经费来源问题，即国家机器运转的一般支出和费用，纳税人往往具有法定性、固定性和普遍性的特征，与征税的原因之间不存在直接的受益关系。而行政收费实际上是行政机关对其特别支出所采取的一种特别补偿方式，所以，非行政机关有特别支出的事项不得设定收费，行政收费的对象往往是特定的，它应当是行政机关特别支出的受益人。正确区分税与费，使具有税收特征的收费转换为收税，由权力机关来设定其征收权，必将极大地促进各种行政征收行为的规范与统一。再次，实行"收缴分离"与"收支分离"的行政收费制度。在征收方式上，实行"收缴分离"，即由收费机关向缴款人开出票据，缴款人通过代理银行网点将应缴款项直接上缴财政。在收费资金的管理上，实行"收支分离"，即收费机关不能直接支出所收费用，所收费用由财政部门按年度预算集中支付。许多地方的实践表明，"收缴分离"与"收支分离"能够有效减轻收费对行政机关的直接利益刺激，是防止乱收费促进行政收费行为规范化、法制化的有效手段。

(2) 行政征税制度。

行政征税，也称"税收"，它是国家税务机关代表国家并为实现国家的社会经济目标，依税法制定标准，非惩罚性强制、无偿取得财政收入的一种具体行政行为。①税收是一切政治、经济活动赖以存在的基础，国家运用税收筹集资金，维持自身的运转，并满足社会和经济发展的需要。建立征收有节、分配有度的行政征税制度，对于保持经济稳定发展、促进社会公平、缩小贫富差距具有重要意义。一般来说，行政征税制度主要包括税收管理体制、税收征收机关的设置、税收征收管理制度等。

税收管理体制是在各级国家机构之间划分税权的制度。它是国家行政征税制度的重要组成部分，也是国家财政管理体制的重要内容。税权，包括税收立法权、税收法律法规的解释权、税种的开征或停征权、税目和税率的调整权、税收的加征和减免权等。我国税收管理体制的总原则是：中央集中统一领导与地方分级管理相结合。1950 年至 1977 年间，我国的税收管理体制经历了几次重大调整、变化，主要针对的是税收由中央集中统一管理和地方管理的范围和程度问题。但从总体上看，1993 年以前，我国的税收管理体制基本上是以中央立法集权型为主，税权主要集中于中央，地方基本没有设定税收的权力。随着中央与地方的财政包干体制的确立，在合理划分中央与地方事权的基础上，1994 年我国开始推行分税制，建立了中央税收和地方税收体系。按照财权与事权统一的原则，分税制把税收分为中央税、地方税、中央与地方共享税②，并对中央与地方财政的支出范围作出了划分。分税制已推行了 20 多年，实践表明，分税制有利于改变传统的高度集中的财政收入分配体制，理顺中央和地方的财政分配关系；有利于充分调动中央与地方的积极性，提高公共管理的质量和水平；有利于提高税收征收的效果，避免财源流失，增加财政的收入；也有利于促进市场经济的发展、增强中央的宏观调控能力、优化资源配置。

税收征收机关的设置。我国的税务机关既是征收机关，又是国家税收管理的职能机关，它以国家政权的名义向纳税人征收税款，并对整个税务管理活动依法实施行政管理。我国的税收征收机关主要有国家税务局、地方税务局、海关、财政部门。自 1994 年开始，我国从税制上、机构上进行了重大的行政征税制度改革，从省税务局到地方基层税务所相应设置了国家、地方两套税务机构。在管理体制上，全国税务系统实行上级税务机关与同级人民政府双重领导，以税务机关领导为主；省级地方税务局实行地方人民政府和国家税务总局双重领导，以地方政府领导为主；县（市）地方税务局实行上级税务机关和同级政府双重领导，以上级税务机关垂直领导为主。在税务征收范围方面，中央税种和中央与地方共享税种，由国家税务机关征收，地方税种由地方税务机关征收。从目前来看，国税和地税分立的税收征收管理体制，保证了税法的政令畅通，促进了中央和地方财政收入的稳定增长，对排除地方政府对税务机关的行政干预、堵塞税收管理漏洞等发挥了积极的作用。为降低征纳成本，理顺职责关系，提高征管效率，2018 年国税地税机构进行了合并，成立了国家税务总局。

税收征收管理制度。税收征收管理制度，是税务机关为了保证税收工作的顺利进行而依法建立的，对纳税人进行税收征收监督管理的业务规范和工作制度。目前，我国的税收

---

① 参见刘莘：《行政法热点问题》，200 页，北京，中国方正出版社，2001。

② 目前，中央税主要包括消费税、关税、车辆购置税等；地方税主要包括房产税、城镇土地使用税、车船税、契税、环境保护税等。中央和地方共享税主要包括增值税、所得税、资源税、印花税等。

征收管理制度主要包括：税务登记制度，税法公告制度，纳税申报制度，账簿、税务代理制度，凭证管理制度，分类稽查制度，税务检查制度和税务违章处理制度。[①] 为降低征纳成本，理顺职责关系，提高征管效率，2018年国税地税机构进行了合并，成立了国家税务总局。

阅读与思考

用地下水要不要交费？

大唐淮北发电厂前身为淮北发电厂，属国有大型火电厂，多年使用自备井抽取地下岩溶水作为循环冷却水。2003年5月，淮北市水务局依据《水法》的规定，向该厂催缴水资源费，但大唐淮北发电厂未予缴纳。2004年5月，淮北市水务局通知该厂缴纳2004年1月至4月第1号至6号机组应缴纳的水资源费297万余元。同年8月31日，淮北市水务局作出限期缴纳水资源费决定：限该厂于2004年9月15日前，缴纳2004年1月至7月水资源费493万余元，并告知不服该决定，可在接到该决定之日起60日内，向淮北市政府或安徽省水利厅申请行政复议，也可在接到决定书之日起15日内直接向法院起诉。大唐淮北发电厂对该决定不服，向淮北市中级人民法院提起行政诉讼。

一审法院经审理认为，大唐淮北发电厂作为取用地下水的企业，根据《水法》的规定，有义务缴纳水资源费。一审判决维持淮北市水务局作出的缴纳水费决定。一审宣判后，大唐淮北发电厂不服，向安徽省高院提起上诉。安徽省高院作出判决：驳回上诉，维持原判。

资料来源：《安徽省高院审判一起水资源管理行政征收诉讼》，见新华网，2005-09-27。

【阅读思考】

行政征收应遵循哪些原则？

本案中的水资源费是否属于行政征收的范畴？

5.10 行政程序

5.10.1 行政程序的概念与种类

1. 行政程序的概念

行政程序是现代法律程序的一种，是行政主体行使行政权力、作出行政行为所应遵循的程序。[②] 概括而言，行政法学界对行政程序概念大致有三种理解：1）将行政程序等同于行政诉讼程序。大陆法系国家在传统上把每一法律部门都划分为实体法与程序法两部分，

① 参见《中华人民共和国税收征收管理法》第二章至第五章。

② 参见莫于川：《行政法与行政诉讼法》，231页。

而且认为程序法就是诉讼法。它们把民事法律划分为民法与民事诉讼法，把刑事法律划分为刑法与刑事诉讼法，把行政法律划分为行政法与行政诉讼法。基于这种认识，它们便很自然地将行政程序理解为行政诉讼程序。2）将行政程序理解为行政主体实施行政行为的程序。例如，美国的《布莱克法律词典》认为，行政程序是由行政机关做出的方法和步骤，它不同于诉诸法院的司法程序。我国台湾学者认为，行政程序是行政机关行使公共权力或代表国家作出意思表示时，所须遵循的方式、步骤、过程和手续。目前，许多国家的行政程序立法都采用这种行政程序的概念。3）将行政程序理解为一切与行政活动有关的程序。这种观点认为行政程序不仅包括行政主体实施行政行为所遵循的程序，同时也包括行政权的运行和对行政权的运行进行监督等活动所遵循的程序。美国的《联邦行政程序法》所采用的行政程序概念就属于这种类型，该法既规定了行政行为的程序，也规定了行政诉讼（司法审查）的程序。①

我国行政法学界对行政程序的理解有广义与狭义之分。广义的行政程序指有关行政的程序，既包括行政行为的程序，也包括解决行政案件的程序。这种观点着眼于行政法的整体，而不仅是其中的行政行为，认为行政法主要是程序法。因为无论是对行政权力的控制，还是对行政行为的监督，都离不开程序问题。行政权力的应用，必然通过程序表现出来，行政主体滥用职权，或适用法律、法规错误，都必然在行为的程序上有所表现。所以，行政行为是否合法，主要通过程序判断。如果离开了解决行政案件的程序，行政法对行政活动的规范便失去了意义，依法行政也就失去了存在的基础。因此，从某种意义上说，依法行政，对行政活动的监督控制不在于有无法律规范，关键在于有无行政案件的程序。②

目前国内学术界对行政程序基本上作狭义的理解，认为行政程序是指行政主体的行政行为在时间和空间上的表现形式，即行政主体作出行政行为的过程中所遵循的步骤、顺序、方法、方式以及时限的总和。③ 我们认同这一观点。根据这一定义，行政程序可以从以下几个方面来理解：

（1）行政程序是就作出行政行为的过程而言的。

凡不属于作出行政行为的过程本身所包含或者必须经过的程序，都不在行政程序的范畴之内。例如，司法机关审查行政行为时所遵循的程序，不是作出行政行为的过程本身所包含的程序，也不是作出行政行为的过程所必须经过的程序，故不属于行政程序。同样，行政复议程序也是作出行政行为的过程终结后的复核、审查程序，因而不属于行政程序。行政程序是就作出行政行为的过程而言的，静态的行政组织本身是无程序而言的。但是，在作出行政行为的过程中，行政组织的运作及相互协调等环节，则是行政程序。

（2）行政程序所规范的核心对象是行政主体的行为。

行政程序是针对行政主体作出行政行为的过程进行具体架构的，因而，当行政相对人的行为所经历的过程不是作出行政行为的过程所必须遵守或者应当具备的环节或者步骤时，也不是行政程序。但是，在参与型行政中，行政相对人的行为往往在行政行为的作出

① 参见姚锐敏：《依法行政的理论与实践》，151～152页，北京，法律出版社，2000。

② 参见胡建森：《行政法学（教学参考书）》，24页，北京，法律出版社，2000。

③ 参见罗豪才、湛中乐主编：《行政法学》（第二版），303页。

过程中具有重要的意义，行政相对人的许多行为被法定为作出行政行为的过程中必须遵守的环节。例如，行政处罚决定作出之前被处罚人的陈述和申辩，行政相对人对颁发许可证的参与程序，以及各种类型的听证程序等。

（3）行政程序表现为步骤、顺序、方法、方式以及时限的总和。

行政程序表现为步骤，即作出行政行为的过程中所必须履行的相应的环节，如《行政许可法》规定行政许可的实施程序包括申请与受理、审查与决定、变更与延续等环节；《治安管理处罚法》规定行政处罚的实施程序包括调查、决定、执行、执法监督等环节。

行政程序表现为顺序，即作出行政行为的过程中所必须遵循的先后顺序，如《行政处罚法》第六十二条规定，行政机关及其执法人员在作出行政处罚决定之前，未依照本法第四十四条、第四十五条的规定向当事人告知作出的行政处罚内容及事实、理由、根据，或者拒绝听取当事人的陈述、申辩，不得作出行政处罚决定；当事人明确放弃陈述或者申辩权利的除外。

行政程序表现为方法、方式，即作出行政行为的过程中必须采用口头形式、书面形式或者动作形式等。如《行政许可法》第二十九条规定："公民、法人或者其他组织从事特定活动，依法需要取得行政许可的，应当向行政机关提出申请。申请书需要采用格式文本的，行政机关应当向申请人提供行政许可申请书格式文本。申请书格式文本中不得包含与申请行政许可事项没有直接关系的内容。"该法第三十条规定："行政机关应当将法律、法规、规章规定的有关行政许可的事项、依据、条件、数量、程序、期限以及需要提交的全部材料的目录和申请书示范文本等在办公场所公示。"

行政程序表现为每种步骤、方法、方式等的时间限制，如《行政复议法》第四十八条规定："行政复议机构应当自行政复议申请受理之日起七日内，将行政复议申请书副本或者行政复议申请笔录复印件发送被申请人。被申请人应当自收到申请书副本或者行政复议申请笔录复印件之日起十日内，提出书面答复，并提交作出行政行为的证据、依据和其他有关材料。"

2. 行政程序的种类

为了更好地理解行政程序的概念，并了解不同行政程序的性质和作用，准确地判定行政行为的法律效力，更好地保护行政相对人的合法权益，有必要对行政程序予以尽可能科学、合理的分类。①

（1）根据行政事务的法律目的和行政程序适用的范围，行政程序可分为内部行政程序和外部行政程序。内部行政程序，是指行政主体内部行政事务的运作程序，如行政系统内部各部门公文办理程序、行政首长签署程序等。外部行政程序，是指行政主体在对外实施行政管理所适用的程序，如公安机关进行治安处罚所必须遵循的程序。划分内部行政程序和外部行政程序的意义，主要在于强调外部行政程序的法律化和民主化，扩大行政相对人的行政过程参与权，以体现公正、合理、科学的法律精神。当然，随着行政民主和行政法制的日益发展，内部行政程序同样在逐渐法律化和公开化，而且，有时内部行政程序和

① 参见罗豪才、湛中乐主编：《行政法学》（第二版），304～306 页。

外部行政程序的区分并非十分明确，行政事务的处理往往是通过内部程序和外部程序交织的混合程序来实现的。所以，无论是内部行政程序，还是外部行政程序，只要在法律上有明确规定，都必须严格遵守。否则，作为程序上有瑕疵的行为，难以达到预期的法律效果。

（2）根据行政事务处理的适用频度、范围、时限和行政行为的对象是否特定，行政程序可分为抽象行政程序和具体行政程序。抽象行政程序具有普遍性和后及性的特点，是针对某类人或事普遍适用的，且在时限上一般只面向未来发生效力。具体行政程序则具有相对的具体性和前溯性，指针对特定的人或事采取的，在时限上一般只对既往事件发生效力的程序。抽象的行政程序不涉及具体的行政相对人，它往往表现为行政主体的一种自我约束机制，即表现为行政主体的一种工作制度。而具体行政程序直接涉及行政相对人的具体权益，要求有严格的法律控制。所以，在行政程序中更具有法律意义的是具体行政程序。

（3）根据法律是否有明确规定和要求，行政程序可分为自由行政程序和法定行政程序。自由行政程序，或称任意行政程序，是指法律没有明确规定和要求，由行政主体自由裁量决定或选择采取的行政程序。法定行政程序，又称强制性行政程序，是指法律有明确的规定和要求，行政主体必须遵循的行政程序。

区别自由行政程序和法定行政程序，具有如下两方面的意义：其一，对于涉及行政相对人重要权益的行政事项，应在行政程序立法中予以明确规定，行政主体必须严格遵守，不得进行任意选择，更不得有任何违背，否则将导致行为的无效。其二，对于自由行政程序，行政主体可以依照公正、合理的原则，在其权限范围内自由裁量决定或选择。对于法定行政程序的强调，其目的主要在于确保相对人的程序权利不因行政主体的恣意判断而受到侵害。

（4）根据不同的行政职能，行政程序可分为行政立法程序、行政执法程序和行政裁判程序。由于行政立法行为内容的广泛性、行为对象的不特定性和效力的后及性，行政立法程序一般都比较复杂、严格，如听证制度、会议制度、专家论证制度以及备案制度等，成为不可或缺的程序。行政执法制度，一般应体现行政效率的原则和保护行政相对人合法权益的原则。但是，由于行政行为对象的特定性、内容的具体性和行为方式的多样性，决定了其程序的多样性和差异性，如行政许可程序、行政处罚程序、行政强制执行程序等。行政裁判程序，则由于裁判行为对象是当事人双方的争议或纠纷，其程序具有准司法的特点和司法化的趋势，而其核心内容是体现公正和公平。

（5）根据行政程序的环节，行政程序可以分为普通程序和简易程序。普通程序或一般程序，是指行政主体使用行政权时应当遵守的基本程序。它是行政程序中最完整的程序，是除符合简易程序以外的所有行政都应该遵循的程序。普通程序的设定，既要保证行政权合法有效地行使，又要保护行政相对人的合法权益，两者不可偏废。与普通程序相对，简易程序又称“非正式程序”，是指行政主体对案情简单的行政事务给予处理和执行，或者在紧急情况下的没收、扣押违法物品、工具等所应遵守的程序。

行政程序还可以根据程序的适用顺序和时间划分为事前行政程序、事中行政程序、事后行政程序；根据行政程序的内容，分为听证程序、调查和决定程序、行政执行程序等。

5.10.2 行政程序法及其历史发展

1. 行政程序法概述

(1) 行政程序法的概念。

行政程序法是以实现公共行政职能为目的，调整行政法律关系主体在行政活动中的程序法律规范和原则的总和，主要调整行政主体实施行政行为时所遵循的程序，包括行政行为所遵循的方式、步骤、顺序以及时间等要素，同时也调整行政相对人在行政活动中的行为程序，它是将影响相对人实体权益及行政效率的重大行政程序法律化的结果。

行政程序法由三个层次的法律规范组成：1) 行政程序法典，规定行政程序的基本原则、基本制度。2) 行政程序单行法律、法规，规定一定领域、一定范围的行政程序，如行政处罚法规定的处罚程序、行政许可法规定的许可程序、行政法规制定程序条例、规章制定程序条例等。3) 散见于具体行政管理法律、法规中的行政程序规范，如海关法中规定的海关行政行为的程序、规划法中规定的规划行政行为的程序、环保法中规定的环保行政行为的程序，等等。

(2) 行政程序法的意义。

行政程序充分体现了行政权在实施过程中的个性特点，体现了行政程序对民主和效率的双重保护功能，以及行政程序在行政权和公民权之间的平衡与协调作用。当然，行政程序作为一个统一的有机整体，其每一个环节、步骤和方法固然可以在保障民主和保障效率方面有所侧重，但却不可能脱离行政程序的整体功能而仅仅是绝对保障公平。

具体而言，行政程序法具有以下几方面的意义：

1) 提高行政效率。行政程序在行政行为中是无处不在的，实体法不通过一定的程序就不可能被实施。为批准某一申请，可以通过几个部门盖几个章就简明迅速地完成，也可以盖上几十甚至几百个章，使这一程序成为一个漫长的难以完成的过程。程序法的作用，就在于将合理的、既能提高行政效率又能保护公民权益的程序法律化、制度化，免去不必要的程序或简化烦琐的程序，从而大大提高行政效率。

2) 确保行政权的有效行使。在行使行政权的过程中，实体法律的意义仅仅在于确认法律上行政权的存在，确定其必备的要件，但如何确认行政相对人的行为事实，则必须通过设定法定程序来实现。而且，由于行政权的运用最终离不开人的因素，离不开行政人员的主观意志，因此，要避开其可能出现的偏差，必须由法律为行政主体设定轨道，对行政主体行使行政权的每一个环节都加以规范，从而使行政行为的实施结果与法定结果协调统一。

3) 保护公民、法人和其他组织的合法权益。公民、法人或其他组织的合法权益，不仅要靠行政实体法予以规定，还要靠程序法予以保障。例如，在行政处罚中设置说明理由，听取意见以至听证、裁决的顺序性程序，就具有避免和减少滥用职权、保障个人和组织合法权益的作用。

阅读与思考

乔占祥诉铁道部火车票涨价案

国家计委（现国家发展和改革委员会）依据铁道部报送的相关材料，批准对铁路部分旅客列车运价实行政府指导价。铁道部依据国家计委的批复，发出《关于2001年春运期间部分旅客列车票价上浮的通知》（简称《通知》），《通知》规定：节前（1月13日至22日）自广州（集团）公司、北京、上海铁路局始发；节后（1月26日至2月17日）为成都、郑州、南昌、上海铁路局始发的部分直通客车票价上浮，其中新型空调列车上浮20%，其他列车上浮30%。除夕、正月初一、初二不上浮。儿童、学生、现役军人、革命伤残军人票价不上浮。

乔占祥购买了2001年1月17日2069次从石家庄到磁县的车票和2001年1月22日2069次从石家庄到邯郸的车票。第一张车票比涨价前多支出了5元票价，第二张车票比涨价前多支出了4元票价。据此，乔占祥认为铁道部关于涨价的通知侵害了其合法权益，向人民法院提起诉讼。

资料来源：胡锦光、刘飞宇主编：《行政法与行政诉讼法》（第三版），133页，北京，中国人民大学出版社，2005。

【阅读思考】

国家计委的批准行为是否有效？

2. 行政程序法的历史发展

关于行政程序法的起源，至今学界仍无定论。但是，现代意义上的行政程序法是资本主义国家建立以后产生和发展起来的。其行政程序法制化经历了一个由分散到集中的发展过程。从19世纪末以来，西方国家在行政程序法典化的进程中经历了两个高潮：

先是在20世纪20—30年代，随着生产的高度社会化和垄断资本的发展，国家行政权力不断扩张，“法治国”原则的贯彻以及“程序理性”（procedural rationality）① 观念的深化，导致了行政程序法的兴起。最早以法典形式规定行政程序法的国家是西班牙，1889年就制定了《行政程序法》，但内容完整、影响较大的是稍后的奥地利，它于1925年通过了《行政程序法》。

第二次高潮是20世纪40—60年代，随着民主原理的广泛普及和民主制度在各国相继成立，透明性特别是行政的透明性、透明行政的立法化在北欧、西欧诸国取得长足的发展。公民监督国家的一系列制度为行政程序法典化提供了较好的政治和制度条件。1946年美国制定了《联邦行政程序法》，此后，意大利于1955年、德国于1976年制定了《行政程序法》，法国于1978年制定了《行政和公共关系法》，1979年制定了《行政行为说明理由法》，日本也于1993年制定了《行政程序法》。虽然各国行政程序法内容有很大不同，但其目标模式大体可以分为两类：一类是效率模式，即以提高行政效率为立法主要目的；

① D. J. Galligan, *Discretionary Powers*, Oxford, Clarendon Press, 1990, p. 333.

另一类是权利模式，即以保障行政相对人权益为主要立法目的，现行行政程序法大都是兼顾两类的混合模式。

中国法学界对制定行政程序法的呼声与日俱增。2003 年两会期间，依法行政成为一个热门话题，其中最引人注目的是辽宁团应松年代表提交的《行政程序法（试拟稿）》提案。北京大学公法研究中心“行政执法与行政程序课题组”组织 13 名专家学者，试草拟了我国第一部《行政程序法》。全国人大此前已经成立了《行政程序法》起草研究小组，开始了这部法律的研究起草工作，到现在为止，通过两次较大的研讨，研究小组已经定下了法律的整体框架。目前，有关起草工作对国务院各部委的立法调研已经结束，对地方的调研仍在继续。从 1989 年 4 月《行政诉讼法》的制定颁布，到《行政复议法》《国家赔偿法》《行政处罚法》，还有 2004 年 7 月 1 日实施的《行政许可法》等单行法的制定，为最后制定《行政程序法》这部行政法领域的基本大法做好了准备。加上经过多年的法制宣传，目前，从专家学者到一般公民都认为我们国家迫切需要一部《行政程序法》，应该说现在制定行政程序法的时机已经成熟。行政程序法的制定与出台，将使我国行政主体的公务行为基本上得到规范，我国现代行政法治的框架基本趋于完善。行政程序法的制定与出台将开创中国行政法治的新时代。

5.10.3　行政程序法的基本原则与主要制度

1. 行政程序法的基本原则

行政程序法的基本原则，是指贯穿在行政程序法律规范始终的、统率和支配行政程序法律规范的“精神内核”。确立什么样的基本原则，对行政程序法的具体内容关系极大。在不同的原则指导下制定的行政程序法，其具体规则和制度往往会有明显的差别。

每一个国家的行政程序法都有自己的基本原则，但各国行政程序法基本原则的表现形式和内容不尽相同。从形式上说，有的国家通过制定行政程序法典直接规定或间接体现行政程序法的基本原则；有的国家则通过判例或法理确立行政程序法的基本原则。从内容上看，各国所确定的行政程序法的基本原则差别更大。

对于我国行政程序法的基本原则目前尚无定论，学术界仁者见仁，智者见智。有人认为行政程序法的原则包括公开原则、公正原则、正当原则、参与原则、复审原则、效率原则①；有人认为行政程序法的原则是程序法定原则、程序公开原则、程序公平原则②；有人认为行政程序法的原则是程序公正原则、相对方参与原则、效率原则③；有人认为行政程序法的原则是公正原则、公开原则、听证原则、效率原则、法定原则④。

我们参照罗豪才先生的论点，认为行政程序法的基本原则包括程序公正原则、相对方

① 参见应松年：《行政法学新论》，511 页，北京，中国方正出版社，1998。

② 参见胡建淼：《行政法学》（第二版），414 页 。

③ 参见罗豪才主编：《行政法学》，305 页。

④ 参见王连昌主编：《行政法学》（修订版），284～285 页。

参与原则及效率原则。

(1) 程序公正原则。

程序公正原则，是指行政程序的设定和适用应当符合公平正义的观念，避免和排除可能影响行政主体公正行使行政权力的各种因素，使行政相对人受到公正的对待，以求实现政府行政的正义目标。程序公正是符合现代法治理念的原则。现代法治理念认为，法律的正义只有通过公正的程序才能得到真正的实现。因为只有公正的程序，才能确保行政主体行使权力、开展公务活动的过程中正确认定事实，合理选择和适用有关的法律、规范，完成法定职责。可以说，程序公正原则是现代行政程序的基本要求，也是现代行政民主化的必然要求。

(2) 相对方参与的原则。

相对方参与的原则，是指行政主体在作出行政行为过程中，除法律有特殊规定外，行政程序法应当保障行政相对方参与行政管理的权利，使行政相对人能够对行政行为表达自己的意见，从而确保行政相对人实现行政程序权益，同时也可以使行政行为更加符合社会公共利益。相对方参与是程序公正的基本标准之一，也是实现实体公正、保护行政相对人合法权益的重要条件。

(3) 效率原则。

行政程序的效率原则，是指行政程序的设计和适用应当有利于保证行政管理活动的效率，尽量减少不必要的或烦琐的环节、手续，以加快行政系统的运转速度，提高行政活动的效率。因为行政活动的主要目的是为了实现公共利益，因而，无论是实体性的还是程序性的有关行政行为的规定，都必须在保障相对人合法权益和确保行政公正合理的同时，尽可能有利于行政效率的提高。

效率对于公正的实现也有重要的意义。公正需要以一定的效率为基础，没有效率，就无所谓公正，公正就失去了价值。正如一句格言所说：迟到的正义非正义。①

公正和效率是行政活动中一对永恒的矛盾，在两者之间确定一个适当的比例，应视具体国情而定。我国目前行政管理中的不公正与低效率问题都较严重，但后者尤甚。同时，我国目前正处于社会转型期，需要一个强有力的高效政府。在这个国情下，强调行政程序法的效率原则尤其必要和紧迫。当然，我国行政程序法的最终目标是由“效率型”转为“公正型”。

2. 行政程序法的基本制度

行政程序法的基本制度是由行政程序法的基本原则决定的，是行政程序法基本原则的具体化。反之，行政程序法的基本原则也需要行政程序的基本制度来体现和贯彻。

就像行政程序法基本原则一样，关于行政程序的基本制度也众说纷纭。有人认为，我国行政程序法的基本制度有：表明身份、告知、受理、传唤、听证、调查、回避、合议、审批、审裁分离、格式、复审、咨询、保密、顺序、时效。② 有学者将我国行政程序法的

① 参见姚锐敏：《依法行政的理论与实践》，172 页。

② 参见应松年：《行政行为法》，28～36 页。

主要制度概括为 3 类 11 项，即公正原则的保障制度，具体包括回避制度、合议制度、听证制度、调查制度；相对方参与制度，具体包括表明身份、说明理由、听证和调查、救济权利；效率原则的保障制度，具体包括时效限定、先后顺序、简易程序。①

我们认为，行政程序法的基本制度应该是指那些具体普遍意义、能够反映行政程序法总体特征的重要的程序制度。

(1) 调查制度。

为确保公共利益的真正实现，并维护行政相对方的合法权益，行政主体要作出某具体行政行为，首先必须进行充分的调查，以查明与行政行为的作出有关的一切事实真相。调查制度，是指行政程序法所规定的有关行政主体的调查义务及获取行政信息的方式、手段和步骤的制度。调查制度是行政行为的核心程序。因为它是行政主体获得信息的手段，也是正确处理各种行政事务的基础，是裁决程序的条件。

《行政处罚法》（2021 年修订）第五十四条规定，除依本法第五十一条规定的可以当场作出的行政处罚外，行政机关发现公民、法人或者其他组织有依法应当给予行政处罚的行为的，必须全面、客观、公正地调查，收集有关证据；必要时，依照法律、法规的规定，可以进行检查。调查制度具体包括调查人员的确定、表明身份、传唤、讯问和取证等方面。

(2) 回避制度。

回避制度是指与行政行为有利害关系的行政人员不得参与该行政行为的制度。如行政人员同行政案件的当事人有近亲属关系，或者行政人员本人或其近亲属同行政行为的结果有直接的利害关系，等等，则行政人员在处理行政案件时，应当自行申请回避，当事人也可以向行政机关提出回避，行政机关如发现应当回避的情况时，也可以直接令其工作人员回避。

回避制度来源于普通法的自然公正原则，这项原则要求“任何人不得在与自己有关的案件中担任法官”。回避制度一方面可以排除足以影响行政公正的行政人员主持行政程序，作出不公平的行政决定，从而实现行政公正；另一方面可以增加社会对行政机关的信任感，有利于行政机关进行行政管理活动。

(3) 听证制度。

听证程序，有广义与狭义之分。广义的听证，是指在一定的行政主体及其行政公务人员的主持下，在有关当事人的参加下，对行政管理中的某个问题进行论证的程序。它广泛存在于行政立法、行政司法和行政执法各领域。狭义的听证，是指在行政执法过程中听取利害关系人意见的程序，即行政主体在作出有关行政决定之前听取行政相对人的陈述、申辩、质证的程序。

听证程序是行政程序的核心内容，它使行政相对人的一项重要的程序权利即听证权得以落实，是实现公正原则的最重要程序保障。我国 1996 年通过的《行政处罚法》第一次以立法的形式将听证作为一项程序制度引入行政决定的制作过程，该法第五章第三节专门规定了行政处罚的听证程序；1997 年通过的《价格法》规定了价格听证制度；2000 年通过的《立法法》对行政立法的听证问题作了原则规定；2003 年通过的《行政许可法》规

---

① 参见罗豪才主编：《行政法学》，306～310 页。

定了行政许可听证程序。这些规定为我国的行政听证制度奠定了基础。从世界范围来看，各国行政程序法关于听证制度的规定存在着很大差别，但是在基本的内容方面却也包含着许多共性。一般认为，听证制度的基本内容主要是告知和通知、公开听证、委托代理、对抗辩论和制作笔录等。①

（4）告知制度。

告知程序，指行政主体在实施行政行为的过程中，应及时告知行政相对人拥有的各项权利，包括申辩权、出示证据权、要求听证权及必要的律师辩护权的制度。

告知制度具体包括表明身份程序和通知程序。

1）表明身份程序。表明身份，是指行政主体及其行政公务人员在实施行政行为时应以适当的方式让有关当事人了解自己的公务身份。表明身份是行政主体负有的一项程序义务。要求行政主体在执行公务时表明身份，可以将行政主体置于相对人的监督之下，同时也有利于行政主体及其行政公务人员顺利地履行职务。在实践中，行政主体表明身份的具体方式是多种多样的，就行政公务人员来说，表明身份的方式概括起来主要有两种，一种是佩带某种公务标志，着制服、戴袖标或臂章等；另一种方式是出示证件，如工作证以及对证明执法者具有合法主体资格所必不可少的其他证件。

2）通知程序。行政程序法中的通知，是指行政主体将特定的行政事项通知有关的行政相对人，以方便其行使有关权利的程序。通知是行政主体的一项程序义务，行政主体不依法履行通知义务，将可能影响其实施的行政行为的法律效力。向行政相对人及利害关系人进行必要的通知，使其有陈述意见、提出反证等参加意见的机会，有助于澄清事实和正确适用法律、法规及地方性法规，作出公正处理，也有利于行政相对人得到法制教育、服从正确的行政决定，减少行政争讼，促进民主与法制进程。

（5）简易程序制度。

简易行政程序，是相对于正式行政程序而言的，是对正式程序的简化，又称非正式程序。简易行政程序，是指对于比较简单或处于紧急情况下的行政事项，从把握行政处置机遇和提高效率的角度出发适用的程序。简易行政程序有两种形式：一般简易程序和紧急处置程序。分别适用于两种场合：一种是案情简单、事实清楚，行政行为的内容比较简单，适用简易程序不会对国家、个人的利益造成影响。这是适用简易程序与适用普通程序的关键区别。另一种是情况紧急，按照正式程序实施行政行为会影响行政管理目标的实现并给国家和社会造成损失。

简易程序的确立，是由于提高行政效率所需。对于某些当场发现且案情简单的案件，如果统一适用普通程序，从目前行政主体的人力和物力来看是不能胜任的。简易程序是指行政主体对于事实清楚、情节简单的行政事务，当场给予行政处理的程序。简易程序能够节省行政行为的成本费用，对于情节简单、证据确凿的案件无须普通程序也可处理。简易程序还可以提高行政效率，减轻不必要的负担。对于一些当场必须处理的情形，如对于流动性大、身份不易确认的行为人，非简易程序事后难以执行的情形，适用简易程序也是必要的和现实的。所以，简易程序大量存在于行政行为中，其绝对数量远远超过适用普通程

① 参见董茂云等：《行政法学》，300～301页，上海，上海人民出版社，2005。

序的行政行为。如果说普通程序是行政行为的标准的话，那么简易程序则是行政行为最为常见的程序，它更接近人们的日常生活。

简易程序的内容包括表明身份、说明理由、行政相对人申辩和执法人员的答辩、制作行政决定书、执行和备案程序。

（6）时效制度。

行政程序中的时效，是指一定的法律事实经过法定期间而产生的行政法上的后果的制度。时效制度的核心内容是法律对行政行为的实施所规定的各种时间上的限制，行政行为只有遵守了法定的时限规定，才能产生预期的法律后果。

时效制度是实现行政程序法的效率原则的最重要的程序制度之一，对于保证行政效率具有不可替代的作用。这一制度可以迅速作出行政行为，及时排除行政障碍，稳妥保护行政相对人的合法权益，并稳固行政法律关系。

时效制度的内容包括，行政主体在法定期间内不履行职责就可能引起行政责任或对行政相对人有利的法律后果；在法定期间内不履行行政职权就不得再行使，同时应承担相应的法律后果；行政相对人在法定期限届满后即丧失权利，或者承担相应的法律后果。

（7）审裁分离制度。

审裁分离，是指行政主体的审查案件职能和对案件裁决的职能，分别由其内部不同的机构或人员来行使，确保行政相对人的合法权益不受侵犯的制度。

审裁分离制度可以在行政主体内部实现审查权与裁决权的分离和相互制约，以保障行政相对人的合法权益。在行政程序中，如果审查案件的人同时又有对案件裁决的权力，行政相对人的合法权益就无法获得保障。因为，审查案件的人参与裁决案件，必然是以他调查审查案件时所获得的证据为基础，这就有可能形成先入为主的意见，妨碍他判断行政相对人的不同意见，不可能以超然的态度来行使案件的裁决权。另外，行政主体审裁案件不同于法院，法院在审判案件时具有超然法律地位的第三者。行政主体在行政案件中，既是案件的调查审查者，又是案件的裁决者，职能分离对于行政主体来说尤其重要。

具体而言，审裁分离的基本模式有两种：一种是内部审裁分离。它是指同一行政主体内部由不同的机构或人员分别行使案件调查和审查权与裁决权的一种制度。内部审裁分离是基于审裁行政案件的行政专业知识、提高行政效率而设。另一种是审裁完全分离。它是指行政案件的调查和审查权与裁决权，分别交由两个相互完全独立的机构来行使的制度。这种“完全的审裁分离”制度自 20 世纪 20 年代起在美国被反复提出，但始终没有被接受。其中一个重要的原因是，这种完全的职能分离可能加剧行政机构的膨胀，降低行政活动的效率，同时也会降低行政决定的质量。

本章小结

1. 行政行为是指行政主体在实施行政管理活动中，基于行政职权所作出的，能够直接或间接地引起行政法律效果的公务行为，具有从属法律性、单方意志性、效力先定性、强制性、非营利性等特点。行政行为的要件包括构成要件与合法要件，行政行为生效后便会对行政主体和行政相对人产生法律上的效力，其效力内容包括公定力、确定力、拘束力和执行力。

2. 行政立法是指依法享有行政立法权的国家行政机关，根据法定权限、遵循法定程序，制定行政法规和行政规章的行为。一般说来，行政立法的程序包括规划、起草、审查、通过、签署公布、备案六个阶段。在我国，行政立法监督的主要途径有：权力机关的监督、行政机关的监督和司法机关的监督。

3. 行政许可，是指在法律一般禁止的情况下，行政主体根据行政相对人的申请，经依法审查，通过颁发许可证或执照等形式，依法赋予特定的行政相对人从事某种活动或实施某种行为的权利或资格的行政行为。《行政许可法》的制定和实施是我国行政许可制度建设的里程碑，它不仅是对原有行政许可制度的根本性改变，更是对旧有的行政管理理念和管理方式的根本变革。

4. 行政裁决是行政机关依照法律授权，以中间人的身份，对行政相对人之间所发生的、与行政管理密切相关的、特定的民事纠纷进行审查和裁决的具体行政行为。从法律设定的行政裁决的范围来看，我国的行政裁决主要包括权属纠纷裁决、侵权纠纷裁决、补偿纠纷裁决和损害赔偿纠纷裁决。

5. 行政处罚是指特定的行政主体依法对违反行政管理秩序而尚未构成犯罪的行政相对人予以行政制裁的具体行政行为，包括警告，罚款，没收违法所得、没收非法财物，责令停产停业等类型。行政处罚的一般程序包括：立案、调查取证、告知当事人、听取当事人的陈述和申辩、作出行政处罚决定、填写行政处罚决定书、行政处罚决定书的送达。

6. 行政强制措施是指行政机关在行政管理过程中，为制止违法行为、防止证据损毁、避免危害发生、控制危险扩大等情形，依法对公民的人身自由实施暂时性限制，或者对公民、法人或者其他组织的财物实施暂时性控制的行为。行政强制执行是指行政机关或者行政机关申请人民法院，对不履行行政决定的公民、法人或者其他组织，依法强制履行义务的行为。

7. 行政合同是指行政主体为了实现特定的行政管理目标或履行其行政职能，而与相对人进行协商，所达成的能够引起双方当事人行政法律关系发生变化的协议。从行政合同的具体内容上看，行政合同可以分为承包租赁合同、行政执行合同、行政协作合同、行政招聘合同、政府采购合同等类型。

8. 行政规划，是指行政机关为了实现特定的行政管理目标，而事先制定出规划蓝图和拟采取的方法、步骤及措施的一种具有法律约束力的部署与安排。行政规划具有促进政府的职能转型、指引行政机关的行政行为、提供政府公共服务的蓝本等功能。

9. 行政指导，是指国家行政机关为了谋求行政相对人同意或协力，引导行政相对人作出或不作出某种行为，以便实现一定的行政目的，而采取的针对行政相对人的符合国家法律、法规和政策的指导、说服、劝告和建议。行政奖励，是指行政主体为了实现行政目的，表彰先进、鞭策后进，充分调动和激发人们的积极性和创造性，而对符合法定条件的相对人给予物质或精神鼓励的一种具体行政行为。行政征收，是指行政主体为了公共利益目的，以强制手段无偿取得行政相对人财产所有权的一种具体行政行为。

10. 行政程序是指行政主体的行政行为在时间和空间上的表现形式，即指行政主体作出行政行为的过程中所遵循的步骤、顺序、方法、方式以及时限的总和。行政程序法由三个层次的法律规范组成：行政程序法典，行政程序单行法律和散见于具体行政管理法律、法规中的行政程序规范。

关键术语

行政行为　行政立法　行政许可　行政裁决　行政处罚　行政强制　行政合同　行政规划　行政指导　行政奖励　行政征收　行政程序

复习思考题

1. 什么是行政行为？其特征有哪些？
2. 简述行政行为的分类。
3. 职权立法与授权立法的区别是什么？
4. 什么是行政许可？简述行政许可的作用。
5. 行政征收与行政征用有何区别？
6. 简述行政裁决的概念与特征。
7. 行政处罚的基本原则是什么？作出行政处罚决定有哪些程序？
8. 什么是行政强制？它有什么基本特征？
9. 简述行政规划的原则与程序。
10. 简述行政合同的功能和作用。
11. 行政指导在行政管理中可以发挥什么样的作用？
12. 什么是行政奖励？行政奖励的基本原则是什么？
13. 行政程序的内涵是什么？行政程序法的基本原则与制度是什么？

案例自测

合法夫妻被抓“现场”　四川泸县公安局检查违法

理发师白某在乡场上经营“梦兰美发室”。理发店仅有一个房间，白某用玻璃柜将房子隔成两间，在里面摆上床用于住宿。2005 年 9 月 6 日 22 时，泸县公安局接到该店有卖淫嫖娼嫌疑的举报电话后，即指令当地派出所出警检查。两名民警在敲店门未开的情况下破门进入室内，发现一男一女已上床就寝，民警当即表明执法身份和检查卖淫嫖娼嫌疑事项。民警要求其出示夫妻证明，薛、白二人则拒绝出示，并打电话叫来邻居和亲朋予以证实，因此而聚集了众多群众围观。民警在群众证明薛、白二人系夫妻后欲离开现场，却遭到围观者阻止，直至派出所领导到场当众向薛、白二人赔礼道歉，表示负责修补损坏的门锁后，检查民警才得以撤离。次日，县公安局在薛、白二人要求查处举报人时制作了询问笔录和检查笔录，并进行相应的调查取证。此事件，经市电视台以“合法夫妻被抓现场”为题作了报道后，薛、白二人提起行政诉讼，请求确认泸县公安局的检查行为违法。

法院审理认为，被告作为治安行政管理机关，有权对违反治安行政管理秩序的嫌疑场所实施检查。但是，被告在本案中实施现场检查的民警仅亮明了执法身份而未出示《检查证》，不符合《公安机关办理行政案件程序规定》（简称《规定》）第六十七条一款“为了收集违法行为证据、查获违法嫌疑人，经县级以上公安机关负责人批准，可以对可能隐藏违法嫌疑人或者证据的场所进行检查。检查时，须持有检查手续，并表明执法身份”的规定，而且原告经营的“梦兰美发室”系营业和居住共用的场所，在非营业时间该场所属于原告的居住用房，公安机关对其进行治安行政检查，不应参照适用《规定》第六十七条二款“因情况紧急，对单位确有必要立即进行检查的，办案人员可以凭执法身份证件进行检查，检查结束后，立即补办检查手续”的规定，因而被告实施的检查不具有合法性。据此，法院依法判决：被告泸县公安局2005年9月6日对“梦兰美发室”实施的治安行政检查行为违法。宣判后，原、被告均未上诉，判决已发生法律效力。

资料来源：《美发室“抓嫖”引出“单位”话题》，载《四川日报》，2006-04-24。

思考题：

(1) 行政行为违法的法律结果是什么？

(2) 从行政行为合法的构成要件来看，此案中被告的行政行为有何失当之处？

第 6 章

行政法制监督与行政救济

本章要点

- 行政法律责任的特征与构成要件
- 行政法制监督的分类与原则
- 行政救济的途径与程序
- 行政复议的范围与程序
- 行政诉讼的实施与程序
- 行政赔偿的范围与程序

6.1 行政法律责任

6.1.1 行政法律责任的概念与特征

我国学者对行政法律责任的界定存在一定的分歧。部分学者认为行政法律责任的范围仅限于国家行政机关及其公务员的行政法律责任，担责方式仅限于行政赔偿。另一部分学者认为，行政法律责任的范围不仅限于国家行政机关和国家公务员，还应该包括行政相对人——公民、法人或其他组织。我们认为，行政法律责任是行政主体及其公务员因违反行政法律规范而依法应该承担的法律责任。它是行政违法（以及部分行政不当）所引起的法律后果。

行政法律责任区别于民事法律责任和刑事法律责任的显著特征如下：

(1) 行政法律责任是行政违法引起的法律后果。行政违法是行政法律责任得以形成的前提和根据。行政法律责任制度的直接目的便是纠正行政违法、弥补给行政相对人造成的损害，督促行政主体及其工作人员依法行政；而民事责任是指民事主体因不履行或者不完全履行民事义务应当依法承担的不利后果。民事法律关系主要指平等民事主体之间的人身关系和财产关系；刑事责任是指犯罪行为应当承担的法律责任，主要包括主刑和附加刑。

（2）行政法律责任兼具补偿性和 惩戒性。如行政赔偿是对行政违法行为给行政相对人合法权益造成的损害进行补偿，对在执法中因故意或过失而造成行政相对人合法权益被侵害的行政主体的公职人员（包括直接负责的主管人员和其他直接责任人员）进行行政处分[①]和行政追偿，则体现了行政法律责任的惩戒性；民事责任的形式主要以补偿性为主，如赔偿损失、恢复原状、返还财物等；刑事责任是指犯罪行为应当承担的法律责任，主要包括主刑和附加刑两刑事责任，刑事责任具有强烈的惩戒性。

（3）行政法律责任的承担主体既包括行政机关、授权组织及其执行公务的人员，又包括行政相对人——公民、法人和其他社会组织。民法规范的主要是平等民事主体之间的人身关系和财产关系，可见，民事责任的承担者主要是民事主体，民事主体主要包含公民、法人和其他社会组织；依照刑法，刑事法律责任是指犯罪主体实施刑法禁止的行为所必须承担的法律后果，只能由实施犯罪行为的人承担，此处的“人”一般指自然人，“法人”作为法律拟制的人，虽具有一定人格，但其承担责任的形式非常有限，主要以附加刑中的罚金为主。

6.1.2 行政法律责任的构成要件

行政法律责任的构成与行政违法的构成有因果关系，但也有明显的区别。承担行政法律责任必须有行政违法，但有行政违法不一定追究行政法律责任。为此，行政法律责任的构成有其独有的要件，主要包括：

1. 行为主体客观上存在行政违法行为

行政违法是行政法律责任的前提，如果行为主体的行为尚未构成行政违法，行政法律责任就无法产生。当行政主体有行政违法行为时，行政法律责任才有可能产生。依法行政应遵循“法无明文则禁止”的基本精神，行政机关及其公务人员的行政行为应该有明确的法律、法规及规范性文件作为合法性的依据。在行政复议和行政诉讼中，行政违法的证明责任，主要由被申请人或行政诉讼被告承担。申请人或行政诉讼原告对争议行政行为的违法性不负有主要证明义务。作为被复议人或行政诉讼被告，行政主体有义务证明其行政行为的合法性，否则，将承担不利的法律后果。

2. 承担行政法律责任要有明确法律依据

现代法治社会，不仅要求权力（权利）、职责（义务）的法定，而且要求对责任的承担也必须有法律依据。因此，承担行政法律责任的方式、内容等都应当由法律规定。否则就缺乏追究行政主体的行政责任的依据，只能在道义上对其进行谴责。

3. 行为主体具有法定的责任能力

行为主体没有法定的责任能力，即使其行为构成了行政违法，也不被追究或者承担行政法律责任。也就是说，行政主体能够以自己的名义独立地享受权利，承担义务，能够独立行使法律所赋予的职权，通过法律程序独立地承担法律所要求的义务。否则，行政法律责任就没有实现的载体。

---

① 参见《行政处罚法》（2021 年修订）第七章，第十六条至第七十八条。

6.1.3　行政法律责任的承担方式

行政法律责任的承担总是通过一定的形式来表现的。主要有以下几种具体形式：

(1) 警告、通报批评。警告和通报批评属于精神性惩戒，可引起行为主体的警醒，防止下次再犯。通报批评一律采用书面形式，通报批评一般不适用于自然人。

(2) 赔礼道歉、承认错误。这属于比较轻微的责任。因自身行政行为违法而导致行政相对人的合法权益受到侵害时，行政主体应当向行政相对人赔礼道歉、承认错误。该行政法律责任法实现方式，一般由违法行政行为的直接责任人出面，向受害行政相对人做出。赔礼道歉、承认错误的形式可以是书面的，也可以是口头的。这种形式虽然对受害者的物质损害没有补益，但能使其在精神上得到安慰，平息激愤的情绪，纯化行政机关的民主作风，维护行政法治的尊严。

(3) 恢复名誉、消除影响。这是一种对被侵害行政相对人进行精神抚慰的方式。它适用于行政违法行为导致行政相对人名誉上受损的情况。履行该责任的方式，既可以在公开场合宣布正确决定，也可以在报刊上更正原处理决定或其他有效方法为行政相对人消除不利影响。

(4) 返还权益、恢复原状。违法行政主体在撤销违法行为的同时，必须返还相对人的权益。如行政执法部门对公民作出的行政处罚错误，应当向被处罚人退回罚款及退还已经没收的财物。恢复原状的适用前提，是被违法行政行为损害的物能恢复到原来的状态和特征。如，公安机关因非法检查或扣押公民财物而致其损坏，公安机关具有修复并退还的责任。

(5) 撤销违法行政行为。行政行为具有效力限定性的特点，行政行为一旦作出，便推定有效，并因此具备拘束力、确定力和执行力。但如果该行政行为确属违法，有权的相关国家机关可以通过法定的程序对其进行撤销。撤销违法行政行为的主要方式包括司法机关通过司法判决撤销和行政复议机关通过复议决定予以撤销。

(6) 履行职务。这是基于行政主体行政不作为而产生的法律责任。如公民、法人或者其他组织依法提出行政复议申请，行政复议机关无正当理由不予受理、驳回申请或者受理后超过行政复议期限不作答复的，申请人有权向上级行政机关反映，上级行政机关应当责令其纠正；必要时，上级行政复议机关可以直接受理。[①]

(7) 行政赔偿。这是一种典型的财产性责任。针对行政主体违法行政行为给行政相对人造成的实际损失，根据《国家赔偿法》的相关规定，受侵害的行政相对人可以向作出违法行政行为的行政主体提出赔偿申请，如违法行政主体不予赔偿，或者赔偿金额未达成一致，行政相对人可以向人民法院提起行政赔偿诉讼。

6.1.4　行政法律责任的追究

我国行政责任理论移植、借鉴民事责任理论，或以民事责任理论为参照系的情况较多，因此，行政法律责任的归责原则基本上与民事法律责任的相同，在其基础上有借鉴和

① 参见《行政复议法》(2023 年修订) 第三十五条。

改造。

（1）过责法定原则。过责法定原则就是指国家行政机关及其公务员的行政违法行为和应承担的相应的行政法律责任，都应该有明确的法律依据。即行政行为是否违法，需要有明确的法律依据，该违法行政行为应承担何种行政法律责任，也应有明确的法律依据。

（2）过错推定原则。区别于民事法律关系中"谁主张谁举证"的基本原则，鉴于行政主体及其公务人员在行政法律关系中的强势地位，行政相对人很难证明其行为存在过错，因此，在行政复议和行政诉讼中，采用过错推定原则，即要求作为被申请人或行政诉讼被告的行政主体提交其行政行为合法的主要依据，否则将承担不利法律后果。

6.1.5 行政法律责任制度的健全与完善

随着全面依法治国的不断推进，我国已经初步建立较为系统的行政法律责任制度。行政机关及其公务人员依据现行的法律法规，可对其违法行政行为，承担法定的行政法律责任。行政法律责任制度的实施对于纠正行政机关的违法行为，增强其责任意识，提高依法行政效率，保护行政相对人的合法权益等都具有重要作用。但是，我国行政法律责任的相关立法工作仍有待进一步加强。现有行政法律责任有关立法仍存在一些不足。到目前为止，我国还没有一部完整的《行政责任法》，现行的行政法律责任制度是由大量法律法规中有关行政责任法律规范构成的；行政法律责任制在整体上缺乏系统性，在具体规范方面仍存在一些欠缺，如《国家赔偿法》在行政赔偿范围的约定中，将抽象行政行为造成的损害、违法行政造成的间接损害都排除在国家赔偿以外。近几年，在高压反腐态势下，腐败行为呈现隐蔽化和复杂化的特征，各种安全责任事故也频频发生，究其原因，其中很重要的是，我国现行行政法律责任制度不完善。完善行政责任法律制度，可从以下几个方面入手：

首先，加强行政机关承担法律责任的理念。行政机关的权力是法律赋予的，应当积极行使法律法规赋予的权力，忠实履行义务和职责，否则应负相应的行政责任，这是权责相统一原则的体现，是行政法治的内在要求。[①] 行政机关及其工作人员应该主动树立承担行政法律责任的理念，保证其行政行为体现人民的意志，满足人民的利益和诉求，体现以人民为中心的基本原则。

其次，制定统一的《行政责任法》。行政责任法可从总体上科学设置行政法律责任体系，减少立法分散、标准不一、资源浪费等现象。系统规定行政法律责任的概念、构成要件、归责原则、责任种类、责任实现、责任免除以及监督救济等相关内容，通过科学立法、民主立法，对行政法律责任进行科学系统地规范。

最后，拓宽行政法律责任的追责渠道和担责范围。继续完善行政复议法、行政诉讼法和国家赔偿法，明确赋予被抽象行政行为、内部行政行为侵害的行政相对人行政复议权和行政诉讼权；进一步扩大国家赔偿法中行政赔偿的范围，把间接损失逐步纳入赔偿范围，在赔偿财产损失的同时，更加强调精神抚慰。增加行政责任规定的透明度，真正做到行政

---

① 参见徐静琳主编：《行政法与行政诉讼法》，221页。

公开，通过真正实现公民对政府权力的监督，有效防止权力的腐败和公职人员的专断。[①]

阅读与思考

公安局查处卖淫张冠李戴　蒙冤者诉至法庭求赔偿

原告：女青年吴桂

被告：广州市公安局某分局

2012 年 4 月 26 日傍晚，吴桂的母亲在常德市西洞庭管理区巷口村的村小卖部与村民闲聊时，一村干部送来一封来自广州市公安局某分局寄给她的信，她当众拆开一看，是自己的女儿吴桂因卖淫被公安机关处以 15 日的行政拘留的处罚决定书。吴母当时气愤无比，羞愧难当。情绪稍为稳定后，打手机向女儿询问此事，吴桂感到莫名其妙，并向母亲断然否定此事。两天后，当时在湖南郴州打工的吴桂与母亲相约来到广州市，找办案单位了解情况并讨要说法。广州市公安局某分局经过认真调查，查明吴桂的姓名系被他人冒用，因卖淫被查自报"吴桂"的人真实姓名李莺（化名）。该分局承认处罚决定书中的当事人身份信息有误，但对吴桂母女的诉求未及时回应。吴桂回到常德后，愤然向鼎城区人民法院递交行政诉状，状告广州市公安局某分局，请求法院判令该局撤销针对自己的行政处罚决定书；赔偿经济损失 5 万元。收到行政诉状和开庭传票后的广州市公安局某分局高度重视，及时更正了被行政处罚人员的身份，还及时派员来湖南常德市应诉。

开庭之前，应被告的要求，法官主持双方进行了行政赔偿调解，达成了一致意见，被告赔偿原告经济损失 1.2 万元。当日，原告以被告改变了原具体行政行为并赔偿经济损失为由，向法院提出撤诉申请。法院经审查，原告的撤诉申请符合法律规定，遂裁定准予原告撤回起诉。

资料来源：《公安局查处卖淫张冠李戴　蒙冤者告上法庭获赔偿》，见中国法院网，2012-07-03。

【阅读思考】

结合案例，谈谈承担行政责任的要件有哪些？

鼎城区人民法院对本案是否有管辖权，为什么？

6.2　行政法制监督

6.2.1　行政法制监督的概念和构成

1. 行政法制监督的概念

西方学者认为："一切有权力的人都容易滥用权力，这是万古不变的经验。有权力的

① 参见翟月玲：《我国行政责任法律制度的不足与完善》，载《聊城大学学报》（社会科学版），2008（3）。

人们会使用权力一直到遇到有界限的地方才休止。”[①]随着凯恩斯的国家干预思想被普遍接受，行政权不断扩张，行政的触角不断向社会的各个角落延伸，为保护公民法人和其他社会组织的合法权益，必须对行政权的扩张加以限制和监督。行政法制监督并不是行政监督的一个部分，行政法制监督与行政监督是性质完全不同的两类行为，前者以行政主体及其行政行为为监督对象，其行为本身并不具有行政行为的特点；后者则属于一种具体行政行为。行政监督主体在行政法制监督过程中角色变换为行政法制监督的对象。

关于行政法制监督的概念，主要有以下两种观点：一种观点认为，行政法制监督是指非行政主体的国家权力机关、司法机关以及个人与组织，依法对行政主体及其工作人员行使行政职权的行为的监督；另一种观点认为，行政法制监督只包括国家机关（国家权力机关、司法机关、专门行政监督机关）的监督，不包括非国家机关对行政主体及其行政行为的监督。这两种观点对行政法制监督主体的概括都不够全面。我们认为，行政法制监督是指享有监督权的国家权力机关、司法机关、特定的行政机关以及公民、法人和其他社会组织依法对国家行政机关及其工作人员行使行政职权的行为实施的监督。由于监督主体的监督行为是依据宪法和法律规定的权限、程序和方式实施的，所以称为行政法制监督。

2. 行政法制监督的构成

行政法制监督由监督主体、监督对象和监督内容三部分构成。

行政法制监督的监督主体是指依法对行政主体及其公务人员是否依法行使行政职权和是否遵纪守法进行监督的国家权力机关、国家司法机关、特定行政机关、专门行政监督机关以及国家机关以外的公民法人和社会组织；行政法制监督的监督对象是行政主体、行政主体的公职人员以及他们所作出的行政行为；行政法制监督的监督内容是监督行政主体是否依法行使行政职权以及国家公务员和被授权组织中的工作人员是否遵纪守法，他们所作出的行政行为是否合法、是否合理。

6.2.2 行政法制监督的分类与功能

行政法制监督按监督主体不同，可分为国家监督和非国家监督；按监督对象不同可分为对国家行政机关的监督和对工作人员的监督；按监督内容不同，可分为对抽象行政行为的监督和对具体行政行为的监督，按照该标准也可以分为行政合法性监督和行政合理性监督；按监督主体同监督对象的关系不同可分为外部行政法制监督和内部行政法制监督；按实施监督权的时间不同可分为事前监督、事中监督和事后监督等。

以上分类中，以第一种分类结果较为常见，即按照监督主体的不同，将行政法制监督分为国家监督和非国家监督。这两类监督主体中，主要包含七类具体的监督主体，它们分别是：国家权力机关、上级行政机关、监察机关、审计机关，检察机关，审判机关、社会力量为主体的群众或社会组织、中国共产党和各民主党派。

1. 国家监督

（1）国家权力机关对行政的监督。

国家权力机关的监督，是全国人民代表大会及其常务委员、地方各级人民代表大会及

---

① ［法］孟德斯鸠：《论法的精神》，104页，北京，商务印书馆，1995。

其常务委员会对行政机关及其工作人员的监督。国家权力机关监督行政主体及其行政行为的方式多种多样，主要采用立法、备案、裁决、审查、撤销、罢免和撤职等方式。根据《宪法》《立法法》的规定，省、自治区、直辖市人大常委会可以通过立法、备案、审查和撤销其认为不适当的规章的方式对地方政府规章进行监督。[①]

(2) 司法机关对行政的监督。

司法机关对行政的监督，主要是指人民法院通过受理行政诉讼的方式，对被诉行政行为的合法性进行审查，并以司法判决的形式，对行政行为的合法性进行判定，针对违法行政行为，人民法院可以予以撤销，或者确认其违法；针对违法行政行为给行政相对人造成的侵害，人民法院可以支持行政诉讼原告的诉讼请求，判令被告行政主体承担行政赔偿责任；针对显失公平的行政处罚行为，人民法院可以予以变更，从而实现其行政法制监督职能。[②]

(3) 国家监察机关的行政法制监督。

为了深化国家监察体制改革，加强对所有行使公权力的公职人员的监督，实现国家监察全面覆盖，深入开展反腐败工作，推进国家治理体系和治理能力现代化，2018 年，十三届全国人大一次会议审议通过了《中华人民共和国监察法》(以下简称《监察法》)，对监察机关及其职责、监察范围和管辖、监察权限、监察程序、法律责任等进行了专章规范。《监察法》将监察范围由“公职人员”拓展到“公职人员和有关人员”，从而将所有行使公权力的人，统一纳入监察范围。

(4) 行政机关的内部监督。

行政机关的内部监督，主要指政府机关对其所属各职能部门、主管机关、隶属机关的行为进行监督，既包括行政复议机关之类的特定行政机关对行政行为的监督，也包括上下级行政机关之间的相互监督，还包括同级行政机关之间的相互监督。行政机关的内部监督是行政法制监督的重要组成部分，有其特殊地位和优势，在监督的适用范围、监督手段的灵活运用方面，有其他行政法制监督形式所无法比拟的优越性。

2. 非国家监督

(1) 执政党行政法制的监督。

中国共产党对行政的监督是广泛而全面的。监督的内容既包括对行政活动合法性、合理性的监督，也包括对国家行政机关工作人员，尤其是党员干部遵纪守法的监督。应当指出的是，执政党的组织在行政法制监督中不应直接代替行政机关作出行政行为。

党对国家行政管理工作的领导和监督的方式有五个方面：一是通过制定正确的路线、方针、政策来实现党对国家行政管理工作的领导和监督；二是通过党的各级组织对各级政府及其部门具体实施党的路线、方针、政策和国家的法律、法令的过程实行监督；三是通过推荐优秀党员干部担任政府重要职务来实现党对政府工作的领导和监督；四是通过宣传教育和思想政治工作等手段来实现党对政府公职人员的领导和监督；五是通过党的各级纪律检查委员会审查和处理党员领导干部违反党纪政纪的行为实行行政监督。

---

① 参见我国《宪法》(2018 年修正) 第六十七条，《立法法》(2023 年修正) 第一百零七、一百零八条。

② 参见姜明安主编：《行政法与行政诉讼法》(第二版)，171 页。

(2) 社会组织和社会舆论对行政的监督。

在社会组织的监督中，有两种监督形式特别引人注目：一是民主党派、人民团体等通过人民政协对行政机关及其工作人员进行监督，其监督方式主要有政协委员到基层视察工作，列席各级人大或其常委会的会议，向政府提出批评、建议等；二是新闻媒体对行政机关及其工作人员进行的舆论监督，其监督平台既包括传统报刊、广播、电视等传统媒体，又包括微信、微博、抖音等自媒体。自媒体通常在很短的时间内，将公众关注的焦点事件推上风口浪尖，促使行政机关及其工作人员对相关事件高度重视并妥善处置。

舆论监督在我国行政监督体系中处于很重要的地位。人民通过舆论工具监督行政机关的行政行为，是我国宪法赋予的权利。[①] 舆论监督作用具有广泛性、及时性等特点，是现代社会进行法制监督的强有力手段。通过舆论监督，可以使许多违法行为暴露于广大人民群众的视野之中，不仅在一定程度上促进对违法行为的揭露和追究，而且督促行政机关及其工作人员依法行政，同时可以教育广大人民群众尊法学法用法守法，从而树立良好的社会风气。

(3) 公民对行政的监督。

公民个人的监督是指公民有权对国家行政机关及工作人员的活动提出批评、建议、申诉、控告、检举和揭发。公民参与行政法制监督的方式主要有：对国家行政机关及其工作人员提出批评和建议；对国家行政机关及其工作人员的违法或不当行为提出申诉、控告或者检举；认为行政行为侵犯了其合法权益的行政相对人，可以申请行政复议、提起行政诉讼或申请行政赔偿。

6.2.3 行政法制监督的原则

1. 依法监督原则

首先，行政法制监督的主体合法，即行政法制监督的主体可以是：国家权力机关、国家行政机关、国家监察机关、审计机关、国家审判机关、社会力量为主体的群众或社会组织、中国共产党和各民主党派共七类；其次，行政法制监督的对象要合法，即行政法制监督的对象应该是行政机关、行政机关的工作人员以及他们所作出的行政行为；最后，行政法制监督的内容也应合法，即行政法制监督的内容应该是行政机关及其公务员是否依法行政，其作出的行政行为是否合法、合理。

2. 广泛性和经常性原则

广泛性体现在所有行政机关及其工作人员的行政行为都应受到行政法制监督。行政行为的合法性与合理性是监督的重点内容；经常性原则是指行政法制监督应该是持续性的，可以随时随地展开，贯穿行政行为全过程。

3. 教育与惩罚相结合、督察与改进相结合

行政法制监督的终极目标应该是督促行政机关及其公务人员廉洁奉公，依法行政，避免非法/不当行政行为侵害公民法人和其他社会组织的合法权益，因此，对被监督对象惩罚的初衷是惩前毖后。教育与惩罚相结合、督察与改进工作相结合的原则要求在对非法/

① 参见我国《宪法》(2018年修正)第二十七条。

不当行政行为进行法制监督时，不仅要纠正违法与不当，不仅要给行政机关课以不利的后果，更要向违法者说明违法与不当产生的原因所在，以此避免类似情况的再次发生。

4. 专门机关负责和依靠群众相结合

行政法制监督的监督主体中的国家机关有权力也有义务对行政机关及其工作人员是否依法行政，是否廉洁奉公进行监督，这部分行政法制监督属于国家监督范畴，规范性和权威性是其基本特征，同时，特定国家机关的行政法制监督具有很高的监督效率，是行政法制监督的主要形式。依靠群众的社会监督，因监督主体并不具有专门的行政监督权力或者行政职权，其监督效率相对较低。值得注意的是，由于群众规模庞大，往往身处一线，因此能最及时、最准确地发现问题，知情的群众既可以选择第一时间向相关部门反映情况，又可以选择采用网络“围观”的方式，引起相关部门的重视。大众传媒的壮大与即时通信技术的突飞猛进使群众监督的效率得到大幅提升，“贴吧”“微博热搜”“抖音”“小红书”等都是新兴的监督方式。

6.3　行政救济

6.3.1　行政救济的概念

关于行政救济的概念，大致存在两种观点。一种观点认为行政救济是行政相对人不服行政主体对其所作出的行政行为，向作出该行政行为的行政主体或者其上一级机关提出复查申请，有权的行政主体基于此对行政相对人的申请进行复查并作出裁决的一种法律制度；另一种观点认为行政救济是指行政相对人因国家行政机关或其工作人员的违法或不当行政行为，而导致其合法权益遭受损害时，依法向有关国家机关提出申诉的程序。我们认为第一种观点将行政救济的范围几乎局限在了行政复议的范畴，有待商榷，因此，本书持第二种观点。

各国对行政救济的规定不尽一致，有的在宪法中规定，有的则用部门法规定，如美国的《联邦行政程序法》、日本的《行政不服审查法》、英国的《行政裁判所与调查法》等。行政救济一般因受损害的行政相对人的申请而引发。行政救济目前在世界各国得到普遍推行，大陆法系国家比英美法系国家更早设立这一法律制度。①

6.3.2　行政救济的特征

第一，行政救济以行政争议为救济前提。行政争议又称行政纠纷，是指国家行政机关之间、国家行政机关与相对人之间因行政管理活动而产生的争议。② 行政争议的内容既可以是争议行政行为的合法性，也可以是其合理性。争议的焦点既可以是行政行为的实体性问题，也可以是行政行为的程序性问题。

第二，行政救济以行政侵害后果为救济内容。行政救济产生的根本原因，是行政相对

---

① 参见应松年主编：《行政法与行政诉讼法词典》，212页，北京，中国政法大学出版社，1992。

② 参见中国社会科学院法学研究所法律辞典编委会编：《法律辞典》，北京，法律出版社，2003。

人认为其合法权益受到了行政行为的侵害，并造成了现实的损失。侵害行为和损失后果均要求已经发生，尚未发生的侵害或者尚未形成的损失，即便即将发生，亦不能提出救济申请。

第三，行政救济申请只能由直接利害关系人提出。作为依申请的行政行为，行政救济以行政相对人的申请为前提，遵循“不告不理”的基本原则。换言之，行政相对人是行政救济程序的发动者，如行政相对人未提出行政救济申请，即便其合法权益因违法或不当行政而实际受损，国家机关亦不会主动对其进行行政救济。不申请可视为受损行政相对人对救济权利的放弃。行政相对人死亡或者被解散后，除其权利继受人外，其他组织和个人均不得代为提出救济申请。

第四，行政救济的目的是纠正行政违法或行政不当，并对被侵害行政相对人的实际损失，以行政赔偿或行政补偿的方式，予以弥补。无救济不处罚是现代法治普遍遵守的基本法律原则，面对行政处罚、行政强制、行政许可行为可能给行政相对人造成的侵害，行政救济的制度安排，保护了行政相对人的合法权益。

6.3.3 行政救济的途径

第一，司法救济。当公民、法人或者其他组织认为行政机关和行政机关工作人员的行政行为侵犯其合法权益，有权依照本法向人民法院提起诉讼。前款所称行政行为，包括法律、法规、规章授权的组织作出的行政行为①。1989 年《中华人民共和国行政诉讼法》的颁布，标志着我国行政诉讼已经成为行政救济的主要途径之一。行政复议制度因其用行政行为解决行政纠纷、复议机关和被复议人存在隶属关系等性质而饱受诟病，行政诉讼制度的确立为行政争议的解决提供了全新途径。

第二，非司法救济。行政诉讼外的非司法救济主要包括行政复议、监察委监察、行政申诉等。行政复议是指公民、法人或者其他组织认为行政机关的行政行为侵犯其合法权益，向县级以上各级人民政府以及其他履行行政复议职责的行政机关提出复议申请，由复议机关对引发行政争议的行政行为进行复查的一种制度②。行政复议既可以对行政行为的合法性进行审查，亦可以对行政行为的合理性进行审查；根据《监察法》的相关规定，监察委的主要职责包括：对公职人员开展廉政教育，对其依法履职、秉公用权、廉洁从政从业以及道德操守情况进行监督检查；对涉嫌贪污贿赂、滥用职权、玩忽职守、权力寻租、利益输送、徇私舞弊以及浪费国家资财等职务违法和职务犯罪进行调查等③；行政申诉是指公民、法人或者其他组织认为行政机关的行政行为侵犯了其合法权益，向国家有关行政机关请求救济的一种制度。与行政复议和行政诉讼不同，行政申诉没有管辖的限制，只要向有关行政机关申请，该机关就应该关注相关问题。

在行政救济的几种途径中，“行政复议化解行政争议的主渠道作用”④ 逐步凸显，以行政的方式化解行政纠纷，效率最高，纠纷化解最彻底；公正司法是维护社会公平正义的最

---

① 参加《行政诉讼法》（2017 年修正）第二条。

② 参见《行政复议法》（2023 年修订）第二、四条。

③ 参加《监察法》（2018 年）第十一条。

④ 参见《行政复议法》（2023 年修订）第一条。

后一道防线，行政诉讼对行政纠纷的化解，对行政侵权损害的司法救济，因司法审判权的独立性，被寄予厚望，其对行政纠纷的救济效果也最为明显；行政申诉的效力比行政诉讼和行政复议要低，但是成本较低，便于行政相对人保护自己的合法权益。

6.3.4　行政救济程序

行政救济作为一项法律制度，在静态上表现为行政实体法的相关规定，在动态上则表现为程序法律法规的设定。各国关于行政救济程序的法律规定大致可以分为两类：一类是将行政救济程序规定在行政程序法典中，如德国、西班牙、奥地利；另一类是将行政救济程序单独立法，如日本、英国等。虽然两类国家关于行政救济程序的法律法规在形式上有较大差别，但行政救济程序大致相同，主要包括以下方面：

第一，行政救济的申请。

行政救济申请所涉及的程序主要包括：提出申请的主体、可以申请行政救济的行政行为的范围、申请的期间和方式。在申请主体方面，有的国家规定，申请人只能是被侵害人，如法国、奥地利；也有的国家允许将申请人扩大到利害关系人，如英国、澳大利亚、日本等。在我国，有权申请行政救济的是自身合法权益直接受到行政行为侵害的行政相对人，或者其权利继受人；在可以申请行政救济的行政行为的范围方面，行政相对人对行政主体所作出的行政行为都可以表示异议，但这并不等于行政相对人对有异议的行政行为都可以申请行政救济。美国将可以提起行政上诉的行政行为的范围限于行政裁决行为，日本则限于“行政机关的处分及其他相当于行使公权力的行为”。我国将国防、外交等国家行为在内的四种行为排除在行政救济的范围之外①。确定行政救济的范围，既要考虑行政救济手段在解决行政争议上的局限性，又要考虑到行政机关的行政效率；在行政救济申请的期间和方式方面，各国规定的申请期间长短不一，同一国家，对不同行政行为造成的侵害，申请救济的时间也有所不同。行政救济的申请方式以书面形式为主，在特殊情况下也可以用口头形式。

第二，行政救济的受理。

首先，在受理机关方面，各国规定不一。除法院受理行政救济申请之外，各国行政救济机关有以下几种：其一，以原行政机关为受理机关；其二，原行政机关的上一级行政机关为受理机关；其三，法定一个特定的机关为受理机关，如澳大利亚的行政申诉裁判庭。在我国，行政救济主要由县级以上地方各级人民政府受理。对实行垂直领导的行政机关的行政行为提请行政救济的，由上一级行政主管部门受理。

其次，在对争议行政行为效力的影响方面，行政救济的受理一般不会对行政行为的效力产生直接影响。多数国家都在其行政法律法规中明确规定，被提起行政救济的行政行为，在其被正式宣布违法或者无效之前，不停止其执行力，除非有法律特别规定。这一规定的宗旨在于确保行政机关的行政效率，稳定社会关系。

第三，行政救济的审理。

行政救济的审理程序的制度安排，主要包括：通知与听证、审理方式、审理后的决定

---

①　参见《行政复议法》（2023 年修订）第十二条，《行政诉讼法》（2017 年修正）第十三条。

形式和审理期限等。行政救济审理阶段的通知和听证程序主要包括行政机关应当在何时何地向何人以何种方式送达相关通知。对于关系到相对人重大利害关系的行政行为，应当赋予相对人听证的权利，听证由行政主体召集和组织。在审理方式方面，行政救济的审理多以书面审理为主，审理主体认为有必要听取双方当事人陈述的例外；在审理后的决定形式方面，各国均采用判决书或决定书的形式，对申请人的申请予以回复，并载明理由，告知进一步维权的途径等。在审理期限方面，各国规定不一。我国行政诉讼的期限是从行政相对人知道或者应该知道其合法权益受到行政行为侵害后的三个月内；行政复议的申请时限为相对人知道或者应该知道其合法权益受到侵害后的 60 日内。关于审理期限问题，我国行政复议机关应在受理行政复议后的 60 日内作出复议决定，法律规定少于 60 日的除外，对于案情确实复杂，难以在 60 日内作出复议决定的，经复议机关行政负责人的批准，可适当延长，但最多不超过 30 日。一审行政诉讼的审理期限是三个月，案件确实重大复杂的，经高级人民法院批准，可适当延长，但最多不多于三个月。对一审行政诉讼不服的，可以在 15 日内提起上诉。

6.4 行政复议

6.4.1 行政复议概述

1. 行政复议的概念

行政复议，是指公民、法人或者其他组织认为行政主体的具体行政行为侵犯其合法权益，依法向法定的行政复议机关提出复议申请，由受理机关对具体行政行为进行审查并作出行政复议决定的活动。对此概念，我们应做如下理解：

首先，行政复议是一种依申请的行政行为。行政复议由行政相对人提出申请而开始，行政主体不能依职权启动行政复议程序。

其次，行政复议的主体是具有行政复议权的行政机关。行政复议的主体只能是国家行政机关，而不能是司法机关，且并非任何行政机关都享有对具体行政行为的复议权，有行政复议权的通常是作出具体行政行为的行政机关的本级人民政府或上一级主管部门。

最后，行政复议的目的是纠正行政主体作出的违法或者不当的具体行政行为，以维护行政相对人的合法权益。

2. 行政复议的性质

行政复议的性质涉及如何对行政复议定性，是我们进一步认识行政复议所必须解决的一个问题。行政复议的性质可以从以下三个方面来理解：

（1）行政复议是一种准司法行为。首先，行政复议是由复议机关作出的具体行政行为。其次，行政复议权与司法权类似，都需要遵循“不告不理”的规则，即如果没有行政相对人依法提出复议申请，行政复议程序就不会开始。再次，在行政复议中，复议机关以裁判者的身份出现，其地位类似于法院在司法审判中的地位。最后，行政复议的最终目的是解决行政纠纷，而定分止争正是司法行为的基本功能。

（2）行政复议具有行政内部监督的属性。根据我国《行政复议法》（2023 年修订）的相关规定，我国行政复议由县级以上地方各级人民政府或者上一级主管部门管辖，主管行政机关或上级主管部门的监督和纠错的行为，其本质是使用行政手段解决行政纠纷，具有鲜明的行政内部监督属性。

（3）行政复议具有对行政相对人合法权益进行救济的属性。行政复议机关在对具体行政行为进行审查时，如果发现有违法或不当的情形，可以撤销或变更有争议的行政行为，可以支持申请人的行政赔偿请求，从而使得行政相对人被侵犯的合法权益得到救济和保护。因此，行政复议是国家行政救济机制的重要组成部分。

3. 行政复议的特征

（1）行政复议所处理的争议是行政争议。行政复议不解决民事争议，也不同于行政调解或行政裁决。行政争议是指行政主体在行政管理过程中因实施具体行政行为而与相对人发生的纠纷，其争议的核心是具体行政行为是否合法、适当。

（2）行政复议以具体行政行为为审查对象，并附带审查部分抽象行政行为。按照我国《行政复议法》的规定，行政复议指向的对象是具体行政行为，但行政相对人认为规章以下的规范性文件违法，可以在对具体行政行为提出复议申请时，一并提出对文件的审查申请。因此，部分抽象行政行为也是行政复议的审查对象。

（3）行政复议的申请人和被申请人恒定。申请人是认为行政机关的行政行为侵害自己合法权益的公民、法人或其他组织，被申请人是作出有争议行政行为行政机关或者法律、法规授权的组织。

（4）行政复议以书面审理为主要方式，必要时可以举行听证。行政复议原则上采取书面审查的方法，如果案情比较复杂，也可以向有关组织和人员调查情况，听取申请人、被申请人和第三人的意见。

6.4.2　行政复议基本原则

行政复议基本原则贯穿于行政复议全过程，并对行政复议具有指导意义的基本行为准则。它不仅规范行政主体的行为，同时也规范行政相对人参与行政复议的行为。包含以下几个具体原则：

1. 合法原则

合法原则是指行政复议机关及其工作人员在行政复议活动中应按照法定的权限和程序，对申请复议的具体行政行为和有关的抽象行政行为进行审查，并严格按照法律规定作出复议决定。其内容主要包括以下三个方面：

主体合法。提起行政复议申请的必须是被申请的行政行为所指向的行政相对人或与其有法律上利害关系的人。被申请人必须是作出被申请的行政行为的主体。行政复议机关必须是法律明确规定的行政机关。

依据合法。行政复议机关在审理行政复议案件时所依据的法律、行政法规、地方性法规、规章以及其他规范性文件等必须是现行有效的。

程序合法。《行政复议法》对行政复议程序进行了全面的规定，复议机关、复议申请人、被复议人都必须严格遵守。行政复议机关和行政复议参与人在行政复议活动中必须遵循行政复议法作出的关于方式、方法、步骤、时限等程序性规定。

2. 公正原则

行政复议机关既要对具体行政行为的合法性进行审查，又要对其合理性进行审查。公正原则是指行政复议机关在进行合理性审查时，公正地对待双方当事人，不能有所偏颇。这就要求复议机关正确行使自己的行政自由裁量权。在行政复议过程中，行政复议机关应当给申请人和被申请人同样陈述理由的机会，听取他们的意见，做出公正的复议决定，针对案件事实、性质、情节基本相同的案件不能畸轻畸重，显失公正。

3. 公开原则

公开原则是指除涉及国家秘密、个人隐私和商业秘密外，行政复议机关的复议活动应该公开进行。行政复议的公开原则具体表现在以下几个方面：（1）过程公开，要求行政复议机关最大限度地为申请人、被申请人和第三人提供参与行政复议的条件。（2）材料公开，《行政复议法》（2023 年修订）第四十七条规定："行政复议期间，申请人、第三人及其委托代理人可以按照规定查阅、复制被申请人提出的书面答复、作出行政行为的证据、依据和其他有关材料，除涉及国家秘密、商业秘密、个人隐私或者可能危及国家安全、公共安全、社会稳定的情形外，行政复议机构应当同意。"（3）结果公开，行政复议决定必须向申请人和被申请人公开。

4. 及时原则

及时原则，是指行政复议机关应当在法定的期限内完成对复议案件的审查，并作出复议决定。行政复议的及时原则体现在以下几个方面：及时受理复议申请；对及时审理复议案件；及时作出复议决定。

5. 便民原则

便民原则是指行政复议机关应当尽量给行政复议申请人提供便利条件，以确保他们顺利通过行政复议来维护自己的合法权益不被侵犯。该原则要求复议机关采取切实措施保障申请人复议申请权利的充分行使。

6. 复议期间不停止执行原则

复议期间不停止执行原则是指行政机关作出的具体行政行为不因行政相对人提起复议申请而停止执行。行政机关是公共利益的代表者和公共秩序的维护者，如果只要行政相对人提起复议申请就要停止具体行政行为执行的话，行政相对人就会以此逃避具体行政行为的执行，这将使国家行政管理无法正常进行。

行政复议期间不停止原具体行政行为的执行，是行政复议中必须遵循的一个原则，但由于具体行政行为的种类繁多，性质多样，有的具体行政行为明显违法或不当，如果不停止执行，将会给行政相对人带来难以弥补的损失，甚至给国家和社会造成重大损失，因此，《行政复议法》（2023 年修订）第四十二条规定了几种例外情况：（1）被申请人认为需要停止执行；（2）复议机关认为需要停止执行；（3）申请人、第三人申请停止执行，行政复议机关认为其要求合理，决定停止执行；（4）法律、法规、规章规定停止执行的其他情形。

6.4.3 行政复议的范围

行政复议范围，是指法律规定的行政复议机关受理行政争议案件范围，也即公民、法人或者其他组织提出复议申请的范围。行政复议范围直接关系到行政复议机关的监督范围和行政相对人行政救济的范围。我国《行政复议法》（2023 年修订）对行政复议范围作了专章规定。

1. 可申请复议的具体行政行为

按照《行政复议法》第十一条的规定，公民、法人或者其他组织认为行政机关作出的行政行为属于下列情形之一的，可申请行政复议：

(1) 对行政机关作出的行政处罚决定不服；

(2) 对行政机关作出的行政强制措施、行政强制执行决定不服；

(3) 申请行政许可，行政机关拒绝或者在法定期限内不予答复，或者对行政机关作出的有关行政许可的其他决定不服；

(4) 对行政机关作出的确认自然资源的所有权或者使用权的决定不服；

(5) 对行政机关作出的征收征用决定及其补偿决定不服；

(6) 对行政机关作出的赔偿决定或者不予赔偿决定不服；

(7) 对行政机关作出的不予受理工伤认定申请的决定或者工伤认定结论不服；

(8) 认为行政机关侵犯其经营自主权或者农村土地承包经营权、农村土地经营权；

(9) 认为行政机关滥用行政权力排除或者限制竞争；

(10) 认为行政机关违法集资、摊派费用或者违法要求履行其他义务；

(11) 申请行政机关履行保护人身权利、财产权利、受教育权利等合法权益的法定职责，行政机关拒绝履行、未依法履行或者不予答复；

(12) 申请行政机关依法给付抚恤金、社会保险待遇或者最低生活保障等社会保障，行政机关没有依法给付；

(13) 认为行政机关不依法订立、不依法履行、未按照约定履行或者违法变更、解除政府特许经营协议、土地房屋征收补偿协议等行政协议；

(14) 认为行政机关在政府信息公开工作中侵犯其合法权益；

(15) 认为行政机关的其他行政行为侵犯其合法权益。

2. 可附带申请复议的抽象行政行为

抽象行政行为是指行政机关针对不特定对象制定的具有普遍约束力并且可以反复适用的规范性文件的行为。它包括国务院制定、发布行政法规的行为，国务院各部委制定发布部门行政规章的行为，地方省级人民政府、省政府所在地的市的人民政府和国务院批准的较大的市的人民政府及经济特区的政府制定发布地方行政规章和各级各类行政机关发布的具有普遍约束力的决定、命令等行为。我国《行政复议法》(2023年修订) 将行政复议的范围由“具体行政行为”拓展到“行政行为”，将抽象行政行为纳入了行政复议的范围，这是我国行政复议制度的一大进步。

我国《行政复议法》(2023年修订) 第十三条规定：公民、法人或者其他组织认为行政机关的行政行为所依据的下列规范性文件不合法，在对行政行为申请行政复议时，可以一并向行政复议机关提出对该规范性文件的附带审查申请：

(1) 国务院部门的规范性文件；

(2) 县级以上地方各级人民政府及其工作部门的规范性文件；

(3) 乡、镇人民政府的规范性文件；

(4) 法律、法规、规章授权的组织的规范性文件。

前款所列规范性文件不含规章。规章的审查依照法律、行政法规办理。

3. 不可申请复议的事项

为进一步明确行政复议的范围，我国《行政复议法》也列举了不属于行政复议范围的具体事项。根据《行政复议法》(2023年修订)第十二条的规定，下列四类事项不属于行政复议范围：

(1) 国防、外交等国家行为。将国防、外交等国家行为排除在行政复议救济范围之外，是各国的统一做法，我国亦不例外。

(2) 行政法规、规章或者行政机关制定、发布的具有普遍约束力的决定、命令等规范性文件。该行政立法行为，受《立法法》的严格约束和监督。

(3) 行政机关对行政机关工作人员的奖惩、任免等决定。该行政行为属于内部行政行为，一般不会对处于外部的行政相对人造成实质性的影响，故排除在行政复议范围之外。公务员对涉及本人的人事处理不服的，可以自知道该人事处理之日起三十日内向原处理机关申请复核；对复核结果不服的，可以自接到复核决定之日起十五日内，按照规定向同级公务员主管部门或者作出该人事处理的机关的上一级机关提出申诉；也可以不经复核，自知道该人事处理之日起三十日内直接提出申诉。①

(4) 行政机关对民事纠纷作出的调解。行政机关根据业务主管范围，对特定民事纠纷做出的调解或者裁定，被排除在行政复议受案范围之外，其主要原因在于纠纷在民事主体之间产生，行政机关的居间行为并未对争议双方的权利义务施加实质性的影响，如当事人对调解行为有异议，可以放弃调解而寻求其他的纠纷解决途径，如民事诉讼。

6.4.4 行政复议管辖

行政复议管辖，是指行政复议机关受理复议申请的权限和分工。《行政复议法》(2023年修订)第二十四条至第二十九条对此作了明确规定，主要内容如下：

1. 县级以上地方各级人民政府管辖下列行政复议案件

(1) 对本级人民政府工作部门作出的行政行为不服的；

(2) 对下一级人民政府作出的行政行为不服的；

(3) 对本级人民政府依法设立的派出机关作出的行政行为不服的；

(4) 对本级人民政府或者其工作部门管理的法律、法规、规章授权的组织作出的行政行为不服的。

省、自治区、直辖市人民政府同时管辖对本机关作出的行政行为不服的行政复议案件。省、自治区人民政府依法设立的派出机关参照设区的市级人民政府的职责权限，管辖相关行政复议案件。对县级以上地方各级人民政府工作部门依法设立的派出机构依照法律、法规、规章规定，以派出机构的名义作出的行政行为不服的行政复议案件，由本级人民政府管辖；其中，对直辖市、设区的市人民政府工作部门按照行政区划设立的派出机构作出的行政行为不服的，也可以由其所在地的人民政府管辖。

① 参见《公务员法》(2018年修订)第九十五条。

2. 国务院部门管辖下列行政复议案件

(1) 对本部门作出的行政行为不服的；

(2) 对本部门依法设立的派出机构依照法律、行政法规、部门规章规定，以派出机构的名义作出的行政行为不服的；

(3) 对本部门管理的法律、行政法规、部门规章授权的组织作出的行政行为不服的。

对省、自治区、直辖市人民政府依照《行政复议法》第二十四条第二款的规定、国务院部门依照《行政复议法》第二十五条第一项的规定作出的行政复议决定不服的，可以向人民法院提起行政诉讼；也可以向国务院申请裁决，国务院依照本法的规定作出最终裁决。对海关、金融、外汇管理等实行垂直领导的行政机关、税务和国家安全机关的行政行为不服的，向上一级主管部门申请行政复议。对履行行政复议机构职责的地方人民政府司法行政部门的行政行为不服的，可以向本级人民政府申请行政复议，也可以向上一级司法行政部门申请行政复议。

另外，公民、法人或者其他组织申请行政复议，行政复议机关已经依法受理的，在行政复议期间不得向人民法院提起行政诉讼。已经向人民法院提起行政诉讼，人民法院已经依法受理的，不得申请行政复议。

6.4.5 行政复议程序

行政复议程序是指行政复议机关审理行政复议案件所必须遵循的步骤。根据《行政复议法》的规定，行政复议程序一般分为五个阶段：申请、受理、审理、决定和执行。

1. 申请

行政复议申请是公民、法人或其他组织不服行政机关的行政行为，依法向行政复议机关提出请求，要求对被申请复议的具体行政行为进行审查并作出决定。行政复议实行“不告不理”的原则，行政复议程序的启动以相对人申请为前提。申请人申请行政复议必须满足一定的条件，一般有以下几个方面：

申请人符合资格。申请人是认为具体行政行为侵犯了其合法权益的公民、法人或其他组织。

有明确的被申请人。复议申请人提起复议申请必须明确指出谁作出了具体行政行为，谁侵犯了其合法权益。复议活动如果没有明确的被申请人，复议机关无法进行审理。被申请人不合格或不明确的，复议机关可以要求申请人变更或明确。

有具体的复议请求和明确的事实根据。具体的复议请求是申请人提出的主张，即要求复议机关保护自己的哪些具体权益和提供哪些具体救济。明确的事实根据是指能证明行政机关作出具体行政行为的材料（如行政处罚决定书等）以及能够支持其复议请求的证据材料和其他材料。

属于复议范围和受理复议机关管辖。公民、法人或其他组织只能按照法律规定提出复议申请，不在复议范围内的申请复议机关不予受理。同时，申请复议必须向有管辖权的复议机关提出，复议机关对不属于自己管辖的复议案件应当告知申请人向有管辖权的复议机关提起申请。

符合行政复议申请的程序性的要求。根据《行政复议法》(2023 年修订) 第二十条规定："公民、法人或者其他组织认为行政行为侵犯其合法权益的，可以自知道或者应当知道该行政行为之日起六十日内提出行政复议申请；但是法律规定的申请期限超过六十日的除外。因不可抗力或者其他正当理由耽误法定申请期限的，申请期限自障碍消除之日起继续计算。行政机关作出行政行为时，未告知公民、法人或者其他组织申请行政复议的权利、行政复议机关和申请期限的，申请期限自公民、法人或者其他组织知道或者应当知道申请行政复议的权利、行政复议机关和申请期限之日起计算，但是自知道或者应当知道行政行为内容之日起最长不得超过一年。"行政复议申请书的内容，一般需要载明申请人的姓名、性别、年龄、职业、住址，法人或其他组织的名称、住所、法定代表人姓名等。申请人申请行政复议，可以采取书面形式，也可以采取口头方式。口头申请的，行政复议机关应当场记录被申请人的名称，行政复议请求，申请行政复议的主要事实、理由和时间等内容。有关法律、法规对申请复议案件有特别规定的，相对人还应满足相应的特别条件。

2. 受理

行政复议受理是指复议申请人提出复议申请后，行政复议机关经审查认为符合行政复议的条件而决定立案受理的活动。行政复议的受理以复议机关对复议申请的审查并通过为前提。行政复议机关在收到行政复议申请后，应在五日内予以审查，审查范围包括：是否符合申请的一般条件；是否超过法定的申请时效；是否重复申请，对复议机关已经处理过或者正在审理的行政复议案件，申请人不能再就同一请求、以同一理由向复议机关另行申请复议；是否已向人民法院起诉，公民、法人或其他组织已经向人民法院起诉的，不得再向行政机关申请复议；复议申请书是否符合格式要求，若不符合，复议机关可一次性要求申请人补正。

经复议机关审查，认为符合立案条件的，应当立案受理。行政复议申请自行政复议机关的司法行政机构收到之日起即为受理，不予受理和不属于本机关管辖范围的除外。

3. 审理

行政复议审理是复议机关对复议案件的事实、证据、法律适用及争论的焦点等进行审查并作出决定的过程。

（1）审理方式。

行政复议机关受理行政复议申请后，认为复议事项事实清楚、权利义务关系明确、争议不大的，可以适用简易程序，适用简易程序审理的行政复议案件，可以书面审理。适用普通程序审理的行政复议案件，行政复议机构应当当面或者通过互联网、电话等方式听取当事人的意见，并将听取的意见记录在案。因当事人原因不能听取意见的，可以书面审理。审理重大、疑难、复杂的行政复议案件，行政复议机构应当组织听证。[①]

（2）审理依据。

行政复议的审理依据就是行政机关审查、判断被申请复议的具体行政行为的标准和尺度。复议机关解决争议，应以法律、行政法规、地方性法规以及上级行政机关依法制定和发布的具有普遍约束力的决定、命令为依据。

---

① 参见《行政复议法》（2023年修订）第四十九、五十三、五十四条。

（3）举证责任。

《行政复议法》（2023 年修订）第四十四条规定，被申请人对其作出的行政行为的合法性、适当性负有举证责任。申请人应当提供证据的情形包括：申请人认为被申请人不履行法定职责的，提供曾经要求被申请人履行法定职责的证据，但是被申请人应当依职权主动履行法定职责或者申请人因正当理由不能提供的除外；申请人提出行政赔偿请求的，提供受行政行为侵害而造成损害的证据，但是因被申请人原因导致申请人无法举证的，由被申请人承担举证责任；法律、法规规定需要申请人提供证据的其他情形。

4. 行政复议决定[①]

行政复议决定是行政复议机关通过对案件进行审理，就有关行政行为是否合法、适当作出的书面裁决。行政复议决定有以下几种形式：

决定维持。决定维持是指行政复议机关对争议行政行为进行审查后，认为行政行为认定事实清楚，证据确凿，适用依据正确，程序合法，内容适当的，行政复议机关可以决定维持该行政行为。

决定变更。行政复议机关决定变更争议行政行为的情形包括：行政行为事实清楚，证据确凿，适用依据正确，程序合法，但是内容不适当；事实清楚，证据确凿，程序合法，但是未正确适用依据的；事实不清、证据不足，经行政复议机关查清事实和证据的。行政复议机关不得作出对申请人更为不利的变更决定，但是第三人提出相反请求的除外。

决定限期履行。复议机关经过审查，认定被申请人未履行法律、法规所规定的职责，从而作出责令其在一定期限内履行其法定职责的决定。限期履行决定通常针对行政机关的行政不作为作出。

决定撤销或部分撤销。可以决定撤销或者部分撤销的情形包括：主要事实不清、证据不足；违反法定程序；适用的依据不合法；超越职权或者滥用职权。行政复议机关决定撤销或者部分撤销后，可以责令被申请人在一定期限内重新作出行政行为。行政复议机关责令被申请人重新作出行政行为的，被申请人不得以同一事实和理由作出与被申请行政复议的行政行为相同或者基本相同的行政行为，但是行政复议机关以违反法定程序为由决定撤销或者部分撤销的除外。

确认行政行为违法。复议机关不撤销行政行为，但可以确认行政行为违法的情形包括：依法应予撤销，但是撤销会给国家利益、社会公共利益造成重大损害；程序轻微违法，但是对申请人权利不产生实际影响；争议行政行为不需要撤销或者责令履行的，行政复议机关确认该行政行为违法，该类情形主要包括以下几个方面：行政行为虽然违法，但是不具有可撤销内容；被申请人在复议决定做出之前，已经改变原违法行政行为，申请人仍要求撤销或者确认该行政行为违法；被申请人因不履行或者拖延履行法定职责，责令履行已经没有意义的。

赔偿或补偿决定。《行政复议法》（2023 年修订）第七十一条规定：“被申请人不依法订立、不依法履行、未按照约定履行或者违法变更、解除行政协议的，行政复议机关决定

① 参见《行政复议法》（2023 年修订）第五章。

被申请人承担依法订立、继续履行、采取补救措施或者赔偿损失等责任。被申请人变更、解除行政协议合法，但是未依法给予补偿或者补偿不合理的，行政复议机关决定被申请人依法给予合理补偿。”

5. 执行

行政复议决定书一旦生效，申请人和被申请人都应该在规定的期限内，主动履行复议决定书规定的相关义务，不得再向人民法院提起行政诉讼。申请人对复议决定不服的，可以在收到复议决定书之日起 15 日内或者法律规定的其他期限内，向人民法院提起行政诉讼。如果申请人逾期不起诉又不履行复议决定，由行政机关申请人民法院强制执行，或者依法强制执行。被申请人不履行或者无正当理由拖延履行行政复议决定的，行政复议机关或者有关上级行政机关应当责令其限期履行。申请人逾期不起诉又不履行行政复议决定的，或者不履行行政机关终局性行政裁决的，按照下列规定分别处理：行政复议决定维持具体行政行为的，由作出具体行政行为的行政机关依法强制执行，或者申请人民法院强制执行；变更具体行政行为的行政复议决定，由行政复议机关依法强制执行，或者申请人民法院强制执行。

阅读与思考

被拆迁户不服人民政府拆迁公告案

申请人：A 县城关镇二新中路被拆迁户

被申请人：A 县人民政府

A 县实施的城关镇二新中路旧城改造项目位于县城老城区西部，属商业区，80 年代末期曾由居民自拆自建改造过，但临街建筑布局零乱，基础设施配套较差。拆迁改造涉及被拆迁户 198 户、826 人，需拆除旧房约 2.7 万平方米。2003 年初，被申请人将该地段列入开发建设计划。2003 年 8 月 19 日，被申请人批复同意县建设局制定的《A 县城二新中路改造工程详细规划》（A 政秘〔2003〕45 号）；同年 12 月 2 日，被申请人批复同意县国土资源局《关于要求收回原划拨给 A 城二新中路部分单位和居民使用的国有土地使用权的请示》（A 政秘〔2003〕83 号）；2004 年 2 月 4 日，被申请人批复同意县国土资源局挂牌出让该宗地的实施方案，县国土资源局公开土地出让信息，挂牌出让，最终由江苏南通益兴房地产开发有限公司以 2 250 万元摘牌获得该地段 14 670 平方米（约合 22.02 亩）的土地使用权，用于商品房开发；同年 3 月 12 日，A 县国土资源局与该开发公司签订了《国有土地使用权出让合同》，截至 4 月 2 日，该开发公司已交付出让金 1 100 万元。2004 年 3 月 26 日，被申请人发布《拆迁安置通告》和《拆迁公告》。《拆迁公告》以 A 县政府名义发布，但落款为 A 县房地产管理局。《拆迁安置通告》发布后，申请人就该地段土地性质提出异议，认为该宗地中包含有集体土地。被申请人进行了复查，仅证实被申请人 1983 年 11 月 16 日两次批准原 A 县基建局征用原光明大队西北生产队土地 2.132 亩，征用原光明大队红旗生产队土地 3.372 亩，合计征用 5.504 亩。而该宗地扣除 5.504 亩已征用土地，被申请人未能提供任何证据依据证实剩余土地为国有土地。另外，被申请人所属城市建设指挥部与 A 县城关镇人民政府签订了《征地协议书》，鉴于征地协议应由用地单位和土地所有者双方签订，故该《征地协议书》的主体不合格。

复议机关认为，被申请人作出的具体行政行为事实不清、证据不足、程序违法，依据《中华人民共和国行政复议法》第二十八条第（三）项第 1 目和第 3 目的规定，决定撤销被申请人作出的 A 政〔2004〕9 号《关于 A 城二新中路开发建设拆迁安置工作的通告》和房拆字第〔2004〕02 号《A 县人民政府房屋拆迁公告》。

本案在审理过程中争议焦点主要涉及以下两个问题：

1. 被申请人将未依法征用的集体土地直接挂牌出让问题。

土地使用权出让，是指国家将国有土地使用权在一定年限内出让给土地使用者，由土地使用者向国家支付土地使用权出让金的行为。依据《中华人民共和国城市房地产管理法》第八条的规定，城市规划区的集体所有的土地，只有经依法征用转为国有土地后，该幅国有土地的使用权方可有偿出让。被申请人擅自将二新中路未依法征用的集体所有的土地直接挂牌出让，并发布了《拆迁安置通告》和《拆迁公告》，违反《中华人民共和国城市房地产管理法》第八条的规定。

2.《拆迁公告》的发布主体问题。

依据国务院《城市房屋拆迁管理条例》规定，县级以上地方人民政府负责管理房屋拆迁工作的部门对本行政区域内的城市房屋拆迁工作实施监督管理；房屋拆迁管理部门在发放房屋拆迁许可证的同时，以房屋拆迁公告的形式公布房屋拆迁许可证中载明的拆迁人、拆迁范围、拆迁期限等事项。故拆迁公告的发布主体应为房屋拆迁管理部门，不应以政府名义发布，而《拆迁公告》虽落款为 A 县房地产管理局，但标题却为“A 县人民政府房屋拆迁公告”，标题与落款明显不符，违反了国务院《城市房屋拆迁管理条例》规定。[注：《阜阳市城市房屋拆迁管理办法》明确各县（市）房地产管理局负责本行政区域城市规划区内国有土地上的城市房屋拆迁管理工作。]

资料来源：《某被拆迁户行诉政府行政复议案例》，见中国不动产征收律师网，2008-05-20。

【阅读思考】

本案中，被申请人撤销 A 政〔2004〕9 号《关于 A 城二新中路开发建设拆迁安置工作的通告》和房拆字第〔2004〕02 号《A 县人民政府房屋拆迁公告》的依据是什么？

6.5 行政诉讼

6.5.1 行政诉讼的概念与特征

行政诉讼是指公民、法人或者其他组织认为行政机关和行政机关工作人员的行政行为侵犯其合法权益，以法定程序向人民法院提起行政诉讼，由人民法院对具体行政行为的合法性进行审查并依法作出司法裁决的活动。行政诉讼具有以下几个特征[①]：

1. 行政案件由人民法院受理和审理

在英美法系国家，由普通法院审理行政案件，同时普通法院内部也不设行政审判庭；在大陆法系国家，一般由专门成立的行政法院审理行政案件。在我国，法院组织只有一套人民法院系统，根据《行政诉讼法》（2023年修订）第四条规定，人民法院依法对行政案件独立行使审判权，不受行政机关、社会团体和个人的干涉。人民法院设行政审判庭，审理行政案件。同时，根据最高人民法院的司法解释，专门人民法院、人民法庭不受理和审理行政案件。

2. 人民法院审理的行政案件只限于就行政机关作出的具体行政行为的合法性发生的争议

行政机关作出的抽象行政行为及具体行政行为的合理性不具有可诉性，即不是人民法院直接审理的对象，不能通过行政诉讼的方式解决。只有当抽象行政行为（除国务院制定的具有普遍约束力的行政法规、决定、命令外）作为被诉具体行政行为的依据时，人民法院才可以对该抽象行政行为的合法性进行审查，并决定是否适用。

3. 行政复议不是行政诉讼的前置阶段或者必经程序

在其他国家，通常情况下，行政复议是行政诉讼的必经程序或前置阶段。而依据我国《行政复议法》的规定，除了法律、法规规定向人民法院起诉之前必须经过行政复议者外，是否经过行政复议，由公民、法人或者其他组织自行选择。

4. 行政案件的审理方式原则上为开庭审理

依据《行政诉讼法》的规定，人民法院在审理一审案件时必须开庭审理，二审法院在审理上诉案件时，只有在事实清楚的情况下，才可以采用书面审理方式。

6.5.2 行政诉讼的基本原则

行政诉讼的基本原则是贯穿于行政诉讼活动整个过程中，所有的行政诉讼法律关系人都必须遵守的根本性准则。

行政诉讼的基本原则包括两种，一种是与民事诉讼、刑事诉讼共有的原则，如人民法院独立行使审判权原则，以事实为根据、以法律为准绳原则，当事人法律地位平等原则，使用本民族语言文字进行诉讼原则，辩论原则，人民检察院对行政诉讼实施法律监督的原则等；另一类是行政诉讼特有的原则，是指由法律规定的，开展行政诉讼活动必须遵循的，不同于民事诉讼、刑事诉讼的特殊准则。按照《行政诉讼法》的规定，行政诉讼的特有原则包括：（1）人民法院特定主管原则；（2）对具体行政行为的合法性进行审查原则；（3）被告负举证责任原则；（4）行政诉讼期间行政决定不停止执行原则；（5）不适用调解原则；（6）司法变更权有限原则。

1. 人民法院特定主管原则

人民法院特定主管原则的含义是：人民法院只主管法律规定管辖的那一部分行政案件，它不同于刑事案件、民事案件统归人民法院管辖；法律规定由人民法院主管的行政案

---

① 参见胡锦光、莫于川：《行政法与行政诉讼法概论》，250页。

件，必须由人民法院管辖。根据这一原则，我国《行政诉讼法》将人民法院主管行政案件的范围作了列举式规定：(1) 只主管因具体行政行为引起争议的案件，不管辖因抽象行政行为发生争议的案件；(2) 只主管行政机关在管理国家事务时与公民、法人、其他组织发生争议的案件，不管辖行政机关在管理内部事务时发生争议的案件和行政机关内部职权争议的案件；(3) 按照国际惯例，政府所为的国家行为，如外交、国防事务，都不属于行政诉讼范围，人民法院不能管辖。

2. 对具体行政行为的合法性进行审查原则

《行政诉讼法》第六条规定，“人民法院审理行政案件，对行政行为是否合法进行审查”。这一原则包括两项内容：(1) 行政诉讼中人民法院不仅审查具体行政行为的合法性，而且要审查抽象行政行为的合法性；(2) 行政诉讼中人民法院一般只审查行政行为的合法性，而不审查具体行政行为的合理性。或者说以合法性审查为原则，以合理性审查为例外。

3. 被告负举证责任原则

鉴于行政诉讼中原告和被告地位的不对等性，为平衡双方的诉讼权利，根据《行政诉讼法》规定，被告对其作出的具体行政行为的合法性负有举证责任。具体表现为被告在收到起诉状副本之日起十日内，提供作出被诉具体行政行为所依据的规范性文件以及其他证据。原告只需要承担基础性的证明责任，如行政许可中的申请，以及违法行政行为造成的实际侵害等。

4. 行政诉讼期间行政决定不停止执行原则

基于行政行为效力先定性的特点，行政行为一旦作出，在没有被正式撤销或者确定违法之前，都推定有效。因此，在行政诉讼判决正式生效前，不停止诉争行政行为的执行。在行政诉讼中，当事人争议的具体行政行为不因原告提起诉讼而停止执行，这是由国家行政管理的特殊性决定的。现代国家的行政管理，要求效率性和连续性，如果具体行政行为一经当事人起诉即予停止执行，势必破坏行政管理的效率性和连续性，使法律秩序处于不稳定状态。如果遇到起诉情况较多时，甚至会导致行政管理陷入瘫痪，危害社会和公众的利益。但是，此原则也存在例外情况，一是被告认为需要停止执行的；二是人民法院根据原告的申请或依据职权，裁定停止执行；三是有关法律、法规规定可以停止执行的。例如，《治安管理处罚法》第一百零七条规定，“被处罚人不服行政拘留处罚决定，申请行政复议、提起行政诉讼的，可以向公安机关提出暂缓执行行政拘留的申请。公安机关认为暂缓执行行政拘留不致发生社会危险的，由被处罚人或者其近亲属提出符合本法第一百零八条规定条件的担保人，或者按每日行政拘留二百元的标准交纳保证金，行政拘留的处罚决定暂缓执行。”

5. 不适用调解原则

《行政诉讼法》(2017 年修正）第六十条规定，“人民法院审理行政案件，不适用调解。”不适用调解原则是指人民法院审理行政案件一般不得采用调解作为审理程序和结案方式。可以用调解方式结案的只限于特定案件，如行政赔偿、补偿以及行政机关行使法律、法规规定的自由裁量权的案件可以调解。

6. 司法变更权有限原则

司法变更权有限原则，是指通常情况下人民法院不得变更原行政决定，只有在特定的条件与情形下才能变更原行政机关的决定。《行政诉讼法》（2017 年修正）第七十七条规定，“行政处罚明显不当，或者其他行政行为涉及对款额的确定、认定确有错误的，人民法院可以判决变更。人民法院判决变更，不得加重原告的义务或者减损原告的权益。但利害关系人同为原告，且诉讼请求相反的除外。”

6.5.3 行政诉讼受案范围

1. 行政诉讼受案范围的概念

行政诉讼受案范围是行政诉讼制度中的核心内容之一，是指人民法院受理行政诉讼案件的范围，也称法院主管行政案件的范围。

对法院而言，受案范围意味着法院对行政机关的哪些行政活动可以实施司法审查。行政诉讼以行政争议为处理对象，明确了行政诉讼受案范围，也就明确了法院在受理行政案件上的职责范围和权限分工。

对行政相对人而言，受案范围意味着其同行政机关的哪些争议可申请司法保护。对行政机关而言，受案范围意味着其哪些行政活动受到法院的司法审查。

2. 《行政诉讼法》以及行政诉讼法司法解释对有关行政诉讼受案范围的规定

从各国立法现状来看，关于受案范围的确立主要有概括式、列举式和混合式三种方式。我国行政诉讼制度在确定受案范围上采取混合式，即既有概括式，又有列举式，既有肯定式列举，又有否定式列举。

（1）概括规定。

以抽象的概括，确定行政诉讼的受案范围，其优势是具有良好的完备性，缺点是可操作性欠佳。如《行政诉讼法》（2017 年修正）第二条规定：“公民、法人或者其他组织认为行政机关和行政机关工作人员的行政行为侵犯其合法权益，有权依照本法向人民法院提起诉讼。前款所称行政行为，包括法律、法规、规章授权的组织作出的行政行为。”

（2）对受案范围的肯定式列举。

以逐项列举的方式，确定行政诉讼受案范围，其优势在于对行政行为具有清晰的规范性，对受案范围的确定具有良好的可操作性，其缺点是列举很难做到穷尽，造成虽有兜底条款，但列举事项之外的行政行为经常被排除在行政诉讼受案范围之外。《行政诉讼法》（2017 修正）第十二条列举了应该受理的争议行政行为，并以“认为行政机关侵犯其他人身权、财产权等合法权益的”“人民法院受理法律、法规规定可以提起诉讼的其他行政案件”作为兜底，在发挥操作性优势的同时，尽可能满足完备性。

3. 对受案范围的否定式列举

根据《行政诉讼法》（2017 年修正）第十三条和《最高人民法院关于适用〈中华人民共和国行政诉讼法〉的解释》第一条第二款的规定，不可诉的行政行为包括：

（1）国防、外交等国家行为。

国家行为是指国务院、中央军事委员会、国防部、外交部等根据宪法和法律的授权，以国家的名义实施的有关国防和外交事务的行为，以及经宪法和法律授权的国家机关宣布紧急状态、实施戒严和总动员等行为。国防、外交行为是国家行为的主要内容，但不是全部内容。如在发生严重的自然灾害时国家宣布紧急状态，在动乱时宣布戒严等均是国家行为。

（2）抽象行政行为。

根据《行政诉讼法》第十三条第二款的规定，抽象行政行为包括国务院制定、发布的行政法规，国务院各部委制定发布的部门行政规章，地方省级人民政府、省政府所在地的市的人民政府和国务院批准的较大的市的人民政府及经济特区的政府制定发布的地方行政规章和各级各类行政机关发布的具有普遍约束力的决定、命令等。其中，“具有普遍约束力的决定、命令”是指行政机关针对不特定对象发布的能反复适用的行政规范性文件。

（3）行政机关对工作人员的奖惩、任免等决定。

行政机关对工作人员的奖惩、任免等决定，是内部行政行为。根据《行政诉讼法司法解释》，“对行政机关工作人员的奖惩、任免等决定”，是指行政机关作出的涉及该行政机关公务员权利义务的决定。这里的“等”字应该是不穷尽列举，从行政诉讼法的立法精神来看，这里排除的应该是所有行政机关的内部行政行为，如职位的升降、工资的多少、人员奖惩、福利的享受等。

（4）终局行政裁决行为。

终局行政裁决行为是指法律规定由行政机关作出最终决定的行为。如《行政复议法》（2023 年修订）第二十六条规定：“对省、自治区、直辖市人民政府依照本法第二十四条第二款的规定、国务院部门依照本法第二十五条第一项的规定作出的行政复议决定不服的，可以向人民法院提起行政诉讼；也可以向国务院申请裁决，国务院依照本法的规定作出最终裁决。”

（5）公安、国家安全等机关依照刑事诉讼法的明确授权实施的行为。

这种行为也叫作刑事司法行为。公安、国家安全等机关实施的行为中既有行政行为，也有刑事司法行为。判断一个行为是否是刑事司法行为，应看这些行为是否依照《刑事诉讼法》的明确授权实施的，比如，侦查、拘留、执行逮捕、预审、拘传、取保候审、监视居住等行为即是刑事司法行为。没收、治安处罚等行为不属于《刑事诉讼法》明确授权的，因此不属于刑事司法行为的范围。

（6）调解行为以及法律规定的仲裁行为。

调解行为，是指行政机关在行政管理过程中，对平等主体之间的民事争议所进行的处理行为，这种民事调解行为虽然与职权有关但不是行政行为。仲裁行为，是指法律规定的机构以中立者的身份依照法定程序独立对当事人之间的民事纠纷作出具有法律效力的裁判的法律制度。当事人不服仲裁裁决，有权向人民法院提起民事诉讼，不能提起行政诉讼。

（7）不具有强制力的行政指导行为。

行政指导行为是行政机关为实现一定的行政目的，指导相对人采取或不采取某种行为的行为。所谓“不具有强制力”，并不是说除了不具有强制力的行政指导行为之外还有具有强制力的行政指导行为，加上这种限定，只是要强调这里所说的行政指导行为是不具有强制性的。

（8）驳回当事人对行政行为提起申诉的重复处理行为。

重复处理行为，是指利害关系人对已经确定的行政行为提起申诉，有关行政机关维持原行政行为的行为。这类行为由于没有产生新的权利义务关系，因此应当是不可诉的行为。这种行为通常发生在以下情形：当事人对历史遗留问题的行政行为、对已过争讼期间的行政行为或行政机关具有终局裁决权的行为不服，向行政机关提出申诉，行政机关经过审查，维持原有的行为，驳回当事人的申诉。[1]

（9）对行政相对人的权利义务不产生实际影响的行为。

对行政相对人的权利义务不产生实际影响的行为主要包括还未成立的行政行为以及还在行政机关内部进行的行为。这类行为对行政相对人的合法权益没有产生实际影响，提起行政诉讼没有意义。

阅读与思考

登封11户居民诉规划局行政不作为案

因河南省登封市规划管理局不履行法定监管职责，对他人违法开发建设的6层商业楼房没有作出相应处理，11户居民愤而将登封市规划局告上法庭。7月10日，河南省登封市人民法院已正式受理此案。

据原告诉称，自1998年以来，11户居民就一直居住在登封市嵩山南路南段东侧外贸局家属楼。但没有想到，2005年11月，第三人登封市宏发农机有限公司在无任何合法建筑手续的情况下，在距离原告楼房约6米处，新建了一幢高达23.5米的商业楼。此举不仅严重影响了原告方的通行、通风和采光，而且使原告方深受第三人新建楼房排放废气的侵害。为此，在第三人开挖地基时，原告就多次上访，并要求被告处理，制止第三人的违法行为，但被告不履行其法定职责，致使第三人的违法楼房建成并投入运营。

综上，原告认为，第三人登封市宏发农机有限公司在没有任何手续的情况下，违法建房，而被告作为城市规划建设的主管部门，不履行监管职责，不保护公民的合法权益，造成原告权益受损，故应对其行政不作为承担责任，并应赔偿由此给原告造成的经济损失100万元。

资料来源：李耀武：《登封11户居民状告规划局行政不作为索赔百万》，见中国法院网，2007-07-10。

【阅读思考】

本案中规划局的不作为是否属于法院的受案范围？

6.5.4 行政诉讼管辖

1. 行政诉讼管辖概述

行政诉讼管辖是指上下级法院之间和同级法院之间受理第一审行政案件的权限与分工。

行政诉讼的管辖不同于行政诉讼的受案范围，受案范围解决的是人民法院对行政机关的哪些行政行为拥有司法审查权，它解决的是人民法院同其他国家机关的分工问题；而管辖存在于人民法院之间，解决的是人民法院之间的分工问题。

① 参见姜明安主编：《行政法与行政诉讼法》（第二版），483页。

2. 级别管辖

级别管辖是指不同审级的人民法院之间审理第一审行政案件的权限划分。我国人民法院的设置分为基层人民法院、中级人民法院、高级人民法院和最高人民法院。

（1）基层人民法院管辖。

《行政诉讼法》第十四条规定："基层人民法院管辖第一审行政案件。"基层人民法院管辖第一审行政案件是级别管辖的一般原则，即除中级、高级以及最高人民法院管辖的特殊的第一审行政案件外，均由基层人民法院管辖。法律之所以这样规定，是因为基层人民法院在我国数量最多、分布最广，同时也便于当事人进行诉讼，便于法院及时审理案件。

（2）中级人民法院管辖。

根据《行政诉讼法》的规定，中级人民法院对下列行政诉讼案件拥有管辖权：对国务院部门或者县级以上地方人民政府所作的行政行为提起诉讼的案件；海关处理的案件；本辖区内重大、复杂的案件；其他法律规定由中级人民法院管辖的案件。

对国务院各部门或省、自治区、直辖市政府所作的具体行政行为不服提起诉讼的案件。这类案件所涉及的行政行为的政策性较强，涉及的行政机关级别也比较高，案件一般较为复杂、疑难，由中级人民法院管辖，有助于法院排除非正常因素的干扰，使案件得到公正审判。

本辖区内的重大、复杂案件。重大、复杂的案件一般涉及面较广、影响较大，为了保证案件的公正审判，适于由级别较高的中级人民法院管辖。但如何理解和判断案情的"重大、复杂"，《最高人民法院关于适用〈中华人民共和国行政诉讼法〉的解释》第八条对此作了补充规定，有下列情形之一的，即为"本辖区内重大、复杂的案件"：被告为县级以上人民政府以及市、地级以上人民政府所属行政主管部门或派出机关，且基层人民法院审理有困难的案件；社会影响重大的共同诉讼、集团诉讼案件；重大涉外或涉港、澳、台案件；其他重大、复杂的行政案件。

（3）高级人民法院管辖。

高级人民法院管辖本辖区内重大、复杂的第一审行政案件。至于哪些案件属于本辖区内重大、复杂的行政案件，由高级人民法院自行确定。之所以这样规定，是考虑到高级人民法院还承担着对辖区内中级人民法院和基层人民法院审判工作的监督和指导，以及审理上诉案件的任务。

（4）最高人民法院管辖。

最高人民法院管辖全国范围内重大、复杂的第一审行政案件。最高人民法院的主要任务是针对全国各级人民法院的审判工作进行监督和指导，并对审判中出现的法律适用问题进行司法解释，不适宜管辖过多的一审案件。

3. 地域管辖

地域管辖，是同一审级的不同法院在受理第一审行政案件的权限分工。

（1）一般地域管辖。

一般地域管辖的标准是行政案件由最初作出具体行政行为的行政机关所在地法院管辖，也即"原告就被告"原则。这包括两种情况：一是原告直接向人民法院起诉的，行政案件由最初作出具体行政行为的行政机关所在地（被告所在地）人民法院管辖；二是经复议的案件，复议机关维持原具体行政行为的，由最初作出具体行政行为的行政机关所在地人民法院管辖。

(2) 特殊地域管辖。

特殊地域管辖是适用于特殊案件，按照特殊标准来确定的管辖。具体包括以下两种：

专属管辖，是指法律对某类行政案件的管辖权主体作了特别限制，即只能由某一特定法院管辖。在我国，专属管辖特指对涉及的标的物为不动产的行政案件的管辖。根据《行政诉讼法》的规定，因不动产提起诉讼的行政案件，由不动产所在地人民法院管辖。不动产是指形体上不能移动，或者在移动后会价值消失或大大降低的财产，如土地、房屋、山岭、荒地、草原、林木以及水流等。专属管辖具有排他性，其他法院无权管辖此类案件。

选择管辖，是指法律对某些比较复杂的案件规定两个或两个以上人民法院都有管辖权，由原告从中选择一个法院起诉，从而确定该案件的管辖法院。如《行政诉讼法》(2017 年修正) 第十九条规定，对限制人身自由的行政强制措施不服提起的诉讼，由被告所在地或者原告所在地人民法院管辖。第二十一条规定，两个以上人民法院都有管辖权的案件，原告可以选择其中一个人民法院提起诉讼。原告向两个以上有管辖权的人民法院提起诉讼的，由最先立案的人民法院管辖。

4. 裁定管辖

(1) 移送管辖。

移送管辖是指人民法院发现已经受理的案件不属于自己管辖时，将案件移送给有管辖权的人民法院管辖的制度。它的实质是人民法院受理了不属于其管辖的案件，是案件的移送，而不是管辖权的转移。值得注意的是，受移送的人民法院接受移送后，不得再次移送，即移送只能有一次。

(2) 指定管辖。

指定管辖是指上级人民法院指定某一行政案件由某个下级人民法院管辖的制度。按照《行政诉讼法》(2017 年修正) 第二十三条的规定，指定管辖主要包括以下两种情况：一是由于特殊原因导致有管辖权的人民法院不能行使管辖权，而由上级人民法院指定其他人民法院管辖。二是人民法院针对管辖权发生争议，而又协商不成时，报请共同上级人民法院指定管辖。

6.5.5 行政诉讼参加人

1. 行政诉讼参加人概述

行政诉讼参加人是依法参加行政诉讼活动，享有诉讼权利，承担诉讼义务，并与诉讼标的有利害关系的人。包括当事人和诉讼代理人。当事人包括原告、被告、共同诉讼人和第三人。

行政诉讼参加人与行政诉讼参与人不同，行政诉讼参与人的范围比行政诉讼参加人的范围更广，不仅包括行政诉讼参加人，还包括证人、鉴定人、勘验人和翻译人员。他们在诉讼中所处的地位不同，享有的诉讼权利和担负的诉讼义务也不同。

2. 当事人

(1) 当事人概述。

当事人是指因具体行政行为发生争议，以自己的名义到人民法院起诉、应诉和参加诉讼，并受裁判约束的人。包括原告、被告、第三人和共同诉讼人。当事人在不同的诉讼阶段有不同的称谓，一审程序中，称原告和被告；二审中，称上诉人和被上诉人；执行程序中，称申请执行人和被申请执行人；审判监督程序中，称申诉人和被申诉人。

行政诉讼的当事人具有以下特征：以自己的名义进行诉讼活动；与人民法院正在审理的行政案件有直接利害关系；受人民法院的裁判约束。

(2) 原告。

行政诉讼原告是指认为行政主体及其工作人员的具体行政行为侵犯其合法权益，而依法向人民法院起诉的公民、法人或其他组织。原告资格的构成要件为：必须是公民、法人或其他组织，行政主体不能作为原告；必须是认为具体行政行为侵犯其合法权益的行政相对人；当有权起诉的公民、法人或者其他组织在失去诉讼权利能力时，发生原告资格的转移。

根据《行政诉讼法》的规定，原告资格转移主要有以下几种情形：

1) 有权起诉的公民死亡，其近亲属可以提起诉讼。在这种情况下，原告应是近亲属，而不是已经死亡的公民。

2) 有权提起诉讼的法人或者其他组织终止，承受其权利的法人或者其他组织可以提起诉讼。在这种情况下，原告应是继受其权利与义务的法人或其他组织。

(3) 被告。

行政诉讼被告是指被原告认为具体行政行为侵犯其合法权益并向人民法院提起诉讼，由人民法院通知应诉的行政主体。被告资格的构成要件为：被告只能是行使行政管理权的行政机关或法律法规授权的组织；其作出的具体行政行为被原告指控侵害合法权益；人民法院通知并应诉。

《行政诉讼法》(2017 年修正) 第二十六条规定，“公民、法人或者其他组织直接向人民法院提起诉讼的，作出行政行为的行政机关是被告。经复议的案件，复议机关决定维持原行政行为的，作出原行政行为的行政机关和复议机关是共同被告。复议机关改变原行政行为的，复议机关是被告；复议机关在法定期限内未作出复议决定，公民、法人或者其他组织起诉原行政行为的，作出原行政行为的行政机关是被告。起诉复议机关不作为的，复议机关是被告。两个以上行政机关作出同一行政行为的，共同作出行政行为的行政机关是共同被告；行政机关委托的组织所作的行政行为，委托的行政机关是被告。行政机关被撤销或者职权变更的，继续行使其职权的行政机关是被告。”

(4) 共同诉讼人。

共同诉讼是指当事人一方或者双方为两人以上，因同一具体行政行为发生的行政案件，或者因同种具体行政行为发生的行政案件，人民法院认为可以合并审理的诉讼。共同诉讼人是指在共同诉讼案件的当事人。原告一方是两个或者两个以上的主体，称为共同原告；被告一方是两个或者两个以上主体的，称为共同被告。

根据共同诉讼成立的条件，可以将共同诉讼分为必要的共同诉讼和普通的共同诉讼。相应地，共同诉讼人也分为必要的共同诉讼人和普通的共同诉讼人。

必要的共同诉讼，是指当事人一方或者双方为两个以上主体，因同一具体行政行为发生的行政案件，人民法院必须合并审理的诉讼。如甲乙二人共有一套房屋，该房屋被城建部门认定为违法建筑，并决定依法拆除，甲乙二人共同提起行政诉讼，即为必要的共同诉讼。此时，共同原告有着相同的权利和义务。因此，对于必要的共同诉讼，人民法院应当合并审理。

普通的共同诉讼，是指当事人一方或者双方为两个以上主体，因同种类的具体行政行为发生的行政案件，人民法院认为可以合并审理的诉讼。如甲乙二人分别拥有两套房屋，该两套房屋都被城建部门认定为违法建筑并决定依法拆除，甲乙二人共同提起诉讼，即为普通的共同诉讼。此时，两套房屋的面积、价值并不尽相同，共同原告之间有着同类的权利和义务。因此，对于普通的共同诉讼，人民法院认为可以并有必要合并审理的，才能合并审理。

（5）第三人。

行政诉讼中的第三人是指与提起诉讼的具体行政行为有利害关系的个人和组织。第三人具有以下特征：第三人与被诉的具体行政行为有利害关系；第三人在诉讼期间参加诉讼，即诉讼开始之后审结之前；第三人参加诉讼的方式有两种，即申请参加诉讼或者由人民法院通知参加诉讼。

在实践中，可以作为第三人的情形主要有以下几种：行政处罚案件中的被处罚人或者受害人；在由行政机关对著作权、专利权、房地产及各种资源的确权案件中主张权利人；作出互相矛盾的具体行政行为的两个行政机关，其中超越职权的行政机关为第三人；因同一违法事实被处罚的两个以上共同违法人中没有起诉的人；行政机关对平等主体之间的赔偿或者补偿纠纷作出裁决，没有起诉的另一方当事人；与行政机关共同署名作出具体行政行为的非行政机关。

3. 诉讼代理人

（1）概念和特征。

诉讼代理人是指以当事人的名义，在代理权限范围内代理当事人进行诉讼活动的人。其特征有：只能以被代理人的名义进行诉讼活动；参加诉讼的目的是为维护被代理人的合法权益；法律后果由被代理人承担。

（2）诉讼代理人的种类。

根据诉讼代理人代理权限产生的根据不同，可将诉讼代理人分为法定代理人和委托代理人。

法定代理人是指根据法律的直接规定行使诉讼代理权的人。法定代理是为无诉讼行为能力的当事人进行诉讼而设立的一种代理制度。法定代理人行使被代理人的诉讼权利及履行被代理人的诉讼义务。这种代理权限是全面的，不仅有权代为处分被代理人的诉讼权利，如起诉、上诉等，还有权处分原告的实体权利，如放弃诉讼请求、撤诉等。

委托代理人是受当事人、法定代理人委托而进行诉讼行为的人。当事人、法定代理人可以委托一至二人代为诉讼。律师、社会团体、提起诉讼的公民的近亲属或者所在单位推荐的人，以及经人民法院许可的其他公民，可以受委托为诉讼代理人。委托代理人的代理权是委托人授予的，其代理权限依委托人的授权而定，委托人的授权可分为一般授权和特别授权。

阅读与思考

泛美卫星公司诉北京市国税局违法征税案

原告泛美卫星公司与中央电视台签订有卫星通信服务协议。北京市国家税务局涉外分局稽查局认为依照中国的税法，泛美卫星公司应当依法纳税，以自己的名义作出了征收税款的决定。原告不服该决定，以北京市国税局为被申请人向国家税务总局提出复议申请，国家税务总局退回复议申请，认为应当由北京国税局涉外分局作为复议机关。原告向涉外分局提出复议申请后，涉外分局维持了稽查局的征税决定。原告泛美卫星公司向北京市中级人民法院起诉，要求撤销纳税决定。

资料来源：马怀德、周兰领：《行政诉讼案例教程》，174 页，北京，中国政法大学出版社，2005。

【阅读思考】

本案应该以谁为行政诉讼的被告？

6.5.6　行政诉讼证据

1. 行政诉讼证据的法定种类

行政诉讼证据是指在行政诉讼中用以证明案件真实情况的一切材料和事实。行政诉讼证据的法定种类有：

书证。是指以文字、符号、图案等所记载的内容来证明案件事实的材料。其特征是通过其表达的思想来证明案件的事实。在行政诉讼中，作为书证的主要有：行政机关的文件、文书、函件、当事人的营业执照、许可证、资格证、通知书等。当事人向人民法院提供书证的，应当符合下列要求：(1) 提供书证的原件，原本、正本和副本均属于书证的原件。提供原件确有困难的，可以提供与原件核对无误的复印件、照片、节录本。(2) 提供由有关部门保管的书证原件的复制件、影印件或者抄录件的，应当注明出处，经该部门核对无异后加盖其印章。(3) 提供报表、图纸、会计账册、专业技术资料、科技文献等书证的，应当附有说明材料。(4) 被告提供的被诉具体行政行为所依据的询问、陈述、谈话类笔录，应当有行政执法人员、被询问人、陈述人、谈话人签名或者盖章。

物证。是指以其存在外形、规格、质量、性状等形式来证明案件事实的物品和痕迹。如肇事交通工具、现场留下的物品和痕迹等。当事人向人民法院提供物证的，应当符合下列要求：(1) 提供原物。提供原物确有困难的，可以提供与原物核对无误的复制件或者证明该物证的照片、录像等其他证据。(2) 原物为数量较多的种类物的，提供其中的一部分。

视听资料。是指以录音、录像、计算机等技术手段反映的声音、影像或其他信息来证明案件事实的证据。如录音带、录像带、硬盘等装置储存的数据资料信息。当事人向人民法院提供计算机数据或者录音、录像等视听资料的，应当符合下列要求：(1) 提供有关资料的原始载体。提供原始载体确有困难的，可以提供复制件。(2) 注明制作方法、制作时间、制作人和证明对象等。(3) 声音资料应当附有该声音内容的文字记录。

证人证言。是指了解案件情况的人向人民法院所作的用以证明案件事实的陈述。证人必须是自然人，凡是了解案件情况的人，都可以作为证人。不能正确表达意志的人不能作为证人。证人应当出庭陈述证言，如确有困难不能出庭，经人民法院许可，可以提交书面证言。当事人向人民法院提供证人证言的，应当符合下列要求：（1）写明证人的姓名、年龄、性别、职业、住址等基本情况。（2）有证人的签名，不能签名的，应当以盖章等方式证明。（3）注明出具日期。（4）附有居民身份证复印件等证明证人身份的文件。

当事人陈述。是指当事人在诉讼中就其所经历的案件事实向人民法院所作的陈述和辩解。当事人对案件情况最为了解，其所作的陈述具有较强的证明力；但是，当事人与案件存在直接的利害关系，因此，当事人的陈述可能存在一定的片面性和虚假性。

鉴定结论。是指具有专门知识和专门技能的人就与案件有关的专门性问题进行分析、判断，从而得出的书面结论。被告向人民法院提供的在行政程序中采用的鉴定结论，应当载明委托人和委托鉴定的事项、向鉴定部门提交的相关材料、鉴定的依据和使用的科学技术手段、鉴定部门和鉴定人鉴定资格的说明，并应有鉴定人的签名和鉴定部门的盖章。

勘验笔录、现场笔录。勘验笔录是指有关人员对与行政案件现场或者物品进行勘察、检验后所作的记录。在勘验现场或物品时，工作人员应当出示有关证明，并邀请当地基层组织或者当事人所在单位派人参加。当事人或者其成年亲属应当到场，拒不到场的，不影响勘验的进行。勘验笔录应由勘验人、当事人和被邀请参加人签名或者盖章。现场笔录是行政诉讼特有的证据种类，是指行政机关及其工作人员在执行职务的过程中，对与行政案件有关的现场情况及其处理所作的书面记录。如行政机关工作人员在作出行政处罚决定过程中对违法当事人的违法事实、情节、程度，以及当场作出处罚的情况所作的记录。被告向人民法院提供的现场笔录，应当载明时间、地点和事件等内容，并由执法人员和当事人签名。当事人拒绝签名或者不能签名的，应当注明原因。有其他人在现场的，可由其他人签名。法律、法规和规章对现场笔录的制作形式另有规定的，从其规定。

2. 行政诉讼的举证责任

（1）举证责任的概念。

举证责任，是指由法律预先规定，在行政案件的真实情况难以确定的情况下，由一方当事人提供证据予以证明，如其提供相应事实情况的证据，则承担败诉风险及不利后果的制度。[①] 举证责任制度是行政诉讼证据制度的核心。明确举证责任，有利于督促当事人积极主动地收集证据，有利于法院查明案件事实，准确适用法律。

（2）举证责任的承担。

《行政诉讼法》（2017 年修订）第三十四条规定："被告对作出的行政行为负有举证责任，应当提供作出该行政行为的证据和所依据的规范性文件。被告不提供或者无正当理由逾期提供证据，视为没有相应证据。但是，被诉行政行为涉及第三人合法权益，第三人提供证据的除外。"可见，《行政诉讼法》确定了由被告行政机关负举证责任的原则，主要根据包括：由被告方承担举证责任，有利于充分发挥行政主体的举证优势。行政机关的举证

① 参见马怀德主编：《行政诉讼法学》，139 页，北京，北京大学出版社，2004。

能力显然强于原告；由被告方承担举证责任，有利于保护原告一方的诉权。行政相对人难以了解行政行为作出的具体依据和有关的专业知识，要原告承担举证责任，证明具体行政行为的违法性，显然不合理；由被告方承担举证责任，有利于行政机关依法行政。行政机关必须在有充分事实根据和明确的法律根据的基础上，才能对当事人作出具体行政行为，即促成行政机关"先取证、后决定"。当公民、法人或者其他组织认为行政机关的具体行政行为侵犯自己的合法权益，向人民法院起诉后，行政机关有责任证明其所作出的具体行政行为有充分的事实根据和法律根据。

（3）被告承担的举证责任。

根据《行政诉讼法》和《最高人民法院关于行政诉讼证据若干问题的规定》，被告承担举证责任应遵循以下具体规则：

被告对作出的具体行政行为负有举证责任，应当提供作出该具体行政行为的证据和所依据的规范性文件。在诉讼过程中，被告及其诉讼代理人不得自行向原告和证人收集证据。但是，也有例外情况，如《最高人民法院关于行政诉讼证据若干问题的规定》第二条规定："原告或者第三人提出其在行政程序中没有提出的反驳理由或者证据的，经人民法院准许，被告可以在第一审程序中补充相应的证据。"

被告对作出的具体行政行为负有举证责任，应当在收到起诉状副本之日起十日内，提供据以作出被诉具体行政行为的全部证据和所依据的规范性文件。被告不提供或者无正当理由逾期提供证据的，视为被诉具体行政行为没有相应的证据。

被告因不可抗力或者客观上不能控制的其他正当事由，不能在规定的期限内提供证据的，应当在收到起诉状副本之日起十日内向人民法院提出延期提供证据的书面申请。人民法院准许延期提供的，被告应当在正当事由消除后十日内提供证据。逾期提供的，视为被诉具体行政行为没有相应的证据。

（4）原告的举证责任。

被告对被诉的具体行政行为负有举证责任，并不意味着被告对一切事实都负有举证责任，而是对具体行政行为的合法性负有举证责任。在行政诉讼中，原告不承担举证责任，并不意味着原告对任何事实都不负举证责任。在行政诉讼中，原告承担有限的举证责任：

公民、法人或者其他组织向人民法院起诉时，应当提供其符合起诉条件的相应的证据材料。但被告认为原告起诉超过法定期限的除外。

在起诉被告不作为的案件中，原告应当提供其在行政程序中曾经提出申请的证据材料。但有下列情形的除外：一是被告应当依职权主动履行法定职责的；二是原告因被告受理申请的登记制度不完备等正当事由不能提供相关证据材料并能够作出合理说明的。

在行政赔偿诉讼中，原告应当对被诉具体行政行为造成损害的事实提供证据。原告可以提供证明被诉具体行政行为违法的证据。原告提供的证据不成立的，不免除被告对被诉具体行政行为合法性的举证责任。原告或者第三人应当在开庭审理前或者人民法院指定的交换证据之日提供证据。因正当事由申请延期提供证据的，经人民法院准许，可以在法庭调查中提供。逾期提供证据的，视为放弃举证权利。原告或者第三人在第一审程序中无正当事由未提供而在第二审程序中提供的证据，人民法院不予接纳。

阅读与思考

点头隆胜石材厂不服福鼎市人民政府行政扶优扶强措施案

原告：福建省福鼎市点头隆胜石材厂。住所地：福鼎市点头镇

被告：福建省福鼎市人民政府

第三人：福建玄武石材有限公司。住所地：福鼎市政协大楼

原告福建省福鼎市点头隆胜石材厂不服被告福建省福鼎市人民政府于2001年3月13日以鼎政办〔2001〕14号文件下发的《关于2001年玄武岩石板材加工企业扶优扶强的意见》，向福建省福鼎市人民法院提起诉讼。

原告诉称：矿山每年开采的玄武岩荒料仅有9万立方米，都由第三人福建玄武石材有限公司负责给本市的920余家石材加工企业供应，平均每个加工企业只能得到不足98方。2001年的3月13日，被告又下达鼎政办〔2001〕14号文件，规定对31家企业要用倾斜增加供应荒料的办法扶优扶强。被告这种逐年提高扶优荒料提留量的做法，迫使原告逐年减产。原告认为，强劲、优势的企业只能通过公平竞争显露出来，不能通过行政手段扶持起来。请求撤销被告的鼎政办〔2001〕14号文件。

被告没有向法院提交制作鼎政办〔2001〕14号文件的事实根据和法律根据。

福鼎市人民法院认为：按照法律规定“被告应当在收到起诉状副本之日起10日内提交答辩状，并提供作出具体行政行为时的证据、依据；被告不提供或者无正当理由逾期提供的，应当认定该具体行政行为没有证据、依据”。本案被告福鼎市人民政府收到起诉状副本后，在法定期限内仅提交了答辩状，没有提供作出鼎政办〔2001〕14号文件的事实根据和法律根据，不能证明该文件是合法的，依法应予撤销。

资料来源：《中华人民共和国最高人民法院公报》，2001（6）（总第74期）。

【阅读思考】

行政诉讼中被告承担举证责任的意义是什么？

6.5.7 行政诉讼程序

1. 起诉

起诉是指公民、法人或者其他组织认为行政机关的具体行政行为侵犯其合法权益、依法请求人民法院行使国家审判权给予司法补救的诉讼行为。起诉必须具备以下条件：

（1）原告是认为具体行政行为侵犯其合法权益的公民、法人或者其他组织。原告必须同具体行政行为有法律上的利害关系。当然，只要原告“认为”其合法权益受到具体行政行为的侵害即可。

（2）有明确的被告。被告必须是国家行政机关或法律、法规授权的组织。这里原告指明的被告不一定是真正的被告，但只要有明确的被告即可。

（3）有具体的诉讼请求和事实根据。诉讼请求和事实根据是起诉的基本内容。如果原告没有明确的诉讼请求，人民法院将无从审理；事实根据包括案件的案情事实和证据事

实，这些事实只要能够证明所争议的行政法上的权利义务关系客观存在即可。

(4) 属于人民法院受案范围和受诉人民法院管辖。原告请求人民法院保护的权益必须属于行政诉讼的受案范围。同时，还必须符合《行政诉讼法》关于级别管辖、一般地域管辖、特殊地域管辖等有关规定。

(5) 符合法定的时间条件。原告直接向人民法院提起诉讼的，应当在知道作出具体行政行为之日起3个月内提出，法律另有规定的除外。申请人不服复议决定的，可以在收到复议决定书之日起15日内向人民法院提起诉讼，复议机关逾期不作决定的，申请人可以在复议期满之日起15日内向人民法院提起诉讼。法律另有规定的除外。

(6) 符合法定的方式。原告提起行政诉讼必须采取提交起诉状的书面方式，不能以口头形式起诉。

2. 受理

受理是指人民法院对原告的起诉进行审查后，决定是否予以立案审查的诉讼行为。

根据《最高人民法院关于适用〈中华人民共和国行政诉讼法〉的司法解释》的规定，人民法院应当组成合议庭对原告的起诉进行审查，认为起诉符合法定起诉条件的，应予七日内立案；认为不符合起诉条件的，应予七日内作出裁定不予受理。七日内不能决定是否受理的，应当先予受理；受理后审查不符合起诉条件的，裁定驳回起诉。原告对不予受理和驳回起诉的裁定不服，可以在接到裁定之日起十日内向上一级人民法院提起上诉。

受诉人民法院在法定期限内既不立案，又不作出裁定的，起诉人可以向上一级人民法院申诉或者起诉。上一级人民法院认为符合受理条件的，应予受理；受理后可以移交或者指定下级人民法院审理，也可以自行审理。

3. 第一审程序

(1) 审理前的准备。

组成合议庭。人民法院审理行政案件必须组成合议庭，不能由独任审判员审理，这是行政诉讼区别于其他诉讼的一个重要特点。合议庭可以由审判员组成，也可以由审判员、陪审员组成。合议庭的成员应当是三人以上的单数，按照少数服从多数的原则进行表决。

交换诉状。人民法院应当在立案之日起五日内，将起诉状副本发送被告。被告应当在收到起诉状副本之日起十五日内向人民法院提交作出行政行为的证据和所依据的规范性文件，并提出答辩状。人民法院应当在收到答辩状之日起五日内，将答辩状副本发送原告。被告不提出答辩状的，不影响人民法院审理。

审查诉讼材料和调查收集证据。人民法院开庭前要熟悉原告的诉讼请求和被告的答辩理由，为将来开庭审理做好准备。同时还需要确认当事人的资格，发现不具备当事人资格的应更换或追加新的当事人。合议庭还可以根据需要决定进行调查收集证据，以使得案件的证据更加充分。

(2) 开庭审理。

庭审方式。按照行政诉讼法的规定，在行政诉讼第一审程序中应开庭审理，不得进行书面审理。在开庭审理时要遵循两项原则：一是以公开审理为原则。行政案件的审理有公开审理和不公开审理两种形式。人民法院审理行政案件时，除涉及国家秘密、个人隐私和法律另有规定者一律公开进行。二是审理行政案件不适用调解原则。人民法院审理行政案件，不得以调解书的方式结案，只能依法作出裁判，法律法规另有规定的除外。

庭审程序。第一，庭审准备。开庭前三日用传票传唤当事人出庭，并通知诉讼代理人、证人、鉴定人、翻译人员等出庭参加诉讼活动。第二，宣布开庭。由书记员查明当事人和其他诉讼参与人到庭情况、宣读法庭纪律。审判长宣布开庭，核对当事人身份，宣布合议庭组成人员和书记员名单，告知当事人诉讼权利和义务，告知申请回避权，询问当事人是否申请回避。第三，法庭调查。法庭调查是审判人员全面调查案件事实、核实和审查证据的诉讼活动。法庭调查依照以下顺序进行：告知当事人诉讼权利和义务，询问当事人；告知证人的权利义务，询问证人，宣读未到庭证人的书面证言；通知鉴定人到庭，告知其权利义务，询问鉴定人，宣读鉴定结论；出示物证、书证、视听资料；通知勘验人到庭，告知其权利义务，宣读勘验笔录、现场笔录。第四，法庭辩论。法庭辩论是在审判人员的主持下，双方当事人对法庭调查的事实、证据，提出自己的观点并反驳对方观点，相互进行辩论的诉讼活动。法庭辩论依照下列顺序进行：原告及诉讼代理人发言；被告及诉讼代理人发言；第三人及诉讼代理人发言；双方互相辩论。第五，合议庭评议。法庭辩论结束后，审判长宣布休庭，由合议庭成员进行案件评议。评议采取少数服从多数的原则，评议中如有不同意见必须如实记入评议笔录，评议笔录由合议庭全体成员及书记员签名。第六，宣判。经过法庭调查、法庭辩论和合议庭评议，法院应对案件作出裁判。宣判可以当庭宣判，也可以定期宣判。不论采取何种方式，宣判一律公开进行。

(3) 一审判决。

一审判决是人民法院在第一审程序中对行政案件所作出的判决。人民法院应当在立案之日起三个月内作出第一审判决。有特殊情况需要延长的，由高级人民法院批准，高级人民法院审理第一审案件需要延长的，由最高人民法院批准。根据《行政诉讼法》(2017 年修正）第六十九条至七十八条的相关规定，行政诉讼一审判决主要分为以下几种：

驳回诉讼请求。行政行为证据确凿，适用法律、法规正确，符合法定程序的，或者原告申请被告履行法定职责或者给付义务理由不成立的，人民法院判决驳回原告的诉讼请求。

撤销或部分撤销。具体行政行为有下列情形之一的，判决撤销或者部分撤销，并可以判决被告重新作出具体行政行为：主要证据不足的；适用法律、法规错误的；违反法定程序的；超越职权的；滥用职权的；明显不当的。

限期履行判决。人民法院经过审理，查明被告不履行法定职责的，判决被告在一定期限内履行。

确认违法但不撤销。判决行政行为违法，但不予以撤销的情况主要包括以下情形：行政行为依法应当撤销，但撤销会给国家利益、社会公共利益造成重大损害的；行政行为程序轻微违法，但对原告权利不产生实际影响的。行政行为有下列情形之一，不需要撤销或者判决履行的，人民法院判决确认违法：行政行为违法，但不具有可撤销内容的；被告改变原违法行政行为，原告仍要求确认原行政行为违法的；被告不履行或者拖延履行法定职责，判决履行没有意义的。

变更判决。行政处罚明显不当，或者其他行政行为涉及对款额的确定、认定确有错误的，人民法院可以判决变更。人民法院判决变更，不得加重原告的义务或者减损原告的权益。但利害关系人同为原告，且诉讼请求相反的除外。

4. 第二审程序

第二审程序是当事人不服一审裁判，在法定期限内提请一审法院的上一级法院对案件重新进行审理并作出裁判的程序，又称"上诉审程序"、"终审程序"。第二审程序并不是每一个行政案件的必经程序。第一审人民法院作出判决、裁定后，当事人在法定上诉期内不上诉，或者被上一级人民法院驳回上诉，都不会引起第二审程序。

(1) 上诉的提起和受理。

上诉是指当事人不服第一审人民法院所作出的未生效的行政裁判，请求上一级人民法院对行政案件进行第二次审理的行为。

上诉状应当通过原审人民法院提出，当事人直接向第二审人民法院上诉的，第二审人民法院应当在五日内将上诉状送交原审人民法院。原审人民法院或者第二审人民法院收到上诉状后，应当立即通知对方当事人。上诉人上诉超过法定期限的，应由第一审人民法院裁定驳回上诉。原审人民法院收到上诉状、答辩状，应当在五日内连同全部案卷和证据，报送第二审人民法院。已经预收诉讼费用的，一并报送。

二审法院收到上诉状后，经审查认为，诉讼主体合格，未超过法定的上诉期限，应当予以受理，并在五日内将上诉状副本送达被上诉人，被上诉人收到上诉状副本后应当在十日内提出答辩状。

(2) 上诉案件的审理。

第二审人民法院审理上诉案件，同第一审程序基本相同，但第二审程序也有自己的特点：

1) 二审人民法院审理上诉案件，有开庭审理和书面审理两种方式。二审人民法院对上诉案件，认为事实清楚的，可以实行书面审理。书面审理是对一审法院报送的案卷材料、上诉状、答辩状、证据材料等，经审查认为事实清楚的，可以不再传唤当事人和其他诉讼参与人到庭，只通过书面审理就可以作出裁判。因此，适用书面审理最重要的条件是事实清楚。

2) 二审人民法院对上诉案件的审理，必须全面审查一审人民法院认定的事实是否清楚，适用的法律、法规是否正确，有无违反法定程序等，不受上诉范围的限制。同时，应当对原审人民法院的裁判和被诉具体行政行为是否合法进行全面审查。

3) 当事人在二审期间提出行政赔偿请求的，二审人民法院可以进行调解；调解不成的，应当告知当事人另行起诉。

(3) 二审判决。

二审判决是人民法院适用第二审程序对上诉的行政案件进行审理所作出的判决，该判决是终审判决。根据《行政诉讼法》第六十一条的规定，二审判决的种类有以下几种：

维持判决。维持判决适用于原判决认定事实清楚，适用法律、法规正确的情形。

改正判决。改正判决适用于原判决认定事实清楚，但适用法律、法规错误的情形。

发回重审判决。二审法院认为一审判决认定事实不清，证据不足，或者由于违反法定程序可能影响案件正确判决的，裁定撤销原判，发回原审人民法院重审，也可以查清事实后改判。对重审案件的判决、裁定，当事人可以上诉。

5. 审判监督程序

(1) 审判监督程序概述。

审判监督程序是指人民法院对已经发生法律效力的判决、裁定，发现其违反法律、法规规定，依法对案件再次进行审理的程序。审判监督程序不是每个案件必须经过的审理程序，不具有审级的性质。

审判监督程序与二审程序既有共同点，又有区别。两者的共同点在于，都是以人民法院已经作出的裁判为基础，都是对人民法院的审判工作进行监督，保证办案质量的程序。两者的区别在于：

1）提起的主体不同。提起审判监督程序的主体必须是法律明确规定的各级人民法院院长和上级人民法院、最高人民法院以及各级人民检察院。当事人的申诉往往能为审判监督程序的提起提供线索，但其自身并不能直接引起该程序的发生；而有权提起上诉的，则是享有上诉权的当事人，并且当事人的上诉必然引起第二审程序的发生。

2）提起的条件不同。已经生效的判决、裁定违反法律、法规，才能提起审判监督程序；当事人对一审未生效的判决、裁定不服的，不论判决、裁定是否违反法律、法规规定，只可在法定期限内提起第二审程序。

3）审理的主体不同。适用审判监督程序的行政案件，既可由原审人民法院审理，也可由原审人民法院的上级人民法院审理；而适用第二审程序的行政案件，只能由第一审人民法院的上一级法院审理。

4）审理的对象不同。适用审判监督程序审理的是已经生效的判决、裁定；而适用第二审程序的则是尚未生效的第一审判决、裁定。

5）程序的性质不同。审判监督程序是为了纠正人民法院生效判决、裁定的错误而设置的一种特殊程序，不具有审级性质；而第二审程序是按照两审终审的审级制度设置的，是对第一审行政案件的继续审理。

(2) 审判监督程序的提起。

根据《行政诉讼法》(2017 年修正) 第九十一条至第九十三条的相关规定，审判监督程序主要通过以下途径提起：

人民法院院长对本院已经发生法律效力的判决、裁定，发现违反法律、法规规定认为需要再审的，应当提交审判委员会决定是否再审。

上级人民法院对下级人民法院已经发生法律效力的判决、裁定，发现违反法律、法规规定的，有权提审或者指令下级人民法院再审。

人民检察院对人民法院已经发生法律效力的判决、裁定，发现违反法律、法规规定的，有权按照审判监督程序提出抗诉。对人民检察院按照审判监督程序提出抗诉的案件，人民法院应当再审。人民法院开庭审理抗诉案件时，应当通知人民检察院派员出庭。

当事人对已经发生法律效力的判决、裁定，认为确有错误的，可以向原审人民法院或者上一级人民法院提出申诉，但判决、裁定不停止执行。当事人申请再审，应当在判决、裁定生效后两年内提出。

(3) 再审案件的审理程序。

人民法院按照审判监督程序再审的案件，发生法律效力的判决、裁定是由第一审人民法院作出的，按照第一审程序审理，所作的判决、裁定，当事人可以上诉；发生法律效力的判决、裁定是由第二审人民法院作出的，按照第二审程序审理，所作的判决、裁定是发生法律效力的判决、裁定；上级人民法院按照审判监督程序提审的，按照第二审程序审理，所作的判决、裁定是发生法律效力的判决、裁定。

人民法院审理再审案件，应当另行组成合议庭。

按照审判监督程序决定再审的案件，应当裁定中止原判决的执行；裁定由院长署名，加盖人民法院印章。

上级人民法院决定提审或者指令下级人民法院再审的，应当作出裁定，裁定应当写明中止原判决的执行；情况紧急的，可以将中止执行的裁定口头通知负责执行的人民法院或者作出生效判决、裁定的人民法院，但应当在口头通知后十日内发出裁定书。

阅读与思考

宁夏中卫一公司起诉市政府要求撤销《会议纪要》

2005 年 8 月 5 日，金利公司向国土资源部申请对中卫市梁水园地区煤炭资源投资进行勘探（即申请探矿权）。根据宁夏国土资源厅不让给金利公司颁发探矿权证的意见，国土资源部作出“不予受理”的决定。金利公司对国土资源部提起了行政诉讼。2008 年 7 月 22 日，北京市第一中级人民法院判决撤销《探矿权申请不予受理通知书》。二审维持原判。

诉讼期间，金利公司偶然发现宁夏国土资源厅违法将其申请勘探的 56.4 平方公里区块中 20.83 平方公里的核心区块的探矿权，颁发给了中冶美利纸业集团有限公司。由于金利公司提出行政复议，2008 年 11 月 18 日，国土资源部撤销了中冶美利纸业集团有限公司的勘查许可证（探矿权证书）。此后，中卫市公安机关以许国清涉嫌虚报注册资本罪、贷款诈骗、拒不执行法院判决罪对其展开长达两年零九个月的立案调查。

2009 年 6 月 16 日，中卫市人民政府召开专题会议，会议由中卫市副市长马世军主持召开，参加会议的人员有中卫市中级人民法院、市人民检察院、市公安局、市国土资源局等部门负责人。

此次会议形成的《专题会议纪要》称：“会议指出，市公安局对宁夏中卫市金利工程运输公司涉嫌虚报注册资本犯罪行为的侦查，事实清楚，证据确凿……会议决定，由市工商局负责，依法撤销 6 月 12 日作出的《关于宁夏中卫市金利工程运输公司的处罚决定》和增加注册资本变更登记的决定；尽快依法吊销宁夏中卫市金利工程运输公司的营业执照”。

根据这一要求，2009 年 6 月 19 日，中卫市工商局撤销了此前的行政处罚决定，吊销了金利公司的营业执照。

此后，宁夏回族自治区人民政府和区工商行政管理局受理金利公司的行政复议申请后，中卫市公安局分别向两单位致函，称许国清涉嫌犯罪，要求中止审理原告的行政复议申请。这两个行政复议机关据此中止了审理。

2011 年 10 月 26 日，中卫市公安局对许国清涉嫌贷款诈骗和拒不执行人民法院判决、裁定案予以撤案。中卫市沙坡头区人民检察院对许国清涉嫌虚报注册资本罪不予起诉。

金利公司认为，作为行政机关的中卫市人民政府，无权对原告及其法定代表人是否涉嫌虚报注册资本犯罪进行专题研究，更无权召集公、检、法及其他行政机关负责人参加专题会议联合对许国清及原告定罪。对许国清的移送审查起诉，是中卫市人民法院、人民检察院和公安机关，在政府的主导下违背我国《刑事诉讼法》的规定，对许国清先行联合定罪的结果。其目的就是为了从根本上把金利公司作为探矿权申请人主体消灭，使金利公司因主体不存在而不能取得探矿权，且使金利公司无法获得司法救济。这是典型的政府以权代法、滥用职权、超越职权的违法行政。既是对原告合法权益的严重侵害，更是严重违反宪法和法律的违法行政行为。

根据宁夏回族自治区高级人民法院指定管辖，石嘴山市中级人民法院将公开开庭审理此案。

资料来源：《宁夏中卫一公司起诉市政府要求撤销〈会议记录〉》，见中国法院网，2012-06-06。

【阅读思考】

中卫市工商局依据《会议纪要》撤销金利公司营业执照的行为是否合法？为什么？

金利公司如欲通过诉讼撤销吊销其营业执照的具体行政行为，应以谁为被告？

6.6 行政赔偿

6.6.1 行政赔偿的概念与特征

行政赔偿，是指具有国家行政职权的行政机关及其工作人员，侵犯公民、法人或其他组织的合法权益造成损害时，由国家承担赔偿责任的制度。行政赔偿的特征主要表现如下：

(1) 行政赔偿中的侵权行为主体是国家行政机关及其工作人员。这是行政赔偿最基本的特征。侵权行为主体不同，行为引起的赔偿的性质就不同。行使司法职能的主体，如侦查机关、检察机关、审判机关、监狱等国家司法机关的侵权行为造成的赔偿是刑事赔偿；平等的民事主体之间因为民事侵权行为造成的赔偿是民事赔偿。

(2) 行政赔偿是由行政机关及其工作人员违法行使职权的行为引起的。这里包含两层含义：一是引起行政赔偿的行为必须是行政机关及其工作人员的职权行为。行政机关及其工作人员所从事的行为既有职权行为也有非职权行为，但只有职权行为才有可能引起行政赔偿；二是引起行政赔偿的职权行为必须是违法行为。侵害行政相对人合法权益的行政职权行为可能是违法行为，也可能是合法行为。只有违法的职权行为才可能引起行政赔偿，合法的职权行为侵犯了行政相对人合法权益的，仅有可能引起行政补偿，而非行政赔偿。

(3) 行政赔偿的责任主体是国家。行政主体代表国家行使行政职权，其违法职权行为造成的损害，责任当然应该由国家来承担。行政赔偿是一种国家赔偿责任，赔偿费用由国家财政支出，列入各级政府财政。需要注意的是，由于国家具有抽象性，因此行政赔偿义务机关由致害的行政机关来承担。

6.6.2　行政赔偿的构成要件

行政赔偿的构成要件，是指国家承担赔偿责任所应该具备的基本条件。我国《国家赔偿法》第二条规定，国家机关和国家机关工作人员违法行使职权侵犯公民、法人和其他组织的合法权益造成损害的，受害人有依照本法取得赔偿的权利。根据这一规定，我们认为，行政赔偿构成要件有以下四个方面：

1. 侵权行为主体必须是执行行政职务的国家机关

这是行政赔偿区别于民事赔偿和刑事司法赔偿的主要标准。只有国家机关和国家机关工作人员才能成为国家行政侵权行为的主体。这里的"国家机关"应作广义理解，既包括行使行政职权的机关，也包括法律、法规授权的组织，还包括受行政机关委托的组织。

2. 行使行政职权的行为违法

没有违法就没有责任，引起行政赔偿责任的只能是侵权行为主体违法行使行政职权所造成的。这里应采用客观标准，即只要有违法行为即可，不要求行为人有过错。关于违反的法的内容，应作广义理解，既包括实体法，也包括程序法，既包括法律、法规和规章以及其他具有普遍约束力的规范性文件等，也包括法的基本原则和精神。"违法"既包括积极的作为违法，也包括消极的不作为违法。①

3. 行政相对人合法权益受到损害的事实

确定国家赔偿责任的最主要目的在于对受害人进行赔偿，没有损害当然谈不上国家赔偿。受损害的利益必须是受法律保护的公民、法人或其他组织的合法权益，如果该项利益是不受法律保护的非法利益，即使遭受违法行政行为的侵害，也无法产生行政赔偿责任。关于损害的范围，我国《国家赔偿法》把能够引起国家赔偿的损害限定为对人身权与财产权损害两个方面，且只能是直接损害，不包括间接损害。

4. 违法行使职权行为与损害事实之间存在因果关系

行政违法行为与损害事实之间存在因果关系，是确定行政赔偿责任的非常重要的因素，也是连接责任主体与损害事实的纽带。如果没有因果关系，即使对公民、法人或其他组织有损害的事实，国家也不承担赔偿责任。因此，对违法行为与损害事实之间是否有因果关系进行判断，是国家是否承担赔偿责任的关键。

6.6.3　行政赔偿的范围

行政赔偿的范围，是指对于具有国家职权的行政机关及其工作人员因违法行使职权，给公民、法人和其他组织造成的损害给予赔偿的范围。我国《国家赔偿法》对此作了明确的规定：

1. 对侵犯人身权的行政赔偿

人身权是指与公民的人身不可分的没有财产内容的权利，是公民最基本也是最重要的权利。根据《国家赔偿法》第三条的规定，具有行政职权的主体在行使职权时有下列侵犯公民人身权的情形之一的，国家承担行赔偿责任：

---

① 参见姜明安主编：《行政法与行政诉讼法》(第二版)，655页。

（1）违法拘留或违法采取限制公民人身自由的行政强制措施的。

限制人身自由的强制措施有很多，如强制传唤、限制自由、驱逐出境、强制约束、强制戒毒等，违法采取限制人身自由的强制措施造成相对人损害的，国家应予以赔偿。行政拘留是公安机关采取的限制或剥夺人身自由的行政处罚，法律对行政拘留的设定、主管机关、适用期限、适用程序等作了严格规定，行政主体违反这些规定实施行政拘留从而造成公民人身损害的，国家应予赔偿。

（2）非法拘禁或者以其他方法非法剥夺公民人身自由的。

非法拘禁是指行政机关及其工作人员无权限或超越权限采取行政拘留和行政强制措施非法剥夺他人人身自由的行为。非法拘禁是一种典型的剥夺公民人身自由的表现形式，因此单独列出，其他非法剥夺公民人身自由是一种概括性的规定，以防挂一漏万。

（3）以殴打等暴力行为或者唆使他人以殴打等暴力行为造成公民身体伤害或者死亡的。

这类情况包含两种情形：一是行政主体及其工作人员或者行政主体委托的组织或人员在行使职权时，直接实施了殴打等暴力行为，致使公民身体伤害或者死亡的；二是行政主体及其工作人员自己并未实施殴打等暴力行为，而是用威胁、利诱等方法唆使他人以殴打等暴力行为造成公民身体伤害或者死亡，或者唆使他人相互殴打造成身体伤害或者死亡的。上述两种情形国家应先承担赔偿责任，再向有关人员追偿。

（4）违法使用武器、警械造成公民身体伤害或者死亡的。

武器、警械包括枪支、警棍、警绳、手铐等。武器、警械的使用应当符合国务院颁布的《人民警察使用武器和警械的规定》。违法使用警械造成公民人身伤害的，国家应承担赔偿责任。

（5）造成公民身体伤害或者死亡的其他违法行为。

这是指上述四类情形未列举到的其他违法行为，属于概括式规定。凡是与行政机关及其工作人员行使职权有关的，造成公民身体伤害或死亡的，国家都应当承担赔偿，诸如行政机关执法人员的体罚或变相体罚等行为，造成公民人身伤害或死亡的，国家都应当承担赔偿责任。

2. 对侵犯财产权的行政赔偿

财产权是以财产为客体的权利①，是指公民、法人或其他组织对财产的占有、使用、收益和处分的权利，是公民生存和发展的最基本权利之一。根据《国家赔偿法》第四条的规定，行政主体及其工作人员在行使职权时有下列侵犯财产权情形之一的，国家应承担行政赔偿责任：

（1）违法实施罚款、吊销许可证和执照、责令停产停业、没收财物等行政处罚的。

行政处罚是行政机关对违法的行政相对人进行处罚的一种行政行为，具体包括申诫罚、行为罚、财产罚和自由罚。其中，财产罚和行为罚会影响到行政相对人的财产权益。我国《行政处罚法》及相关行政法律法规对行政处罚的主体、权限、内容、程序等作了明确规定，行政主体违反这些规定予以处罚，给当事人造成财产权损害的，国家应当承担赔

---

① 参见张俊浩主编：《民法学原理》，76页，北京，中国政法大学出版社，1997。

偿责任。

（2）违法对财产采取查封、扣押、冻结等行政强制措施的。

查封、扣押、冻结等行政措施属于关系到相对人财产的措施。查封是行政机关对某些动产或者不动产实行就地封存，不允许财产所有人使用或处分的强制措施；扣押是行政机关将某些财产置于自己的控制下，不允许当事人转移的强制措施；冻结是行政机关要求银行暂时拒绝当事人动用其银行存款的强制措施。有关法律对采取强制措施的条件和程序都作了严格的规定，行政主体违反这些规定采取行政强制措施，从而给相对人的合法财产权益造成损害的，国家应当承担赔偿责任。

（3）违反国家规定征收财物、摊派费用的。

征收包括收税和收费，都是国家为了建设的需要，以强制方式无偿取得相对人财产所有权的一种具体行政行为。征收直接影响相对人的财产因此必须严格依法进行。违法征收财物造成相对人财产权受到损害的，国家应当承担赔偿责任。摊派费用也是违法征收的一种，是在法律、法规之外要求相对人负担某种费用的行为。摊派费用对相对人的财产造成损害的，国家应当承担赔偿责任。

（4）造成财产损害的其他违法行为。

这是财产权损害的概括性规定。由于行政管理的范围、对象十分广泛，采取的方法、手段也多种多样，造成相对人财产损害的违法行为有多种。除上述行政处罚、行政强制措施、行政征收等行为违法可能造成相对方财产损害外，其他行政行为违法，如行政检查、行政裁决、行政合同、行政指导等，同样可能造成公民、法人和其他组织的财产损失。对此，国家也应承担赔偿责任。

3. 国家不予赔偿的情形

根据《国家赔偿法》第五条的规定，国家不予赔偿的情形有：

（1）行政机关工作人员实施的与行使职权无关的个人行为。

行政机关工作人员的行为既有职权行为，也有个人行为。行使职权的行为是代表国家作出的，该种行为致使相对人合法权益损害的由国家承担赔偿责任。而个人行为与职权无关，个人行为致使相对人合法权益损害的，由个人负责。至于如何区分职权行为和个人行为，应考虑多方面因素，如行为是否在工作时间进行、行为的目的是为了公共利益或是个人利益、行为是否是工作人员的职责所在，等等。

（2）因公民、法人和其他组织自己的行为致使损害发生的。

国家承担赔偿责任的要件之一是违法行为与损害事实要有因果关系，公民、法人和其他组织自己的行为当然不是行政机关的违法行为，因自己的行为致使损害发生的，国家不承担损害赔偿责任，而由公民、法人和其他组织自行承担责任。如相对人在被行政拘留后，自己想不开而自杀，其死亡虽然和行政拘留有关系，但主要是由自己的行为导致的，国家不承担赔偿责任。

（3）法律规定的其他情形。

这是对国家不承担行政赔偿责任的概括性规定。此处的“法律”是指全国人民代表大会及其常务委员会制定、颁布的法律，不包括行政法规、地方性法规和规章。

6.6.4 行政赔偿请求人与行政赔偿义务机关

行政赔偿请求人是依法享有赔偿请求权并向赔偿义务机关提出赔偿要求的公民、法人和其他组织。关于行政赔偿请求人的资格，根据《国家赔偿法》第六条规定，受害的公民、法人或其他组织有权要求赔偿。受害的公民死亡，其继承人和其他有扶养关系的亲属有权要求赔偿。受害的法人或者其他组织终止，承受其权利的法人或者其他组织有权要求赔偿。

行政赔偿义务机关是具体代表国家履行行政赔偿义务的行政组织。根据我国《国家赔偿法》的有关规定，行政赔偿义务机关以如下原则确立：

(1) 行政机关及其工作人员行使行政职权侵犯公民、法人和其他组织的合法权益造成损害的，该行政机关为赔偿义务机关。

(2) 两个以上行政机关共同行使行政职权时侵犯公民、法人和其他组织的合法权益造成损害的，共同行使行政职权的行政机关为共同赔偿义务机关。

(3) 法律、法规授权的组织在行使授予的行政权力时侵犯公民、法人和其他组织的合法权益造成损害的，被授权的组织为赔偿义务机关。

(4) 受行政机关委托的组织或者个人在行使受委托的行政权力时侵犯公民、法人和其他组织的合法权益造成损害的，委托的行政机关为赔偿义务机关。

(5) 赔偿义务机关被撤销的，继续行使其职权的行政机关为赔偿义务机关；没有继续行使其职权的行政机关的，撤销该赔偿义务机关的行政机关为赔偿义务机关。

(6) 经复议机关复议的，最初造成侵权行为的行政机关为赔偿义务机关，但复议机关的复议决定加重损害的，复议机关对加重的部分履行赔偿义务。

6.6.5 行政赔偿程序

1. 行政赔偿程序的概述

行政赔偿程序，是指行政赔偿请求人向行政赔偿义务机关请求行政赔偿，由行政赔偿义务机关、行政复议机关以及人民法院对该请求进行审查，并作出处理的过程中所应遵循的步骤、方式、顺序以及时限的总和。

我国《国家赔偿法》第九条第二款规定："赔偿请求人要求赔偿应当先向赔偿义务机关提出，也可以在申请行政复议或者提起行政诉讼时一并提出。"因此，行政赔偿请求的提出方式分两种：一是单独提起。在违法职权行为被有权机关确认后，受害人单独就赔偿问题提出请求，只能先向赔偿义务机关提出，对赔偿义务机关的决定行为不服，再向法院提起赔偿诉讼。二是一并提出。行政赔偿请求人在申请行政复议或提起行政诉讼时，一并提出赔偿请求，由复议机关或人民法院对具体行政行为的合法性进行审查并作出处理决定。提起行政复议和行政诉讼时一并提出赔偿请求，完全遵循行政复议和行政诉讼程序，在此不再赘述。

2. 单独提出行政赔偿请求程序

(1) 赔偿请求人提出赔偿请求。

单独提出行政赔偿请求的，必须以行政行为被有关机关确认违法为前提。应当提交书面申请书，申请书中应载明以下内容：受害人的姓名、性别、年龄、工作单位和住所；具体的行政赔偿要求；要求行政赔偿的理由和事实根据；赔偿义务机关；申请的年、月、日。

（2）行政赔偿义务机关的受理。

赔偿义务机关在收到申请之日起两个月内对申请进行审查，并在此基础上作出是否给予赔偿的决定。审查的内容主要包括：申请书的内容和形式是否符合要求；申请人是否具备赔偿请求人资格；本机关是否是申请事项的赔偿义务机关；申请是否符合申请时效的规定；申请赔偿的损害是否是法定的国家赔偿范围。如果通过审查后认为该申请符合行政赔偿条件的，赔偿义务机关应决定受理并通知赔偿请求人。如果有以下情况，应另行处理：申请书的内容、形式有缺漏，应告知申请人予以补充；申请人不具有行政赔偿请求人资格的，应告知由具有行政赔偿请求人资格的人申请；发现自己不是本案的行政赔偿义务机关，应当告知其向有管辖权的赔偿义务机关提出。

如果赔偿义务机关作出不予赔偿决定或在赔偿请求期限内未作出任何意思表示，或者赔偿请求人对赔偿数额有异议的，赔偿请求人可以自两个月期间届满之日起三个月内，向人民法院提起行政赔偿诉讼，寻求司法救济。

3. 行政赔偿诉讼程序

行政赔偿诉讼是一种特殊的行政诉讼形式。单独提起行政赔偿诉讼应以行政侵权行为被确认违法或被撤销为前提。作为一种行政诉讼，行政赔偿诉讼程序原则上适用于行政诉讼法的一般规定，但又表现出以下独特之处：

（1）当事人特定。原告是拥有赔偿请求权的人，即合法权益受到违法职权行为侵害的公民、法人和其他组织，被告是行政赔偿义务机关，即行使行政职权侵犯公民、法人和其他组织的合法权益并造成损害的行政主体。

（2）适用调解。行政赔偿诉讼过程中可以由法院主持双方当事人进行协商和调和，并可采取调解方式结案，而一般行政诉讼在审理行政案件过程中不适用调解。

（3）举证责任由当事人分别承担。一般行政诉讼中，被告承担举证责任，原告除了法律特别规定外，可以不举证。但行政赔偿诉讼中，赔偿申请人必须承担初步的举证责任，即证明损害事实已经发生，且损害事实是由具有行政职权的机关组织及其工作人员行使职权行为所造成。

6.6.6　行政赔偿的方式和计算标准

1. 行政赔偿的方式

行政赔偿的方式，是指国家承担行政赔偿责任的各种形式。不同的损害给予不同的赔偿，按照《国家赔偿法》第二十五条的规定，国家承担赔偿责任的方式主要有三种：

支付赔偿金。它是以货币形式支付赔偿金额的一种赔偿方式，支付赔偿金是国家赔偿的主要方式。

返还财产。是行政机关将违法占有或控制的受害人的财产还给受害人的赔偿方式。

恢复原状。是公民、法人或其他组织的财产因遭到违法分割或毁损以致破坏，若有恢复的可能，应由赔偿义务机关负责修复，能够返还财产或者恢复原状的，予以返还财产或者恢复原状。

除上述三种行政赔偿方式外，承担行政赔偿责任的方式还有停止侵害、消除影响、恢复名誉和赔礼道歉等。

2. 行政赔偿的计算标准

行政赔偿的计算标准，是指国家支付赔偿金赔偿受害人的损失时所适用的标准。行政赔偿标准的高低直接决定了对受害人的救济程度以及行政赔偿制度的社会效益，我国行政赔偿采用抚慰性标准，具体体现在：

（1）侵犯公民人身自由权的，每日的赔偿金按照国家上年度职工日平均工资计算。

（2）侵犯公民生命健康权的，赔偿金按照下列规定计算：

造成身体伤害的，应当支付医疗费以及赔偿因误工减少的收入。减少的收入每日赔偿金按照国家上年度职工日平均工资计算，最高额为国家上年度职工年平均工资的5倍。

造成部分或全部丧失劳动能力的，应当支付医疗费以及残疾赔偿金，残疾赔偿金根据丧失劳动能力的程度确定，部分丧失劳动能力的最高额为国家上年度职工年平均工资的10倍，全部丧失劳动力的最高额为国家上年度职工年平均工资的20倍，造成全部丧失劳动能力的，对其扶养的无劳动能力的人，还应当支付生活费。

造成死亡的，应当支付死亡赔偿金、丧葬费，总额为国家上年度职工年平均工资的20倍，对死者生前扶养的无劳动能力的人还应当支付生活费，生活费的发放标准参照当地民政部门有关生活救济的规定办理，被扶养人是未成年人的生活费给付至18周岁为止，其他无劳动能力的人，生活费给付至死亡时止。

（3）侵犯公民、法人和其他组织财产权的，赔偿金按照下列规定计算：

处罚款、追缴、没收财产或违反国家规定征收财物、摊派费用的，返还财产。

查封、扣押、冻结财产的，解除对财产的查封、扣押、冻结，造成财产损坏的，能够恢复原状的恢复原状，不能恢复原状的按照损害程度给予相应的赔偿金，应当返还的财产灭失的，给付相应的赔偿金。

财产已经拍卖的，给付拍卖所得的价款。

吊销许可证和执照、责令停产停业的，赔偿停产停业期间必要的经常性的费用开支。

对财产权造成其他损害的，按照直接损失给予赔偿。

阅读与思考

出租车掉进施工坑　起诉市政索要赔偿

原告：出租车司机王某

被告：天通苑市政所

出租车司机王某于2011年9月26日凌晨1时左右，驾驶出租车行驶到昌平天通东苑西门外200米处，由被告天通苑市政所维修的路面时，由于该维修路段未设置警示标志，王某驾驶的出租车掉进施工坑内，造成原告车辆损失，经协议，被告让原告到被告指定的修理厂修理受损车辆。车辆修完后，被告通知原告取车。原告于2011年9月30日接车，车辆开出不到2公里，原告的车辆出现拉缸、抱瓦现象，修理厂又将原告的车辆拖回修理厂，再次进行维修，造成第二次维修费5 000元。由原告垫付，后原告多次找到被告要求给付原告的修理费、车辆承包金及误工费，被告拒付，原告诉至法院，要求给付二次修车费 5 000 元和承包金 1 552.5 元，并给付误工费 1 164 元。庭审中，被告承认自己因工作疏忽未设置警示标志的行为，并表示愿意承担第一次修车费用，同时被告辩称，是原告在没有修理好之前私自把车开走，在开出去大约一个小时，车辆才发生的机器抱瓦现象，所以第二次的修理费用不能证明跟车辆掉进沟里的事情有关系，故不愿意承担第二次修理费用。

资料来源：王雪：《出租车掉进施工坑　起诉市政索要赔偿》，见中国法院网，2012-07-16。

【阅读思考】

法院是否应支持原告的诉讼请求？

本章小结

1. 行政法律责任是行政主体由于违反行政法律规范而依法必须承担的法律责任。它是行政违法（以及部分行政不当）所引起的法律后果。其构成要件包括：行为主体客观上存在行政违法行为、承担行政法律责任要有法律依据、行为主体具有法定的责任能力。

2. 行政救济是指行政相对人因国家行政机关或其公务员的违法或不当行政行为，而导致其合法权益遭受损害时，依据法律的规定向有关国家机关提出申诉的程序。包括行政诉讼、行政复议、行政监察、行政申诉。

3. 行政复议，是指公民、法人或者其他组织认为行政主体的具体行政行为侵犯其合法权益，依法向法定的行政复议机关提出复议申请，由受理机关对具体行政行为进行审查并作出行政复议决定的活动。根据《行政复议法》的规定，行政复议程序分为五个阶段：申请、受理、审理、决定和执行。

4. 行政诉讼是指公民、法人或者其他组织认为行政机关和法律、法规授权的组织作出的具体行政行为侵犯其合法权益，以法定程序向人民法院提起行政诉讼，人民法院对具体行政行为的合法性进行审查并依法作出裁决的活动。行政诉讼的特有原则包括：人民法院特定主管原则，对具体行政行为的合法性进行审查原则，被告负举证责任原则，行政诉讼期间行政决定不停止执行原则，不适用调解原则，司法变更权有限原则。

5. 行政赔偿，是指具有国家行政职权的行政机关及其工作人员，侵犯公民、法人或其他组织的合法权益造成损害时，由国家承担赔偿责任的制度。其构成要件包括：侵权行为主体必须是执行行政职务的国家机关，行使行政职权的行为违法，行政相对人合法权益受到损害的事实，违法行使职权行为与损害事实之间存在因果关系。

关键术语

行政法律责任　　行政法制监督　　行政救济　　行政复议　　行政诉讼　　行政赔偿

复习思考题

1. 简述我国行政法律责任的概念及承担方式。
2. 简述我国行政法制监督的概念及构成体系。
3. 简述我国行政复议的概念及受案范围。
4. 简述我国行政诉讼的受案范围及管辖制度。
5. 简述行政诉讼原告的起诉条件。
6. 《国家赔偿法》对行政赔偿范围作了哪些规定？
7. 什么是行政赔偿请求人？什么是赔偿义务机关？如何确定赔偿义务机关？

案例自测

牛某某诉某市公安局某分局不履行法定职责监督案

2018 年 12 月 28 日上午 9 时 9 分左右，郭某某（牛某某之夫）向 110 报警称有人私闯民宅，自己不认识对方，对方已经上了房顶。当地派出所经了解，系村委会实施的“帮拆”行为，称已电话反馈报警人，未到现场处警。同日，派出所对郭某某报警被打伤一事作为行政案件立案，后根据轻伤二级的鉴定意见，转为刑事案件立案侦查。牛某某诉至某区法院，请求判决确认某分局对 2018 年 12 月 28 日的报警未依法履行保护其人身财产安全法定职责的行为违法。某区法院判决驳回牛某某的诉讼请求。牛某某上诉、申请再审均被法院驳回。

牛某某向某市检察院某分院申请监督。某分院向某市公安局调取郭某某拨打 110 报警电话录音。经审查认为，某分局接到报警后应当到现场进行处置。根据《人民警察法》《110 接处警工作规则》的相关规定，对危及人身或财产安全迫切需要处置的紧急报警，处警民警接到指令后应当迅速前往现场开展处置工作。本案中，郭某某的报警反映其人身财产安全正面临危险，需要公安机关出警帮助，属于迫切需要处置的紧急报警。“帮拆”行为的理由不能免除某分局的法定职责。虽然公安机关称通过电话告知报警人情况，但该告知行为不能免除公安机关前往现场处置的法定职责。据此，提请上级检察院抗诉。上级检察院提出抗诉，该案发回重审并得到改判，最终确认了某公安分局对 2018 年 12 月 28 日报警未到现场处置行为违法。

资料来源：《2022 年度十大行政检察典型案例》，载中华人民共和国最高人民检察院网站，2023－02－09。

思考题：

本案中，牛某某因为某市公安分局的不履职行为而受到伤害，可否提起行政诉讼进行权利救济？

主要参考文献

1. 罗豪才主编. 行政法学. 北京：北京大学出版社，1996
2. 叶必丰主编. 行政法学. 武汉：武汉大学出版社，1996
3. 应松年主编. 行政法学新论. 北京：中国方正出版社，1998
4. 王连昌主编. 行政法学（修订版）. 北京：中国政法大学出版社，1999
5. 姜明安主编. 行政法与行政诉讼法. 北京：北京大学出版社，高等教育出版社，1999
6. 马怀德主编. 行政法与行政诉讼法. 北京：中国法制出版社，2000
7. 胡锦光，莫于川. 行政法与行政诉讼法概论. 北京：中国人民大学出版社，2002
8. 陈新民. 中国行政法学原理. 北京：中国政法大学出版社，2002
9. 张树义. 行政法与行政诉讼法. 北京：高等教育出版社，2002
10. 杨解君. 行政法学. 北京：中国方正出版社，2002
11. 马怀德主编. 行政诉讼法学. 北京：北京大学出版社，2004
12. 马怀德，周兰领. 行政诉讼案例教程. 北京：中国政法大学出版社，2005
13. 姜明安主编. 行政法与行政诉讼法. 北京：北京大学出版社，高等教育出版社，2005
14. 胡建淼. 行政法. 北京：法律出版社，2005
15. 朱维究，王成栋主编. 一般行政法原理. 北京：高等教育出版社，2005
16. 董茂云等. 行政法学. 上海：上海人民出版社，2005
17. 胡锦光，刘飞宇主编. 行政法与行政诉讼法. 北京：中国人民大学出版社，2005
18. 毕可志，杨曙光编著. 行政法案例教程. 北京：北京大学出版社，2005
19. 朱苏力等. 行政法学. 北京：清华大学出版社，2005
20. 罗豪才，湛中乐主编. 行政法学（第二版）. 北京：北京大学出版社，2006

21. 胡锦光主编. 行政法案例分析（第二版）. 北京：中国人民大学出版社，2006
22. 王维达主编. 中国行政法学教程. 上海：同济大学出版社，2006
23. 沈亚平. 魏健馨主编. 行政法学案例分析. 天津：南开大学出版社，2006
24. 胡锦光主编. 行政法与行政诉讼法. 北京：高等教育出版社，2007
25. 关保英. 比较行政法学. 北京：法律出版社，2008
26. 王学辉主编. 行政法与行政诉讼法学. 北京：法律出版社，2009
27. 胡锦光，莫于川编著. 行政法与行政诉讼法. 北京：中国人民大学出版社，2009
28. 应松年. 行政法与行政诉讼法学（第二版）. 北京：法律出版社，2009
29. 姜晓萍主编. 行政法学. 成都：四川大学出版社，2009
30. 余凌云. 行政法讲义. 北京：清华大学出版社，2010
31. 沈福俊等. 行政法与行政诉讼法：案例与图表. 北京：法律出版社，2010
32. 陈伯礼等. 行政法与行政诉讼法. 武汉：武汉大学出版社，2011
33. 莫于川. 行政法与行政诉讼法. 北京：中国人民大学出版社，2012
34. 朱新力等. 行政法学. 北京：中国人民大学出版社，2012
35. 江国华. 中国行政法（总论）. 武汉：武汉大学出版社，2012

人大版公共管理类教材

公共管理类专业教材——学科基础课教材

书名	作者
现代管理学原理（第三版）（“十一五”国家级规划教材）	娄成武　魏淑艳
一般管理学原理（第四版）	张康之　周　军
管理学基础（第三版）	方振邦
政治学原理（第三版）	景跃进　张小劲
现代政治学原理（第四版）	石永义　刘玉萼　张　璋
公共管理学（第二版）	陈振明
公共管理学——一种不同于传统行政学的研究途径（第二版）	陈振明
公共管理学（第三版）（数字教材版）（“十二五”国家级规划教材）	蔡立辉　王乐夫
公共管理学（精编版）	王乐夫　蔡立辉
公共管理学（第二版）	张康之　郑家昊
公共管理概论（第二版）	朱立言　谢　明
公共政策导论（第六版）（数字教材版）	谢　明
公共政策概论（第二版）	谢　明
公共政策学——政策分析的理论、方法和技术（“十一五”国家级规划教材）	陈振明
公共政策学（第二版）	杨宏山
政策科学——公共政策分析导论（第二版）	陈振明
公共经济学（第三版）（“十二五”国家级规划教材）	高培勇
公共经济学教程	秦立建
政府经济学（第四版）（“十一五”国家级规划教材）	郭小聪
政府经济学（第四版）	潘明星　韩丽华

公共管理类专业教材——方法课教材

书名	作者
公共管理研究方法	何兰萍　张俊艳
行政学研究方法与应用案例	萧鸣政　等
管理定量分析：方法与技术（第三版）	刘兰剑

公共管理类专业教材——行政管理、公共事业管理专业教材

书名	作者
行政法学导论	姜晓萍
公共部门人力资源管理（第四版）	孙柏瑛　祁凡骅
公共部门人力资源开发与管理（第五版）（“十二五”国家级规划教材）	孙柏瑛　祁凡骅
公共部门人力资源管理（第三版）	滕玉成　于　萍
公共部门人力资源管理概论（第二版）	方振邦
公共部门人力资源管理案例	周均旭
行政管理学（第五版）（数字教材版）	郭小聪
公共行政学（第五版）	彭和平
公共行政学（第二版）	张康之　张乾友
行政学导论（第三版）	齐明山

书名	作者
行政管理学导引与案例	陈季修
管理心理学（第三版）	范逢春
公共组织行为学（第三版）（“十一五”国家级规划教材）	孙 萍 张 平
公共组织学（第四版）	李传军
行政组织学（第二版）	张 昕 李 泉
公共组织理论	陆明远 冯 楠
公共事业管理概论（第三版）	朱仁显
公共组织财务管理（第三版）（“十一五”国家级规划教材）	王为民
国家公务员制度（第五版）（数字教材版）（“十二五”国家级规划教材）	舒 放 贾自欣
国家公务员制度概论（第二版）	刘碧强 郗永勤
公务员制度概论	李如海
公务员制度	温志强 王彦平 郝雅立
当代国家公务员制度：理论与实践	胡春艳
行政领导学（第三版）	朱立言 李国梁
领导学（第五版）	邱霈恩
领导学	孙 健
现代市政学（第五版）（数字教材版）	王佃利
市政管理学（第五版）（“十一五”国家级规划教材）	杨宏山
社区管理（第四版）	汪大海 魏 娜 郇建立
社区管理原理与案例	魏 娜
电子政务教程（第三版）（“十一五”国家级规划教材）	赵国俊
电子政府与电子政务（第二版）（“十一五”国家级规划教材）	张锐昕
行政伦理学教程（第四版）（“十二五”国家级规划教材）	张康之 李传军
公共危机管理概论（第二版）	王宏伟
公共危机管理	唐 钧
当代中国政府与政治（第二版）	景跃进 陈明明 肖 滨
当代中国政府与行政（第三版）	魏 娜 吴爱明
地方政府学概论（第二版）	方 雷
地方政府管理（第二版）	陈瑞莲 张紧跟
管理秘书实务（第三版）	赵锁龙
行政秘书学	唐 钧
公文写作与处理	赵国俊
机关管理的原理与方法（第三版）	赵国俊 陈幽泓
公共部门绩效管理（第二版）	方振邦
政府绩效管理（第二版）	方振邦 葛蕾蕾
政府绩效评估	蔡立辉
政府公共关系（第二版）（“十一五”国家级规划教材）	廖为建 张 宁
西方行政学理论概要（第二版）（“十一五”国家级规划教材）	丁 煌
公共行政学史（第二版）	何艳玲
西方公共管理名著导读	汪大海
文化管理学（第三版）（“十二五”国家级规划教材）	孙 萍
文化创意产业导论	魏鹏举
卫生事业管理（第二版）（“十一五”国家级规划教材）	李 鲁
现代公用事业管理	崔运武

公共管理类专业教材——劳动与社会保障专业教材

书名	作者
社会保障概论（第七版）	孙光德　董克用
社会保障学	戴卫东
劳动经济学（“十一五”国家级规划教材）	董克用　刘　昕
劳动法与社会保障法	黎建飞
社会保险学（第四版）	孙树菡　朱丽敏
社会保障基金管理	李春根
社会保障国际比较	仇雨临

公共管理类专业教材——土地资源管理专业教材

书名	作者
土地经济学（第八版）（“十一五”国家级规划教材）	毕宝德
土地法学（中国人民大学“十三五”规划教材）	严金明
土地资源学	张正峰　赵文武
土地资源管理学（第二版）	张正峰
国土空间规划学	张占录　张正峰
不动产估价（第二版）（“十一五”国家级规划教材）	叶剑平　曲卫东
土地信息系统	曲卫东　韩　琼
地籍管理（第五版）（“十一五”国家级规划教材）	谭　峻　林增杰

公共管理类专业教材——城市管理专业教材

书名	作者
城市管理学（第四版）	杨宏山
城市管理学：公共视角	陆　军　等
城市管理法	王丛虎
城市总体规划原理	邻艳丽　田　莉

公共管理类教材——应急管理专业教材

书名	作者
应急管理导论：原理与案例	李燕凌　朱正威 张海波　章文光
应急管理概论	王宏伟
应急管理理论与实践	唐　钧
突发事件风险管理	张小明
应急管理新论	王宏伟
新媒体时代的应急管理与危机公关	唐　钧
公共安全风险治理	唐　钧

公共管理硕士（MPA）教材——核心课教材

书名	作者
全国公共管理硕士（MPA）核心课程教学指导纲要	全国公共管理专业学位 研究生教育指导委员会
社会主义建设理论与实践（第三版）	李景治　蒲国良

书名	作者
公共管理英语（修订版）	顾建光
学术规范和论文写作	胡宏伟
公共管理学（第三版）（全国优秀教材二等奖）	张成福　党秀云
公共管理学原理（修订版）	陈振明
公共管理导论	竺乾威　朱春奎　李瑞昌
公共政策分析	陈振明
公共政策分析导论	陈振明
公共政策分析概论（修订版）	谢　明
公共部门经济学（第三版）	高培勇　崔　军
公共经济学	唐任伍
行政法学（修订版）	皮纯协　张成福
行政法学概论（第三版）	胡锦光
非营利组织管理概论（修订版）	王　名
非营利组织管理	王　名　王　超
公共管理伦理学（修订版）	张康之
社会研究方法	陈振明
电子政务理论与方法（第五版）	金江军
公文写作概论	高永贵

公共管理硕士（MPA）教材——专业方向必修课、选修课教材

书名	作者
公务员制度教程（第六版）	舒　放　王克良
比较政府与政治（修订版）	卓　越
当代中国政府与政治（第三版）	吴爱明　朱国斌　林　震
公共部门人力资源管理及案例教程（第三版）	陈天祥
公共部门绩效评估（修订版）	卓　越
公共部门危机管理（第三版）	张小明
应急管理通论（第二版）	李雪峰
公共部门战略管理（修订版）	陈振明
MPA 学位论文写作指南	汪大海

图书在版编目（CIP）数据

行政法学导论/姜晓萍主编．—北京：中国人民大学出版社，2015.3
新编21世纪公共管理系列教材
ISBN 978-7-300-20739-1

Ⅰ.①行… Ⅱ.①姜… Ⅲ.①行政法学-中国-教材 Ⅳ.①D922.101

中国版本图书馆CIP数据核字（2015）第022027号

新编21世纪公共管理系列教材
行政法学导论
主　编　姜晓萍
副主编　郭金云　周　斌
Xingzhengfaxue Daolun

出版发行	中国人民大学出版社		
社　　址	北京中关村大街31号	邮政编码	100080
电　　话	010-62511242（总编室）		010-62511770（质管部）
	010-82501766（邮购部）		010-62514148（门市部）
	010-62515195（发行公司）		010-62515275（盗版举报）
网　　址	http://www.crup.com.cn		
经　　销	新华书店		
印　　刷	天津鑫丰华印务有限公司		
开　　本	787 mm×1092 mm　1/16	版　　次	2015年3月第1版
印　　张	16.5	印　　次	2024年6月第6次印刷
字　　数	379 000	定　　价	32.00元

中国人民大学出版社　管理分社

教师教学服务说明

中国人民大学出版社管理分社以出版工商管理和公共管理类精品图书为宗旨。为更好地服务一线教师，我们着力建设了一批数字化、立体化的网络教学资源。教师可以通过以下方式获得免费下载教学资源的权限：

- 在中国人民大学出版社网站 www.crup.com.cn 进行注册，注册后进入“会员中心”，在左侧点击“我的教师认证”，填写相关信息，提交后等待审核。我们将在一个工作日内为您开通相关资源的下载权限。

- 如您急需教学资源或需要其他帮助，请加入教师 QQ 群或在工作时间与我们联络。

中国人民大学出版社　管理分社

教师 QQ 群： 648333426（工商管理）　114970332（财会）　648117133（公共管理）

教师群仅限教师加入，入群请备注（学校＋姓名）

联系电话： 010-62515735，62515987，62515782，82501048，62514760

电子邮箱： glcbfs@crup.com.cn

通讯地址： 北京市海淀区中关村大街甲 59 号文化大厦 1501 室（100872）

管理书社　　人大社财会　　公共管理与政治学悦读坊